高等学校土木工程专业规划教材

建筑结构 CAD 应用基础

（第二版）

本教材编审委员会组织编写

叶献国　徐秀丽　主编

孙伟民　主审

中国建筑工业出版社

图书在版编目（CIP）数据

建筑结构CAD应用基础/本教材编审委员会组织编写；
叶献国，徐秀丽主编. —2版. 北京：中国建筑工业出版
社，2008

高等学校土木工程专业规划教材
ISBN 978-7-112-09837-8

Ⅰ. 建… Ⅱ.①本…②叶…③徐… Ⅲ. 建筑结构-计算
机辅助设计-应用软件-高等学校-教材 Ⅳ.TU311.41

中国版本图书馆CIP数据核字（2008）第038747号

为适应近年来土木工程专业计算机辅助设计（CAD）课程教学改革和国内建筑结构计算机辅助设计应用软件的升级和变化的实际情况，对上版教材内容组织做了较大的调整，重新编写了教材的第二版。新版教材由8章组成，内容包括：土木工程CAD应用概况；AUTOCAD及其在土木工程中的应用；PKPM系列软件的应用与实例；MIADS软件的应用及实例；ETABS软件的应用及实例；常用土木工程工具软件的应用及实例；钢筋混凝土基本构件编程应用实例等。

本书侧重于建筑结构CAD技术的实际应用，旨在使学生通过课程学习并结合上机实际操作练习，可迅速掌握目前国内设计部门常用专业软件的使用方法和基本操作技巧，并通过相关课程设计和毕业设计的实际应用，为今后从事结构设计或相关工程技术工作打下良好基础，提高就业竞争能力。本书反映了编者多年来的教学和工程设计经验总结，通俗易懂，方便自学，也可供土木工程专业领域的工程技术人员参考使用。

* * *

责任编辑：朱首明 李 明
责任设计：赵明霞
责任校对：刘 钰 孟 楠

高等学校土木工程专业规划教材
建筑结构CAD应用基础
（第二版）
本教材编审委员会组织编写
叶献国 徐秀丽 主编
孙伟民 主审

*

中国建筑工业出版社出版、发行（北京西郊百万庄）
各地新华书店、建筑书店经销
北京红光制版公司制版
北京圣夫亚美印刷有限公司印刷

*

开本：787×1092毫米 1/16 印张：15½ 字数：375千字
2008年6月第二版 2015年8月第二十次印刷
定价：26.00元
ISBN 978-7-112-09837-8
（16541）

高等学校土木工程专业规划教材

编审委员会名单

第 二 版 前 言

本书第一版《建筑结构 CAD 应用基础》自 2000 年 6 月出版发行以来，受到国内高校土木工程及相近专业的师生以及工程设计人员的欢迎，得到较广泛的采用，多次重印，截止 2007 年 8 月已发行 23500 册。随着时间的推移，国内建筑结构计算机辅助设计应用软件市场发生了较大的变化，国内高校土木工程及相近专业的建筑结构计算机辅助设计（CAD）课程也相应进行了教学改革。为了适应形势的变化和课程教学对教材的新需要，由第一版教材的主编组织各校参编教师，共同对第一版内容做了针对性的调整，重新编写了教材的第二版。

其中第 1 章土木工程 CAD 应用概况由合肥工业大学叶献国教授编写；第 2 章 AUTOCAD 及其在土木工程中的应用由河海大学周继凯副教授编写；第 3 章 PKPM 一般结构类系列软件的应用与实例由南京工业大学徐秀丽副教授编写；第 4 章 PKPM 钢结构类系列软件 STS 的应用与实例由苏州科技学院陆承铎讲师编写；第 5 章 MIADS Civil 软件的应用及实例由合肥工业大学陈丽华副教授编写；第 6 章 ETABS 软件的应用及实例由扬州大学王仪讲师编写；第 7 章常用土木工程工具软件的应用及实例由扬州大学汤保新讲师编写；第 8 章钢筋混凝土基本构件编程应用实例由合肥工业大学王辉副教授编写。全书由叶献国和徐秀丽担任主编，南京工业大学孙伟民教授担任主审。

感谢中国建筑工业出版社责任编辑朱首明、李明对本教材再版所付出的辛勤劳动。

第 一 版 前 言

计算机辅助设计（CAD，为英文 Computer Aided Design 的缩写）是利用计算机硬件和软件系统强大的计算功能和高效灵活的图形处理能力，帮助工程设计人员进行工程和产品的设计与开发，以达到缩短设计周期、提高设计质量、降低成本、提高市场竞争力的一门先进技术。作为一项综合性的、技术复杂的系统工程，CAD 技术涉及众多学科的高新技术领域，如计算机硬件技术、工程设计知识和方法、计算数学、计算力学、计算机图形学、数据结构和数据库、人工智能及专家系统、仿真技术等。CAD 技术这门崭新技术已广泛渗透和普及于机械制造、航空、船舶、汽车、土木工程、电子、轻工、纺织服装、大规模集成电路以及环境保护、城市规划等许多行业，成为代表与衡量一个国家科技与工业现代化水平的一个重要标志，已经并将进一步给人类带来巨大利益和影响。

与世界发达国家相比，我国工程设计领域引入 CAD 技术相对比较晚。经过十几年的开发研制，目前我国已有多种商品化应用软件在设计部门得到广泛应用。随着计算机硬件和软件技术突飞猛进的发展和我国经济建设的高速发展，近几年来，工程设计行业计算机应用环境有了极大的改善，应用水平得到了很大的提高。计算机的应用基本上覆盖了勘察设计的全过程。在土木建筑设计领域，我国的 CAD 技术应用水平与发达国家的差距已大大缩小。建筑工程从建筑方案设计、结构布置和内力分析、构件截面设计计算、施工图绘制到预算全过程可实现 CAD 一体化完成。目前在设计单位中，已有 95% 左右的单位不同程度地应用了 CAD 技术，CAD 出图率平均达 50% 以上。绝大多数的大、中型设计院的设计技术人员已"人手一机"，提前实现了前国家科委和建设部提出的 2000 的甩掉绘图板的目标。有些设计院还建立了计算机网络系统，正向集成化、智能化方向发展。有些单位还将工程项目管理和电子光盘档案管理应用于网络中，逐步向工程设计管理与生产的"无纸化"全过程管理迈进，这样的进步将推动设计单位的技术装备水平再上新台阶，增强市场竞争能力。实现应用环境网络化、应用系统集成比、应用软件智能化的目标，迎接即将到来的 21 世纪的挑战，已提到人们的议事日程上来。

形势向土木工程专业的教学培养目标提出了更高的新要求。培养和锻炼学生的计算机应用能力，提高其计算机应用水平，关系到毕业生在走向工作岗位时的竞争能力，以及在实际工作环境中的适应能力。为了满足土木工程专业"建筑结构 CAD"课程教学的实际需要，我们根据近年来的教学和工程设计经验，编写了本教材。全书共分七章，介绍了 CAD 技术在我国土木建筑工程中的应用现状和发展方向，CAD 系统的硬件和软件系统的构成及其最新发展，当前国内主流结构设计 CAD 商品化软件的使用和设计实例，以及若干值得注意的问题，其中第 3 章（AutoCAD）、第 4 章（PKPM）和第 5 章（TBSA）为全书重点。本书侧重 CAD 技术的实际应用，旨在使读者结合上机实际操作，迅速掌握常用应用软件的使用方法和有关操作技巧，为今后的工程设计实践打下良好基础。本书可供土木工程专业本（专）科常日制或成人类教学使用，各校可根据具体教学时数、上机条件等实际情况对其中内容自行取舍。本书也便于土木工程技术人员自学使用。

全书由叶献国、徐秀丽主编，南京建筑工程学院孙伟民担任本书主审。书中第1章、第2章和第7章由合肥工业大学叶献国编写，第3章由河海大学周纪凯编写，第4章由南京建筑工程学院徐秀丽编写，第5章由扬州大学汤保新编写，第6章由苏州城建环保学院曲延全、曹冬冬编写，全书由叶献国统稿。由于计算机技术发展日新月异，也限于编者水平有限，对CAD这门高新技术的最新进展了解和认识不够全面，本教材的疏漏和错误之处在所难免，恳请广大读者批评指正，以利我们修订更新。

感谢中国建筑科学研究院工程部主任陈岱林高级工程师对本书编写工作的支持。

在本书编写过程中我们还参阅了有关文献，在此对这些文献的作者表示衷心的感谢。

叶献国

1999 年 10 月

目　　录

第1章　土木工程结构 CAD 及应用概况 ………………………………………………… 1
　1.1　工程结构 CAD 的发展历史 ………………………………………………………… 1
　1.2　CAD 系统构成 ……………………………………………………………………… 2
　1.3　CAD 技术在我国建筑工程行业的应用 …………………………………………… 11
　1.4　土建行业 CAD 发展趋势 …………………………………………………………… 16
　1.5　工程结构 CAD 使用中应注意的问题 …………………………………………… 18
第2章　AutoCAD 及其在结构工程中的应用 ………………………………………… 22
　2.1　AutoCAD 的概述 …………………………………………………………………… 22
　2.2　AutoCAD 的基本操作 ……………………………………………………………… 22
　2.3　AutoCAD 使用技巧 ………………………………………………………………… 32
　2.4　AutoCAD 绘制建筑结构施工图实例 ……………………………………………… 38
　2.5　AutoCAD 二次开发的方法 ………………………………………………………… 49
　2.6　建筑结构制图标准 ………………………………………………………………… 52
第3章　PKPM 一般结构类系列软件的应用与实例 ………………………………… 57
　3.1　PKPM 系列软件概况 ……………………………………………………………… 57
　3.2　PKPM 系列软件的运行环境及安装 ……………………………………………… 61
　3.3　PKPM 系列软件功能热键 ………………………………………………………… 63
　3.4　结构平面辅助设计软件 PMCAD ………………………………………………… 64
　3.5　钢筋混凝土框排架及连续梁结构计算与施工图绘制软件 PK ………………… 88
　3.6　多层及高层建筑结构三维分析软件 TAT ………………………………………… 94
　3.7　多高层建筑结构空间有限元分析软件 SATWE …………………………………… 107
　3.8　剪力墙计算机辅助设计软件 JLQ ………………………………………………… 118
　3.9　接三维结构计算结果的梁柱施工图 ……………………………………………… 124
第4章　PKPM 钢结构类系列软件 STS 的应用 ……………………………………… 132
　4.1　STS 的基本功能 …………………………………………………………………… 132
　4.2　PK 交互输入与优化计算 …………………………………………………………… 135
　4.3　门式刚架设计 ……………………………………………………………………… 146
第5章　MIDAS/Civil 软件的应用与实例 …………………………………………… 168
　5.1　MIDAS/Civil 软件的概况 ………………………………………………………… 168
　5.2　MIDAS/Civil 软件的基本使用方法 ……………………………………………… 174
　5.3　MIDAS/Civil 软件的设计实例 …………………………………………………… 180
第6章　ETABS 软件的应用与实例 …………………………………………………… 191
　6.1　ETABS 主要功能介绍 ……………………………………………………………… 191
　6.2　ETABS 软件的基本使用方法 ……………………………………………………… 191
　6.3　ETABS 软件设计实例 ……………………………………………………………… 197
第7章　常用土木工程工具软件的应用与实例 ……………………………………… 216
　7.1　世纪旗云结构设计工具软件——QYCAD …………………………………………… 216

7.2 结构快速设计工具软件——Morgain ················· 225
第 8 章 钢筋混凝土基本构件（梁柱截面）编程 ············· 230
8.1 工程结构设计的计算机运算 ··················· 230
8.2 钢筋混凝土梁的正截面承载力计算 ··············· 230
8.3 钢筋混凝土梁的斜截面承载力计算 ··············· 233
主要参考文献 ····························· 239

第1章 土木工程结构CAD及应用概况

计算机辅助设计（CAD，为英文Computer Aided Design的缩写）是利用计算机硬件和软件系统强大的计算功能和高效灵活的图形处理能力，帮助工程设计人员进行工程设计和产品设计与开发，以达到缩短设计周期、提高设计质量、降低成本、提高市场竞争力的一门先进技术。作为一项综合性的、技术复杂的系统工程，CAD技术涉及众多学科的高新技术领域，如计算机硬件技术、工程设计知识和方法、计算数学、计算力学、计算机图形学、数据结构和数据库、人工智能及专家系统、仿真技术等。CAD技术这门新技术已广泛渗透和普及于机械制造、航空、船舶、汽车、土木工程、电子、轻工、纺织服装、大规模集成电路以及环境保护、城市规划等许多行业，成为代表与衡量一个国家科技与工业现代化水平的一个重要标志。

1.1 工程结构CAD的发展历史

CAD技术主要是用计算机及其图形输入/输出外围设备帮助设计人员进行工程和产品设计的技术，它的发展与计算机硬件及其软件的发展和完善是紧密相关的。这一历程起源于20世纪50年代初期，当时美国麻省理工学院（MIT）研制开发出数控自动铣床，随后又完成了用于数控的APT语言，从此开始了对CAD技术的研究。20世纪50年代末，在数控铣床的基础上，美国GERBER公司研制出平板式绘图仪。美国CALCOMP公司则制成了筒式绘图仪。这就为CAD技术的实现提供了最基本的物质条件。MIT的研究人员当时提出了CAD技术的三个研究目标，即：①实现人机的交互式对话；②以图形为媒介实现人机对话；③实现计算机辅助模拟。

1963年美国麻省理工学院林肯实验室的I. E. Sutherland开发成功了Sketchpad系统，该系统将图形显示器、键盘、光笔等设备连接在计算机上，使设计者可以和计算机进行对话，对在显示器上显示的图形进行交互式处理，初步实现了前述的三个目标，标志着CAD技术的诞生。1964年美国通用汽车公司开发出DAC-1系统，并将它用于汽车设计，第一个实现了CAD技术在工程设计中的应用。在此后的30年里，随着超大规模集成电路、光栅图形显示器等计算机技术的高度发展，计算机及各种外部设备性能价格比的不断提升和有关图形处理软件的成熟，CAD技术随之经历了一个快速发展的历程。一般可以把CAD技术发展分成四个阶段：

（1）第一阶段，20世纪60年代初期~60年代末期。这个阶段的CAD系统以使用大型通用机（晶体管电路为主）和刷新式图形显示器为基本标志。这个时期的CAD系统价格昂贵，性能简单，全世界只有少数大企业研制或拥有大约200套CAD系统，主要应用于航空和汽车制造业。

（2）第二阶段，20世纪60年代末期~70年代末期。美国DEC公司开始生产出价格相当低廉的小型机，同时价格更加便宜的存储管式显示器也得到应用，光笔、图形输入板等各种形式的图形输入设备也投入应用，使得 CAD 系统的价格大幅度下降，促使 CAD 技术有可能得到快速发展和推广。这个时期开发出的 CAD 系统在微电子行业中集成电路和印刷电路板设计中得到广泛应用。Applicon 公司、Computer Vision 公司、Calma 公司等推出了被称为 TurnKey 的图形处理系统后，交互式作图已是较容易的事了。随着计算机绘图技术实用化，图形数据库得到开发，此时商品化 CAD 系统在中小企业中开始应用与推广。

（3）第三阶段，20 世纪 80 年代初期～90 年代初期。在此时期出现了廉价的固体电路随机存储器，产生逼真图形的光栅扫描显示器、鼠标器、静电式绘图仪，伴随着超大规模集成电路技术的进步，微型机、超级微型机和图形工作站得到普及使用，商品化图形系统也获得迅速发展，使 CAD 技术从发达国家向发展中国家扩展，从用于产品设计发展到用于工程设计，标志着 CAD 技术进入了实用期。但是，到了这一程度也只能称得上是充分应用了计算机辅助绘图（Computer Aided Drawing），对于达到 MIT 所提出的第三个目标，即真正实现计算机辅助模拟，模拟人在以往的产品或工程设计的整个过程的所有工作，仍然是一项长期而艰巨的任务，有许多技术困难需要深入研究和加以解决。

（4）第四阶段，即从 20 世纪 90 年代中期至今。当前计算机技术正以前所未有的速度飞跃发展，以 Intel 公司芯片技术为代表的硬件革命，为 CAD 技术的创新提供了更加强大的实现手段。计算机辅助设计作为一项多学科交叉、渗透的高科技发展产物，目前正向着集成化、协同化、智能化的方向发展，在 21 世纪里必将产生巨大的变革。

1.2　CAD 系 统 构 成

电子计算机又称电脑，是 20 世纪科学技术的卓越成就。如果说蒸汽机的发明标志着机器代替人类体力劳动的开端，那么电子计算机的应用则把人类从简单枯燥的重复性脑力劳动中解放出来，从而能够有更多的时间和精力投入更具创造性的脑力劳动中去。

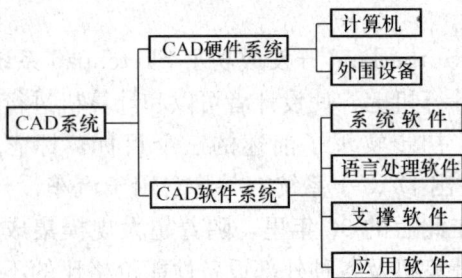

我们知道，进行工程结构计算机辅助设计，需在 CAD 系统的支持下方能实现。一个完整的 CAD 系统是由硬件系统（Hardware System）和软件系统·（Software System）共同构成的，其基本结构组成可以用图 1-1 加以表示。硬件系统主要由电子计算机及其外围设备组成，它是计算机辅助设计技术的物质基础；软件系统是计算机辅助设计技术的核心，它决定了系统所具有的功能。一个 CAD 系统能否取得成功基本取决于硬件系统的性能和软件系统的功能是否完善，更重要的是两者完美的有机结合。硬件是指计算机的物理组成部件，通常包括有主机、输入设备、输出设备、外部存储设备、人机交互设备、通信设备等有形部件。图 1-2 表示了常见的微机 CAD 系统中硬件系统的构成。

图 1-1　CAD 系统的基本构成

所谓软件指的是与计算机程序、方法、规则相关的文档以及在计算机上运行时它所必需的数据。如果说硬件是计算机的躯体，软件则是它的思想和灵魂。有了软件，用户面对的将不再是计算机内部的电子器件，而是一台名副其实的逻辑计算机，这意味着一般用户不必去具体了解计算机的复杂物理结构，却可以方便有效地操纵使用计算机。所以有人说，软件是用户与机器的接口。当今各种新型计算机硬件所具备的优良性能，已为 CAD 系统提供了前所未有的强大物质基础。这种情况下，软件系统就成了决定整个 CAD 系统性能优劣、功能强弱和方便适用的关键因素。软件内容丰富，种类繁多，分类方法也不一样。通常可以把涉及计算机辅助设计的软件分成四大类，即系统软件、计算机语言处理软件、支撑软件和应用软件。

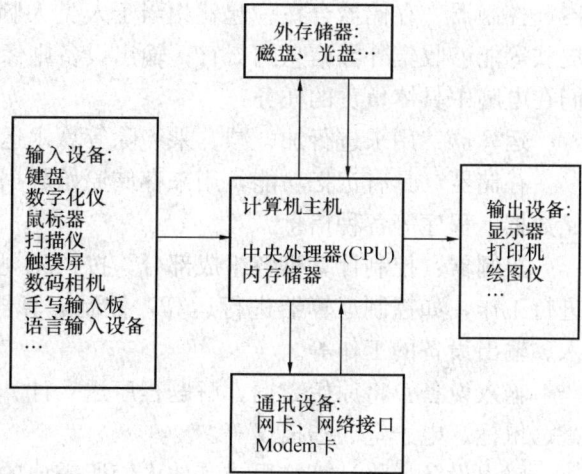

图 1-2　CAD 硬件系统的构成

　　了解和掌握计算机辅助设计技术，以及研究和开发计算机辅助设计系统，必须具备一定的硬件和软件知识。由于 CAD 系统比普通的计算机系统有其特殊性，在某些方面提出了较高的要求，也由于计算机技术发展日新月异，这里对 CAD 系统的构成作一简单的介绍。这将有利于读者学习 CAD 技术并进行实际应用，也便于已具备一般计算机知识的读者了解参考。

　　世界上第一台电子计算机"ENIAC"（Electronic Numerical Integrator and Calculator）于 1946 年诞生在美国，它用了一万八千多个电子管，重 30t，占地 170m^2。每小时耗电 140 度，运算速度达 5000 次/s。研制它的目的是为军事服务，主要用于处理在实验中收集到的大量的有关弹道的数据。

　　第一代计算机（1946～1958）：以电子管为逻辑元件，开始出现汇编语言，主要用于科学和工程计算，运算速度达几万次/s。

　　第二代计算机（1958～1964）：以晶体管为逻辑元件，开始出现高级语言和操作系统并开始用于事务处理和过程控制，运算速度达几百万次/s。

　　第三代计算机（1964～1971）：以集成电路为逻辑元件，出现半导体存储器，操作系统得到迅速发展和普及，出现了多种高级语言，广泛用于工业控制、数据处理和科学计算等各个领域，运算速度达几千万次/s。

　　第四代计算机（1971～1980）：以大规模集成电路为逻辑元件和内存储器。由于运算器和控制器可以做在一块半导体芯片上，这就出现了微处理器（CPU），以及以它为核心构成的微型计算机，其运算速度达几亿次/s。

　　第五代计算机（1980～今）：采用超大规模集成电路为逻辑元件和内存储器，其运算速度达几十亿次/s。真正的第五代计算机将像人一样能听、能看、能说、能思考，即是智能化的计算机。

　　计算机由五部分组成，包括输入设备、运算器、控制器、存储器和输出设备。运算

3

器、控制器、存储器合在一起就相当于人类大脑的功能；输入设备就像人的眼睛、耳朵、皮肤等能够收集外界信息的器官；输出设备则像人们能说话的嘴、能写字的手。下面是它们在电脑中具体负责的任务：

运算器：用来进行加、减、乘、除等算术运算和逻辑运算。

存储器：具有记忆功能，用来存储原始数据、计算步骤、中间结果和最终结果，即存储数据、程序等各种信息。

控制器：控制计算机各组成部分，按预先规定的计算步骤（事先编好的程序）自动地进行工作，如控制运算器进行运算，控制运算器、存储器之间数据信息的交换，控制输入、输出设备的工作等。

输入设备：将原始数据、解题程序送入计算机中保存起来，以便进行运算加工。如键盘、鼠标、电子笔、扫描仪等。

输出设备：将计算结果或其他人们所需要的信息从计算机中传送出来，譬如，将处理结果通过显示器显示出来；用打印机把计算结果打印在纸上。显示器、打印机、绘图仪等都属于输出设备。

计算机根据它的外观大小以及所能完成工作的复杂程度分为巨型机（超级电脑）、大型机、小型机和微型计算机。超级电脑能够控制卫星的发射和运行；可以分析预测天气变化，体积可有一个房间那么大。目前我们常见的，与我们打交道最多的是微型计算机（简称微机或个人电脑，PC机），如今它已广泛进入了家庭生活，可帮我们做日常的各种工作，如文字处理、数学运算、统计；多媒体电脑还能播放音频和视频节目。

如今网络化的信息时代已悄然走进人类社会生活的各个方面，同样也影响着计算机辅助设计技术的发展方向。所谓计算机网络，就是用电缆线（光缆）把若干计算机联起来，再配以适当的软件和硬件，以达到计算机之间交流信息的目的。一个单位或区域内部的网络，也称为局域网。因特网，又叫国际互联网，英文是Internet。它最早是美国国防部为支持国防研究项目而在1960年建立的一个试验网。它把许多大学和研究机构的计算机连接到一起，这样，研究人员就可以通过这个试验网随时进行交流，而不必再频繁地聚在一起开会讨论问题了。同时，由于各地的数据、程序和信息能够在网上实现资源共享，从而最大限度地发挥各地资源，这无疑极大地提高了工作效率，也大大地降低了工作成本。

从系统结构上看，计算机辅助设计系统过去大致可分为三大类，即单机式系统、集中式系统和工作站网络系统。单机式系统，即微机CAD系统，其价格低廉，单用户使用，灵活方便，但处理能力较弱。集中式系统一般指的是使用一台大中型计算机，多个用户可在它的多个终端上进行工作，资源可共享。工作站网络系统则能更灵活、更有效地利用各类计算机及外部设备的资源。目前，随着计算机硬件性能的飞跃和网络技术的普遍使用，这样的划分已无太大意义。本书主要讨论的是微机CAD技术，这样的微机CAD系统既可以单独工作，也可以通过网络与其他计算机进行通信，共享资源。

所谓软件指的是与计算机程序、方法、规则相关的文档以及在计算机上运行时它所必需的数据。如果说硬件是计算机的躯体，软件则是它的思想和灵魂。有了软件，用户面对的将不再是计算机内部的电子器件，而是一台名副其实的逻辑计算机，这意味着一般用户不必去具体了解计算机的复杂物理结构，却可以方便有效地操纵使用计算机。所以有人说，软件是用户与机器的接口。当今各种新型计算机硬件所具备的优良性能，已为CAD

系统提供了前所未有的强大物质基础。这种情况下，软件系统就成了决定整个 CAD 系统性能优劣、功能强弱和是否方便适用的关键因素。软件内容丰富，种类繁多，分类方法也不一样。为了便于介绍，这里把计算机辅助设计的软件分成四大类，即系统软件、计算机语言处理软件、支撑软件和应用软件。

1.2.1 系统软件

系统软件作为用户与计算机之间的一个接口，为用户使用计算机提供了方便，同时它对计算机的各种资源进行有效的管理与控制，从而能最大限度地发挥计算机的效率。系统软件处于整个软件的核心内层，主要包括操作系统、数据通讯系统及面向计算机维护的程序，如错误诊断程序、检查程序、测试程序等。它为开发各类支撑软件和面向用户的应用软件提供了必要的基础和环境。下面主要介绍操作系统部分。

（1）操作系统是对计算机资源进行管理和控制的一组程序及相关文档的总称，它是用户与计算机之间的接口，任何一个用户都是通过操作系统来使用计算机的。所有软件都是在操作系统的管理和支持下进行工作的。它使计算机协调一致并且高效地完成各种任务。例如，执行对作业和进程的管理，用中央处理器完成各种操作或运算，对存储器进行管理以及有效地存取程序和数据，管理外围设备进行机内、机外的信息通讯传递等等。

（2）目前通用的操作系统工作方式有如下几种类型：

批处理：批处理指的是用户集中一批待处理运行的程序，利用常驻内存中的监督程序在磁盘中形成一个执行队列，把这批程序依顺序逐个调入内存运行并输出相应结果，完成一批作业以后，再输入下一批，重复以上过程，实现作业的自动转换。

分时系统：分时系统的特征是一台计算机上挂有若干个终端，系统资源由若干个用户通过终端来共享，用户以交互方式直接控制它的程序，系统处理机的时间被划分为很小的时间间隔，称为时间片，轮流分给每个终端机。而每个用户都感到好像只有他一人在使用计算机一样，这是一种高级的联机操作方式。

实时系统：实时系统要求对特定的输入作出反应，其速度要足以控制发出实时信号，一般响应时间为毫秒或微秒量级。也就是说要求对输入数据的处理和产生这些数据的事件几乎同步进行。同时实时系统必须具有高可靠性，一般采用双工制，即有一台后备机和主机并行运行，一旦主机发生故障，后备机可立即投入运行。

网络操作系统：目前联网 CAD 工作站已是发展的必然趋势，一般由各种不同类型、型号的计算机组成各自的局域网，局域网之间又可连接形成区域网及更大规模的广域网。网络之间可互相通信、共享资源。网络操作系统集中管理网络中所有的计算机，计算机之间的通信按照规定的协议进行，如 INTERNET 就是一个全球性计算机网络，其应用与发展也必然大大拓宽 CAD 技术的应用领域。

计算机辅助设计系统与操作系统密切相关，在购置计算机时，应该选择配置功能完善、通用性好的操作系统，并注意它对高级语言的支持、内存寻址能力、是否具有虚拟存储和多用户多任务工作环境等方面的性能，特别是对已有软件的支持能力。可用作 CAD 系统中的操作系统有 DOS，WINDOWS，LINIX，以及具有开放式产权形态的自由软件 LINUX 操作系统。MS-DOS（Microsoft Disk Operating System）是 PC（Personal Computer）机（亦即微机）上的工业标准。UNIX 是一个多用户操作系统，它功能强、可移植性好、不受硬件限制，可以使用多种语言，成为 32 位大中型机上广泛采用的国际标准操作系统。对于微机 CAD 系统来说，目前常用的操作系统早已由 DOS 转向了 WIN-DOWS（视窗制作系统）。从早期的 WINDOWS 操作系统，即 WINDOWS 95，WINDOWS 98 或 WINDOWS NT，到今天普遍使用的 WINDOWS XP，以及微软公司最新推出的 Vista 操作系统，它们均有中文版，用户可根据需要进行选配。而 LINUX 操作系统也有可能成为一种新的主流操作系统。

（3）操作系统的功能

操作系统的主要功能有存储管理、CPIJ 管理、设备管理和文件管理。具体来说为：

CPIJ 管理：也就是对处理器进行科学管理，包括作业调度即确定哪个作业进入执行状态；进程调度即确定哪个进程占用 CPIJ；以及交通控制，也就是保证各进程的不同状态之间的转换能顺利进行，不致出现阻塞，同时保持进程之间的同步通讯。

存储管理：对于存储器进行科学管理，包括记忆存储器各单元的状态，决定存储空间的分配策略，实现逻辑地址与物理地址之间的转换，及保护存储器内的各种数据和程序。

设备管理：对系统中的各种外部设备进行有效的统一管理，实现设备共享，防止错误操作，提高设备使用的效率及安全性。保证外部设备与主机之间的通讯；做到不失真、不遗漏。

文件管理：文件管理又叫文件系统。它负责对各类文件进行管理，包括文件分类、文件结构、目录管理、文件共享及存取权限等内容。使用户能方便、可靠、迅速地处理各种文件。

1.2.2 语言处理系统

语言处理系统主要是指各种计算机语言及其编译程序、解释程序或汇编程序等。在 CAD 系统的工作过程中要用到多种语言及对它们的处理，通常可以把它们分为两大类，即通用语言和专用语言处理系统。

（1）通用语言处理系统

在 CAD 系统中曾经用的通用计算机语言有汇编语言、BASIC、FORTRAN、PAS-CAL、C 语言以及后来流行的 Visual Basic、Visual C++等。

1）汇编语言

汇编语言是在机器语言的基础上改进的。它采用一些便于记忆的字符（例如简化的英文单词）或适当的符号来表示机器的操作码、操作数的地址等等。用汇编语言编写的符号程序叫做源程序。汇编语言除了具有机器语言的优点之外，与机器语言相比，还具有编写方便、便于阅读、理解的优点。汇编语言也是依赖于机器的。因此它也叫做面向机器的语言。用户在使用时必须了解机器的某些细节，如累加器、每条指令的执行速度、内存容量等等。用汇编语言编写的程序，同样可以把计算机运算处理信息的过程刻划得非常具体和紧凑，所以，直至今日，汇编语言仍起着重要作用，尤其对于有些用户（如实时控制及系统程序设计）是很有用的。计算机的硬件只能识别机器语言的指令并根据这些指令控制执行，所以，用汇编语言编写的程序要通过计算机自动翻译转换成机器语言。把汇编语言编写的源程序翻译转换成机器语言的过程是由汇编程序（也叫汇编器）来实现的。源程序（Source Code）经过翻译转换成机器语言的程序称为目标程序（Object Code）。

2）高级语言

汇编语言与机器语言相比，虽然具有编写方便、便于阅读理解的优点，但是对普通用户来讲，用汇编语言编程的效率仍然是很低的。因此，人们进一步开发出方便用户的计算机语言。这就是程序设计语言。由于它是面向用户的，所以也叫做高级语言。高级语言是一整套更接近于自然语言的标记符号系统。它严格地规定了这些符号的表达格式、结构和意义，以便对计算机的执行步骤进行描述。

高级语言不依赖于计算机的结构和机器的指令，它以通用性强且便于记忆的顺序来编制程序，以解决科学计算或数据处理等问题。这种面向算法和过程的程序设计语言使用非常广泛。常用的程序设计语言有 BASIC、FORTRAN、COBOI、LISP、PASCAL、PL/1、C 等等。此外，还有专门处理特定问题的面向问题语言，如仿真语言、表处理语言等。目前，世界上的程序设计语言已达 1000 种以上。

FORTRAN 语言是用于科学和工程计算的语言，其程序结构是分块结构，可以分块书写和分块编译，使程序的编制比较灵活方便。

C 语言是一种面向结构的程序设计语言，它具有丰富的数据类型、简练的表达式、先进的控制流程和数据结构，能够有效地描述操作系统、编译程序以及编制各种不同层次的软件。首先，C 的编译程序简单紧凑，如果将 CAD 系统中的工具软件用 C 语言来编写，将大大提高整个系统对用户指令的响应速度。其次，C 语言提供的指针和地址运算能力，便于实现对特定物理地址进行访问。此外，C 语言具有丰富的运算符和众多的库函数，使程序更为简练。

Visual C++是 Microsoft 公司在 C 语言基础上新推出的开发 Windows 32 位应用程序的可视化工具，它标志着面向对象技术的成熟和完善，使得用户可以开发出规模更大、功能更加复杂的应用程序，而需要的工作量却大大减少。目前新的 VisualC++版本已经在市场上推出。C++已成为举世公认的最优秀的面向对象语言，开创了以面向对象技术为主导的软件设计的新时代。

3）编译程序

用高级语言编写的程序是源程序。由于计算机只能执行机器代码，因此用通用语言写成的源程序还必须经过翻译程序加工以后产生一个与源程序等价的目标程序或机器代码。不同的语言有不同的翻译程序，若源程序用汇编语言写成，则其翻译程序称为汇编程序。一般来说翻译程序的执行方式有编译方式和解释执行方式，其中编译方式指的是源程序经翻译程序加工后要产生一个目标程序，再由计算机运行该目标程序；而解释执行方式指的是翻译程序按照源程序的动态执行过程，按顺序每次读一句源程序马上将它翻译成相应的机器代码，并执行该机器代码，然后再读一句源程序，并重复以上过程直到全部源程序均处理完毕。这种方式不产生一个独立的目标程序，运行速度比编译方式要慢得多。FOR-TRAN，PASCAL，C 语言均采用编译方式处理，而 BASIC 语言是按解释方式处理的。编译程序的工作过程是把高级语言写的源程序译成目标程序。采用的方法是先分析词法和语法，然后进行代码优化、存储分配和代码生成工作。编译程序要对源程序进行多次扫描后才能完成这些工作。编译处理中一般还要作优化处理，使目标程序的执行时间尽可能短，占用存储量少，执行效率高。

4）装配程序

在一个大的程序中，其中有的程序块是独立编译的，有的程序块是程序库中的标准程序或标准子程序，也有些程序块是用其他语言编写的，这些程序块需要装配在一起组成一个可运行的目标程序后才能被用户执行。这时，这些分散的程序块是不能单独运行的，因为程序中所涉及的地址会相互重叠。必须把各程序块中所涉及的地址经过修改，并重新确定其地址，装配成一个完整的目标程序后才能运行。这个过程就是由装配程序来完成的。装配程序的任务是将几个分别编译或汇编的目标程序模块（.OBJ 文件）装配连接成一块，形成可以运行的可执行文件（.EXE 文件）。

为了方便用户，计算机中常设置各种标准子程序，供用户在编制程序时调用，这些子程序的集合称为程序库。程序库中的子程序一般都采用好的计算方法，计算速度快，精度高，并按统一的标准格式编制，便于用户使用。标准子程序中最基本的一类程序，比如初等函数，像三角函数、反三角函数、对数和指数函数、开平方和开立方等程序，这类子程序使用最为频繁，一般是放在内存中。所以，在有的高级语言中，称它为内部函数。

（2）专用语言处理系统

专用计算机语言有很多种，大多是为处理某一特定领域的问题而设计的，在 CAD 系统中用到的专用语言有：

LISP 语言：这是一种函数型表处理语言，适用于字符、符号的处理。在 AutoCAD 图形系统中常用内嵌的 AutoLISP 语言进行二次开发。

PROLOG 语言：这是一种专用图形语言，适宜于描述逻辑推理过程。

APT 语言：这是一种专用图形语言，适宜于对各种图形进行描述及处理。

DDL 与 DML 语言：它们是数据描述与数据操作专用语言，在数据库系统中常用它们来描述数据结构，及对数据库进行存取数据的处理。

1.2.3　计算机支撑软件

随着计算机在各个领域中应用水平的提高，许多应用软件的功能越来越强，程序的规模和复杂性也随之增加。一个有一定规模的应用软件，除了要实现本专业的各种计算、处理以外，还要开发大量的数据管理、格式控制、图形界面等方面的程序模块或子系统，开发这些模块或子系统的工作量有时甚至超过专业程序本身的开发工作量。

计算机辅助设计是计算机应用中最复杂的问题之一，不同目的不同专业领域的 CAD 内容是千差万别的，但是大多数 CAD 系统的交互方式，图形操作以至数据管理等又有很多共同之处。对这些共同之处加以分析、归纳后开发而成的通用软件，就是 CAD 系统的支撑软件。支撑软件（Support Software）为应用软件的开发者提供一系列服务的开发工具，从而减少软件开发工作量，缩短开发周期，也使应用软件更加易于修改与维护。事实上，一个 CAD 系统的功能和效率在很大程度上取决于支撑软件的性能。CAD 支撑软件需要包括以下几方面的内容：

1）基本图形元素生成程序；

2）图形编辑功能程序；

3）用户接口；

4）三维几何造型系统；

5）数据库及其管理系统；

6）汉字处理系统；

7）网络通讯系统。

建筑结构计算机辅助设计系统的支撑软件主要包括科学计算类支撑系统、图形支撑系统和数据库管理系统，它们是计算机辅助设计的核心技术。

（1）科学计算类支撑软件

科学计算类支撑软件种类繁多，它包括工程计算和工程分析中许多方面的内容，其中用得最多的有：

1）常用方法软件包

它包括常用数学方法库和工程设计中的常用方法库两部分，其中常用数学方法库中有各种常用数值计算方法，如微分方程的数值求解、数值积分、曲线曲面拟合、插值、矩阵计算、线性方程求解等。

2）优化方法软件包

优化方法软件包主要包括两方面的内容：一是针对实际问题如何建立最优化问题的数学模型，二是如何选择最优方法利用计算机对该问题求解。目前已开发了各种较成熟的优化算法及通用计算机程序，使得工程优化设计成为一门蓬勃发展的新学科。

3）有限元分析软件包

有限元分析实质上就是利用计算机进行力学分析，是一种近似计算方法。它能对复杂形状的物体进行应力、应变的分析，为工程设计奠定坚实的力学基础。有限元分析软件一般分为前处理、计算及后处理三部分。其中前处理部分主要建立有限元几何模型，包括网格划分等工作，计算部分完成应力、应变等计算，是有限元分析软件包的核心部分，而后处理部分则对计算结果进行分析处理。目前有限元分析软件包已成为 CAD 系统软件的一个重要部分，为工程结构分析最有力的工具之一。在建筑结构 CAD 系统中的有限元分析部分，根据建筑结构及其构件本身的特性，一般采用的是特殊的简化结构模型和单元模型来满足实际工程问题的需求。

（2）图形支撑软件

基本图形元素（Basic Graphic Element）是指生成复杂图形的基本单位，一般包括点、线、圆、弧、文字和填充块等。这些基本图形元素是计算机辅助设计中必不可少的内容。一般的计算机图形软件中都包括这部分功能。一些计算机高级语言如 BASIC、FOR-TRAN、PASCAL、C 等的新版本也都含有生成基本图素的标准子程序库可供用户直接在程序中调用。对于 CAD 系统来说，图形功能是其最重要的指标之一。图形系统构成了 CAD 系统的一个主要组成部分，是当前 CAD 应用技术中最活跃的部分，主要包括几何建模软件包和图形软件包两部分。

1）几何建模软件包

几何建模软件包的主要任务是建立 CAD 系统中的几何模型，也就是要正确地描述物体的几何形状，建立相应的数学模型及数据结构，把几何形体以数据文件的形式存放在数据库中。目前使用的几何建模软件包建立的几何模型主要有三种：线架模型、表面模型及实体模型，其中实体模型最复杂，也是水平最高的几何模型，它包含的信息比其他两种几何模型要丰富得多。几何建模的数学基础之一是计算几何，这是一门新兴的边缘学科，采用特定的数学方法来研究几何图形及其空间关系，在计算机的基础上把"形"与"数"有机地统一起来了，正是由于它的发展和应用才促使几何建模技术在 CAD 系统中占据了越来越重要的地位。

2）图形软件包

在建筑 CAD 系统中往往直接采用商品化的图形软件包作为图形支撑软件。图形软件包的主要任务就是提供绘图功能。绘图软件应能以参数方式绘制各种基本图形元素，如直线、圆、弧、文本字符等，同时应有较强的图形编辑功能，能对已有图形进行各种处理，如标注尺寸、画剖面线等，同时应能对图形进行各种几何变换如旋转、缩放、平移等变换，并通过输出命令绘制出满足工程需要的图纸来。目前国内外常用的图形系统软件包有很多种，在微机上应用最普遍的是 AutoCAD 软件，它是美国 Autodesk 公司开发的，本书将在以后章节中对它进行详细介绍。

（3）数据库系统

在 CAD 系统中有大量数据信息需要存储、传递、检索、加工。这就对数据的管理提出了越来越高的要求。数据库系统就是一种有效管理数据的软件，它实现了数据的共享，大大减少数据的冗余度，并对数据的安全性、完整性、保密性提供了统一的控制。可以说数据库系统是各种 CAD 系统软件必不可少的基础。目前在我国微机中使用最广泛的数据库管理系统有 FOXBASE＋，FOXPRO 等。同时在它们的基础上又开发了独立的工程数据库管理系统，常用的有 TORNADO，MLDB 等。

1.2.4 面向用户的应用软件

应用软件是用户利用计算机以及它所提供的各种系统软件和支撑软件，编制解决用户各种实际问题的程序。计算机辅助设计系统的功能最终反映在解决具体设计问题的应用软件上，它应具备如下特点：

（1）能够切实可行地解决具体工程问题，给出直接用于设计的最终结果；

（2）符合有关规范、标准和工程设计中的习惯；

（3）充分利用计算机辅助设计系统的软件资源，具有较高的效率；

（4）具有较好的设备无关性和数据存储无关性，便于运行于各类硬件环境以及与不同软件的连接；

（5）使用方便，具有良好的人机交互界面；

（6）运行可靠，维护简单，便于扩充，具有良好的再开发性。

通常，应用软件需要用户自行开发，这是因为某些设计的专业性较强，涉及的领域广泛，其开发需要专业人员的知识和经验，所以计算机辅助设计系统的开发是工程技术人员应用计算机技术生产的综合产物。在支撑软件的基础上针对特定领域、特定工程设计问题、特定产品等开发专用的软件，即面向用户的应用软件，也称为"二次开发"。这种开发项目往往由软件工作者与用户联合开发。最后要说明的是支撑软件与面向用户的应用软件之间的界限往往不是很分明，有的教科书上也把这两类软件统称为应用软件。

自从计算机辅助设计在各个设计领域应用以来，已经有多种设计系统在卓有成效地工作着。设计系统的形式主要以系统是否具有人机对话功能而分成交互型和自动型两大类。

（1）交互型系统是指具有人机对话功能的系统。它的作业过程要在人的直接参与下，以人机对话的交互作业方式来进行工作。设计时需凭借设计人员的经验和知识进行人工干预，作出判断及修改设计，以得到一个较优的设计，它适用于设计目标难以用目标函数来定量描述的工程设计问题。

（2）自动型系统是一种非人机对话的自动设计系统。设计人员按设计要求输入基本参数后，作业过程中勿需人的参与或者只要很少的人工参与，计算机会根据用户编制的程序自动地完成各个设计步骤，直至获得最优解为止。它一般只适用于一些目标函数比较简单的产品设计问题，目前在建筑结构 CAD 系统中尚难以采用。

1.3　CAD 技术在我国建筑工程行业的应用

由于历史上的原因，我国现代科学技术的发展一度受到阻碍而整体水平滞后于世界先进水平，包括 CAD 技术的研究、开发也起步较晚。自 20 世纪 60 年代末期，最早在航空、造船和汽车行业开始了对 CAD 技术的研究和开发工作，初期阶段主要是引进国外的一些 CAD 系统，对 CAD 技术作原理和算法上的研究，形成了我国自己的 CAD 技术研究队伍。随后开发出一批实验性系统，取得一些应用性成果，CAD 技术也向更多的行业领域扩散，土木建筑行业是较早应用 CAD 技术的行业之一。20 世纪 70 年代之前，工程设计及科研使用国产计算机（如 TQl6，709 机等）来完成数值计算与结构分析，机器体积大、速度慢、容量小且价格昂贵，采用纸带穿孔输入程序及数据，使用十分不便。由于价格昂贵，全国只有少数几家大型国防和工业与民用设计院才有条件拥有这样的计算机开展 CAD 应用工作，而且实用软件数量相当有限。

20 世纪 80 年代初期随着我国改革开放的进展，较广泛地使用进口计算机成为可能。1981 年 IBM 推出第一台 PC 机，使得专业人员可以直接上微机操作，为了解决应用软件的问题，开始把大机器上的程序移植到 PC 机上，研究"小机算大题"的技术并取得有效的成果。由于依赖键盘输入来建立数据文件，大量的数据输入输出处理工作仍困扰着工程技术人员。

20 世纪 80 年代后期，具有图形前后处理功能的结构设计软件开始进入实用阶段。目前前处理广泛采用了人机图形交互输入数据，后处理可将计算设计结果以图形方式输出（如变形图、内力图、振形图等），直至自动生成完整的施工图。大大提高了工作效率，使得普通技术人员也可上机完成设计工作。开发结构设计应用软件工作量较大，除了涉及图形、汉字等软件技术外，还涉及众多计算理论和方法、规范要求及各种不同的图纸表达习惯作法。从上部结构到基础，计算数据准备、结构分析、配筋设计到出施工图，既要求方便的人工干预又要尽可能提高自动化水平。经过二十几年的开发研制，目前我国已有多种商品化应用软件在设计部门得到广泛应用。随着计算机容量、速度、显示分辨率等硬件性能的提高以及国外高性能的图形支撑软件的引进，继结构设计 CAD 技术的率先成功之后，建筑及设备专业的 CAD 技术也日益成熟，可以进行三维造型，自动生成平、立、剖施工图，渲染图可以表现光影、质感和纹理。通过十几年的努力，工程设计行业计算机应用环境有了极大的改善，应用水平得到了很大的提高。CAD 的应用基本上覆盖了勘察设计的全过程，从而促进了 CAD 应用技术的普及和提高。目前绝大多数的大、中型设计院的设计技术人员已"人手一机"，提前实现了前国家科委和建设部提出的 2000 年甩掉绘图板的目标。有些设计院还建立了网络系统，正向集成化、智能化方向发展。有些单位还将工程项目管理和电子光盘档案管理应用于网络中，逐步向工程设计管理与生产的"无纸化"全过程管理迈进，这样的进步将推动设计单位的技术装备水平再上新台阶，增强市场竞争能力。实现应用环境网络化，应用系统集成化，应用软件智能化的目标，已提到人们的议事日程上来。

众所周知，建筑结构设计的计算工作复杂而繁重，绘图工作量很大，其中许多重复性的工作单调而枯燥，但又容不得差错存在。这正是最能体现和发挥 CAD 技术应用价值和威力的领域。建筑结构设计是土建行业较早采用 CAD 技术的专业之一，商品化应用软件的开发相对起步较早，最先取得突破并带动了建筑和各设备专业 CAD 技术的应用。随着微机的推广普及，许多结构设计应用软件就是由熟练掌握计算机技术的结构工程师开发或作为主要开发人员。由于结构设计必须遵循国家或行业技术规范和标准，加之用户的语言习惯，使国产软件具有得天独厚的市场优势。目前国内流行的软件基本上是由我国建筑科研机构、大中型设计院和高等院校自主开发或二次开发后推出的。以 AutoCAD 为图形支撑平台，是我国建筑工程 CAD 软件的主流。受中国这一世界上最大建筑市场所蕴藏的丰厚利润的驱使，近一、两年来出现了一个值得注意的现象，即国外一些大型 CAD 应用软件（如 ETABLS，MIDAS 等）正通过汉化、采用中国规范等方式，在中国市场上独家或通过代理商推出他们的商品软件。这将给我国应用软件市场带来一种新格局。其中MIDAS IT 公司自 2002 年进入中国市场以来，MIDAS/Gen（建筑结构分析程序），MIDAS/Civil（桥梁分析程序），MIDAS/GTS（岩土隧道分析程序），MIDAS/SDS（复杂楼板、筏式基础结构分析及优化设计软件）的用户有了较快增加，已在 2008 年北京奥运会体育场馆（如：“水立方”、“鸟巢”等），以及北京电视中心、北京国际机场等工程设计中得到应用。读者通过表 1-1 所列资料，可了解目前市场上流行的计算机辅助绘图及结构设计软件。

目前市场上流行的计算机辅助绘图及结构设计软件   表 1-1

软件名称	开发单位（厂商）	适用范围（结构类型）	主要功能及特点	备 注
AutoCAD 计算机辅助绘图软件	美国 AUTODESK 公司	目前国内外广为流行的计算机辅助绘图软件，应用范围涉及到机械、电子、土木建筑、航空、汽车制造、造船、石油化工、轻纺、环保等各个领域	绘图功能完善，使用方便；具有很强的三维设计、CSG 实体几何造型、真实感模型显示和数据库管理等功能；提供了丰富多样的二次开发接口；版本不断更新，功能日益增强	自 1982 年 11 月首推 AutoCAD1.0 版本以来发展至今，AutoCAD 已经成为全球用户数量最多的数字化设计工具
PKPM 建筑工程 CAD 集成系统	中国建筑科学研究院 PKPM CAD 工程部	砌体结构及底框-砌体结构，多、高层钢筋混凝土结构（框架、框-剪、剪力墙、简体等）、钢结构，预应力混凝土结构及基坑支护、简仓等特种结构	集建筑、结构、设备、节能设计和概пред预算、施工管理、施工技术于一体的大型 CAD 集成系统；拥有多种先进的多高层及特殊结构空间有限元分析方法和弹塑性静、动力分析方法	与 AutoCAD 接口 www.pkpm.cn
TBSA 系列软件 V6.0	中国建筑科学研究院结构所	多层及高层钢筋混凝土结构（框架、框-剪、剪力墙、简体等）、型钢混凝土构件和钢结构构件等	上部结构、基础计算、辅助绘图一体化	
TUS 多层及高层空间结构一体化设计软件	清华大学建筑设计研究院	多层砌体结构、底部框架抗震墙结构、多高层钢筋混凝土结构（框架、剪力墙、框-剪、框简、简中简等）以及高层钢结构等	基于 AutoCAD 图形平台，集结构建模、分析、施工图绘制和强大的结构设计辅助工具箱为一体的空间结构设计系统；可以对复杂高层建筑结构进行弹性动力时程分析补充计算	具有多种数据接口，支持 SATWE 数据模型和计算结果导入，导入导出 TBSA 数据，导出 ETABS 数据等 www.tus.com.cn

软件名称	开发单位（厂商）	适用范围（结构类型）	主要功能及特点	备　注
ETABS V9（中文版）建筑结构分析与设计软件	美国计算机和结构公司（CSI）	各种多、高层建筑结构，包括混凝土结构、钢结构及组合（混合）结构等	集成化的三维空间建模功能，一体化的设计功能；可进行反应谱分析、时程分析、静力非线性分析、施工顺序加载分析、结构阻尼器和基础隔振分析以及钢结构截面自动优化设计等	采用三维图形操作界面，类 AutoCAD 编辑方式；支持中国现行结构规范和欧美规范；多种数据接口 www.bjcks.com
SAP2000 通用结构分析与设计软件（中文版）	美国计算机和结构公司（CSI）	多、高层钢筋混凝土结构、钢结构，复杂的空间结构、桥梁结构、设备基础、电力设施、索缆结构、近海结构、后张预应力结构和其他特殊结构等	三维图形操作界面，集成化的工作环境；自动网格划分、基于对象的全新建模功能；自动生成框架、壳体和实体单元模型；强大的分析和输出功能；顺序施工模块允许对任意模型考虑施工顺序	支持中国规范和欧美规范 www.bjcks.com
MIDAS/GEN 结构分析和设计优化系统	北京迈达斯技术有限公司	多、高层钢筋混凝土结构、钢结构、组合结构、大跨结构、特种结构、高层及超高层结构、地下结构等	强大的分析、设计功能；可进行特征值分析、反应谱分析、屈曲分析、几何材料非线性分析、弹塑性静、动力分析、隔震、消能减震及支座沉降分析、施工阶段分析、预应力分析以及钢结构的优化设计等	基于 AutoCAD 环境；具有多种数据接口，可以导入其他程序文件，如 SAP、Auto-CAD、SATWE、STA-AD 等；支持中国现行结构规范 www.MidasUser.com
广厦建筑结构 CAD 系统	广东省建筑设计研究院深圳市广厦软件有限公司	任意平面和体型的框架、框-剪、剪力墙、砌体结构、底框-砌体结构等	分析、设计、绘图一体化；对建筑结构中的多塔、错层、转换层、楼面大开洞、长悬臂和大跨度等情形提供了方便的处理手段；具有异形柱计算和设计出图功能；采用"优化钢筋配筋库法"对所有构件优化配筋	与多个空间结构分析程序（如 TBSA、TAT 等）有数据接口 www.gscad.com.cn
SACB 建筑结构空间分析及绘图软件	中国建筑科学研究院抗震所	底层框架砖房、砌体结构和钢筋混凝土多、高层结构	以底层框架砖房结构计算分析为主，集图形交互前后处理、三维空间静力、动力分析、梁、柱、板和基础 CAD 绘图于一体，配筋施工图自动形成	
Robot Millennium 结构分析软件	上海先手公司中国总代理	各种钢结构、混凝土结构、复合结构、木结构及铝合金结构等	结构分析设计一体化；可进行动力分析、非线性分析、屈服分析、应力分析等	支持中国规范

13

软件名称	开发单位（厂商）	适用范围（结构类型）	主要功能及特点	备 注
MTS 钢结构设计系列软件	上海蓝科钢结构技术开发有限责任公司	各种多高层钢框架、框撑、钢混凝土组合结构、门式刚架、排架、桁架等	可进行项目方案、初步设计、结构设计、结构布置图及详图设计；MTSTool 钢结构设计工具箱可进行各类钢结构节点及构件设计，组合梁、地基与基础设计等	与 AutoCAD、ETABS、XSTEEL、SATWE 等各类软件接口 www.lankesoft.com
3D3S V8.0 空间钢结构设计软件	同济大学 3D3S 开发组	门式钢刚架、多高层钢框架、混合结构、钢屋架、空间钢管结构、拉索结构、预应力钢结构、索膜结构、复杂钢结构构筑物等	空间结构-钢结构分析、设计、绘图一体化功能；可进行截面优化设计	与 AutoCAD 等软件接口 www.tj3d3s.com
SSDD 钢结构设计与绘图软件；STAAD/CHINA 通用结构设计与绘图软件	阿依艾工程软件（大连）有限公司	钢框架、塔架、桁架、网架（壳）、悬索结构等	强大的三维图形建模和可视化前、后处理；可对多种结构形式进行线性、非线性静力、反应谱及时程分析；可进行普通钢结构连接节点的设计与优化	内置 20 多个国家的标准型钢和自定义界面库，并可按照欧美、日本以及中国现行钢结构设计规范进行设计 www.reichina.com
MSTCAD 2006（网络版）空间网格结构分析设计软件	浙江大学空间结构研究中心	大型复杂体型的网架、网壳结构、高耸钢结构塔架和各种大小、形式的空间网格结构	前处理、图形处理、优化设计、施工图和机械加工图一体化；提供几十种多层网架、单双层球壳、柱面壳等基本网格形式；可进行非线性稳定分析、抗震动力分析	与 AutoCAD、SAP2000、ANSYS 等各类软件接口 www.MSTcenter.com
PS2000 门式刚架轻型房屋设计 CAD 软件	中国京冶钢结构软件部	单层、两层门式刚架轻型房屋	以结构设计为主、兼有绘制建筑方案图功能；主次结构和基础的计算分析；自动生成方案图、施工图和三维建筑及结构效果图；统计工程量并完成工程报价	www.yjcad.com
SS2000 钢结构设计 CAD 软件	中国京冶钢结构软件部	钢框架、钢框架-混凝土核心筒、钢框架-支撑等结构等	空间图形建模及计算分析；节点设计；生成设计图及加工详图；工程量统计和工程报价	www.yjcad.com
SCIA 钢结构一体化软件	德赛公司与欧洲 SCIA 钢结构软件	二维/三维框架、板、壳体、塔架、格构式构件等各种形式的钢结构、混凝土结构、木结构及其组合结构	由结构分析与设计、三维 CAD 制图、集成制造三大模块组成；可进行线性、非线性、动力、结构整体稳定性分析等	AutoCAD 平台；适用于多国规范

软件名称	开发单位（厂商）	适用范围（结构类型）	主要功能及特点	备　注
理正系列软件		各类钢筋混凝土构件、钢结构、人防工程结构等	集建筑、结构、地质勘察、岩土工程、勘测设计与一体的集成软件，其中结构系列软件包括快速结构绘图、剪力墙边缘构件设计、各类钢筋混凝土结构构件设计、钢结构、人防工程结构、基础、楼梯设计及三维杆系结构的空间分析等	www.lizheng.com.cn
QYCAD 软件 V2.2 版世纪旗云结构设计工具软件	北京世纪旗云软件技术有限公司	钢、钢筋混凝土结构构件、楼梯、基础等	梁、板、柱、墙、楼梯计算；钢结构构件计算；地基处理及基础计算；砌体结构计算；矩形水池等特殊结构计算；常用设计规范查询等	www.sjqy.com.cn
探索者 TSSD 2006 系列结构设计系列软件	北京探索者软件技术有限公司	各类钢筋混凝土结构、钢结构及水工结构设计施工图的绘制	提供了方便的参数化绘图工具和齐备的结构绘图工具集；可进行钢筋混凝土构件的计算；能够读取工程计算结果，自动生成结构施工图详图；可进行抗震墙边缘构件的设计	以 AutoCAD 为平台；提供与天正建筑、PKPM 和广厦等软件的接口 www.tsz.com.cn
MorGain 结构快速设计程序	颜少耕个人开发研制	钢筋混凝土基本构件和地基基础	包含了设计人员常用的四十多项功能，包括钢筋混凝土基本构件的计算，地基基础的计算以及一些常用工具	
FRWS 深基坑支挡结构分析计算软件	上海同济启明星科技发展有限公司	基坑设计、施工、监测及多类型的挡土结构	提供灌注桩、连续墙、重力式挡墙、土钉墙、SMW 工法等十种支护方案；可进行各个工况的内力位移计算、地表沉降计算、稳定性验算、降水计算等	www.qimstar.com
XSTEEL 钢结构详图设计软件	芬兰 TEKLA 公司	各种钢结构施工图的绘制	全球最负盛名的钢结构详图软件，可协助用户完成钢结构后期的加工、制作详图设计	
StruCad 三维钢结构实体详图设计系统	英国 AreCad 公司	各种钢结构施工图的绘制	三维钢结构详图设计软件，包括 CAD、CAM、CAE 等一系列模块，能满足钢结构工程建设中从设计到施工制造全过程的要求	
TAsd 天正结构 CAD 软件	北京市天正工程软件公司	各类结构施工图的绘制	与 TBSA 计算程序的简图接口，可以生成模板施工图；建筑平面图接口可与建筑软件连接；与 AutoCAD 可完成杆件和节点的设计、节点详图、施工图的绘制	以 AutoCAD 为平台

注：此表系根据截止至 2007 年 3 月的软件使用说明或广告资料整理，仅供参考。各软件版本不断完善更新，读者可以最新软件版本资料为准。

由表 1-1 可以看出，一部分 CAD 软件功能比较单纯，相当于计算机辅助结构绘图软件，主要用以方便用户完成结构施工图（梁、板、柱、墙等构件的配筋图和模板图等）的绘制。其中大部分具有结构平面设计的功能。其中一些可以通过接口和有关结构设计计算软件接力运行来完成绘图。有一部分软件则主要面向某一类结构类型（如钢结构、底框砖房等）的计算机辅助设计计算，其中一些已具有从计算到绘图、从上部结构到基础的一体化功能。而为数不多的一些开发起步较早的软件，利用资金积累的优势，加大开发力度，已形成大型软件包，具有适用范围广泛、设计功能齐全的一体化优势，从而占据了国内建筑结构 CAD 技术的主导地位。目前国内外建筑结构 CAD 计算软件的发展已进入通用分析时代，例如，在我国已被 6000 多家设计单位正式采用的广厦建筑结构 CAD 系列软件，在经历了十多年的薄壁杆系空间分析程序和墙元杆系空间分析程序的开发和应用后，新近推出了建筑结构通用分析与设计软件 GSSAP。它是一个力学计算部分采用通用有限元架构，同时又和结构设计规范紧密结合的 CAD 软件，可以更好地满足结构设计复杂化和计算功能细致化的要求，完成从三维建模、通用有限元分析、基础设计，到施工图生成的一体化结构设计平台，有可能成为新一代主流结构 CAD 软件，与国外通用结构分析与设计软件（如 SAP2000 等）并驾齐驱。

CAD 技术只能在创新中求发展，这要求一方面必须跟踪国际计算机技术发展的先进水平，另一方面必须满足国内市场用户的使用需求。应用软件的功能和操作细节都需从设计人员的实际工程使用方便着眼，例如结构建模的数据输入要尽可能的少；操作应灵活方便，既要设计过程的高度自动化，又要便于适时的人工干预；菜单和提示要便于理解，流程要合理；计算结果输出要简洁，数据实现表格化和图形化；施工图绘制排版应灵活实用，构造措施和节点大样应符合工程习惯做法。事实说明，这样的软件才可能受到用户的认可和欢迎，在激烈的市场竞争中占有一席之地。

1.4 土建行业 CAD 发展趋势

今天我们处于高科技不断创新的时代，建筑行业作为经济和社会发展的重要载体，在我国国民经济建设和发展中处于支柱产业地位，用计算机技术改造传统产业是历史发展的必然趋势。展望 21 世纪，以多媒体、数据库、网络、可视化、虚拟现实等技术为代表的人—计算机交互理论和技术将渗透到土木工程领域的各个方面，使得传统的工作模式、表达方法、思维形式、管理方式都将出现革命化的变化，有力地推动生产力的迅猛发展。加大计算机应用的深度和广度，全面提高计算机应用水平与效益是工程设计现代化赋予这一代土木工程技术人员跨世纪的历史重任。有关部门、专家和有识之士已就目前需要解决的问题和发展趋势发表了具有前瞻性的意见和设想。这对大家学习和应用 CAD 技术指明了方向，具有重要指导意义。

1.4.1 集成化、协同化、智能化的发展方向

与世界发达国家相比，我国工程设计领域引入 CAD 技术相对比较晚，但是，随着计算机硬件和软件技术突飞猛进的发展，计算机系统的性能价格比的飞跃提升，和我国经济建设的高速发展及其带来的综合国力的攀升，近几年来，CAD 技术在土木建筑设计领域中的发展和普及，已使我国的 CAD 技术应用水平与发达国家的差距大大缩小。建筑工程

从建筑方案设计、结构布置和内力分析、构件截面设计计算、施工图绘制到预算全过程可实现CAD一体化完成。今天，历史给予我们实现中华民族腾飞的新机遇，在集成化、协同化、智能化及其相关技术的研究与开发领域，我们和发达国家面临着相同的发展创新机遇。集成化技术是指在工程设计阶段和各专业的有关应用程序之间，信息提取、交换、共享和处理的集成，即信息流的整体化，将设计的各阶段及涉及的各专业有机的形成一个整体。协同技术是指在集成的基础上，在网络技术的支持下，实现并行工程处理作业。以工程项目为核心，使不同地点的设计专业群体能及时地共享图形库、数据库、材料库及一切上网资源。智能化技术即把具有学习、记忆和推理功能的专家系统运用于CAD系统，使系统的性能得到更大的改善，可靠性进一步提高，灵活性更大，能够适应千变万化的工程设计的实际需要。

1.4.2 当前若干需要开展的工作

CAD技术运用于工程设计有着传统手工设计无法比拟的优越性，它能降低劳动强度，提高设计质量，缩短设计周期，有效避免手工设计中存在的"错、碰、漏、缺"现象。采用CAD技术能方便实现项目投标、方案优化、数值计算、施工图设计绘制、工程造价预算等一系列服务，从而降低工程造价、节省投资、提高设计质量、提高生产效益。但是尽管计算机能做很多人不能做的事情，但它并不能完全取代人脑。CAD技术运用于工程设计并不能杜绝设计事故的发生。有识之士早已就此问题发出警告，有关行业主管部门也开始注意解决这一问题，已开始着手开展下面几项工作：

（1）加强软件市场的管理，规范市场行为，促进软件产业的形成为使工程勘察设计行业CAD应用健康、有序地发展，要规范市场，要保证应用软件自身的质量与水平，还要确保工程安全可靠，又要防止浪费和保守，行业将实行软件的评测、审定和登记准入制度。首先是对在工程设计某些环节中，有可能直接造成质量问题的工程力学分析计算软件，先进行评测。这项工作已经启动。经审定合格的软件在全国、全行业发布，让用户用得放心。这样既起到净化市场、规范市场的作用，又提高了软件开发单位的知名度，以促使他们投入更大的力量进行新版本的完善、服务，开发出更优秀的软件。大力提倡使用正版软件，维护法律、保护知识产权和版权所有者的利益，推动行业软件产业化的进程。

（2）软件企业导入ISO 9000

ISO（国际标准化组织）9000标准提供了科学的质量管理和质量保证机制，它提供的基本原理、基本思想和基本方法适用于所有的工业领域，包括软件产品开发。现在不少软件企业的管理水平远远落后于技术水平，造成了不少软件质量问题。现在不少软件企业已认识到这个薄弱环节，纷纷按ISO 9000标准建立起软件开发质量保证体系，加强质量管理，争取ISO 9000质量认证已成为国产软件企业发展的必由之路。

（3）制定工程设计CAD标准体系

目前，设计各专业之间数据交换的技术标准不统一，图形存储格式不统一，影响了使用效率。有必要使软件开发单位都能在同一标准下开发软件，这是集成化的基本要求。我国建筑行业的软件开发一般都能按照各专业相关的标准规范和工程经验参数来开发CAD软件，然而由于我国尚未制定有关建筑业软件标准体系，特别是数据交换标准，开发商往往自行规定采用数据交换格式、术语、符号、编码等，造成不同的软件很难集成。目前国内建筑业集成化软件系列往往是一家开发商自己的不同专业的软件产品集成，要进行建设全过程（勘察、规划、设计、施工等）或不同专业（建筑、结构、给排水、电气、采暖通风和概预算等专业）之间软件产品集成，缺乏统一的标准是无法实现的。国家质量技术监督局已颁布的"CAD 通用技术规范"中制定了 CAD 标准体系表，将成为我国建筑业 CAD 软件开发与应用的指导性标准。

（4）实现软件模块化，一次建模，接力运行，一条龙完成

工程设计 CAD 技术发展到现在，实现数据集成、系统集成已成必然趋势。现代 CAD 技术要求采用开放式数据库，开放式数据接口，标准化数据结构，做到信息提取、交换、共享和处理的集成，不仅仅建立本专业内部工程数据库，还要建立各专业共享数据库，构建多专业集成化一体化软件系统，实现以人为中心的寻求最优设计，大大提高建筑工程设计效率；实现后续专业从"龙头"专业（建筑专业）提取图形和数据，数据共享，减少冗余；实现各专业间数据双向传输、联动修改；实现各专业错漏碰断检查和工程量自动统计计算。

（5）网络化、多媒体化是 CAD 软件的发展趋势

如今，计算机应用已进入以网络为中心的时代，联本单位局域网，上国际互联网，应用多媒体技术已成为各行业计算机应用的发展潮流，这给建筑 CAD 带来了新的动力和课题。实现网络化，不仅可以做到软硬件共享、数据共享，而且会给设计工作方式带来新的变革，设计人员将告别传统的办公模式，可以不受地点、时间的限制，通过计算机网和一体化集成 CAD 软件的双向传输功能，可以实现同专业多人并行协同设计，各专业工种并行协同设计。通过互联网，甚至可以实现跨地区、跨国家的联合设计。网络设计院将成为一种现实。

1.5 工程结构 CAD 使用中应注意的问题

软件是 CAD 的灵魂，选择好的软件是项重要的决策，关系很大。目前对于软件的功能、可靠性、易使用性、成熟性、易理解性、容错性等质量因素还难以定量分析，缺乏必要的测试手段和质量标准。现在的软件市场很不规范，缺乏权威的软件测评机构，还未正式建立软件的准入机制，面对众多的软件宣传和广告，一般没有条件引进各种软件进行对比试用。如何选配软件有时难以决定，通常可考虑三条原则：一是实用性，即用户界面要友好，易学易用，兼容性好；二是系统性，选配的各专业软件要成系统，这样各专业间设计可接力运行，提高使用效率；三是可发展性，软件必须有完善的售后服务和及时的版本升级。一般应选用国家大型科研单位研制的软件，这些软件的实用性、系统性、可发展性比较可靠，另外维护、升版等重要的服务工作也相对较好。目前有些软件开发单位已在互联网上设立了自己的网站，用户可通过网络享受版本升级、技术咨询、经验交流等便利，如 PKPM 系统软件。另外若单位计算机已组网，则可根据实际情况选购软件的网络版，这样使用和管理均比较方便。另一个很重要的原则是坚持使用正版软件，杜绝使用盗版软件，这一方面是保护知识产权，发展软件产业的正确要求，一方面是确保设计质量的基本要求，这一点对结构设计工作尤为重要，因为这样的计算差错有时比较隐蔽，一旦未能及时察觉，就可能造成重大设计错误，导致"豆腐渣"工程。

在 CAD 技术推广过程中，有时会遇到两种极端的倾向，一种倾向是对计算机的不信

任感甚至排斥心理，把软件计算得到的结果仅作为某种参考，随意地凭个人的主观经验修改设计，只愿意采用图形支撑系统（如 AutoCAD）来帮助出图。这仅实现了计算机辅助绘图功能，并不是真正的计算机辅助设计，这样是难以进行多方案优化设计的。造成这种倾向的原因可能有两点，一是对计算机的操作使用不熟悉；另外可能是曾经遇到某些软件功能不完善甚至确实有错的情况，"一遭被蛇咬，十年怕井绳"。另一种倾向是盲目依赖计算机。

目前工程项目的设计周期都要求的很紧，设计人员为了赶工期，往往只追求和满足由计算机得到设计结果，即使运行中出现"死机"或"出错"的情况，也不仔细追究原因，只简单地修改某些参数再开始执行，只要最后计算通过，即万事大吉。实际上 CAD 系统不能当成傻瓜相机那样使用。在应用 CAD 技术中仍要发挥设计人的思维、人的创造，计算机只是工具，是人来指挥设计，而不是机器简单地代替人来设计。必须纠正"计算机出图不会有问题"的错误认识。事实上，软件是人编制的，数据是人输入的，绘图配筋也是人在计算机上参与修改的，在这些环节上都可能发生人为错误。所以必需加强对计算结果的校核和复核工作，把好出图质量关。选择购买适用的软件后，必须首先仔细地阅读软件的配套资料，包括用户使用说明、技术手册及设计例题等。必要时参加软件开发商提供的培训课程。专业应用软件的编制中都对结构进行了近似简化处理，采用一定的计算模型、假定条件、计算方法和应用环境，这些即为软件的技术条件，例如剪力墙有按薄壁杆件单元处理，也有按空间有限元模型（墙元）处理。使用者在使用前一定要了解软件技术条件的限制、软件的适用范围和技术参数。针对具体设计对象的特点，合理选择适当的软件及计算模型。如果对这些了解不透彻，把软件当作傻瓜相机、黑匣子来使用，就可能产生设计事故。

只有掌握了软件的正确使用方法，才有可能最大限度地提高操作效率，防止错误操作，正确无误地使用好软件。目前应用软件大多提供人机图形交互输入方式，用鼠标在屏幕上点选对象，快捷轻松，大大方便了用户，但是也容易因操作有误而未及时发现，造成设计出差错。有关单位在对一些工程 CAD 设计质量检查中发现，除了软件本身的缺陷以外，最容易出现操作失误的地方有：清理荷载漏项；荷载数据输入出错；人工修改配筋失误；参数调整时理解错误等。

采用 CAD 技术后，设计节奏加快，人的注意重点分散，容易造成荷载清理时漏项。特别是一些设计经验不足的新手，计算机使用可能比较熟练，但容易在这里漏算或算错荷载，有时只是机械地导算隔墙荷载，而未考虑二次改造因素。有时尽管荷载清理时计算无误，但在最后仔细检查校对时，发现荷载简图甚至结构简图有错，这在人工图形交互输入误击鼠标时容易产生。特别是在对结构多次进行修改时，容易改变原先的正确输入而未发觉。结构计算完成后，对配筋结果往往需要归并及人工干预才能绘制出满意的施工图，此时一定要细致耐心，防止盲目改大计算配筋，甚至改错。还要避免操作失误，在图纸上标注错误，造成设计差错。出图前一定要加强校核工作。

结构设计中往往涉及一些参数的选择，如荷载折减系数、弯矩调幅系数、惯性矩增大系数、地震周期折减系数等，它们的合理取值范围有的是大于 1.0，有的是小于 1.0，若不理解其含义，容易选择出错。在 CAD 软件中为方便用户，经常给出默认值，使用时应正确处理，不可盲目使用默认值。

从数据输入到施工图出图，中间环节较多，采用CAD后设计周期大大缩短，设计人员的脑力劳动强度相应加大，设计人员自我校对的质量有时受时间限制难以保证，加之软件的自动化程度较高，有时难以发现差错，校对与审核工作相应必须加强。坚持严密的校审制度，建立完善的校对过程和关键数据控制表，将有利于控制出图质量。结构建模后，对荷载取值、各种材料强度取值、抗震烈度、抗震等级等都要准确核对，无误后再进行下一步计算。为了便于校审，及时打印出计算机输入与输出文件，应将平面简图、荷载布置图、内力包络图、配筋包络图，以及一些关键参数，如调整系数、构造措施、隐含参数和人工干预情况等打印出来，供校审时与施工图纸对照检查。这在目前结构CAD软件对复杂结构施工图绘制质量有时尚不理想，往往需要人工归并、调整处理的情况下尤为重要，可以降低发生重大人为失误的可能性。采用CAD技术后，对设计人员的专业知识和工程经验的要求不是降低了，而是提高了。商品化的结构CAD软件一般已经过开发单位的考核，但由于编制结构软件的复杂性和难度，也不排除软件在某些特殊的分支流程存在缺陷，考核题目一般也有局限性，所以软件也可能局部出错。有个别版本的程序就曾发生过较大的差错。所以并不是任何人只要学会软件的操作都可以胜任结构设计工作，计算机输出的设计结果也不都是正确的。解决这类问题仅靠一般的校审工作有时显得很不够，可通过两种途径加以防止。一是对新软件首先进行考题，审核其可靠性；二是坚持设计人员对输出结果进行的分析与判断。进行考题工作时，可选择较典型的、又便于手工计算或用其他软件计算的结构模型，分别进行计算，将结果加以比较对照；还可和以前的实际工程（包括复杂结构模型）的成功设计结果用新软件复核、比较，了解和掌握它的可靠性和性能特点。对于第二条途径来说，综合运用基础知识和设计经验的能力是很重要的。在面对体型复杂或高层建筑时，正确运用概念设计方法对软件输出结果进行分析和判断，尤为重要。可从结构的动力特性参数（如自振周期、振型曲线形状）、静力平衡条件，内力和位移的大小和分布规律（包括对称性的利用）、地震作用的大小、超限截面的多少与位置等方面加以考查。还可和已有类似结构设计进行比较。有条件时，还可用两个软件由多人操作对复杂结构进行设计对比。下面几点具体方法可供参考：

（1）周期

结构的自振周期是反映结构固有特性的一个重要参数，周期太长表明结构太柔，反之则太刚，正常的结构类型其自振周期应在一个合理的范围之内，一般可按经验公式估算。对于通常较规则的结构平移振动时（扭转耦联振动时情况较复杂），常可取其层数 N 按下列公式计算判断其自振周期是否大致合理：

框架结构：$T_1 = (0.12 \sim 0.15)N$

框架-剪力墙结构和框架-筒结构：$T_1 = (0.06 \sim 0.12)N$

剪力墙结构和筒中筒结构：$T_1 = (0.04 \sim 0.06)N$

第二及第三振型周期近似为：$T_2 = (1/3 \sim 1/5)T_1$；$T_3 = (1/5 \sim 1/7)T_1$

如程序输出结构自振周期值异常，往往提示有问题存在，应注意查明。

（2）变形特征

振形曲线和水平力作用下位移曲线也是判断结果正确性的重要根据。不同类型的结构变形特征不同，如框架结构呈剪切变形规律，而剪力墙结构呈弯曲变形规律，框架-剪力墙结构则介于两者之间，呈反S形变形曲线。一般情况下，第一振型曲线无零点（不计原点）；第二振型曲线在 $(0.7 \sim 0.8)H$ 处有一个零点；第三振型曲线分别在 $(0.4 \sim 0.5)H$ 及 $(0.8 \sim 0.9)H$ 处有两个零点。如软件输出的振形曲线的过零线点数与振型阶数不对应，或曲线有异常突变，或结构在水平力作用下的侧移大小与曲线形状不符合正常规律，有明显异常，则应引起警惕。

（3）静力平衡条件

结构的内力和外力应平衡，结构的基底剪力和轴力应和上部结构所受水平力和竖向力代数和分别对应。在梁柱节点也应满足力的平衡。另外对于对称结构，在对称荷载作用下其内力和变形也应对称。

（4）配筋

按正常情况设计的结构，其构件的配筋率应在合理范围内，在应力集中的部位配筋量一般也相应增大，如果大量出现超筋或按构造配筋截面，则应分析考虑其原因。

平时应做好计算机安全防范工作，对于重要的软件和数据，应做好备份，以防系统出问题或受病毒感染造成损失。注意认真做好计算机硬件系统的保养维护工作。对于外来磁盘和光盘，应在检查杀毒之后才能使用，上网的计算机还应防止网络上病毒的传播。爱护和保管好所使用的磁盘和光盘，特别是应用软件的钥匙盘和加密锁。

第2章 AutoCAD 及其在结构工程中的应用

2.1 AutoCAD 的概述

AutoCAD 是由美国 Autodesk 公司推出的。1980 年发布了 AutoCAD 图形软件包 1.0 版，当时用于 IBM-PC/XT、AT 机上，接着先后推出 2.0 版、2.5 版、7.6 版、9.0 版、10.0 版、11.0 版、12.0 版，其中 AutoCAD10.0 版开始普及到广大普通用户，其中 12.0 版是 AutoCAD 进入辉煌的开始。

由于微软（Microsoft）公司推出的 Windows 系统操作平台已逐渐取代 DOS 操作系统。AutoCAD 也随即开发了 Windows 版 AutoCAD R12 版、R13 版、R14 版、R15 版，但变化不大，仅将 AutoCAD R12 版（for DOS）移植到 Windows 平台。

在进一步完善阶段中，AutoCAD 经历了两个版本，功能逐渐加强。

2001 年 9 月 Autodesk 公司向用户发布了 AutoCAD 2002 版本。

2003 年 5 月，Autodesk 公司在北京正式宣布推出其 AutoCAD 软件的划时代版本-AutoCAD 2004 简体中文版。

AutoCAD 2004 与它的前一版本 AutoCAD 2002 相比，在速度、数据共享和软件管理方面有显著的改进和提高。

AutoCAD 2004 的速度比 AutoCAD 2002 提高 24%，网络性能提升了 28%，DWG 文件大小平均减小 44%，可将服务器磁盘空间要求减少 40%～60%。在数据共享方面，AutoCAD 2004 采用改进的 DWF 文件格式-DWF 6，支持在出版和查看中安全地进行共享；并通过参考变更的自动通知、在线内容获取、CAD 标准检查、数字签字检查等技术提供了方便、快捷、安全的数据共享环境。此外，AutoCAD 2004 与业界标准工具 SMS、Windows Advertising 等兼容，并提供免费的图档查看工具 Express Tools，在许可证管理、安装实施等方面都可以节省大量的时间和成本。

AutoCAD 2004 拥有轻松的设计环境，它将把用户的注意力从键盘、鼠标和其他输入设备转移到设计上来。在完成任务的自动化方面，AutoCAD 2004 还向用户提供实时的信息和数据访问，帮助用户进行设计。

总之，AutoCAD 经过多次升级换代，它的性能越来越完美，功能也越来越强大，正以其开放性、实用性、易用性影响着我们的工作和生活。下面将以 AutoCAD 主流版 AutoCAD 2004 版为平台介绍 AutoCAD 的基本操作。

2.2 AutoCAD 的基本操作

2.2.1 AutoCAD 的基本概念

1. 坐标系

任何组成图形的实体都具有相对空间存在的性质。在 AutoCAD 中通过坐标系来描述这种空间特性。

AutoCAD 采用了三维迪卡尔坐标系统。迪卡尔系有三个坐标轴：X、Y 和 Z 轴。根据 X、Y、Z 轴，当输入某点坐标值时，以相对于坐标系原点（0，0，0）的距离和方向确定该点。AutoCAD 为了用户操作方便设有通用坐标系统（World Coordinate system）和用户坐标系统（User Coordinate Systems）。

通用坐标系（WCS）是 AutoCAD 中的基本坐标系。这是一个绝对坐标系，它定义的是一个三维空间，X——Y 平面为屏幕平面，原点为屏幕的左下角，三轴之间由右手准则确定。在图形的绘制期间，通用坐标系的原点和坐标轴的方向都不会改变。在 AutoCAD 启动时首先进入图形编辑缺省状态通用坐标系。实体在通用坐标系中坐标为绝对坐标，所有实体的数据都以该系统为基础。

AutoCAD 除了采用通用坐标系统外，还提供了可以自定义坐标系，即用户坐标系。用户坐标系在通用坐标系内可取任一点设置为原点，其坐标轴方向也是可任意转动和移动。用户坐标系也是三维迪卡尔坐标系。X、Y、Z 轴按右手规则定义。坐标为相对坐标。

AutoCAD 在通用坐标系和用户坐标系中的坐标输入，既可以采用绝对坐标值和相对坐标值，又可以采取极坐标来绘图。

2. 图形界限和范围

图形界限是指选定的图形区域，所要绘制的图形将安排于其中。图形界限是采用 LIMITS 命令根据所绘图形的要求确定的。在这个区域中可以使用 AutoCAD 的一个很重要的绘图辅助工具——栅格。当打开栅格帮助定位时，会出现一个覆盖图形区域的网格状的点阵阵列。实际上图形界限也就是栅格覆盖的区域。

图形范围是指这样的一个矩形区域，它恰好可以将所有图形包含其中。一般来说，图形范围应包含在图形界限中，但实际上有可能图形范围超出图形界限，甚至完全处于图形界限之外。这是由于图形界限设置不当或绘图定位不好造成的。如此就难以发挥 AutoCAD 栅格辅助绘图功能。

3. 实体和实体特性

实体（Entity）是 AutoCAD 图形系统预先定义的图形元素。可以采用系统规定的命令在图中生成指定的实体。采用 AutoCAD 绘图就是在图形中生成大量的实体，并将这些实体组织好，进行编辑处理，完成图形的绘制。点、直线、圆弧是绘图中常用实体。图形中文字、属性和标注尺寸也是实体。AutoCAD 中基本实体有：

这些实体都有绘制它的命令以及编辑修改它的命令。每个实体除具有形状和大小之外，它还具有如下属性：

（1）图层（Layer）

图层对 AutoCAD 初学者来说是一个较难以接受的概念。在手工绘图中只有一张图纸，因而没有图层可言。在

AutoCAD 基本实体类型　　表 2-1

点（POINT）	三维多义线（3DPLOYLINE）
直线段（LINE）	块（BLOCK）
圆（CIRCLE）	填充图案（HATCH）
圆弧（ARC）	属性（ATTRIBUTE）
椭圆（ELLIPSE）	标注尺寸（DIMENSION）
区域填充（SOLID）	三维面（3DFACE）
文本（TEXT）	三维矩形网格（3DMESH）
正多边形（POLYGON）	光栅图象（IMAGE）
宽度线（TRACE）	视图窗口（VIEWPORT）
多义线（POLYLINE）	

AutoCAD中，用户就可以通过 Layer 命令将一张图形分为若干图层，将不同特性的实体放在不同图层以便于图形内容的检查、管理，针对不同层可以赋于该图层中实体的线型和颜色。为了方便绘图，用户可以任意打开或关闭、冻结或解冻，以及锁定或解锁某些图层。每个图形由许多图层组成，其中零图层是 AutoCAD 缺省的唯一图层，不能删除。这些图层相当于一张张透明的图纸，每个图层的空间完全重合，用户每次绘图操作只能在其中某一图层操作。用户可以设置任何图层为当前图层，此时所建的实体特性若随图层变化，将保持与图层设定的线型、颜色、开关等相同变化。由于图层的概念，使用户更方便地将不同特性的实体分类在不同的图层，通过对图层的操作使图形的编辑更加方便。

（2）颜色（Color）

实体的另一个特性是颜色，每个实体都有颜色。不同的实体可以有相同的颜色。实体颜色的设置通常由所在层的颜色确定。用户也可以通过 Change 命令来改变某一指定实体的颜色，这时该实体将不会随着所在的图层变化，且不会因位于另外图层中而改变颜色。AutoCAD 实体颜色是由 1 至 255 中数字表示，每个数字代表一种颜色。实体赋于不同颜色其作用一方面为区别不同性质的实体，另外重要性在于 AutoCAD 通过绘图机输出图形时，绘图机针对不同颜色按设置的笔宽喷绘出图，使绘出的图形线条分明。

（3）线型（Linetype）

这是由直线、弧、圆、多义线等线条组成的实体所具有的一般特性。这些实体都有一种相应的线型。每一种线型都有一个名字和定义。名字是线型的标识。定义规定了该线型的线段和空位交替的特定序列。实体的线型与颜色特点相类似，新生成的实体线型是当前层确定的，并随所在层的线型特性变化而变化。图形中的线型由 Linetype 命令从 *.lin 线型库中提供的线型进行设置。其相对图形的显示比例由 LTSCALE 命令设置。

（4）实体描述字（Handle）

实体描述字又称为实体句柄。它是每个实体的永久性标记，是系统分配给实体的唯一标识号。当新生一个实体时，系统分配给它一个句柄号，并随实体存于图形中。当删去一个实体时，该实体的句柄号被取消。

4. 图形显示

AutoCAD 向用户提供了多种方式观看绘制过程中的图形或图形以特定的显示比例、观察位置和角度显示在屏幕上的结果。控制图形显示就是控制显示比例、观察位置和角度。其中最常见的方法是放大和缩小图形显示区中的图形（Zoom）。平移（Pan）就是将图形平移到新位置以便观看，不改变显示比例。

图形的缩放、平移，都是将屏幕作为"窗口"使用。通过窗口来进行看图，图形本身坐标、大小均不发生变化。

5. 使用块

AutoCAD 为了方便绘图操作，还提供使用块这种方式进行快捷地绘图。图块是由一组实体构成的一个集合。块的使用可将许多对象作为一个部件进行组织和操作。用户赋于块名后，就可以根据需要使用块，将这组实体插到图形的指定位置。在插入时可选择定义比例缩放和旋转。等比例插入的块才可以分解，方可对其组成的实体对象进行修改。使用块方便类似图形的重复利用。

6. 精确绘图辅助

AutoCAD 提供了一系列辅助工具和手段来帮助用户进行精确绘图。

（1）栅格和捕捉工具

栅格和捕捉是使用定标设备拾取时很重要的工具。Grid 是栅格设置命令。Snap 是设置捕捉方式的命令。栅格可以作绘图区内的光标定位基础，打开捕捉模式可以限制光标的移动。我们既可以设置捕捉间距，设置栅格的间距，还可以调整捕捉和栅格的对齐方式，定位更加准确。

（2）正交模式

所谓正交模式，就是在绘制线段时，只能绘制平行于 X 轴或 Y 轴的直线段。此 X、Y 轴既可以是通用坐标系，也可以是用户坐标系，取决于当前坐标系。配合适当的用户坐标系，采用 ORTHO 命令设置为正交状态，可以方便绘制正交直线图形。

（3）目标捕捉工具

绘图时用户经常需要精确定位到对象上的某一点，如直线的中点、端点、圆的圆心等。直接在对象上用光标寻找，偏差是难免的。误差累积绘出的图一定难以满足要求。利用 AutoCAD 提供的对象捕捉工具，可以选择对象捕捉方式。其方式有：端点（Endpoint）、中点（Midpoint）、中心点（Center）、节点（Node）、象限点（Quadrant）、交点（Intersection）、插入点（Insert）、垂点（Perpendicular）、切点（Tangent）、最近点（Nearest）、快速（Quick）。这些方式可以复选。

（4）显示坐标并定位点

ID 命令具有两种功能。一方面输入 ID 命令后，用拾取框拾取需要显示坐标的点，则在状态栏中显示该点的坐标值；另一方面在输入 ID 命令后，再输入某点坐标，则十字光标就准确定位于该点。

2.2.2 AutoCAD 的绘图过程

1. 认识 AutoCAD 2004

AutoCAD 2004 的主窗口如图 2-1 所示。

该窗口包含了以下部件：标题栏、菜单栏、工具栏、图形窗口、命令行区及状态栏。

（1）标题栏

标题栏位于主窗口顶部，如图 2-1 所示。显示当前所使用 AutoCAD 的版本号以及正在编辑的文件名。

（2）菜单栏

菜单栏位于主窗口顶部第二行，见图 2-1 所示。AutoCAD 2004 菜单栏包含有文件、编辑、视图、插入、格式、工具、绘图、标注、修改、窗口、帮助，总计十项一级菜单项，这些菜单包含了 AutoCAD 常用的功能和命令。当用光标选中某项菜单项，就可以下拉出该项菜单的内容。

（3）工具栏

AutoCAD 2004 版将几乎所有的命令都制成工具栏上的按钮。这些命令根据不同的特征被分类组成不同的工具栏中。一般地，AutoCAD 主窗口缺省显示四个工具栏："标注"工具栏、"对象特性"工具栏、"绘图"工具栏和"修改"工具栏。其他工具栏如尺寸工具

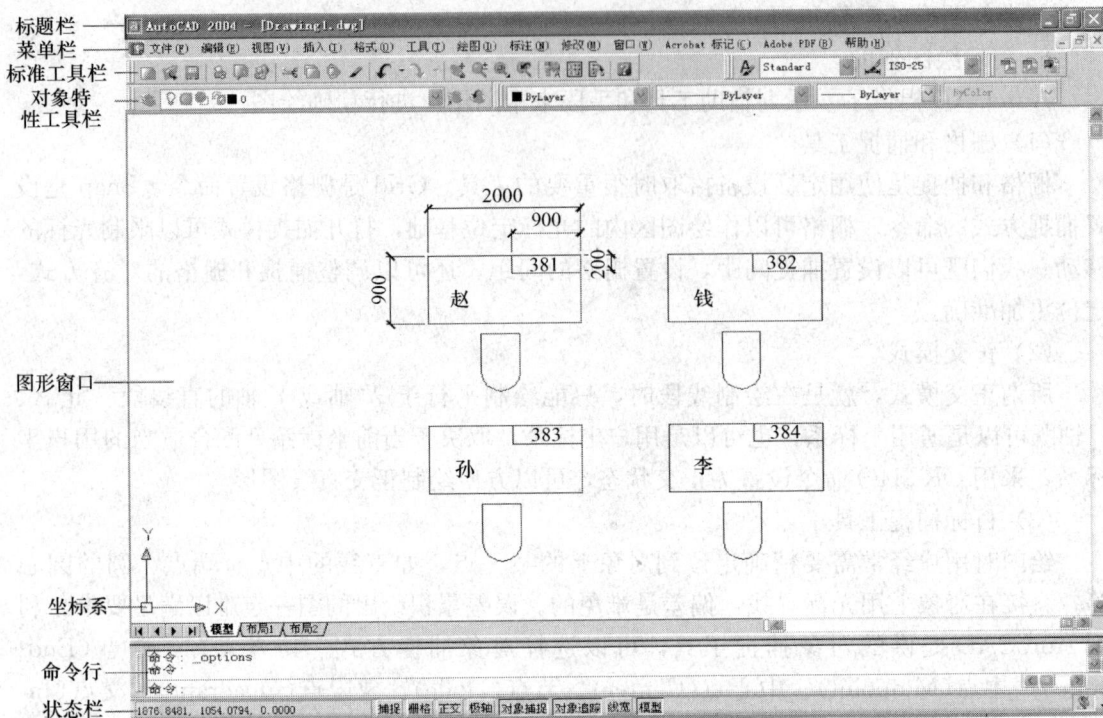

标题栏
菜单栏
标准工具栏
对象特
性工具栏

图形窗口

坐标系

命令行
状态栏

图 2-1 AutoCAD 2004 的主窗口

栏、插入工具栏、实体工具栏、视点工具栏等，用户可以随时激活使用。选择"视图"菜单中的工具栏，即可弹出"工具栏"对话框，进行选择，如图 2-2 所示。

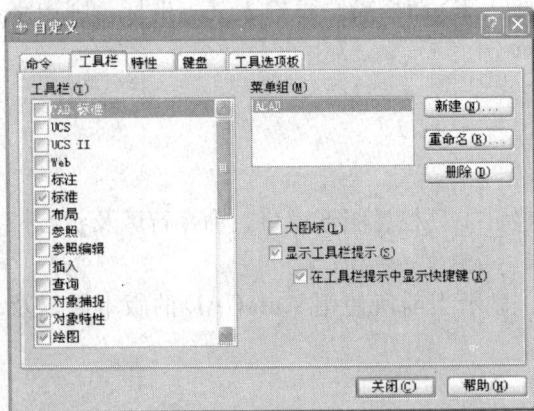

图 2-2 "工具栏"对话框

（4）图形窗口

图形窗口见图 2-1 所示。在缺省状态下，该窗口一直是最大的窗口，其大小也可以调整，所有绘图、图形编辑、显示均在此窗口中进行。图形窗口右边有垂直滑动条，底部有水平滑动条，可用于使图形在屏幕上移动。

（5）文本窗口

该窗口是与图形窗口相对应的一个窗口。它用于显示 AutoCAD 所有操作过程中的命令与执行过程情况。该窗口同样也具有垂直与水平滑动条，可用它

查看各阶段的操作情况，查看查询的信息等。通过 F2 键来与图形窗口进行切换。

（6）命令行区

命令行区是固定设置显示行数的文本窗口。通常只定义三行，位于图形窗口下面，用以查看 AutoCAD 当前命令的执行情况。命令行区右边与底部都有滑动条。

（7）状态栏

状态栏位于 AutoCAD 主窗口的底部，其内容包括当前光标位置坐标，辅助绘图功能

26

开关，如"捕捉"、"栅格"、"正交"、"对象捕捉"、"模型"、"平铺"。对这些按钮双击就可以进行状态的切换。当字显黑后，表示状态打开（ON）。当字呈灰色，表示状态关闭（OFF）。其中"模型"按钮是进行模型空间与图纸空间的切换。

2. 绘图操作过程

在这里，将新建一个以图 2-1 为标准的图形来说明 AutoCAD 绘图的一般步骤。

（1）新建图形

进入 AutoCAD 后，新建一个图形可通过在命令行键入"NEW"命令，或选择"文件"菜单中"新建"命令，或单击"标准"工具栏中"新建"按钮□来实现。

AutoCAD 2004 版提供了一些含有标准设置的样板文件。用户也可以根据本专业工作的特点设置绘图环境，并将该图形存为样板文件，以备后用。这些设置在绘图过程中也可以随时改变。该功能的优点在于绘图环境的标准配置可供选择的种类增多，多专业工作的操作也方便了。可以选择标准样板文件"acadiso.Dat"来设置所画图形的绘图环境，如图 2-3 所示。

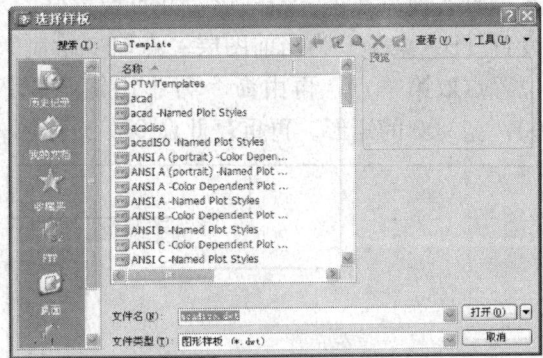

图 2-3 标准样板文件

（2）设置图层与线型

AutoCAD 在缺省状态下图层只有零层，线型只有连续线。其他图层和线型还需用户来设置。用户可以在命令行中键入"Layer"命令，或选择"格式"的菜单中图层命令，或单击"对象特性"工具栏中"图层"按钮█三种方式来进行图层的设置与管理。单击█弹出"图层与线型特性"对话框。如图 2-4 所示。单击"新建"可以分别创建 Tb（桌子）、CH（椅子）、TEXT（文字）、Dim（标注）四个图层。图层创建后，就可以定义选定层的颜色、线性等特性。单击"颜色"按钮弹出"选择颜色"对话框，任选其中一种颜色来确定所选图层的颜色特性。同样单击"线型"按钮，弹出"选择线型"对话框。对话框中显示线型的名称、外观、说明。这些线型是已经加载在图形中以备选用。如图 2-5 所示。从中可以选择一种线型来确定所选图层的线型特性。

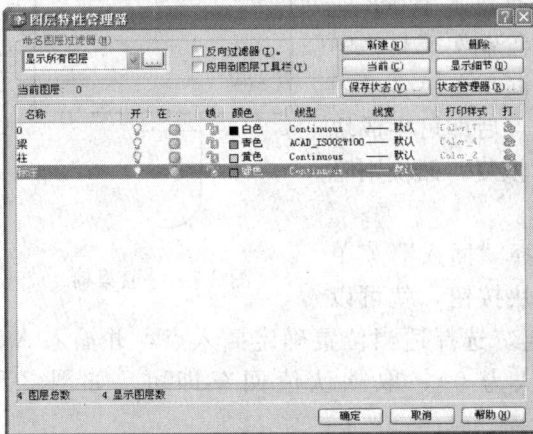

图 2-4 "图层与线型特性"对话框

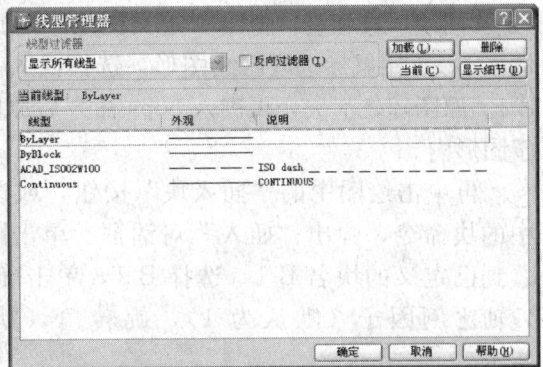

图 2-5 "选择线型"对话框

当图形中所含的线型种类不满足要求时，还需要将所需的线型加载到图形中。单击"对象特性"工具栏中"图层"按钮◨弹出"图层和线型"特性对话框，单击"线型"，单击"加载"，弹出"线型加载或重载"对话框，从可用线型中选取所需线型。线型样式的源文件在 ACAD. LIN 文件中。用户可以编辑此文件来创建新的线型。线型加载，除了上述方法外，还可以在命令行中键入 LINETYPE 命令或"格式"菜单中的"线型"命令来完成。

（3）图形绘制

绘制如图 2-1 所示的一整套桌椅，并有文字说明、尺寸标注。该图的绘制可以由如下基本步骤实现。在进入新图形，并且设置好图层与线型后，用鼠标在"对象特性"工具栏中设置 TB（桌子）为当前图层。点取"绘制"菜单，单击"矩形"命令在图形窗口内适当位置点取第一点，再由命令行中由键盘输入相对坐标@2000,900 屏幕上生成一个长 2000，宽 900 的矩形。再重复此命令，光标第一点拾取前次所画矩形的右上角点，采用对象捕捉中交点捕捉可以精确定位，再通过键盘输入第二点相对坐标@－900，－200。至此绘出了桌子的形状。如图 2-6 所示。再设置 CH（椅子）图层为当前图层，同样采取"矩形"命令，第一点选取桌子下适当位置第二点输入相对坐标值@500,500，画出了边长 500 的矩形。

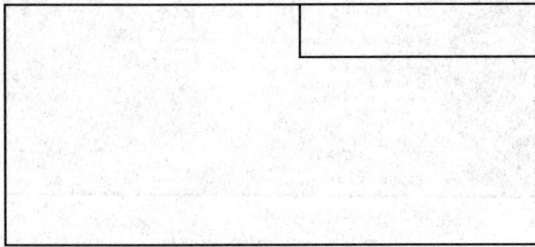

图 2-6　桌子

再点取"绘图"菜单中"圆弧"命令拾取该矩形下边的左右端点作起止点，以垂直向下为方向，绘出半圆弧。然后键入 TRIM 命令，选择边长 500 的矩形，确认后，点取其下边即可将此边剪掉。由此完成了椅子的绘制。

完成椅子绘制以后，再设定 TEXT 图层为当前图层。使用 TEXT 命令，确定输入文字的位置字高、旋转角度，键入"赵"和"381"文字。到此就完成了一套桌椅，如图2-7所示。其他三套，除文字不一样，桌椅形状与尺寸一样，可以由复制（Copy）、阵列（ARRAY）或定义块来实现。

现在将已绘好图形定义为块 B-1。在命令行键入 Block 命令或在绘图菜单选择"块"、"创建"或单击"绘制"工具栏中"定义图块"按钮◨，弹出"定义图块"对话框，在块名项中填入 B-1。用鼠标选取已绘图形，选择插入基点后即可生成块 B-1。原图随之消失，再键入 oops 命令后原图恢复，而块则隐于图形内。

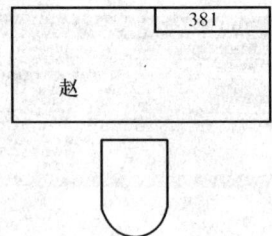

图 2-7　一套桌椅

再单击绘图中的"插入块"按钮，或选择"插入"菜单中的块命令，弹出"插入"对话框。单击图块按钮，就可以看到已定义的块名 B-1。选择 B-1，单击确定，选择适当位置确定插入点，并输入 X、Y 轴比例因子（默认为 1），旋转角（默认为 0），取默认值回车即可。如图 2-8 所示。

如此重复两次，就完成了所有桌子椅子的绘制。但现在四张桌子上文字完全一样，如

图 2-9 所示，因而文字需要修改。由于在块中的文字不可编辑，采取 Explode 命令或"修改"菜单中的"分解"命令将三个块分解。再由命令行键入"DDE-dit"文字编辑命令，弹出"文字编辑"对话框，重新输入人名和号码。

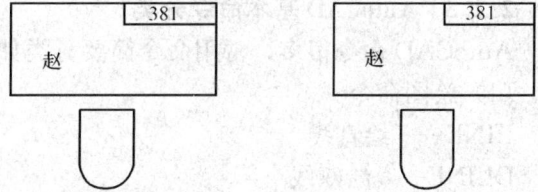

图 2-8 插入块 B-1

最后来实现尺寸标注。单击"标注"菜单中"线性"命令或在命令行中键入"DIM"命令。使用对象捕捉的交点捕捉。在 DIM 命令执行中键入 Hor（水平标注）或 Ver（垂直标注）进行标注，用光标选取要标注的桌子角点，确定标准文字适当的位置，回车后就可以确定尺寸标注。如图 2-10 所示。至此，完成了一个图形的绘制。在这个绘图过程中，在图 2-9 和图 2-10，使用了图形显示控制命令 Zoom 来观看全图。

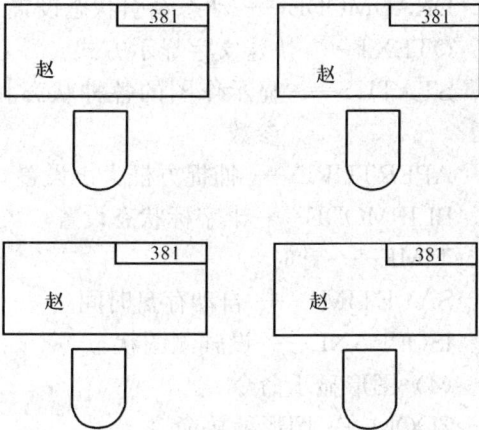

图 2-9　四套桌椅

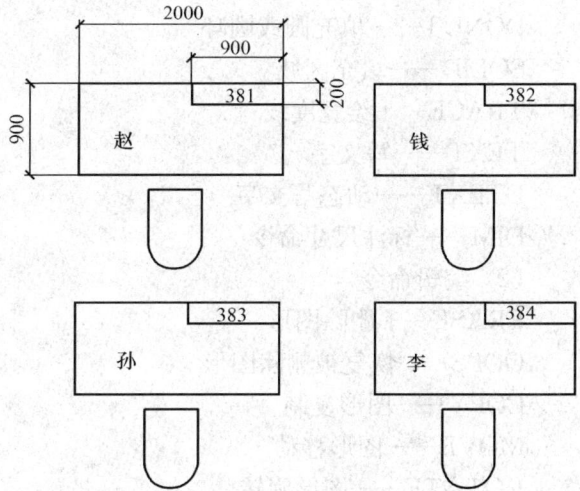

图 2-10　桌椅平面布置图

（4）图形文件的管理

图形文件的管理主要是文件的保存和图形输出。

文件保存可以由单击标准工具栏"保存"按钮■，或"文件"菜单中"保存"，或键入"save"等，就出现"保存"对话框，输入图名、指定存图路径即可。图形文件的保存应随时进行以防停电、死机等不测。

图形输出是计算机辅助绘图的最后一步。利用绘图机和打印机将工作成果打印在图纸上。键入 plot 命令，或选择"文件"菜单中的"打印"命令，或单击"标准"工具栏上"打印"按钮■，就会弹出"打印"对话框。在对话框中选择打印设备、定义笔宽与笔型、打印范围、图纸大小、输出方向、打印比例，再进行打印预览，若合适后单击"确定"就可以实现图形在图纸上绘制。

前述是 AutoCAD 绘图的基本过程。用户还可以通过其他绘图技巧来实现，但绘图的方法与所述主要过程相同。

2.2.3 AutoCAD 基本命令分类

AutoCAD 命令很多，常用命令简要分类如下：

(1) 绘图命令

LINE——绘直线

DLINE——绘双线

POINT——绘点

CIRCLE——绘圆

ELLIPSE——绘椭圆

ARC——绘弧

RECTANG——绘矩形

PLINE——绘多义线

BPOLY——多义线封闭曲线边界

POLYGON——绘多边形

DONUT——填充圆或圆环

SOLID——填充区域

TRACE——绘宽度线

TEXT——写文字

DTEXT——动态写文字

DIM——标注尺寸命令

(2) 编辑命令

ERASE——删除图形

OOPS——恢复被删除图形

COPY——图形复制

MOVE——图形移动

ROTATE——图形旋转

SCALE——图形放缩

MIRROR——图形镜像

STRETCH——图形拉伸

ARRAY——图形阵列

FILLET——圆角

CHAMFER——倒角

TRIM——图形裁切

BREAK——图形切断

EXTEND——延伸线

EXPLODE——分解块

OFFSET——同心平行复制

MEASURE——测量实体长度

DIVIDE——等分实体

U（UNDO）——取消命令

CHANGE——修改实体特性

PEDIT——多义线编辑

(3) 绘图环境设置命令

LIMITS——图形界限选项

GRID——显示栅格

SNAP——捕捉栅格

UNITS——绘图单位设置

LTSCALE——线型比例设置

OSNAP——设置目标捕捉方式

ORTHO——正交状态设置

AXIS——坐标刻度设置

FILL——填充状态设置

DRAGMODE——动态牵引状态设置

QTEXT——快建文字显示方式

STATUS——显示作图的各种状态和参数

APERTURE——捕捉方框大小设置

BLIPMODE——十字标状态设置

TIME——计时

SAVETIME——自动存盘时间

ISOPLANE——设轴测图状态

(4) 图形显示命令

ZOOM——图形缩放命令

PAN——图形平放显示

DSVIEWER——鸟瞰视图

REDRAW——重画

REGEN——重生成

(5) 层与线型

LAYER——定义层

LINETYPE——定义线型

COLOR——定义颜色

(6) 块与属性

BLOCK——定义块

WBLOCK——定义存盘之块

INSERT——块插入

MINSERT——矩阵式块插入

ATTDEF——定义属性

ATTDISP——属性显示控制

ATTEDIT——属性编辑

ATTEXT——属性输出

（7）辅助绘图命令

DIST——测量距离

ID——定点坐标及点定位

LIST——列出指定实体信息

CACULATOR——计算器

AREA——测量封闭区域面积

PURGE——清除图中无用信息

SH——在 AutoCAD 内使用 DOS 命令

HELP/? ——帮助

（8）图形命令

DXFOUT——输出 DXF 文件

DXFIN——由 DXF 文件输入

DXBIN——由 DXB 文件输入

IGSOUT——IGES 格式输出

IGSIN——由 IGES 格式输入

IMAGE——光栅文件输入

（9）系统管理命令

OPEN——打开文件

SAVE——存盘

SAVES——另存

FILES——文件管理

CONFIG——系统配置

PLOT——图形输出

QUIT——退出

MENU——加载菜单文件

SCRIPT——执行命令文件

RESUME——恢复执行命令文件

RSCRIPT——重复执行命令文件

这些 AutoCAD 常用命令在命令行中键入即可执行。AutoCAD 为了一些常用的命令在输入时更加简捷，还提供了一种使命令简化的方式。如在 ACAD. PGP 中设置格式为：c，＊copy，于是在命令行中键入 C 就可以执行 Copy 命令。用户可以在 ACAD. PGP 按此格式编辑自己的一套简化命令。下面提供一些以供参考。

; Command alias format：

;〈Alias〉，＊〈Full command name〉

A，	＊ARC	LA，	＊LAYER
AR，	＊ARRAY	LI，	＊LIST
B，	＊BREAK	M，	＊MOVE
BL，	＊BLOCK	MI，	＊MIRROR
Ci，	＊CIRCLE	OP，	＊OPEN
CH，	＊DDCHPROP	O，	＊OFFSET
Cm，	＊Chamfer	P，	＊PAN
C，	＊COPY	PL，	＊PLINE
D，	＊Dim	RE，	＊REGEN
DD，	＊DDedit	RO，	＊Rotate
DA，	＊DDMODIFY	S，	＊Stretch
Di，	＊DIST	SC，	＊Scale
E，	＊ERASE	T，	＊TRIM
Ep，	＊EXPLODE	Te，	＊Text
EX，	＊EXTEND	wb，	＊Wblock
F，	＊FILLET	Dt，	＊DTEXT
I，	＊INSERT	Z，	＊ZOOM
L，	＊LINE		

2.2.4 AutoCAD 的功能定义键

AutoCAD 2004 版虽然实现了全面的用户集成界面，所需命令都可以从界面上找到，但由于采用鼠标操作有时效率不如键盘输入，下面为部分功能热键。

AutoCAD 功能定义键　　　　　　　　　　　　　　　　　　　　　　表 2-2

F1——求助	F2——文本窗口与图形窗口切换
F3——捕捉方式开关	F4——数字化仪开关
F5——等轴测模式开关	F6——动态显示光标坐标开关
F7——网点开关	F8——正交模式开关
F9——网点捕捉开关	F10——状态栏显示开关
ctrl+N——新建文件	ctrl+O——打开文件
ctrl+S——存盘	ctrl+C——从图形窗口到剪切板复制
ctrl+X——从图形窗口到剪切板剪切	ctrl+V——从图形窗口到剪切板粘贴
ctrl+Y——重做	ctrl+Z——放弃
ctrl+P——打印	Del——清除
ESC——取消正在执行的命令	

2.3 AutoCAD 使用技巧

做到快速绘图，首先要熟悉 AutoCAD 的工作界面环境；再者，在绘图前，先构图，对图的各种要素绘制方法、先后顺序规划好，做到胸有成竹。

2.3.1 AutoCAD 设置

计算机绘图跟手工画图一样，也要做些必要的准备，将重复性的设置工作预先做好。

1. 绘图环境设置

设置绘图环境，打开"工具"菜单，选择"选项"命令来定制 AutoCAD，以使符合自己的要求。弹出的"选项"对话框见图 2-11。

（1）"文件"选项卡

"文件"选项卡用于指定 AutoCAD 搜索支持文件、驱动程序、菜单文件和其他文件的文件夹。选择要修改的路径后，单击"浏览"按钮，然后在"浏览文件夹"对话框中选择所需的路径或文件，单击"确定"按钮。选择要修改的路径，单击"添加"按钮就可以为该项目增加备用的搜索路径。如专用的字库所在的目录 D:\hz，见图 2-11。

（2）"显示"选项卡

"显示"选项卡用于设置：是否显示 AutoCAD 屏幕菜单；是否显示滚动条；是否在启动时最小化 AutoCAD 窗口；AutoCAD 图形窗口和文本窗口的颜色和字体等，如图 2-12 所示。

单击"颜色"按钮，在对话框上部的图例中单击要修改颜色的元素，在"窗口元素"框中将显示该元素的名称，"颜色"框中将显示该元素的当前颜色。

单击"字体"按钮将显示"命令行窗口字体"对话框，可以在其中设置命令行文字的字体、字号和样式。

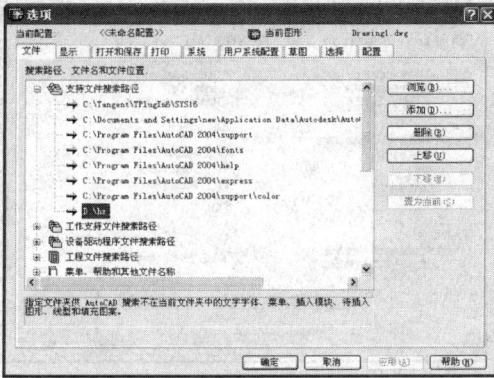

图 2-11 "文件"选项卡

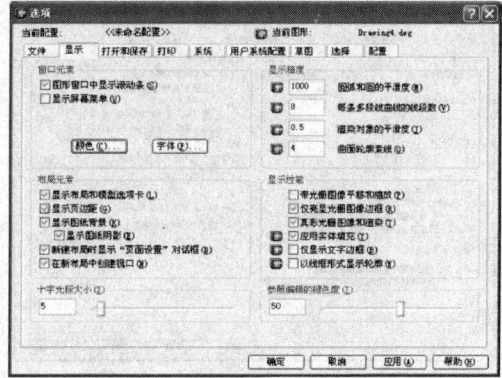

图 2-12 "显示"选项卡

（3）"打开和保存"选项卡

"打开和保存"选项卡用于控制打开和保存相关的设置。对文件的存储类型、安全性、新技术的应用作了重大的改进，如图 2-13 所示。

（4）"打印"选项卡

"打印"选项卡用于控制打印输出的选项。可以从"新图形的缺省打印设置"中选择一个设置作为打印图形时的缺省设备，如图 2-14 所示。

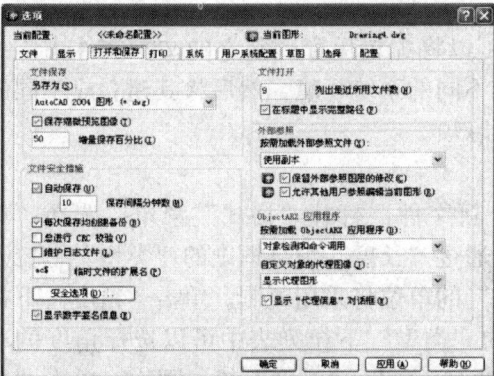

图 2-13 "打开和保存"选项卡

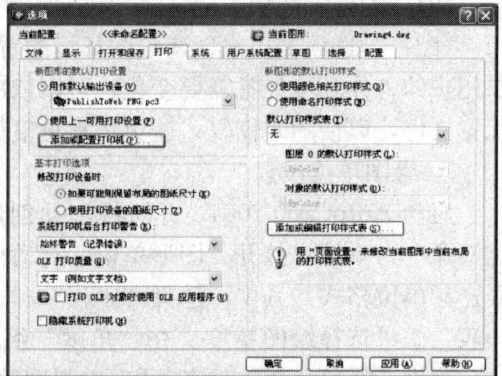

图 2-14 "打印"选项卡

（5）"系统"选项卡

"系统"选项卡用来控制 AutoCAD 的系统设置。"当前三维图形显示"区域中包含控制三维图形显示系统的相关选择。列表框中列出了当前有效的三维图形显示系统。缺省是"GSHEIDI10"，即 Heidi 维图形显示系统，如图 2-15 所示。

（6）"用户系统配置"选项卡

"用户系统配置"选项卡用于设置优化 AutoCAD 工作方式的一些选项。通常 Auto-CAD 绘图，鼠标右键和回车键（包括小键盘的回车键）、空格键的功能都一样，即确认某一命令，这与 Windows 取消功能不一致，可以设置右键为"确认命令"功能，只需取消"绘图区域中使用快捷菜单"命令即可，如图 2-16 所示。

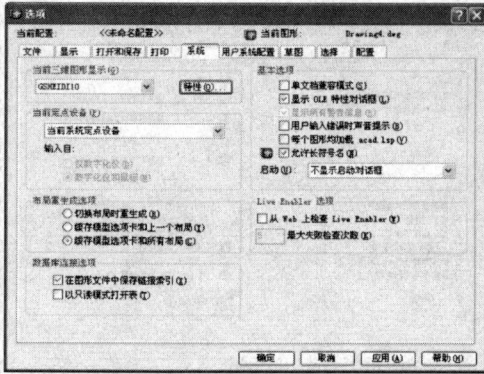

图 2-15   "系统"选项卡

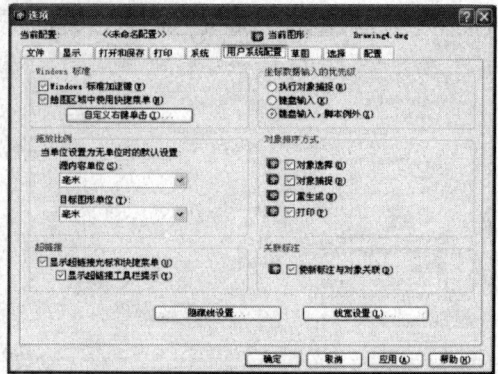

图 2-16   "用户系统配置"选项卡

（7）"草图"选项卡

"草图"选项卡中包含了多个设置 AutoCAD 辅助绘图工具的选项。"自动追踪设置"控制自动追踪的相关设置。它有"显示极轴追踪矢量、显示全屏追踪矢量、显示自动追踪工具栏提示"三个选项。

（8）"选择"选项卡

"选择"选项卡可控制 AutoCAD 选择工具和对象的方法。您可以控制 AutoCAD 拾取框的大小、指定选择对象的方法和设置夹点。

（9）"配置"选项卡

"配置"选项卡用来创建绘图环境配置，还可以将配置保存到独立的文本文件中。如果用户的工作环境经常需要变化，可以依次设置不同的系统环境，然后将其建立成不同的配置文件，以便随时恢复，避免经常重复设置的麻烦。

2. 绘图单位设置

启动 AutoCAD 2004，此时将自动创建一个新文件，打开"格式"菜单，选择"单位"命令，系统将打开"图形单位"对话框。可通过"长度"组合框中的"类型"下拉列表选择单位格式，其中，选择"工程"和"建筑"的单位将采用英制。单击"精度"下拉列表，您可选择绘图精度。在"角度"组合框的"类型"下拉列表中可以选择角度的单位。可供选择的角度单位有："十进制度数"、"度/分/秒"、"弧度"等。同样，单击"精度"下拉列表可选择角度精度。"顺时针"复选框可以确定是否以顺时针方式测量角度。如图 2-17 所示。

3. 图层设置

预先设置一些基本图层。定义每个图层的专门用途。通过图层操作，可以将一份图形文件组合出许多需要的图纸，也可以对某个图层进行编辑修改。如图 2-4 所示。

4. 命令快捷键设置

绘制图纸时，经常用到的命令并不多。对于经常用到的命令最好使用快捷键，如命令的快捷键和常用开关键，从而提高绘制图形的速度。快捷键见 2.2.3 节。

5. 文字样式设置

"格式"－"文字样式"，出现设置对话框，点击对话框"新建"，为字体取名。在 SHX 字体栏选中需要的字体（如"romanc.shx"），勾选下方"使用大字体"，在右边"大

34

字体"栏选中"china.shx"，高度设置为 250 或者 300，把"宽度比例"改为"0.7"，点击"应用"即完成设置。如图 2-18 所示。

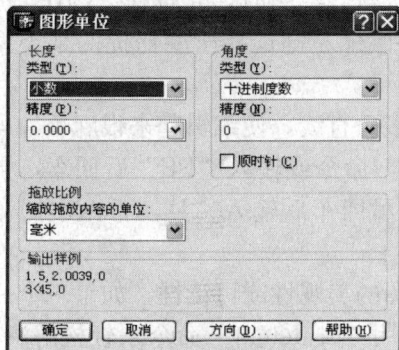

图 2-17 "图形单位"对话框 图 2-18 "文字样式"对话框

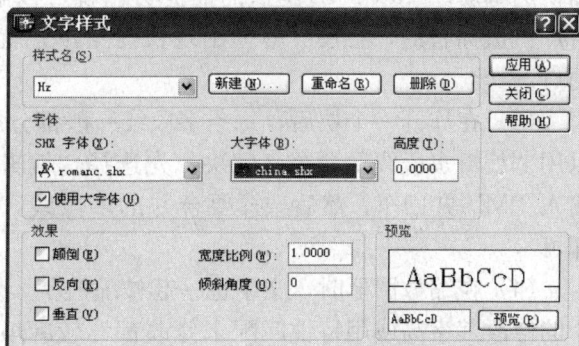

6. 自动保存设置

AutoCAD 提供了自动存盘功能。在命令行中键入 Savetime，输入自动存盘时间，默认值为 120 分钟。设置较短的自动存盘时间将会为你挽回一些损失。自动存盘文件是文件名 . sv \$，在 C：\ Documents and Settings \ "用户名" \ Local Settings \ Temp 文件夹内，将它改名为 DWG 文件就是你最后一次自动存盘时的工作内容。

2.3.2 AutoCAD 画图技巧

(1) 对象选择：

绘制图纸，需要对各种图像实体进行操作，采用快捷的对象选择方法可以做到事半功倍。常用的对象选择方法有六种。

1) 点选：在编辑时，命令行提示"选择对象："，鼠标光标变成一个小方框（即拾取框），将该方框移到需要编辑的对象上，单击鼠标左键，即可选中操作。若有多个对象，可以逐个拾取。该方法每次只能选取一个对象，在选取大量对象时，比较麻烦。

2) 窗口选择：输入"W"后回车，选择矩形（由两点定义）中的所有对象。从左到右指定角点创建窗口选择。（从右到左指定角点则创建窗交选择。）

3) 窗交选择：输入"C"后回车，选择区域（由两点确定）内部或与之相交的所有对象。窗交显示的方框为虚线或高亮度方框，这与窗口选择框不同。从左到右指定角点创建窗交选择。（从右到左指定角点则创建窗口选择。）

4) 多边形窗口选择：它类似于窗口选择，输入"WP"后回车，选择多边形（通过待选对象周围的点定义）中的所有对象。该多边形可以为任意形状，但不能与自身相交或相切。AutoCAD 会绘制多边形的最后一条边，所以该多边形在任何时候都是闭合的。

5) 多边形窗交选择：它类似于窗交选择，输入"CP"后回车，选择多边形（通过在待选对象周围指定点来定义）内部或与之相交的所有对象。该多边形可以为任意形状，但不能与自身相交或相切。AutoCAD 会绘制多边形的最后一条边，所以该多边形在任何时候都是闭合的。

6) 栏选：在选择对象时，输入"F"后回车，选择与选择栏相交的所有对象。栏选方法与多边形窗交方法相似，只是 AutoCAD 中选择栏的最后一个矢量不闭合，并且选择栏可以与自己相交。

（2）AutoCAD 为制图人员提供便捷和精确的绘图工具。初学者经常为如何精确的绘图伤透脑筋。AutoCAD 提供的捕捉功能就可以解决此问题。绘图时，先按住"Ctrl"键再点击鼠标右键，会在屏幕上出现快捷菜单，就可以用鼠标左键选择所要捕捉的某类型的点。

（3）在炸开一个块后，每条多段线一般都分解为许多条直线，使编辑起来很麻烦，可以用"编辑多段线"命令来解决。先选择"编辑多段线"命令或输入"PE"后回车，再输入"M"并回车，然后选择要合并的多段线，根据提示回车后输入"J"，再两次回车即可。

（4）在缩放图形时，文字也一起被缩放了，影响了图的美观性或可读性，如果一个一个的修改其字高或用特性匹配来修改都比较麻烦，可以用"Scaletext"命令来轻松解决。输入"Scaletext"命令后回车，选择所要修改的文字（可以使用快捷选择法，它只能选择出文字，对多段线等非文字是不会选择的），选择完后回车，然后根据提示选择文字的基点并回车，再选择缩放或匹配或指定字高，最后回车即可完成所有文字的修改。

（5）计算二维图形面积：

AutoCAD 中，可以方便、准确地计算二维封闭图形的面积（包括周长），但对于不同类别的图形，其计算方法也不尽相同。

1）对于简单图形，如矩形、三角形。只须执行命令 AREA（可以是命令行输入或点击对应命令图标），在命令提示"Specify first corner point or [Object/Add/Subtract]:"后，打开捕捉依次选取矩形或三角形各交点后回车，AutoCAD 将自动计算面积（Area）、周长（Perimeter），并将结果列于命令行。也可以用 LIST 命令查看。

2）对于简单图形，如圆或其他多段线（Polyline）、样条线（Spline）组成的二维封闭图形。执行命令 AREA，在命令提示"Specify first corner point or [Object/ Add/Subtract]:"后，选择 Object 选项，根据提示选择要计算的图形，AutoCAD 将自动计算面积、周长。

3）对于由简单直线、圆弧组成的复杂封闭图形，不能直接执行 AREA 命令计算图形面积。必须先使用 Boundary 命令（其使用方法依照下图对话框选择即可，它同于剖面线填充的面域创建），以要计算面积的图形创建一个面域（region）或多段线对象，再执行命令 AREA，在命令提示"Specify first corner point or [Object/Add/Subtract]:"后，选择 Object 选项，根据提示选择刚刚建立的面域图形，AutoCAD 将自动计算面积、周长。

（6）CAD 中特殊符号的输入：

常见的表示直径的"φ"、表示地平面的"±"、标注度符号"°"都可以用控制码％％C，％％P，％％D 来输入，但是如要输入其他符号怎么办呢？我们可以通过"字符映射表"来输入特殊字符，具体步骤如下：

1）输入"MText"命令，然后建立一个文本框，之后就会打开"Multiline Text Editor"对话框，在这个对话框中，我们可以看到右侧四个按钮中有一个是［Symbol］按钮；

2）单击这个按钮右下角的箭头，打开一个下拉列表，我们可以看到有"Degress ％％d"、"Plus/Minus ％％p"、"Diameter ％％c"、"Non-breaking Space"、"Other"四个选项，选择前三个的某一选项可直接输入"°"、"±"、"Φ"符号，这样就免去了我们记不住特殊控制码的苦处。

3）单击"Other"时，会打开"字符映射表"对话框，该对话框包含更多的符号供用户选用，其当前内容取决于用户在"字体"下拉列表中选择的字体，它的界面完全是我们所熟悉的中文界面，相信各位应该没有什么问题。

4）在"字符映射表"对话框中，选择要使用的字符，然后双击被选取的字符或单击"选择"按钮，再单击"复制"按钮，将字符拷贝到剪贴板上，点"关闭"返回原来的对话框，将光标放置在要插入字符的位置，用"Ctrl＋V"就可将字符从剪贴板上粘贴到当前窗口中。

2.3.3　图形的打印技巧

1．关于出图时线宽的参数设置技巧

在工程制图中每种线型都有相应的宽度。设置出图时线宽的参数有三种方法：颜色区分、定义线的宽度和"LWEIGHT"命令。

在建筑工程制图时，建议图纸上以线宽不超过3种为宜，常以采用颜色来设置线的宽度比较方便。

2．确定图形输出比例技巧

当绘制图形的比例与输出图形时使用的比例不同时，就会使原来绘制的图形中的文字标注等在输出的图形中发生变化，因此在绘制图形之前还须确定图形的输出比例。图形输出比例＝输出图幅的长度（宽度）/图幅的长度（宽度）。

为了保证图形输出时文字的大小合适，应设置文字绘制高度＝文字输出高度×图形输出比例的倒数。

对于已经绘制好的文字，可以用Scale命令来修改其比例。

2.3.4　常见问题处理

1．AutoCAD中低版本的程序不兼容高版本程序

由于工作需要，有时候要在各种格式之间进行转换。可在AutoCAD 2004安装文件中选择"R2004转换R14工具"文件并安装该程序，当需要转换文件时，可用该程序把AutoCAD各种格式的图直接一次性转换为所需要的格式，并且它可以一次转化多个文件，不需要通过AutoCAD 2004依次打开文件来逐次进行转化。

2．汉字不能显示或输入的汉字变成了问号

将该汉字字体所需要的汉字字体形文件复制到AutoCAD的字体目录中（一般为…\FONTS\），或者重新定义该字体，用已有的汉字字体形文件代替。

3．改变已经存在的字体格式

如果想改变已有文字的大小、字体、高宽比例、间距、倾斜角度、插入点等，最好利用"特性（DDMODIFY）"命令（前提是你已经定义好了许多文字格式）。点击"特性"命令，点击要修改的文字，回车，出现"修改文字"窗口，选择要修改的项目进行修改即可。

4．减少文件大小

在图形完稿后，执行清理（PURGE）命令，清理掉多余的数据，如无用的块、没有实体的图层，未用的线型、字体、尺寸样式等，可以有效减少文件大小。一般彻底清理需要PURGE二到三次。

5. 镜像图形时，文字被镜像了

可在镜像前输入系统变量"Mirrtext"后回车，再输入"0"并回车后即可解决。

6. 将自动保存的图形复原

AutoCAD 将自动保存的图形存放到 AUTO.SV＄或 AUTO？.SV＄文件中，找到该文件将其改名为图形文件即可在 AutoCAD 中打开。

一般该文件存放在 WINDOWS 的临时目录，如 C:\WINDOWS\TEMP。

7. 误保存覆盖了原图

如果仅保存了一次，及时将后缀为 BAK 的同名文件改为后缀 DWG，再在 AutoCAD 中打开就行了。如果保存多次，原图就无法恢复。

8. DWG 错误文件的恢复

有时 CAD 图会因为停电或其他原因突然打不开了，而且没有备份文件，可以试试下面的方法恢复：

1）在"文件（File）"菜单中选择"绘图实用程序/修复（Drawing Utilities/Recover)"项，在弹出的"选择文件（Select File)"对话框中选择要恢复的文件后确认，系统开始执行恢复文件操作；

2）如果用"Recover"命令不能修复文件，则可以新建一个图形文件，然后把旧图用图块的形式插入在新图形中，也能解决问题；

3）在 AutoCAD 2004 中打开后另存为 AutoCAD 2004 的文件，然后重新打开文件，并选择采用局部打开方式，打开几个图层另存为一个文件，再打开剩下的图层，再另存为第二个文件，最后把两个文件复制重合在一起就恢复原图了；

4）如果打开 CAD 图某一百数（如 30％）时就停住没反应了，这说明图纸不一定被损坏，可以试试把电脑内的非 AutoCAD 提供的矢量字体文件删除（移到别的地方）后再试试（保留 2～3 个也可以）。

2.4 AutoCAD 绘制建筑结构施工图实例

2.4.1 建筑结构施工图制图特点

结构施工图是结构工程师的最终劳动成果，是整个工程建设中的关键一环。结构施工图与建筑、设备以及其他专业的施工图相比有其自己的特点：

（1）结构施工图绘制对象

建筑结构工程设计所涉及的对象常见的有砖混结构，如多层的住宅、办公楼、学校、医院、厂房等建筑；排架结构，如厂房建筑；框架结构、框架-剪力墙结构、剪力墙结构、筒体结构，如商场、综合楼、高层住宅等建筑。这些对象从绘图表达方式来分有砖混结构、钢筋混凝土结构、钢结构三种结构形式。

（2）结构施工图绘制内容

结构施工图是进行施工的依据。施工单位根据结构施工图所描述的尺寸、材料选择与配筋，如构件的截面尺寸、钢筋等级、直径、数量、形式、长度及配筋位置，砖、砂浆、混凝土的强度等级等，还要为施工指导提供必要的文字说明。因此，结构施工图绘制内容可以归纳为四项：结构布置图（模板图）、配筋图、大样图、施工说明。

（3）结构施工图的绘制方法

1）自动化设计方式

在这种方式中，一切按预先编写好的计算机辅助绘图软件规定的程序进行自动化绘图工作。除了必要的原始工程设计参数输入外，在进行过程中不需要设计人员进行干预就能自动绘图。这种方法在绘制施工图上实现了自动化绘图。当绘图系统编制比较完善就能满足结构施工图绘制的大部分要求。此绘图方式以其效率高、精确度高，尤其能将结构计算结果自动地按建筑要求和规范要求直接生成施工图而深受广大结构工程设计人员欢迎。这类比较成熟的软件有 PK. PM 系列，其自动绘图软件可以根据 PMCAD 所建模及结构计算结果按要求自动绘制成结构施工图，以 ＊.T 文件保存。此 ＊.T 文件可以转化为 AutoCAD 的 Dwg 图形文件格式保存。另外，还有直接以 AutoCAD 系统作为开发平台的计算机辅助设计软件，软件既包括初处理、结构计算，也包括将结构计算结果自动生成结构施工图。

2）交互式设计方式

这种方式需要在工程师不断干预下，以人-机对话方式的交互作业来完成施工图的绘制。最基本的交互式设计方式就是完全利用 AutoCAD 基本命令来完成每个实体的绘制工作，最终形成施工图。这也是目前工程设计人员的日常工作方法之一。交互式绘图方式能适应错综复杂的多因素变化情况，适用于设计对象难以用精确的模型来描述的情况。因而这种方式的工作效率通常较低。当然，一个能熟练运用 AutoCAD 的专业人员，合理地使用 AutoCAD 提供的各项功能，工作效率也可以明显提高。如建立标准图库供调用，利用 AutoCAD 进行二次开发实现部分参数制图，块、属性等高级功能使用等。

实际工作中很少通过完全的自动化绘图或完全的最基本人-机对话的交互式绘图，而是两者的综合使用，扬长避短，提高工作效率。同时，结构工程师和软件工程师正在利用结构工程的技术性强、变化性小、定性、定量的工作多的特点，加紧地对 AutoCAD 进行二次开发，使得在结构施工图中的自动绘图方式的比例加大，辅以交互式输入来完成结构施工图。

2.4.2 建筑结构施工图常用表达方法

依照结构施工图绘制对象来划分有：砖混结构、钢筋混凝土结构、钢结构。其中钢结构不多见，在此略去，仅谈谈前两种结构形式的施工图表达方法。

（1）砖混结构

计算机辅助绘图与传统的手工绘图所表现的方法基本一致。它所包含的内容有：基础布置图、基础配筋图、楼屋面的结构布置图（含有墙厚、开洞、构造柱、圈梁、预制板、梁等布置）、大样图（含有挑梁、挑檐、雨篷、饰面、楼梯）等，此外还含有材料、施工指导等文字施工说明。采用 AutoCAD 辅助绘图后，对定型的砖混结构，由于大样图、施工说明等可以建立标准图库供选用，因而设计效率明显加快，缩短了设计周期。砖混结构中也含有梁等钢筋混凝土构件，其表达方法见下述。

（2）钢筋混凝土结构

这种结构的施工图绘制的表示方法在采用计算机辅助绘图后，涌现出多种方式。常见方法有传统的整体表示法、梁柱分离表示法、梁柱表表示法、平面表示法等。

传统的梁柱整体表示法，同手工绘图相同，主要绘制反映整个结构的立面图、剖面图。这种方式优点是将结构中的构件尺寸、数量、位置都直接在整体上绘制出来。此法整体性强，关系明确，易于读图，便于施工，对施工单位的技术人员要求不高。缺点是绘制的图形都是针对各个构件，标准化程度低，绘制的成果由于工程的变化几乎无可重复利用的价值；又由于制图过于繁琐，会因设计人员自身因素而易造成错误；当结构体系复杂时，有时难以用简明的方式表达；绘图的图幅大，图纸量较多等。

梁柱分离式表达方法是对梁柱整体表达方法的进一步改进。优点在于采取标准构件归并的方法来绘制，实现部分标准化制图，减少了占用图幅，减少了图纸量。缺点是整体性差，易造成梁柱标注错误，给施工带来一定难度。

梁柱表的施工图表示法在广东等地区比较流行。一张梁柱表的施工图由两部分组成，一部分是以构件的剖面形式、钢筋布置形式等图形组成的图例，以及由文字说明组成的说明部分；另一部分由反映构件剖面等图例的参数表格，填写表格内容来表达选取的剖面形式及具体的钢筋数量。

梁柱表的施工图表达方式优点在于实现了标准化制图，易于对 AutoCAD 进行二次开发，直接将结构计算结果按填表来处理，出图快，效率高，减少图纸量。缺点是技术员面对的不是直观的图形而是表格数据，填表易错而又不易核对，直观性差，对施工人员要求高。

平面表示法的施工图表达方式已经有了国家建筑标准。这种施工图表达方法也是由两部分内容来完成的。一部分是以梁柱节点构造形式、梁柱配筋形式、各种剖面等图形组成的图例部分，与梁柱表施工图表达方式相似。平面表示法已根据现行规范编制了建筑标准设计 03G101，包含了大量标准节点施工方式等供选用。另一部分内容是以建筑专业提供的平面条件图，在 AutoCAD 中修改为结构平面图，以此平面图进行结构布置、梁配筋等数字标注。柱与剪力墙配筋以表来表示。板配筋同传统方法。

平面表示法施工图表达方式的优点是利用标准图例将结构设计的结果直接表达在建筑平面条件图上，既直观明了，又实现了标准化制图，大大加快了绘图的速度，提高了效率，也有利于施工。缺点是图纸量较大。

钢筋混凝土结构施工图表示方法很多，易造成混乱，也可能导致工程质量事故，因此从事设计、施工以及管理技术人员应该予以足够的重视。

2.4.3 建筑结构施工图实例

（1）砖混结构

【例 2-1】 某多层集体宿舍，采用砖混结构。图 2-19 所示为结构设计及施工总说明；图 2-20 所示为该结构的基础平面图；图 2-21 所示为该结构的二层结构平面布置及板配筋图。

（2）钢筋混凝土结构

【例 2-2】 某多层办公大楼，采用钢筋混凝土框架结构。本例题以平面表示法来绘制结构施工图。图 2-22 所示为三层楼面梁配筋图；图 2-23 所示为平面表示法梁配筋图例；图 2-24 所示为该结构框架柱配筋表。

【例 2-3】 某多层钢筋混凝土框架结构。本例题以梁柱表表示法来绘制结构施工图。图 2-24 所示为该结构框架柱配筋表。图 2-25 所示为梁柱表表示法的梁配筋表，以及梁配筋表的图例。

【例 2-4】 某三层钢筋混凝土框架结构。本例题以梁柱整体表示法来绘制结构施工图。图 2-26 所示为梁柱整体表示法的梁柱整体配筋图。

【例 2-5】 本例题以楼梯配筋图来示意部分结构标准构件的参数化制图法。图 2-27 所示为钢筋混凝土楼梯配筋图。

结构设计及施工总说明

图号	结施02
日期	200.3
比例	1:100

结构设计及施工总说明

一、设计依据：
1. 审批通过的设计审批文件
2. 主要设计规范
   (1)《建筑结构荷载规范》(GB50009-2001)
   (2)《建筑抗震设计规范》(GB50011-2001)
   (3)《混凝土结构设计规范》(GB50010-2002)
   (4)《砌体结构设计规范》(GB50003-2001)
   (5)《建筑地基基础设计规范》(GB50007-2002)
   (6)《设置钢筋混凝土构造柱多层砖房抗震设计与施工规程》(JGJ/T13-94)
   (7)《多孔砖(KP1型)建筑构造》

二、尺寸单位
本说明除图纸外尺寸均以"mm"为单位，标高以"m"为单位。

三、设计标高
建筑物室内±0.000见总体平面图。

四、荷载
1. 雪荷载　　　　　　0.40kN/m²
2. 基本风压　　　　　0.40kN/m²
   不上人层面荷载　　0.50kN/m²

五、建筑物安全等级
1. 建筑结构安全级别为丙类，建筑结构安全等级为二级。
2. 本工程抗震设防烈度为6度(第一组)，设计基本地震加速度为0.05g，建筑场地地震类别为II类，建筑抗震设防分类为丙类。

六、钢筋混凝土：
1. 混凝土强度等级：本工程砼为C10，其余混凝土均为C25。
   基础垫层素混凝土为C10。
   受力钢筋的混凝土保护层厚度：
   基础40mm，上部梁25mm，柱35mm，板15mm。
2. 图纸中未注明的钢筋箍筋固定钩须满足30d。(d为钢筋直径)
3. 钢筋的接头先采用焊接固有度优先采用焊接头，在搭接区不大于钢筋截面面积的总截面面积的50%。
   在任意35d的区段内，受拉区不大于25%，受压区不大于50%。
4. 当钢筋的长度不足需焊接时，每次接头在同一区段内分别为26d(HPB235钢)和30d(HRB335钢)且大于200，在搭接长度的百分率为：上部钢筋在跨中，下部钢筋在支座。
5. 受力钢筋的搭接接头，在接头处相互错开，共搭接长度如下：受拉区大于25%，受压区大于50%。
6. 板连接钢筋配筋钢筋的接头位置：上部钢筋在跨中，下部钢筋在支座。

7. 梁内受力钢筋如需现场搭接接头，下部正筋应在支座处搭接，上部负筋应在跨中1/3跨度范围内搭接。
8. 楼板预留洞大于300时，若图中未特别说明，板内钢筋从洞边绕过，不另设附加钢筋。
9. 门窗过梁的设置位置及配筋见表，门窗过梁采用现浇混凝土，等级为C25(图二)。

墙厚	240			
洞宽	>1000	1200~1800	1800~2400	2400~3600
截面	240×120	240×180	240×180	240×240
配筋　主筋	2φ8	2φ10	2φ10	3φ12
配筋　箍筋	φ6@150	φ6@150	φ6@150	φ8@150

10. 当门窗洞距离构造柱或板底过梁高度小于1过梁高度时，则过梁与结构梁或板浇注成整体(图三)。
11. 上部有构造柱的梁，应在梁底处预留插筋，详见图四。
12. 当车转砖墙体直接支撑在楼板上时，板底应设加强筋，见各平面图。
13. 楼板及楼梯板中的分布钢筋均采用φ6@200。
14. 梁详图用平法表示其构造见国标图集《03G101》。

七、砖砌体：
1. ±0.000以下采用M10水泥砂浆，MU10黏土实心砖。
2. 构造柱及砖柱端连接处应先砌墙后浇构造柱。构造柱节点详见图(协90G301)图集第9页，先砌墙后浇构造柱。
3. 后砌墙120砖墙与承重墙交接处的处理见《96SG612》P39。
4. 各圈梁详图及设计构造参见《03G101》图集做法。
5. 圈梁下的砖墙面需先铺10#砂浆10#砂浆以堵住砖缝。

八、施工要求：
1. 除注明者外，本工程所用的材料性能、规格、施工及验收要求均参照国家批准的现行有关规范、规程执行。
2. 本工程所用材料如其规格与本工程材料不相同，须经过作方核算并经工作设计院同意。
3. 钢筋混凝土操作其混凝土强度达到100%方可拆模板。
4. 钢筋混凝土浇筑后须固有度应注意养护，以保证构件在养护期内经常处于润湿状态。
5. 卫生间与有建筑处设面板，在楼层板处均应按建筑要求设置最低处比楼层完成建筑面标高之最底点必须低于卫生间门槛以预留洞堵管道开孔。
6. 结构施工时请与水、电等专业配合预留相关管道孔。

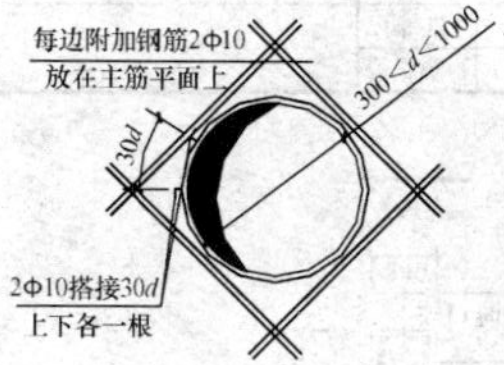

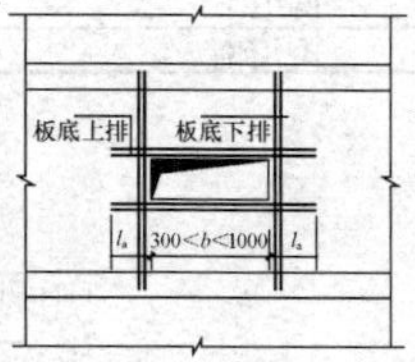

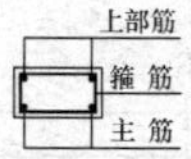

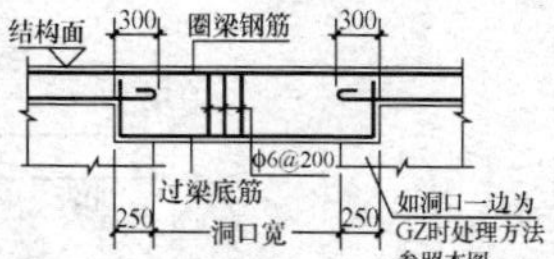

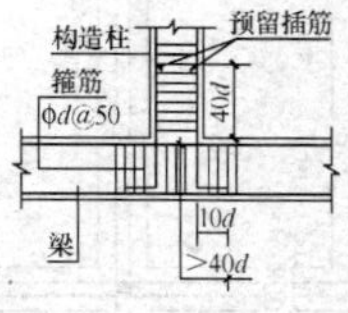

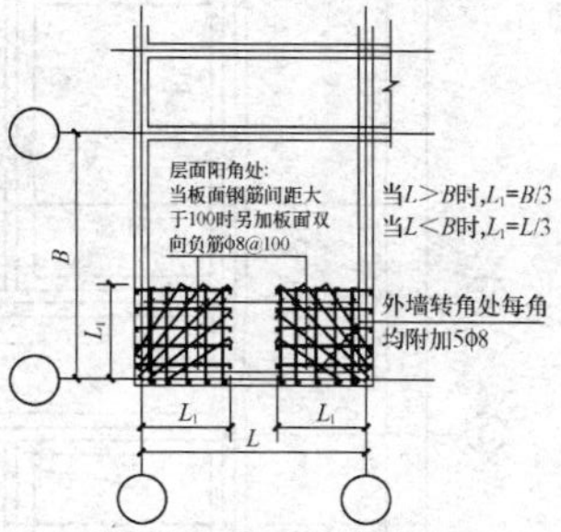

图 2-19　结构设计及施工总说明

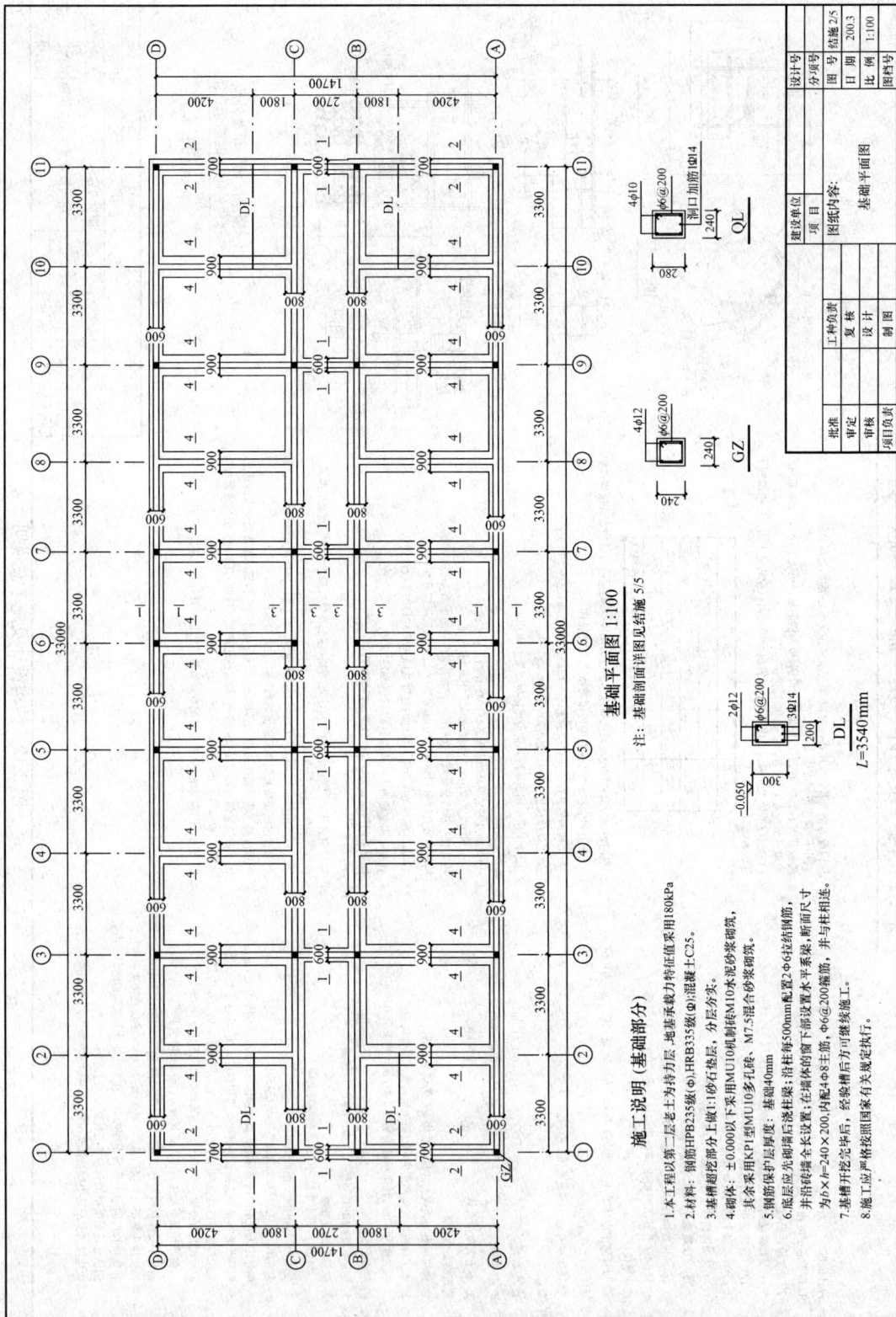

基础平面图 1:100

注：基础剖面图详图见结施 5/5

图 2-20 基础平面图

施工说明（基础部分）

1.本工程以第一层为持力层，地基承载力特征值采用180kPa。
2.材料：钢筋HPB235级(φ),HRB335级(Φ);混凝土C25。
3.基槽超挖部分上做1:砂石垫层，分层夯实。
4.砌体：±0.000以下采用MU10机制粘土砖M10水泥砂浆砌筑，
　其余采用KP1型MU10多孔砖，M7.5混合砂浆砌筑。
5.钢筋保护层厚度：基础60mm。
6.底层应先砌筑后浇柱墙：沿柱每500mm配置2φ6拉结钢筋，
　并沿墙全长设置。在墙体的窗下部设置水平系梁，断面尺寸
　为b×h=240×200,内配4φ8主筋，φ6@200箍筋，并与柱相连。
7.基槽开挖完毕后，经验槽后方可继续施工。
8.施工应严格按照国家有关规定执行。

QL

4φ10　φ6@200　洞口加筋1Φ14

GZ

4φ12　φ6@200

DL
L=3540mm

2φ12　φ6@200　3Φ14

设计号		分项号	
图 号	结施 2/5		
日 期	200.3		
比 例	1:100		
图档号			

| 建设单位 | | 图纸内容 | 基础平面图 |
| 项 目 | | | |

工种负责			
复 核			
设 计			
制 图			

批准			
审定			
审核			
项目负责			

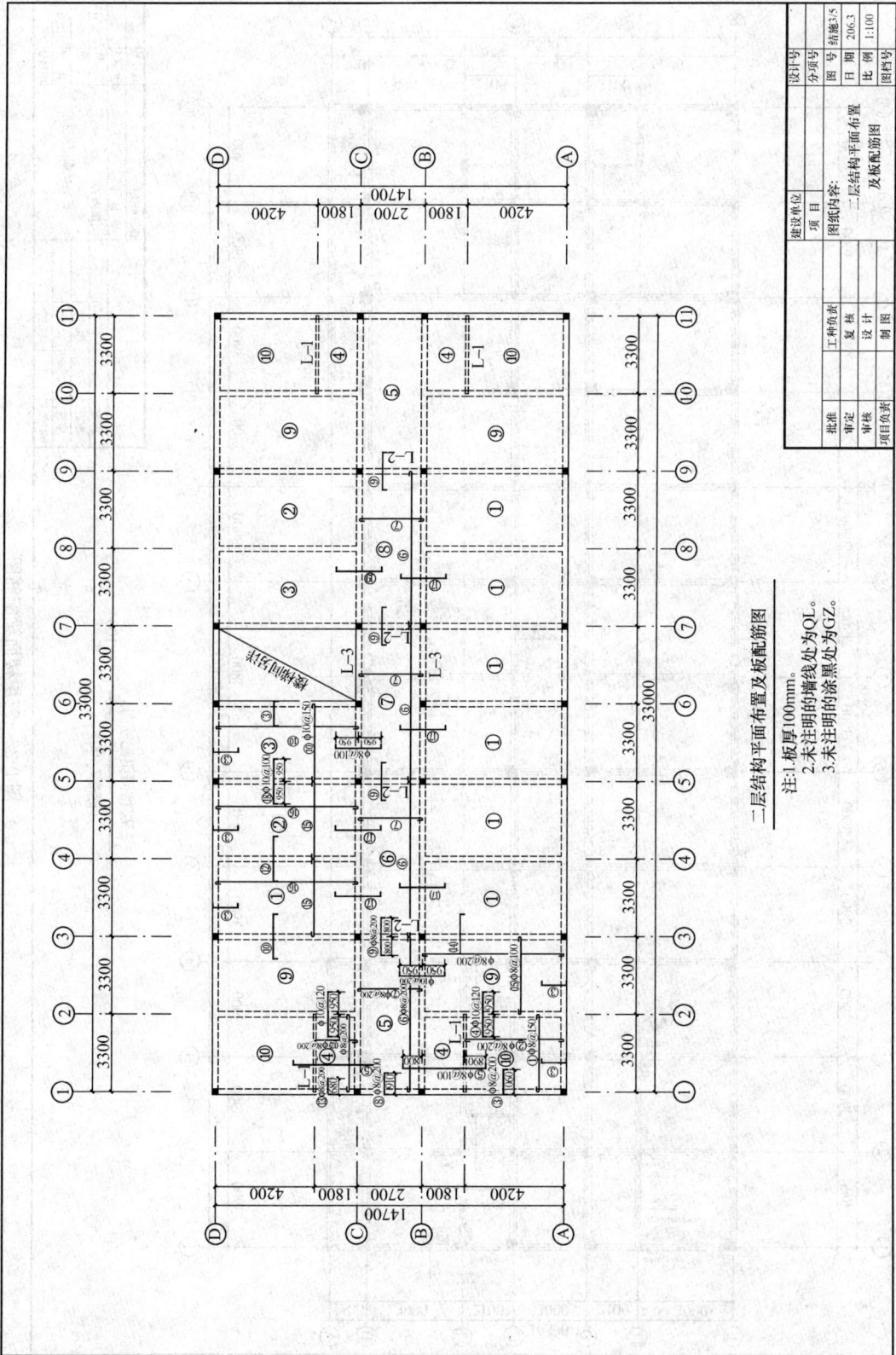

二层结构平面布置及板配筋图

注:1.板厚100mm。
2.未注明的墙线处为QL。
3.未注明的涂黑处为GZ。

图 2-21　二层结构平面布置及板配筋图

43

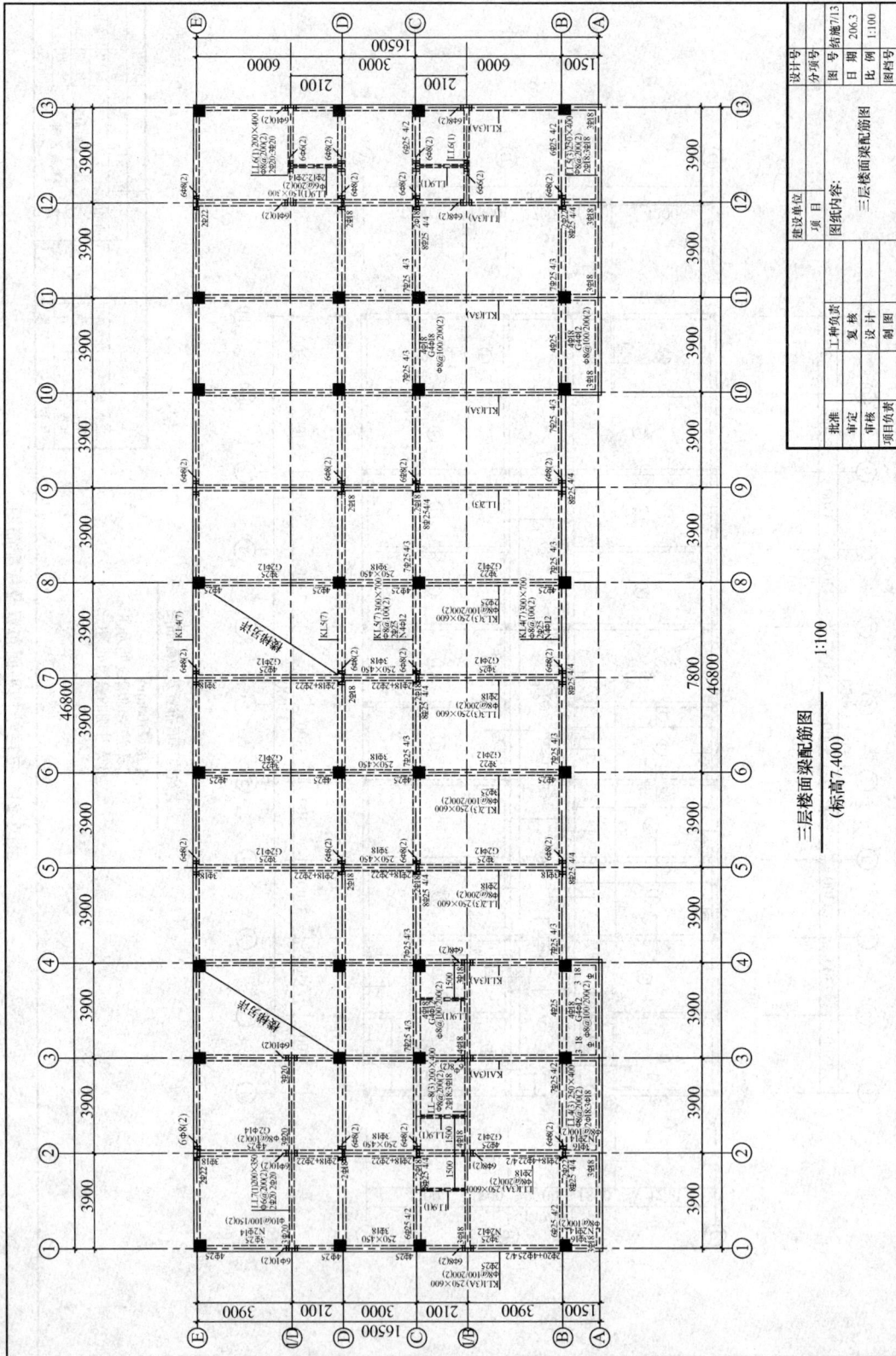

图 2-22 三层楼面梁配筋图

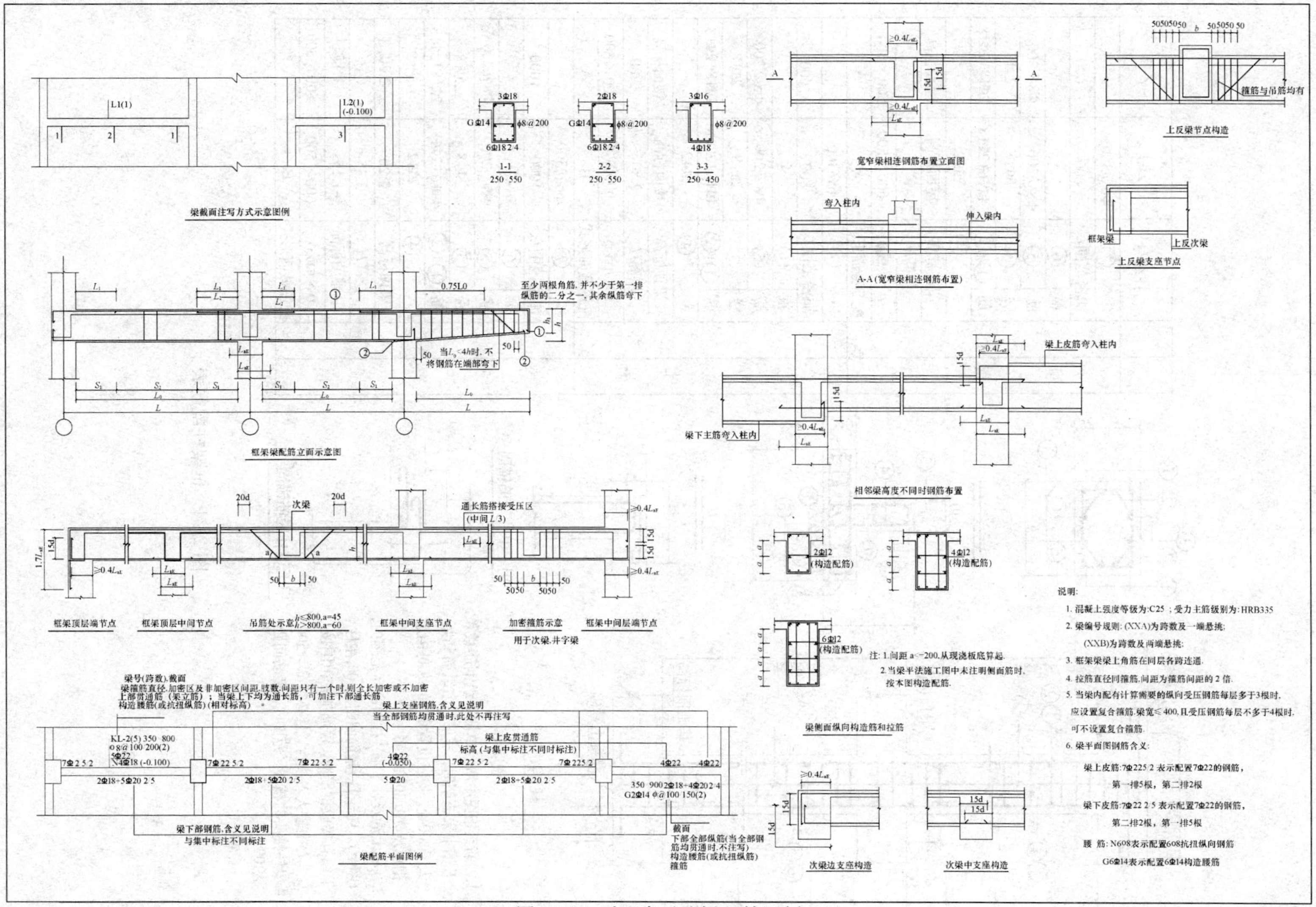

图 2-23 平面表示法梁配筋图例

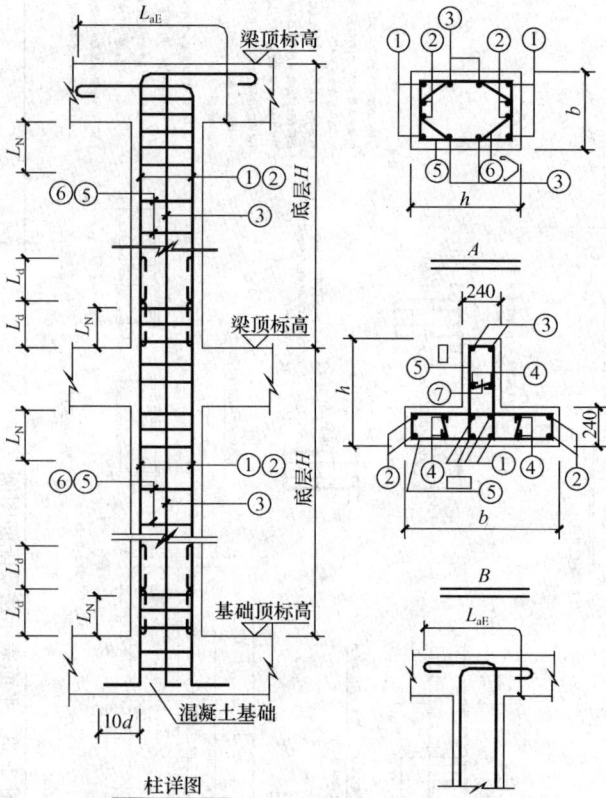

柱详图

说明

1. 钢筋系指图中所示单侧每组钢筋数量。
2. 凡图中未表明时，异形柱内纵筋间距大于200处，均应设置Φ12的纵向构造钢筋及ϕ6@30的拉筋。
3. 在柱上端及柱下端$\frac{1}{6}$柱的净高范围内，（图中L_N所示），箍筋间距为100，在柱下端有接驳钢筋时，箍筋加密范围按L_N与L_d中较大者执行，且必须$L_N>500$。
4. 梁柱接头的核心区范围内，箍筋间距为100。

用于中柱竖筋锚固

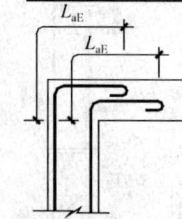

用于边柱竖筋锚固

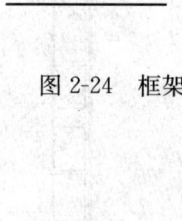

		柱编号	Z-1	Z-2
阁楼层	C25	⑦	Φ6@300	
		加密范围 L_N	800	600
		箍筋 ⑥		
		箍筋 ⑤	Φ8@300	Φ8@300
		竖筋 ③	3Φ18	2Φ18
		竖筋 ①+②	4Φ16+2Φ18	2Φ18+2Φ18
		④	2Φ12	
		梁顶标高	屋面标高	屋面标高
		层高H		
		b×h或φ	600×500	500×500
		配筋截面形式	A	A
二~七层	C25	⑦	Φ6@300	
		加密范围 L_N	800	600
		箍筋 ⑥		
		箍筋 ⑤	Φ8@200	Φ8@200
		竖筋 ③	2Φ18	2Φ18
		竖筋 ①+②	4Φ16+2Φ18	2Φ18+2Φ18
		④	2Φ12	
		梁顶标高	楼面标高	楼面标高
		层高H	2.80	2.80
		b×h或φ	600×500	500×500
		配筋截面形式	B	A
一层	C25	⑦	Φ6@300	
		加密范围 L_N	1000	1000
		箍筋 ⑥		
		箍筋 ⑤	Φ8@200	Φ8@200
		竖筋 ③	2Φ18	2Φ18
		竖筋 ①+②	4Φ16+2Φ18	2Φ18+2Φ18
		④	2Φ12	
		梁顶标高	2.20	2.20
		层高H	3.35	3.35
		基础顶标高	-1.15	-1.15
		b×h或φ	600×500	500×500
		配筋截面形式	B	A

图 2-24　框架柱配筋表

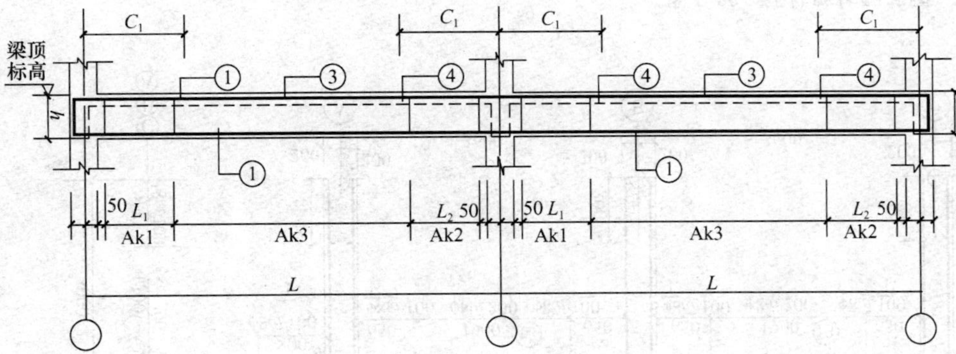

图 2-25 梁配筋表及梁配筋图例

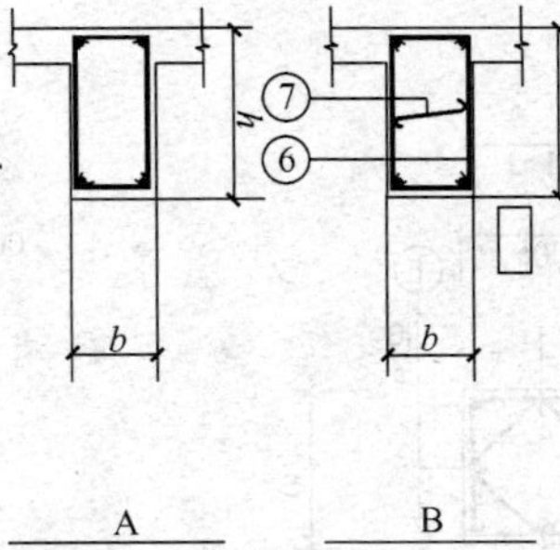

注：集中力位置详各平面图

集中力处吊筋

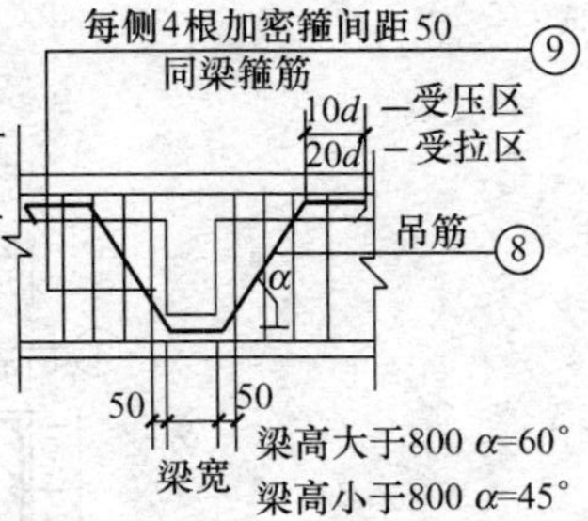

每侧4根加密箍间距50
同梁箍筋
受压区
受拉区
吊筋
梁高大于800 $\alpha=60°$
梁高小于800 $\alpha=45°$
梁宽

梁编号	梁跨数 顺序	轴线号	梁顶 标高	跨度 L	截面 型式	截面尺寸 b	截面尺寸 h	左支座负筋 ③	左支座负筋 ④	底部钢筋 C_1	底部钢筋 ①	右支座负筋 ③	右支座负筋 ④	梁类形 C_1	箍筋配置 L_1	Ak1	L_2	Ak2	Ak3	腰筋 ⑬	拉筋 ⑭

梁配筋

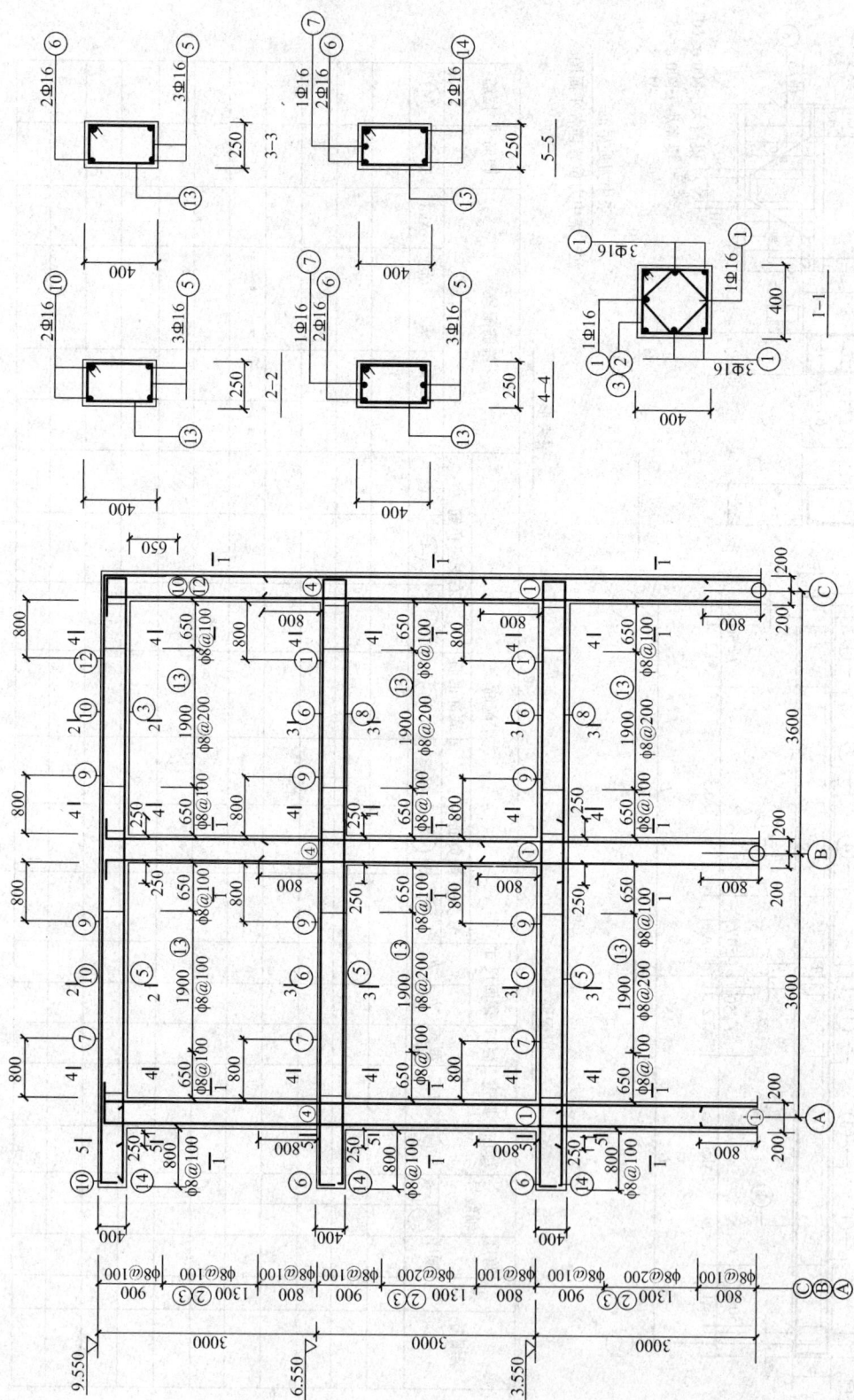

图 2-26 梁柱整体配筋图

48

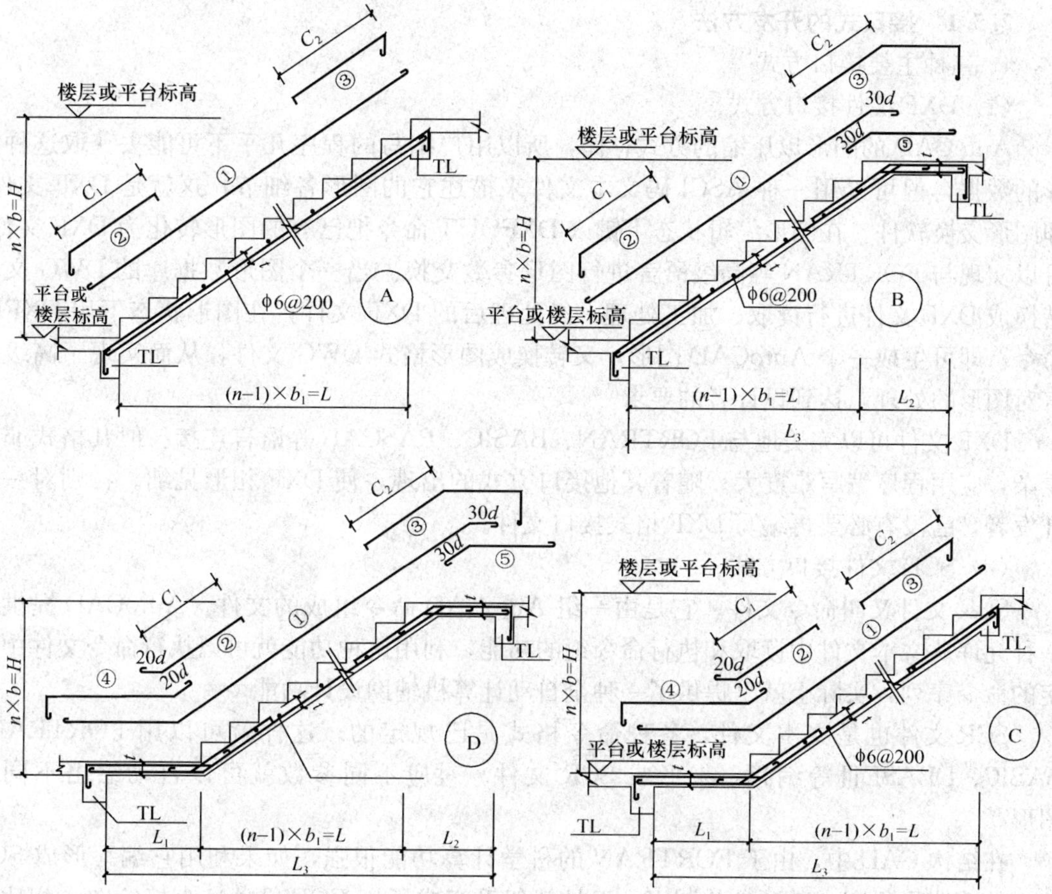

楼梯配筋表

楼梯编号	梯板编号	标高	类型	梯宽×厚 $b \times t$	高度尺寸			长度尺寸					梯板配筋							备注
					n	b	H	$n-$	b_1	L	L_1	L_2	L_3	①	②	③	④	⑤	C_1	C_2	

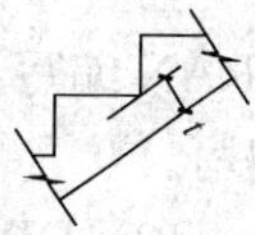

说明: 1.楼梯采用金属栏杆时,应根据建筑图要求预埋栏杆的埋件;
2.楼梯梯板分布筋未注明时为φ6@200,(且每级不小于1φ6)。

图 2-27 楼梯配筋图

2.5 AutoCAD二次开发的方法

在 AutoCAD 平台上进行开发的方法有多种,归纳起来大致有三大类:① 利用各种形式与 AutoCAD 进行接口;② 在 AutoCAD 提供的开发语言 AutoLisp、AutoC(ADS)、ARX 等进行开发;③使用 AutoCAD 块命令形成标准图形库的单元块法。

2.5.1 接口式的开发方法

1. 三种主要接口方式

（1）DXF 文件接口方式

AutoCAD 的图形以压缩的方式存储，所以用户编写的程序几乎不可能去获取这种图形的数据，但可以用一种 ASCI 码文本文件来描述它的图形各细节，这就是 DXF 文件，即图形交换软件。在图形编辑状态下键入 DXFOUT 命令把已有的图形转化为 DXF 文件，可以实现与 FORTRAN 等高级语言进行图形参数交换。当一个图形数据库的 DWG 文件转换成 DXF 文件进行读取、加工处理。经处理后的 DXF 文件，在图形状态下用 DXFIN 命令，即可生成一个 AutoCAD 图形，又转换成图形格式 DWG 文件，从而实现了高级语言对图形的处理，达到设计者的要求。

DXF 文件可以完美地与 FORTRAN、BASIC、PASCAL 等语言连接。但其格式非常复杂，应用程序编写难度大。随着其他接口方式的出现，使 DXF 相形见绌。特别对一般开发者，已没有必要再编写 DXF 格式接口文件。

（2）SCR 文件接口方式

SCR 文件又叫命令文件。它是由一组 AutoCAD 命令组成的文件。AutoCAD 提供了一种允许从文本文件中读取和执行命令组的功能，利用这种功能就可以执行命令文件中预定的命令序列，实际上就是提供了一种全自动计算机辅助设计功能。

SCR 文件也是文本文件，各种命令格式是已规定的。这样就可以用 FORTRAN、BASIC、DBASEⅢ 等编程，来形成 SCR 文件。对应不同参数就可以自动绘出不同的图形。

在结构 CAD 中，由于 FORTRAN 的科学计算功能很强，如果利用它编写形成 SCR 接口的功能子程序，通过参数调用，于是就似乎变成了用 FORTRAN 直接绘图，相比较而言，无论在编程还是在运行上，效率比 Basic 与 Dbase 强。

当然 C 语言也能做到这一点，甚至更好。但目前，结构分析软件绝大多数由 FOR-TRAN 编写。为了统一性，SCR 常用 FORTRAN 编写，一些特殊情况就采用 C 语言编写。

（3）DWG 文件接口方式

这是一种以机器码进行接口的方式。当运行接口文件，就可直接生成扩展名为 DWG 的文件，即生成图形。在 AutoCAD 图形编辑状态下可直接打开，无需再生成。但是这种机器码接口却不能让高级语言去直接生成图形信息的机器码。运用这种接口方式的典型代表是 PK/PM 系统。

2. 几种接口方式的比较

（1）功能

SCR 方式功能强，几乎可以调用 AutoCAD 所有的绘图、编辑以及其他辅助命令，DXF 方式次之，而 DWG 方式就没有利用 AutoCAD 的命令功能。

（2）程序编写

SCR 方式编写容易，只需知道 AutoCAD 命令格式即可。而 DXF 方式复杂，即使有了接口文件，其主程序编写仍要考虑 DXF 文件格式的顺序，编写困难，不易修改。DWG 方式只有专业人员才能编写，对一般的开发者则难以利用。

（3）运行速度

DWG 方式生成图形最快，SCR 方式次之，DXF 方式最慢。

（4）信息交流

DXF 方式的最大优点在于既可生成图形，又可从图形中读出信息，可以与数据库进行交流，而 SCR 方式和 DWG 方式皆不可从图形中获得信息。

2.5.2　内嵌式语言的开发方法

（1）Auto LISP

LISP（List Processing Language）语言是迄今在人工智能学科领域应用最广泛的一种程序设计语言。由于它具有很强的绘图能力，AutoDESK 公司将其修改成为 AutoCAD 专用的 AutoLISP 语言。现在将 Visual LISP 完整地集成到 AutoCAD 中，为开发者提供了崭新的、增强的集成开发环境，一改过去在 AutoCAD 中内嵌 AtuoLISP 运行引擎的机制，这样开发者可以直接使用 AutoCAD 中的对象和反应器，进行更底层的开发。其特点为自身是 AutoCAD 中默认的代码编辑工具；用它开发 AutoLISP 程序的时间被大大地缩短，原始代码能被保密，以防盗版和被更改；能帮助大家使用 ActiveX 对象及其事件；使用了流行的有色代码编辑器和完善的调试工具，使大家很容易创建和分析 LISP 程序的运行情况。在 VisualLISP 中新增了一些函数：如基于 AutoLISP 的 ActiveX/COM 自动化操作接口；用于执行基于 AutoCAD 内部事件的 LISP 程序的对象反应器；新增了能够对操作系统文件进行操作的函数。

（2）ADS

ADS（AutoCAD Development System）为 AutoCAD 使用 C 语言开发系统，是一种用于开发 AutoCAD 应用程序的环境。C 语言也被该公司修改成 AutoC。以 ADS 为基础用 C 编写的应用程序，对 AutoCAD 系统而言，等同于 AutoLISP 写的函数。一个 ADS 应用程序不是作为单一的程序而写的，而是作为由 AutoLISP 解释程序的加载和调用的外部函数集合。两者的大多数功能相同，只是 ADS 应用程序在速度和内存使用上效率更高，可以进入一些设备，如主操作系统和硬件，优势也在于可开发交互式应用程序，而 AutoLISP 则做不到，但 ADS 在开发和维护上费用昂贵。

（3）ObjectARX

ObjectARX 是一种崭新的开发 AutoCAD 应用程序的工具，以 C++为编程语言，采用先进的面向对象的编程原理，提供可与 AutoCAD 直接交互的开发环境，能使用户方便快捷地开发出高效简洁的 AutoCAD 应用程序。ObjectARX 能够对 AutoCAD 的所有事务进行完整的、先进的、面向对象的设计与开发，并且开发的应用程序速度更快、集成度更高、稳定性更强。ObjectARX 从本质上讲，是一种特定的 C++编程环境，它包括一组动态链接库（DLL），这些库与 AutoCAD 在同一地址空间运行并能直接利用 AutoCAD 核心数据结构和代码，库中包含一组通用工具，使得二次开发者可以充分利用 AutoCAD 的开放结构，直接访问 AutoCAD 数据库结构、图形系统以及 CAD 几何造型核心，以便能在运行期间实时扩展 AutoCAD 的功能，创建能全面享受 AutoCAD 固有命令的新命令。使用 ObjectARX 进行应用开发还可以在同一水平上与 Windows 系统集成，并与其他 Windows 应用程序实现交互操作。

（4）VBA

VBA 即 Mcrosoft office 中的 Visual Basic for Applications，它被集成到 AutoCAD 中。VBA 为开发者提供了一种新的选择，也为用户访问 AutoCAD 中丰富的技术框架打开一条新的通道。VBA 和 AutoCAD 中强大的 ActiveX 自动化对象模型的结合，代表了一种新型的定制 AutoCAD 的模式构架。通过 VBA，可以操作 AutoCAD，控制 ActiveX 和其他一些应用程序，使之相互之间发生互易活动。

2.5.3　图形单元块的开发方法

AutoCAD 可以将一个由许多点、线等基本实体组成的图形定义为一个图形单元块。单元块以 DWG 形式存储，在用到相同的图形时就可以调用它以不同的比例、角度插入。

这种方式的开发，适用于图形中含有标准构件单元多的情况，如机械零件、建筑图等。由这些块形成图形库，在使用时供选择，经过组合、删减等编辑后，就可得到一张满意的图。

在结构 CAD 中，由于结构设计本身的千差万别和严肃的科学性，所以不便于像编制建筑图那样仅仅通过调用一些标准图就可组合成设计施工图。结构施工图中标准构件少，完全使用图形单元块效果并不好，若用块来操作，修改比较麻烦，达不到省时省事的目的。

2.6　建筑结构制图标准

图纸是工程师的语言。为了保证制图质量，提高制图效率，做到图面清晰、简明，符合设计、施工、存档的要求，必须制定建筑制图标准，适应工程建设的需要。下面简要介绍绘图常见基本要求。

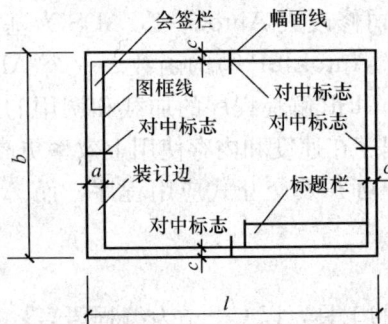

图 2-28　A0～A3 图幅面

（1）图纸幅面规格

图纸幅面及图框尺寸，应符合表 2-3 的规定及图 2-28 的格式。

（2）图线

图线的宽度 b，宜从下列线宽系列中选取：2.0、1.4、1.0、0.7、0.5、0.35mm。建筑结构制图，应选用表 2-4 中图线。图纸的图框和标题栏线，可采用表 2-5 的线宽。

幅面及图框尺寸（mm）					表 2-3
尺寸代号＼图幅代号	A0	A1	A2	A3	A4
$b \times l$	841×1189	594×841	420×594	297×420	210×297
c		10		5	
a			25		

名称		线　型	线宽	一　般　用　途
实线	粗	▬▬▬	b	螺栓、主钢筋线、结构平面图中的单线结构构件线、钢木支撑及系杆线，图名下横线、剖切线
	中	▬▬▬	$0.5b$	结构平面图及详图中剖到或可见的墙身轮廓线、基础轮廓线、钢、木结构轮廓线、箍筋线、板钢筋线
	细	▬▬▬	$0.25b$	可见的钢筋混凝土构件的轮廓线、尺寸线、标注引出线，标高符号，索引符号
虚线	粗	▬ ▬ ▬ ▬	b	不可见的钢筋、螺栓线，结构平面图中的不可见的单线结构构件线及钢、木支撑线
	中	▬ ▬ ▬ ▬	$0.5b$	结构平面图中的不可见构件、墙身轮廓线及钢、木构件轮廓线
	细	- - - -	$0.25b$	基础平面图中的管沟轮廓线，不可见的钢筋混凝土构件轮廓线
单点长画线	粗	▬ · ▬ · ▬	b	柱间支撑、垂直支撑、设备基础轴线图中的中心线
	细	- · - · -	$0.25b$	定位轴线、对称线、中心线
双点长画线	粗	▬ ·· ▬ ·· ▬	b	预应力钢筋线
	细	- ·· - ·· -	$0.25b$	原有结构轮廓线
折断线		─╲╱─	$0.25b$	断开界线
波浪线		∿∿∿	$0.25b$	断开界线

图框线、标题栏线的宽度（mm）　　　　表 2-5

幅面代号	图框线	标题栏外框线	标题栏分格线
A0、A1	1.4	0.7	0.35
A2、A3、A4	1.0	0.7	0.35

相互平行的图线，其间隙不宜小于其中的粗线宽度，且不宜小于 0.7mm。虚线、单

点长画线或双点长画线的线段长度和间隔，宜各自相等。单点长画线或双点长画线，当在较小图形中绘制有困难时，可用实线代替。单点长画线或双点长画线的两端，不应是点。点画线与点画线交接或点画线与其他图线交接时，应是线段交接。虚线与虚线交接或虚线与其他图线交接时，应是线段交接。虚线为实线的延长线时，不得与实线连接。

图线不得与文字、数字或符号重叠、混淆，不可避免时，应首先保证文字等的清晰。

（3）字体

图纸上所需书写的文字、数字或符号等，均应笔画清晰、字体端正、排列整齐；标点符号应清楚正确。文字的字高，应从如下系列中选用：3.5、5、7、10、14、20mm。如需书写更大的字，其高度应按比值递增。图样及说明中的汉字，宜采用长仿宋体，宽度与高度的关系应符合表 2-6 的规定。大标题、图册封面、地形图等的汉字，也可书写成其他字体，但应易于辨认。

长仿宋字高宽关系　　　　　　　　　　　　　　表 2-6

字高	20	14	10	7	5	3.5
字宽	14	10	7	5	3.5	2.5

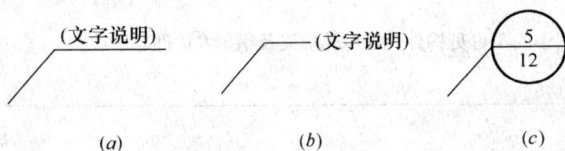

图 2-29　引出线

（4）符号

1）引出线

引出线应以细实线绘制，宜采用水平方向的直线、与水平方向呈 30°、45°、60°、90°的直线，或经上述角度再折为水平线。文字说明宜注写在水平线的上方（图 2-29a），也可注写在水平线的端部（图 2-29b）。索引详图的引出线，应与水平直径线相连接（图 2-29c）。同时引出几个相同部分的引出线，宜互相平行（图 2-30a），也可画成集中于一点的放射线（图 2-30b）。

2）对称符号

由对称线和两端的两对平行线组成。对称线用细单点画线绘制；平行线用细实线绘制，其长度宜为 6~10mm，每对的间距宜为 2~3mm；对称线两端超出平行线宜为 2~3mm（图 2-31）。

3）连接符号

连接符号应以折断线表示需连接的部位。两部位相距过远时，折断线两端靠图样一侧应标注大写拉丁字母表示连接编号。两个被连接的图样必须用相同的字母编号（图 2-32）。

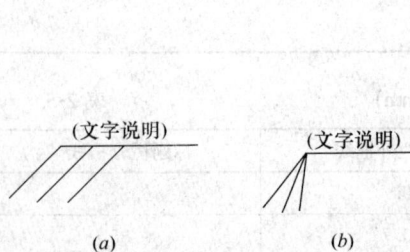

图 2-30　共用引出线　　　　图 2-31　对称符号　　　　图 2-32　连续符号

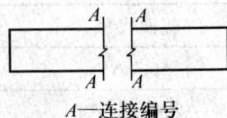

54

（5）定位轴线

定位轴线应用细点画线绘制。

定位轴线一般应编号，编号应注写在轴线端部的圆内。圆应用细实线绘制，直径为8～10mm。定位轴线圆的圆心，应在定位轴线的延长线上或延长线的折线上。

平面图上定位轴线的编号，宜标注在图样的下方与左侧。横向编号应用阿拉伯数字，从左至右顺序编写，竖向编号应用大写拉丁字母，从下至上顺序编写。

（6）尺寸标注

图样上的尺寸，包括尺寸界线、尺寸线、尺寸起止符号和尺寸数字（图2-33）。

尺寸界线应用细实线绘制，一般应与被注长度垂直，其一端应离开图样轮廓线不小于2mm，另一端宜超出尺寸线2～3mm。图样轮廓线可用作尺寸界线（图2-34）。

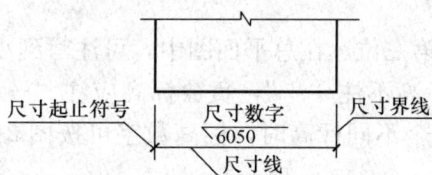

图2-33　尺寸的组成

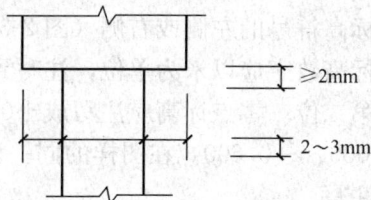

图2-34　尺寸界限

尺寸线应用细实线绘制，应与被注长度平行。图样本身的任何图线均不得用作尺寸线。

图样上的尺寸，应以尺寸数字为准，不得从图上直接量取。图样上的尺寸单位，除标高及总平面以米为单位外，其他必须以毫米为单位。尺寸数字的方向，应按图2-35（a）的规定注写。若尺寸数字在30°斜线区内，宜按图2-35（b）的形式注写。

尺寸数字一般应依据其方向注写在靠近尺寸线的上方中部。如没有足够的注写位置，最外边的尺寸数字可注写在尺寸界线的外侧，中间相邻的尺寸数字可错开注写（图2-36）。

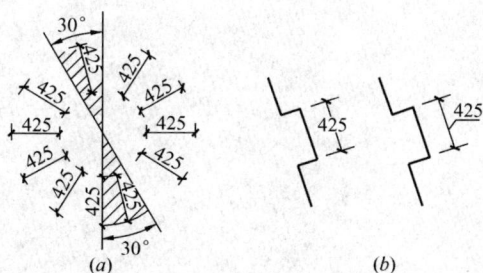

图2-35　尺寸数字的注写方向

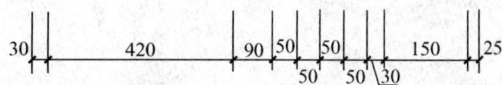

图2-36　尺寸数字的注写位置

尺寸宜标注在图样轮廓以外，不宜与图线、文字及符号等相交。

互相平行的尺寸线，应从被注写的图样轮廓线由近向远整齐排列，较小尺寸应离轮廓线较近，较大尺寸应离轮廓线较远。

图样轮廓线以外的尺寸界线，距图样最外轮廓之间的距离，不宜小于10mm。平行排列的尺寸线的间距，宜为7～10mm，并应保持一致。

（7）标高

标高符号应以直角等腰三角形表示，按图 2-37 （*a*）所示形式用细实线绘制，如标注位置不够，也可按图 2-37 （*b*）所示形式绘制。标高符号的具体画法如图 2-37 （*c*）、（*d*）所示。

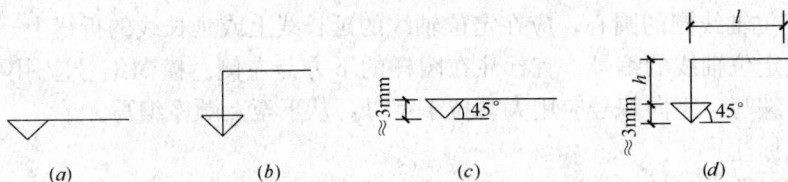

图 2-37　标高符号

标高符号的尖端应指至被注高度的位置。尖端一般应向下，也可向上。标高数字应注写在标高符号的左侧或右侧（图 2-38）。

标高数字应以米为单位，注写到小数点以后第三位。在总平面图中，可注写到小数点以后第二位。零点标高应注写成±0.000，正数标高不注"＋"，负数标高应注"－"，例如 3.000、－0.600。在图样的同一位置需表示几个不同标高时，标高数字可按图 2-39 的形式注写。

图 2-38　标高指向

图 2-39　同一位置
注写多个标高数字

第 3 章　PKPM 一般结构类系列软件的应用与实例

3.1　PKPM 系列软件概况

3.1.1　PKPM 系列软件特点

PKPM 系统是一套集建筑设计、结构设计、设备设计及概预算、施工软件于一体的大型建筑工程综合 CAD 系统。该系统在国内率先实现建筑、结构、设备、概预算数据共享。从建筑方案设计开始，建立建筑物整体的公用数据库，全部数据可用于后续的结构设计，各层平面布置及柱网轴线可完全公用，并自动生成建筑装修材料及围护填充墙等设计荷载，经过荷载统计分析及传递计算生成荷载数据库。并可自动地为上部结构及各类基础的结构计算提供数据文件，如平面框架、连续梁、框剪空间协同计算，高层三维分析，砖混及底框砖房抗震验算等所需的数据文件。自动生成设备设计的条件图，大大提高了结构分析的正确性及使用效率。

3.1.2　PKPM 结构类设计软件

1. PKPM 结构类设计软件简介

PKPM 系列结构类设计软件装有先进的结构分析软件包，容纳了国内最流行的各种计算方法，如平面杆系、矩形及异形楼板、高层三维壳元及薄壁杆系、梁板楼梯及异形楼梯、各类基础、砖混及底框抗震、钢结构、预应力混凝土结构分析等等。全面反映了规范要求的荷载效应组合，设计表达式，抗震设计新概念要求的强柱弱梁、强剪弱弯、节点核心、罕遇地震以及考虑扭转效应的振动耦连计算方面的内容。该系统还具有丰富和成熟的结构施工图辅助设计功能，可完成框架、排架、连梁、结构平面、楼板配筋、节点大样、各类基础、楼梯、剪力墙等施工图绘制。并在自动选配钢筋，按全楼或层、跨、剖面归并，布置图纸版面，人机交互干预等方面独具特色。在砖混计算中可考虑构造柱共同工作，也可计算各种砌块材料，底框上砖房结构，CAD 适用任意平面的一层或多层底框。还可绘制钢结构平面图、梁柱及门式刚架施工详图，桁架施工图。

PKPM 结构类设计软件有多个模块和软件，分为一般结构和特种结构和钢结构三大类，下面分别介绍结构专业各软件的主要功能及其特点：

（1）结构平面计算机辅助设计软件 PMCAD

PMCAD 是整个结构 CAD 的核心，它建立的全楼结构模型是 PKPM 各二维、三维结构计算软件的前处理部分，也是梁、柱、剪力墙、楼板等施工图设计软件和基础 CAD 的必备接口软件。PMCAD 还是建筑 CAD 与结构的必要接口。

（2）钢筋混凝土框排架及连续梁结构计算与施工图绘制软件 PK

PK 模块具有二维结构计算和钢筋混凝土梁柱施工图绘制两大功能，模块本身提供一个平面杆系的结构计算软件，适用于工业与民用建筑中各种规则和复杂类型的框架结构、框排架结构、排架结构，剪力墙简化成的壁式框架结构及连续梁，拱形结构，桁架等。规模在 30 层，20 跨以内。在整个 PKPM 系统中，PK 承担了钢筋混凝土梁、柱施工图辅助设计的工作。

该软件计算所需的数据文件可由 PMCAD 自动生成，也可通过交互方式直接输入。

（3）多高层建筑结构三维分析软件 TAT

TAT 是采用薄壁杆件原理的空间分析程序，它适用于分析设计各种复杂体型的多、高层建筑，不但可以计算钢筋混凝土结构，还可以计算钢—混凝土混合结构、纯钢结构、井字梁、平框及带有支撑或斜柱结构。适用于 100 层以下的结构，TAT-8 只适用于 8 层以下结构。

TAT 与本系统其他软件密切配合，可形成一整套多、高层建筑结构设计计算和施工图辅助设计系统，为设计人员提供了一个良好的全面的设计工具。

（4）高层建筑动力时程分析软件 TAT-D

本程序可根据输入的地震波对高层建筑结构进行任意方向的弹性动力时程分析，并提供四种动力分析结果，供用户用二阶段抗震补充设计。本程序可与 TAT 或 SATWE 接力运行，并可根据动力时程分析结果对结构重新设计，使用十分方便，程序为用户免费提供 29 条各类场地上的地震波，也可由用户输入自己的地震波。

TAT-D 计算模式为弹性，适用于小震作用下的动力时程分析。

（5）多高层建筑结构空间有限元分析软件 SATWE

SATWE 专门为高层结构分析与设计而开发的基于壳元理论的三维组合结构有限元分析软件。其核心是解决剪力墙和楼板的模型化问题，尽可能地减小其模型化误差，提高分析精度，使分析结果能够更好地反映出高层结构的真实受力状态。

SATWE 完成计算后，可经全楼归并接力 PK 绘梁、柱施工图，接力 JLQ 绘剪力墙施工图，并可为各类基础设计软件提供设计荷载。

新版 SATWE 还包括 05 前版本中的框支剪力墙计算及配筋软件 FEQ，可对高层建筑中的框支托梁作补充计算。

（6）高精度平面有限元框支剪力墙计算及配筋 FEQ

本程序可对高层建筑中的框支托梁作补充计算，采用高精度平面有限元方法计算托梁各点的应力和内力，并按规范要求作内力组合及配筋计算，同时可计算墙体与托梁联接处的加强筋。本程序可独立使用，也可与 TAT 接力运行，使用方便。

（7）弹塑性静、动力分析软件 PUSH ＆ EPDA

该软件可对混凝土、钢结构、钢管混凝土、型钢混凝土等多种结构形式进行罕遇地震作用下的弹塑性静、动力分析，以了解结构的弹塑性抗震性能，确定结构的薄弱层，并进行相应的薄弱层验算。PUSH 软件具备静力推覆（PUSHOVER）分析功能；使用能力谱方法进行结构的基于性能设计；可以反应结构从初始加载到极限承载力整个推覆过程。EPDA 软件为动力弹塑性时程分析软件，可以考虑三向地震波作用；能够实时仿真结构在地震历程作用下的弹塑性响应情况。

（8）楼梯计算机辅助设计软件 LTCAD

适用于单跑、二跑、三跑的梁式及板式楼梯和螺旋及悬挑等各种异形楼梯。可完成楼梯的内力与配筋计算及施工图设计，画出楼梯平面图，竖向剖面图，楼梯板，楼梯梁及平台板配筋详图。LTCAD 可与 PMCAD 或 APM 连接使用，只需指定楼梯间所在位置并提供楼梯布置数据，即可快速成图。

（9）剪力墙结构计算机辅助设计软件 JLQ

设计内容包括剪力墙平面模板尺寸，墙分布筋，边框柱、端柱、暗柱、墙梁配筋，并提供两种图纸表达方式供选用。

（10）钢筋混凝土基本构件设计计算软件 GJ

根据规范准确计算钢筋混凝土梁、柱、墙等构件在拉、压、弯、扭、剪等受力下的配筋、变形及裂缝，完成构件及节点的抗震设计及验算。

（11）基础（独立基础、条基、桩基、筏基）CAD 软件 JCCAD

该软件可完成柱下独立基础、墙下条形基础、弹性地基梁、带肋筏板、柱下平板（板厚可不同）、墙下筏板、柱下独立桩基承台基础、桩筏基础、桩格梁基础及单桩的设计。同时还可完成由上述多类基础组合起来的大型混合基础设计。对基础结构分析计算提供多种计算模型，有很强的交互和施工图绘图功能，可绘出独基、条基、连梁、桩基、承台的大样图，以及地沟图、电梯井图、轻质隔墙图等。

（12）箱形基础 CAD 软件 BOX

本软件可对三层以内任意不规则形状的箱形基础进行结构计算和五、六级人防设计计算，并可绘制出结构施工图。可与 PMCAD 和 TAT 或 SATWE 接力计算，数据共享，无需填写数据文件。计算结果有图形显示，可随时对计算结果和施工图进行干预。

（13）钢结构计算和绘图设计软件 STS

STS 软件可以完成钢结构的模型输入，截面优化，结构分析和构件验算，节点设计与施工图绘制。适用于门式刚架，多、高层框架，桁架，支架，框排架等结构类型。还提供专业工具用于檩条、墙梁、隔撑、抗风柱、组合梁、柱间支撑、屋面支撑、吊车梁等基本构件的计算和绘图。STS 软件可以独立运行，也可以与 PKPM 系列其他软件数据共享，配合使用。

（14）预应力混凝土结构设计软件 PREC

PREC 是 PKPM 系列 CAD 系统的一个功能模块。它包括预应力筋的线型自动设计，结构分析计算及结构施工图辅助设计。

（15）混凝土小型空心砌块 CAD 软件 QIK

QIK 是 PKPM 系列 CAD 系统的一个新的功能模块，可准确高效地完成混凝土小型空心砌块结构的设计和计算。QIK 可自动或人工指定绘制芯柱平面图，标柱芯柱大样索引号。根据芯柱归并结果，可按窗口或逐个方式自动绘制芯柱节点大样图，表达芯柱的混凝土灌孔、插筋及拉结筋网片等内容。

（16）复杂多、高层建筑结构分析与设计软件 PMSAP

PMSAP 直接针对多、高层建筑中所出现的各种复杂情形，对结构做线弹性范围内的静力分析、固有振动分析、时程响应分析和地震反应谱分析，并对钢筋混凝土构件、钢构件进行设计或验算。

PMSAP 采用壳元模拟剪力墙和厚板转换层，可对包括多塔、错层、连体在内的各种复杂高层结构进行分析与设计。

PMSAP 还有施工模拟、温度应力计算、预应力分析、活荷载不利布置分析等功能。

（17）筒仓结构设计分析软件 SILO

筒仓结构是一种工业构筑物，广泛应用于煤炭、电力、冶金、建材和粮食等工业系统，用来贮存各种用途的散料。由于其结构形式不同于一般的梁板结构，所以筒仓被称为特种结构或特种构筑物。筒仓的分析设计软件 SILO 采用 PMSAP 中的平面壳单元来模拟仓壁和筒壁的力学性能，具有较高的计算精度和效率，对分析的筒仓直径不受限制，可对仓上建筑物与筒仓进行整体分析，自动计算贮料荷载、地震荷载、风荷载，并自动计算配筋。

SILO 在有限元计算完毕后，后处理程序即可根据单工况内力计算结果以及工况组合情况自动进行配筋计算并给出配筋结果的各种图形显示，其中超筋的部位会显示为红色加以提示。

（18）钢结构重型工业厂房设计软件 STPJ

钢结构重型工业厂房设计软件 STPJ 能够完成钢结构重型工业厂房的二维模型输入、截面优化、结构分析、构件验算、连接节点设计和施工图绘制。

（19）钢结构详图设计软件 STXT

钢结构详图设计软件 STXT 能够完成钢结构的三维模型输入，根据钢结构设计图，快速地建立节点连接，向建筑施工或制造加工单位提供用于加工和安装施工的图纸。

（20）复杂楼板分析与设计软件 SLABCAD

复杂楼板分析与设计软件 SLABCAD 可完成板柱结构、厚板转换层结构、楼板局部开大洞结构、以及大开间预应力板结构等复杂类型楼板的计算分析和设计。它接力 PMCAD 的模型数据和 SATWE 的全楼三维计算结果，依次对板柱体系等复杂楼板部分的结构楼层作楼板的设计。

2. PKPM 结构系列各功能软件间的联系

PKPM 系列各软件间的数据互相联系，可以配套使用，也可以单独使用。PKPM 结构系列常用软件间的联系可用图 3-1 所示的框图表示。

从图中可以看出，PMCAD 软件是上部结构计算各软件重要的前后处理软件。

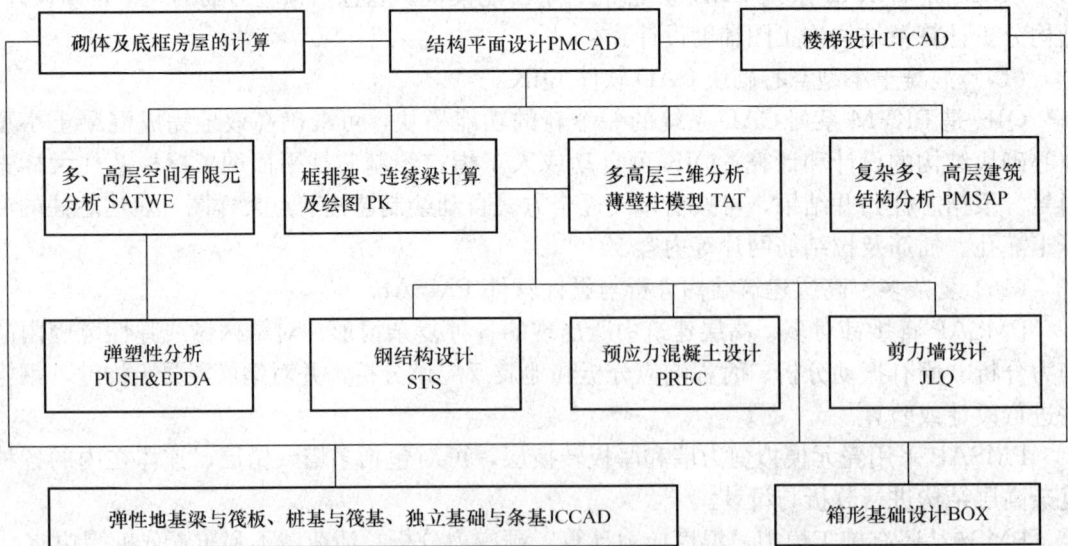

图 3-1　PKPM 结构系列常用软件联系框图

3.2 PKPM 系列软件的运行环境及安装

3.2.1 硬件要求

PKPM 要求计算机的基本配置应在 Pentium 以上，内存不少于 64MB，剩余硬盘空间应在 800MB 以上，并且应有 USB 端口。不同的软件对设备的要求并不相同，下面以几种常用的结构软件为例，列出它们对硬件的要求：

常用的结构软件的硬件要求 表 3-1

软件	硬盘	内存	输入设备	输出设备	最佳配置
PMCAD、PK、JCCAD、BOX	≥80M	≥64M	键盘或鼠标	Windows 或 CAD 支持的打印机、绘图机	奔Ⅲ以上微机，1G 以上硬盘，128M 内存
TAT	≥50M	≥32M	同上	同上	奔Ⅲ以上微机，1G 以上硬盘，128M 内存
SATWE	≥3G	≥128M	同上	同上	奔Ⅳ以上微机，40G 以上硬盘，512M 或更大内存

由于 SATWE 是以空间有限元作为计算模型，所以它对硬件的要求最高。

3.2.2 运行环境

PKPM Windows 版要求安装在可运行 Windows98 及以上版本的操作环境中。PKPM 系列软件的图形平台为 CFG。原始的 CFG 含义是中文 FORTRAN 绘图工具包，它与人们所熟悉的 AutoCAD 一样，具有丰富而方便的图形编辑功能，只是生成的图形后缀名为 ".T"。PKPM 系列各模块中均含有 CFG 功能菜单，因此可省去用户购买其他图形平台的开销。对已拥有并习惯使用 AutoCAD 图形平台的用户，CFG 也提供了将 ".T" 文件转为 ".DWG" 文件的转换功能。

运行软件时，加密锁必须插在计算机的 USB 端口上。不同模块的加密锁可串联一起插入机器并口使用，但不能将多台计算机并、串接共享一个加密锁，否则加密锁会造成损坏。

在运行 PKPM 程序时，不可令不同的模块同时运行，这样会造成共享加密锁的现象，使加密锁破坏。在正常使用中，从主菜单启动一项任务后，主菜单会自动锁住，使之不能同时打开多个 PKPM 任务。

3.2.3 Windows 版本软件安装

（1）启动光盘或运行光盘上的 Setup 命令即启动了 Windows 版本的安装程序；

（2）按安装程序提示，选择软件安装所在的硬盘位置，缺省时为 C：/PKPM；

（3）选择所需安装的软件，可以安装 PKPM CAD 的所有软件，也可以选择个别软件，但 CFG 软件一定要安装。

安装完成后程序会自动更新 Autoexec.bat 文件，并在桌面上生成 PKPM 系列软件的标志图形，点该图标，即可启动 PKPM 主菜单。

软件安装前应关闭所有其他应用程序，软件安装完成后需重新启动计算机，否则将不能正常读取软件锁。

Windows 版 PKPM 图形环境常见问题说明：

（1）PKPM 软件中的 CFG 图形系统支持文件 CFGPATH 与 PKPM. ini

安装 PKPM 软件时，图形环境部分安装在名称为 CFG 的子目录中。这两个文件管理了全套软件的运行路径与显示设置。

1）CFGPATH 文件中记录了 PKPM 下各软件（如 PMCAD、PK、APM……）所安装的路径（必须"\"结尾）及工作路径（Work）（结尾无须"\"），主菜单文件显示的当前页面（PAGE）（如"结构"、"建筑"、"设备"等），记录格式为纯文本，中间不能有空行，每两行为一组，前一行为名称，后一行为路径。

2）PKPM. ini 是在 Windows 环境下，对系统的显示、操作等起控制作用的配置文件。还包括网络版标识、输出控制、PM 控制参数等；用户可根据自己的习惯和操作环境改写此文件，注意每行开始如果是";"表示这行是说明行，不起控制作用。

（2）PKPM 系列软件中的辅助工具

一个工程的数据结构，是由若干带后缀 PM 的有格式或无格式文件组成。保留一项已建立的工程数据库，对于人机交互建立的各层平面数据为该项工程名称加后缀的若干文件，即工程文件名．＊，其余为 ＊.PM（具体来说主要是主菜单 2 生成的 LAYDAT-NTM、TATDA1. PM 和主菜单 3 生成的 DAT ＊.PM），把上述文件拷出再拷入另一机器的工作子目录，就可在另一机器上恢复原有工程的数据结构。

PM 数据打包程序 PAK_PKPM（双击 CFG 目录下的 pak_pkpm. exe），是将某一工作目录下所含的"＊.PM"及"工程名．＊"两类 PM 的数据自动压缩打包成工程名_.ZIP文件，以便数据的备份及传输。工程名_.ZIP 文件释放可用 Winzip 等软件，也可用 CFG 目录中的 PAK_PKPM 程序本身来解压缩。

使用 PKPM 主菜单左下角处的【文件存取管理】（见图 3-2），该模块最重要的功能是把当前工作子目录下的各种文件压缩后保存。用户可有选择地挑选要保存的文件。程序把文件类型按照模块分类，如 PKPM 建模数据主要包括工程名．＊和 ＊.PM 文件。程序自动挑选出该类型的文件，经用户确认后按 Zip 格式压缩打包，压缩文件也保存在当前工作目录下。用户可方便地将其拷贝、保存到其他地方。

（3）英文 Windows 平台下 PKPM 软件的使用

在英文 Windows 平台下，如果安装上"中文之星"或"四通利方"等中文平台支持软件，就可照常使用 PKPM 软件。

但要注意有时在安装了多种中文支持平台后，由于它们在系统中有冲突，PKPM 软件的汉字反而不能正常显示了。

（4）工程图纸中的标题栏与会签栏

在 PKPM 软件的 Windows 版中，使用 BTL. T 的图形文件作为标题栏插入施工图中。BTL. T 文件的制作，可在图形编辑修改、打印转换工具-modify 中按 1：1 比例画出，图面中所有图素的最右坐标与最下点坐标即为插入图框时的图框右下角坐标。会签栏文件 HQL. T 的制作与标题栏相同，它可自动适应不同的图纸号插入图中。

（5）PKPM 软件中的钢筋符号

在 PKPM 软件中单字节钢筋符号设置在区位码 130（Φ）、131（Φ）、132（Φ）及 133（Φ）区段上；双字节钢筋符号设置在区位码的 AAA1（Φ）、AAA2（Φ）、AAA3（Φ）、

AAA4（Φ）。

要在".T"图形文件中输入钢筋符号，可进入"图形编辑修改、打印与转换"程序后调出这张图，在下拉菜单中点取"字符"一项，选择"点取修改"，用光标选择要插入钢筋符号的字串，在弹出的窗口中移动光标键至要修改处，用鼠标点取屏幕右下角"语言选择"图标"En"，选择"区位键入法"，再按住"Alt"键与右侧小键盘上的数字键组合输入数字 130（Φ）或 131（Φ）等等，输入完抬起"Alt"键后，弹出的字符修改窗口中可能并不显示钢筋符号或显示的是杂乱的汉字，不必理会这种现象，按 Enter 键继续，则图中所点取的字便会出现钢筋符号。

若要在 AutoCAD 中输入钢筋符号，需预先将 CFG 子目录中的 HZTXT.SHX、TXT.SHX 二个文件拷至 AutoCAD R14 的子目录 FONTS 中，在进入文字标注状态后（当前字体格式的 FONT Name 应为 TXT.SHX），输入"％％130"和"％％131"或处于区位键入状态按"Alt"＋右侧小键盘上的 130 和 131，即输入 HPB235 和 HRB335 钢筋符号。

若要在 word 中输入钢筋符号，先选择"中文（简体）-内码"即"区位键入法"，输入按双字节设置的钢筋符号内码就可输入相应的钢筋符号。

3.3 PKPM 系列软件功能热键

PKPM Windows 版必须要使【Scroll Lock】键处于打开状态，【Num Lock】键处于关闭状态下热键才能有效，以下是 PKPM 软件中常用的热键：

（1）【F1】——功能帮助热键，在进行某些功能命令时，提供帮助信息。

（2）【F2】——坐标显示开关，代号"CD"，打开时在屏幕下方显示坐标。

（3）【F3】——点网捕捉开关，代号"CS"，打开时光标只停留在点网的节点上。

（4）【F4】——角度捕捉开关，代号"DS"，打开时光标只停留在设定的角度线上。

（5）【F5】——重显当前图形，刷新修改结果。

（6）【F6】——显示全图。

（7）【F7】——以图形区域中心为基点，放大一倍显示图形。

（8）【F8】——以图形区域中心为基点，缩小一倍显示图形。

（9）【F9】——设置点网捕捉值，共 5 个参数，分别为点网 X 向、Y 向间距，点网转动基点坐标（X0，Y0）及旋转角度，逆时针转动为正。

（10）【ctrl】＋【F2】——点网显示开关，交替控制点网是否在屏幕背景上显示。

（11）【ctrl】＋【F3】——节点捕捉开关，交替控制节点捕捉方式是否打开。

（12）【ctrl】＋【F4】——十字准线显示开关。

（13）【ctrl】＋【F5】——恢复上次显示。

（14）【ctrl】＋【F6】——显示全图。

（15）【S】——绘图过程中选择节点捕捉方式。

（16）【U】——绘图过程中，后退一步操作。

（17）【ctrl】＋【W】——提示用户选窗口放大图形。

（18）【ctrl】＋【A】——当重显过程较慢时，中断重显。

（19）【ctrl】＋【P】——打印或绘出当前屏幕上的图形。

（20）【ctrl】＋【～】——具有多视窗时，顺序切换视窗。

（21）【ctrl】＋【E】——具有多视窗时，将当前视窗充满。

（22）【ctrl】＋【T】——具有多视窗时，将各视窗重排。

（23）【ctrl】＋【←】——左移显示的图形。

（24）【ctrl】＋【→】——右移显示的图形。

（25）【ctrl】＋【↑】——上移显示的图形。

（26）【ctrl】＋【↓】——下移显示的图形。

（27）如【Scroll Lock】开，以上四项可取消。

（28）【Page Up】——增加键盘移动光标时的步长。

（29）【Page Down】——减少键盘移动光标时的步长。

上述部分热键功能在绘图状态时的下拉菜单中也有，但下拉菜单只有在等待输入命令、数据时才效，而热键在任何情况下都可使用。

3.4 结构平面辅助设计软件 PMCAD

PMCAD 软件采用人机交互方式建立整栋建筑的数据结构，是 PKPM 系列结构设计各软件的核心，它为各功能设计提供数据接口。

3.4.1 PMCAD 的基本功能及技术条件

1. 基本功能

（1）人机交互建立全楼结构模型

人机交互方式引导用户在屏幕上逐层布置柱、梁、墙、洞口、楼板等结构构件，快速搭起全楼的结构构架，输入过程伴有中文菜单及提示，并便于用户反复修改。

（2）自动导算荷载建立恒、活荷载库

1）对于用户给出的楼面恒、活荷载，程序自动进行楼板到次梁、次梁到框架梁或承重墙的分析计算，所有次梁传到主梁的支座反力、各梁到梁、各梁到节点、各梁到柱传递的力均通过平面交叉梁系计算求得。

2）计算次梁、主梁及承重墙的自重。

3）引导用户人机交互地输入或修改各房间楼面荷载、次梁荷载、主梁荷载、墙间荷载、节点荷载及柱间荷载，并方便用户提供复制、拷贝、反复修改等功能。

（3）为各种计算模型提供计算所需数据文件

1）可指定任一个轴线形成 PK 模块平面杆系计算所需的框架计算数据文件，包括结构立面、恒载、活载、风载的数据。

2）可指定任一层平面的任一由次梁或主梁组成的多组连梁，形成 PK 模块按连续梁计算所需的数据文件。

3）为空间有限元壳元 STATE 提供数据。

4）为三维空间杆系薄壁柱程序 TAT 提供计算数据。

5）为特殊多、高层建筑结构分析与设计程序（广义协调墙元模型）PMSAP 提供计算数据。

（4）为上部结构各绘图 CAD 模块提供结构构件的精确尺寸

如梁柱施工图的截面、跨度、挑梁、次梁、轴线号、偏心等，剪力墙的平面与立面模板尺寸，楼板厚度，楼梯间布置等等。

（5）为基础设计 CAD 模块提供底层结构布置与轴线网格布置，还提供上部结构传下的恒活荷载

（6）现浇钢筋混凝土楼板结构计算与配筋设计

计算单向、双向和异形（非矩形）楼板的板弯矩及配筋计算，可人工干予修改板的边界条件，可打印输出板弯矩图与配筋图，可人工干予修改板配筋级配库，可设置放大调整系数等若干配筋参数，程序根据计算结果自动选出合适的板筋级配并供设计人员审核修改。

提供多种楼板钢筋画图方式和钢筋标注方式，如按房间画、通长画、连通画等等，随时干予洞口钢筋的长短级配，特别是程序拖动图面上已画好的钢筋十分方便。

对于连续的现浇板，程序也可按用户指定范围和指定方向上的连续板计算板的内力。

对于需要按人防设计的楼层楼板，程序可按用户输入的人防等级，考虑相应的等效荷载按人防相关规范做楼板的配筋计算。

（7）结构平面施工图辅助设计

除楼板配筋画图外，平面图设计还包括：自动绘制梁、柱、墙和门窗洞口，柱可为十多种异形柱；标注轴线，包括弧轴线；标注尺寸，可对截面尺寸自动标注，也可对任意图素标注尺寸；标注字符；写中文说明；画预制楼板；对图面不同内容的图层管理，可对任意图层作开闭和删除操作；绘制各种线型图素，任意标注字符；图形的编辑、缩放、修改，如删除、拖动、复制等等。

（8）做砖混结构圈梁布置，画砖混圈梁大样及构造柱大样图

圈梁及构造柱大样由软件自动生成并进行分类归并，可考虑现浇或预制板楼面及各种非正交的节点大样。

（9）砌体结构和底部框架—抗震墙结构的抗震计算及受压、高厚比、局部承压计算

所有计算所需的数据均由结构整体模型中自动提取。用基底剪力法计算各方向地震力，给出每一片墙及每一墙段的抗震承载力计算结果。可自动计算墙体的受压承载力，验算墙体的高厚比，计算梁下局部受压承载力。墙体抗震承载力计算和受压承载力计算可考虑构造柱作用，包括构造柱的钢筋面积及强度、构造柱的截面积和混凝土强度等，软件提供修改构造柱钢筋的工具，供用户修改钢筋。

底部框架—抗震墙结构可以计算多层底部框架，按规范要求求得底部框架—抗震墙结构的水平地震力和倾覆力矩，并可用多种方法倒算上部墙体的竖向荷载。在此基础上，可接力 SATWE 或 TAT 按空间结构一次完成梁、柱、墙的内力分析及绘图。也可按规范求得底部框架水平地震力和柱附加轴力，计算底部框架中混凝土剪力墙的水平及竖向配筋，然后生成 PK 文件由 PK 模块进行各榀框架的内力分析及绘图。

（10）统计结构工程量，以表格形式输出

PMCAD 运行后产生的若干以 .PM 为后辍的文件，特别是 TATDAL.PM，LAYDATN.PM 和记录荷载的 DAT7.PM 是与本系统中其他模块接力运行的重要中间文件。

2. 技术条件

（1）荷载导算

楼面均布荷载传导路线为：

1）现浇板：按指定导荷方式（梯形或三角形方式，对边传导方式，沿固边方式）将荷载导到次梁或框架梁墙上。

2）预制板：按板的铺设方向传递荷载。

荷载传递过程中，主、次梁按交叉梁系计算，从原则上说，一根梁作为主梁输入和作为次梁输入这两种方式对该梁本身和结构整体的计算结果都是一样的。

各层恒活荷载，包括结构自重，还可逐层顺承重结构传下，形成作用于底层柱、墙根部的荷载，可作为基础设计用，该荷载在程序中称为"平面恒活"，因荷载在各层上的竖向剪力是计算求出的，但往下传时，未作柱墙与梁间的有限元分析，因此该荷载仅为竖向力，记录这种荷载的文件名为 DATW . PM。

程序可自动计算梁、柱、墙（墙仅为构件定义中定义的墙）自重并写入荷载数据库，但在形成 PK 数据文件的荷载中没有包括梁、柱自重，PK 程序自己算梁、柱自重，程序形成的 TAT 数据文件中也不包括柱、梁、墙的自重，因 TAT 程序可自动计算。

（2）活荷载

可输入活荷载折减系数，数据文件中的 ALIVE＝0 时不算活载，0＜ALIVE＜1 时算活载，但在往框架、框剪上导荷时活载乘以小于 1 的 ALIVE。

当计算楼板配筋时，考虑全部楼面活载。

当计算楼板上的次梁（按连续梁算）时，考虑全部楼面活载。

计算框架、剪力墙、砖混结构墙时，考虑折减以后的活载。由于该系数对整个结构的框架、剪力墙、砖混结构墙都起作用，而单一的折减系数不符合荷载规范要求，因此若结构采用 TAT 软件计算，建议此处不要折减，到 TAT 中由程序根据荷载规范要求确定相应的折减系数（TAT 组合配筋信息页）。

（3）楼板配筋

按照主梁、次梁或墙围成的每一块板，逐个地进行弯矩和配筋计算。

砖混结构中的端跨楼板，其端跨端按简支座考虑。框架、框剪中的端跨楼板，其端跨支座按固定端计算，但该板跨中配筋计算时，其端部则按简支考虑。

有活载布置的等跨连续板，在板计算中可考虑活载的不利布置，将活载在各房间间隔交叉布置，以求得板跨中最大弯矩。

楼板钢筋直径、间距及支座筋长度等的确定按照常用作法，采用分离式配筋，以下单位为 mm。

受力钢筋最小直径：

板厚≤100 时，取Φ6@200

板厚＞100 且≤150 时，取Φ8@200

板厚＞150 时，取Φ12@200

受力筋最小间距：100

非受力筋方向的分布钢筋：

受力筋直径≤14 时，取Φ6@250

受力筋直径＞14 时，取Φ8@250

并且，分布钢筋面积大于受力钢筋面积的 15％，且大于板截面面积的 0.15％。

孔洞直径或边长大于 300 且小于 1000 时，在孔洞每侧设置附加钢筋，其面积不小于孔洞宽度内被切断的受力钢筋面积的一半，且不小于 2Φ10，对于圆形孔洞附加 2 Φ 12 的环形钢筋，其搭接长度为 30d。

支座钢筋挑出长度取板短跨方向的四分之一，且板支座两边均为受力边时，支座钢筋挑出长度均取两边挑出长度的较大值。

板的计算弯矩和钢筋面积以及由程序自动选出的钢筋直径、间距均标在平面图上，可供用户审核或修改。

（4）带洞口的剪力墙简化成带刚域的壁式框架结构

刚域上的荷载化成一个集中力和弯矩作用在位于剪力墙形心的节点上。

（5）砖混结构抗震验算中的主要技术条件

能做平面墙体正交布置的砖混结构抗震验算。计算根据《建筑抗震设计规范》GB 50011—2001、《砌体结构设计规范》GB 50003—2001 以及《设置钢筋混凝土构造柱多层砖房抗震技术规程》JGJ/T 13—94 的有关规定。

3.4.2 PMCAD 的一般操作过程

双击 Windows 桌面上的 PKPM 特殊标志，即可启动 PKPM 各模块主控菜单。主控菜单左上为专业按钮，启动该按钮后，屏幕左侧就显示该专业各软件的名称，点取某一软件名，屏幕右侧就显示该软件相应的主菜单，再在右侧某项菜单处击两下，即启动了该项主菜单。主控菜单的下方为工作子目录的设置区域，显示当前的工作子目录，其右侧有改变子目录的设置按钮，应注意每个工程均应单独建立一个工作子目录，因程序运行过程中产生的部分中间文件的文件名是固定的，不同工程放在同一个工作子目录下会使这些文件混淆出错。图 3-2 为一般结构模块中 PMCAD 软件的主菜单。

主菜单的 1~3 项是输入各类数据，4~9 项和 A-C 是完成各项功能。

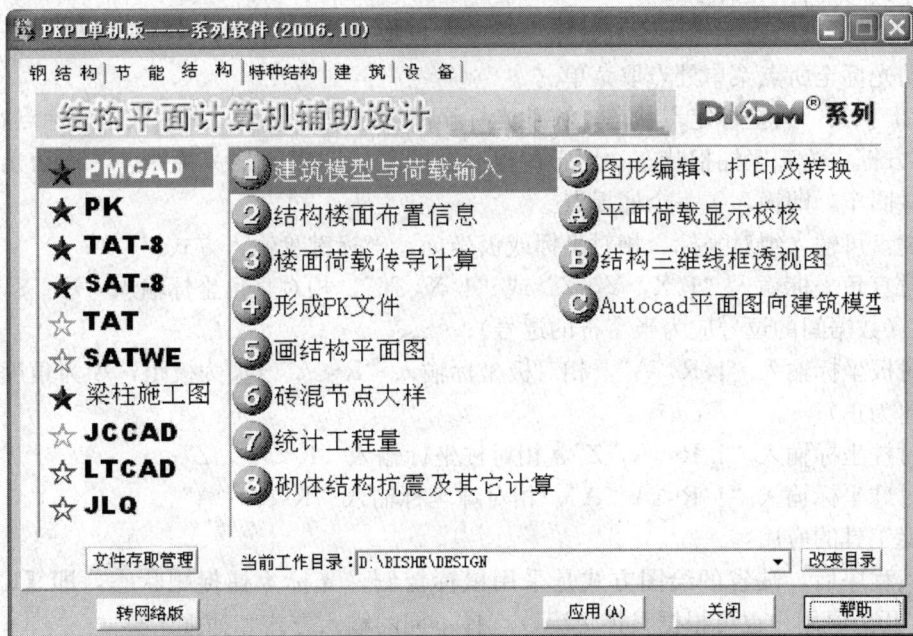

图 3-2　PMCAD 软件的主菜单

做一项新工程，可直接采用 PKPM 的隐含工作子目录C：\ PKPMwork，也可建立专门的工作子目录，但开始前应删除这些子目录下的所有文件，进入工作子目录后，应顺序执行主菜单1、2、3项，这样可以建立该项工程的整体数据结构，之后可按任意顺序执行主菜单4~9项。

主菜单1~3项执行完后，若修改了数据文件，应从主菜单1起重新顺序执行1~3项；当结构布置与楼面布置作了局部改动后，主菜单2的内容仍可保留，只需按非第一次输入操作。

保留一项已建立的工程数据库，对于人机交互式建立的各层平面数据只需将"工程名称加后缀"和"＊.PM"的若干文件保存，若把上述文件拷出再拷入另一机器的子目录，就可以在另一机器上恢复原有的数据结构。

3.4.3　主菜单1　建筑模型和荷载输入

本程序对建筑物的描述是通过建立其定位轴线，相互交织形成网格和节点，再在网格和节点上布置构件形成标准层的平面布局，各标准层配以不同的层高、荷载形成建筑物的竖向结构布置（若使用 PKPM 系列的 APM 软件进行建筑设计，则该步骤所建立的数据文件可直接由 APM 的主菜单 D 生成）。要完成建筑结构的整体描述，具体步骤正如进入程序时所出现的菜单次序一样。对于新建文件，用户应依次执行各项菜单，对于旧文件，用户可根据需要直接进入某项菜单，完成后切勿忘记保存文件，否则输入的数据将部分或全部放弃。

交互式输入数据时，在图形下面有中文提示，它向用户提示和解释各项数据的意义，初学者只需按提示键入相关数据，同时键入多个数据时，数据间应用逗号隔开，数据为零或程序默认值时，可直接按回车键。

如果程序运行中无光标出现，表示计算机正在计算，只有光标出现时才能进行交互输入，光标共有三种状态：

1）箭头：表示程序等待输入数据、命令或点取菜单，这时应通过键盘输入所需的内容或移动光标至所点菜单处点取菜单。

2）十字叉：为坐标定点状态，移动光标至所需位置并回车，即输入了坐标点。

3）方框：为靶区捕捉状态，用于捕捉一个图素或图素的某一特殊点，移动光标至所需位置并回车，即输入了一个捕捉点。

从键盘可输入绝对坐标、相对坐标或极坐标，坐标键盘输入方式：

绝对直角坐标输入"！X，Y，Z"或"！X，Y"，相对直角坐标输入"X，Y，Z"或"X，Y"（数据间的逗号应为半字符的逗号）；

绝对极坐标输入"！R<A"，相对极坐标输入"R<A"（R 为极距，A 为角度，以逆时针方向为正）；

绝对柱坐标输入"！R<A，Z"，相对柱坐标输入"R<A ，Z"；

绝对球坐标输入"！R<A<A"，相对球坐标输入"R<A<A"。

捕捉工具的应用：

进入程序后，缺省的绘图方式是采用鼠标控制，光标为捕捉靶状态，即【Ctrl】＋【F3】打开。但用户也可根据具体情况，选择不同的输入方式和捕捉工具。

（1）定位特殊点

1）若该点坐标已知，则可用键盘直接键入坐标。

2）若该点为某图素上的网点，可采用节点捕捉工具定位，用鼠标直接点取捕捉。

3）若该点为某图素上的特殊点，应采用"捕捉功能"从已知图素上捕捉，按【S】字母键后，选择当前的特征点类型，再点击图素，即能捕捉到目标特征点，程序可捕捉的目标特征点如图3-3。

4）采用"参照点定位"方法，先将光标移动到定位的参照点上（但不点光标），按【Tab】键，再用键盘输入与该点的相对偏移坐标值可得到精确定位。

（2）定位某些具有一定规律的点

1）各点连线呈正交、间距有固定模数的点，可用点网捕捉工具，将点网间距设定成固定模数。

2）各点间相互关系主要与角度有关，这时可采用角度捕捉工具来输入各点。

程序所输的尺寸一般为毫米（mm）。下面分别讲述该主菜单下各子菜单的操作：

1. 轴线输入

"轴线输入"菜单是整个交互输入程序最为重要的一环，只有在此绘制出准确的图形才能为以后的布置工作打下良好的基础。

"轴线输入"内容和过程：首先利用作图工具绘制出定位轴线，这些轴线不完全是建筑轴线，因为凡是需要布置墙、梁等构件的地方都必须有定位轴线存在，但是有轴线的地方不一定要布置构件，一般结构设计以墙、梁的布置为主，因此沿墙线和梁线绘制定位轴线是一种效率较高的方法。绘制的定位轴线通过程序计算，自动转为一张网格图，凡是有轴线相交的地方都会产生一个节点，节点之间的线段成为一段独立的网格，节点和网格便成为所有构件几何定位的基础，可以在节点和网格上随意放置各种构件。

程序提供了多种基本图素，它们配合各种捕捉工具、热键和下拉菜单中的各项工具，构成了一个小型绘图系统，用于绘制各种形式的轴线。较常用的图素有：

（1）"节点"：用于直接绘制独立节点，如果为了打断一根线段，可以通过在线段上插入节点来实现。

（2）"平行直线"：可以成批绘制等长线段。

（3）"辐射线"：可输入一组延线相交于一点的等长辐射性轴线，其步骤为：输入旋转中心点（即延线交点）→输入第一点（辐射轴线起点圆半径）→输入第二点（第一根轴线终点）→输入复制角度，数量。

（4）"正交轴线"：输入的轴线为正交直线，其步骤为：定义开间（竖向各轴线间距，从左向右）→定义进深（横向各轴线间距，从下向上）→轴网输入（将上面形成的正交网格插入到图中，以该网格左下点为插入和转动基点）→轴线命名（轴线可在此菜单下命名，也可到"形成网格"菜单的下级菜单中进行轴线命名，但不要遗漏该步骤）。

（5）"圆弧轴线"：绘制弧轴线及径向轴线，步骤：定义开间（径向轴线间夹角，以逆时针为正）→定义进深（弧轴线间距，从内向外）→轴网输入→轴线命名。

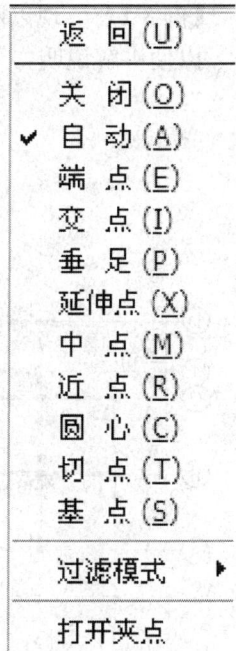

返 回 (U)

关 闭 (O)

✓ 自 动 (A)

端 点 (E)

交 点 (I)

垂 足 (P)

延伸点 (X)

中 点 (M)

近 点 (R)

圆 心 (C)

切 点 (T)

基 点 (S)

过 滤 模 式 ▶

打 开 夹 点

图3-3 目标捕捉
特征点类型

【例 3-1】 现以图 3-4 为例，说明轴线输入的操作方法，图上对几个特殊节点加以标号，以便讲解说明，下文中的【E】指回车。

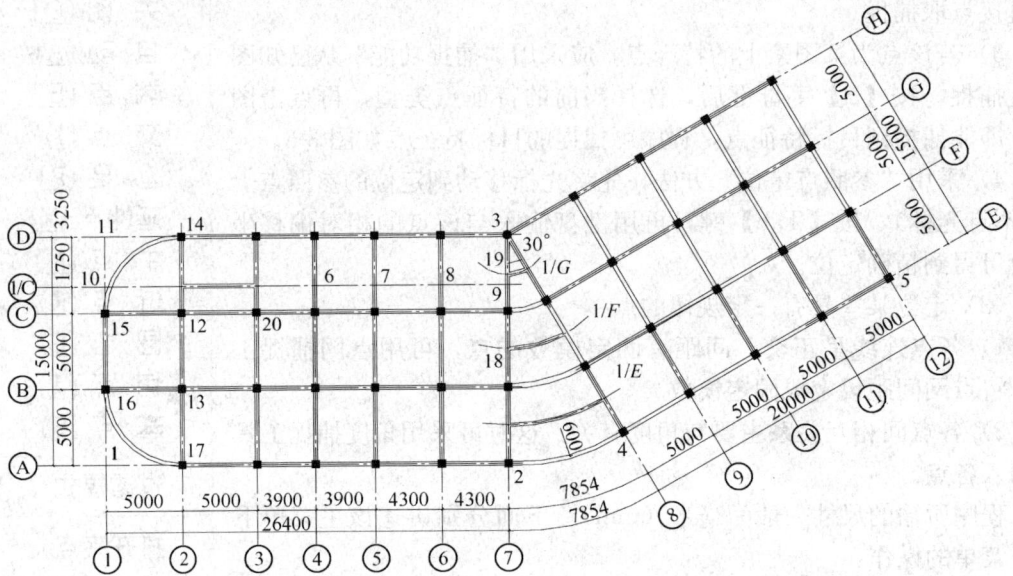

图 3-4 例 3-1 柱、梁（轴线上主梁次梁）布置示意

方法一：主要采用"平行直线"功能

（1）画轴线①

点右菜单"平行直线"，屏幕下方提示输入第一点，从键盘输入该点坐标！0，0【E】（将该工程的左下点定在坐标原点），此时屏幕下提示输入第二点，再键入 0，15000【E】，即输入了轴线①。

（2）将①轴线向右平移复制，画轴线②～⑦

在提示输入复制间距、次数时，键入 5000，2【E】得轴线②、③（x，y 分别以向右、向上为正），再提示输入复制间距、次数时，键入 3900，2【E】，得轴线④、⑤，接着键入 4300，2【E】，得轴线⑥、⑦，按【Esc】键，退出平行直线复制状态。

（3）画轴线 A、B、C、1/C、D

点右菜单"平行直线"，屏幕下方提示输入第一点时，将捕捉靶套住点"1"后【E】，再将靶套住点"2"【E】，即得轴线 A。键入 5000，2【E】得轴线 B、C，键入 1750【E】得轴线 1/C，最后键入 3250【E】，则得轴线 D，按【Esc】键退出平行直线复制状态。

（4）画⑧～⑫轴线

点右菜单"平行直线"，在屏幕下提示输入第一点时，用捕捉靶套住点"3"后【E】，在提示输入第二点时，用键盘输入角度与距离的方法输入 15000＜－60，画轴线⑧；再键入 5000，4【E】，可得轴线⑨～⑫，按【Esc】退出平行直线复制状态。

（5）画轴线 E、F、G、H

点右菜单"平行直线"，用捕捉靶套住点"4"后【E】，再套住点"5"后【E】得轴线 E，再键入 5000，3【E】得轴线 F、G、H，按【Esc】退出平行直线复制状态。

（6）删除不需要节点

点"点网编辑"下拉菜单，再点该菜单中的"删除节点"命令，根据屏幕下方的提示，可按【Tab】键，即可由光标选择变为窗口选择，再用鼠标在屏幕上拉动窗口，使窗口套住"6"、"7"、"8"、"9"节点后【E】，即删除了这些节点，同法还可删除"1"、"10"、"11"节点，按【Esc】退出"节点删除"命令。也可不执行该步骤，将无用节点保留，用后面的网格生成菜单中的"清理网点"功能统一处理。

（7）画①、②轴线间的两圆弧

点右菜单"圆弧"，屏幕提示输入圆弧圆心，这时用捕捉靶套住点"12"后【E】，提示输入圆弧起始角时，用靶套住点"14"后【E】，再提示输入圆弧结束角时，用靶套住点"15"后【E】，即得上部圆弧，此处要注意所画的圆弧为从起始角逆时针转到结束角所画的一段圆弧，若将起始角和结束角顺序调换，则得另一半圆弧。同法可画出另点16与点17间的圆弧。

（8）画⑦、⑧轴线间的圆弧

点右侧菜单"圆弧"，用靶套住点"3"后【E】，再分别套住点"2"【E】、点"4"【E】后，在屏幕下方提示输入复制间距、次数后，输入−2500，5【E】即可（以直径增大为正），按【Esc】退出输入"圆弧"状态（此处画辅助轴线1/E、1/F、1/G是为布置弧形次梁）。

至此，所要求的轴线均已输入，在以上的过程中未用到"点网捕捉"和"角度捕捉"工具，只用到"节点捕捉"功能，由于进入程序后，缺省设置为"节点捕捉"打开，"角度"、"点网"捕捉关闭，因此不需进行状态开关设置。

方法二：主要采用"正交轴网"功能

（1）画轴线①～⑦，A、B、C、1/C、D

进入"轴线输入"后，点右侧菜单"正交轴网"，程序自动进入下级子菜单，如图3-5，在该菜单的下开间栏中输入5000，5000，3900，3900，4300，4300（或5000×2，3900×2，4300×2），在左进深中输入5000，5000，1750，3250（竖向轴线间的距离称为开间，横向轴线间的距离称为进深，下开间表示在网格下侧标出开间的间距，左进深表示在网格左侧标出进深的间距），按"确定"按钮进入状态，从键盘输入插入点坐标！0，0。

（2）画轴线⑧～⑫，E～H

进入"轴线输入"后，点右侧菜单"正交轴网"，程序自动进入下级子菜单，在该菜单的下开间栏中输入5000×4，在左进深中输入5000×3，按"改变基点"按钮，使插入基点从默认的左下角转到左上角，在转角栏中填30，再按"确定"按钮进入状态，用捕捉光标套住点"3"【E】。

其余步骤同方法一的（6）、（7）、（8）步骤，此处不再重复。

2. 网格生成

"网格生成"的子菜单有：

1）轴线显示　显示或隐藏轴线尺寸的开关。

2）形成网点　可将用户输入的几何线条转变成楼层布置需用的白色节点和红色网格线，并显示轴线与网点的总数，程序会自动完成此功能，一般不用运行此菜单。

3）网点编辑　有7个功能，其中"删除节点"和"删除网格"是形成网点图后对网格和节点进行删除。端节点的删除将导致与之联系的网格和已布置的构件也被删除，需慎

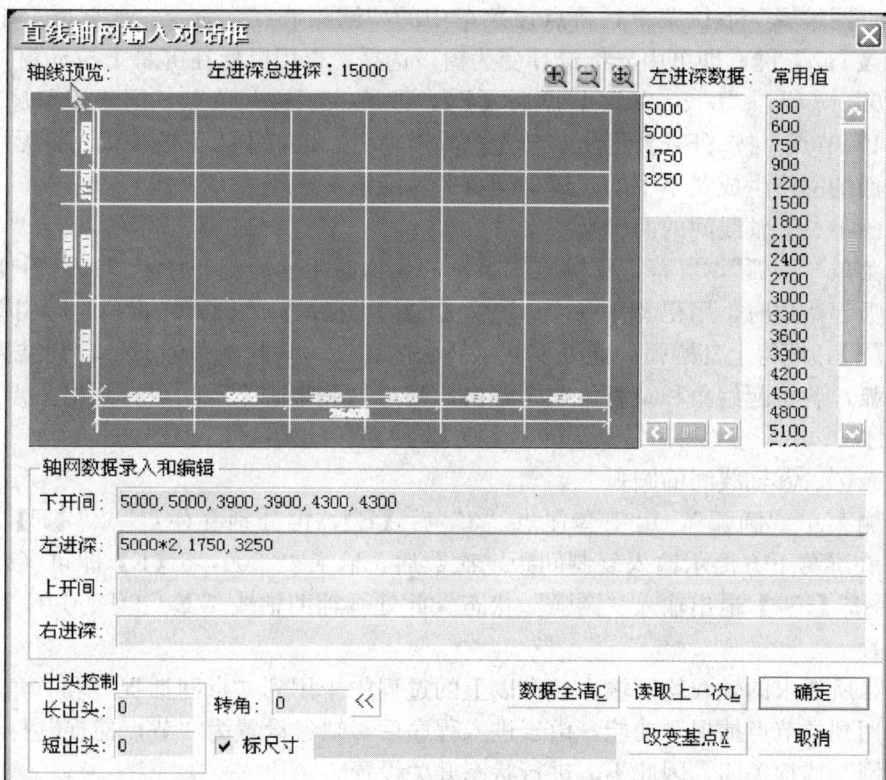

图 3-5　正交轴网输入对话框

重使用。"平移网点"可不改变构件的布置情况，而对轴线及相关构件节点、间距进行调整，对与圆弧有关的节点应使所有与该圆弧有关的节点一起移动，否则圆弧的新位置无法确定。

4）轴线命名　是在网点生成之后为轴线命名的菜单。在此输入的轴线名将在施工图中使用，而不能在本菜单中进行标注。

5）网点查询　查询网点坐标。

6）网点显示　在形成网点之后，在每条网格上显示编号和长度。

7）节点距离　如果有些工程规模很大或带有半径很大的圆弧轴线，"形成网点"菜单会产生一些误差而引起网点混乱，需将靠近的网点进行归并，程序要求输入一个归并间距，一般输入 50mm 即可。

8）节点对齐　将凡是间距小于归并间距的节点都视为同一节点进行归并。

9）上节点高　所选节点高出相对于楼层高的高差，默认为上节点高为 0。此菜单可处理楼面高度有变化的坡屋面。

10）清理网点　清除本层平面上没有布置构件的网格和节点。

3. 楼层定义

本菜单依照从下到上的次序建立各结构标准层。所谓结构标准层是把结构几何特征（楼面上的水平构件如主梁、次梁等，及支撑该楼面的竖向构件如柱、墙等）相同的且相邻的楼层用一个标准层来代表（层高可不同）。

所有节点位置都可以安插标准柱，所有网格处都可以安插标准梁、墙和洞口，平面CAD中关于"洞口必须布置在有墙的网格上"等规定本程序并不予以警告，在使用中请注意这种依存关系。

在选择标准构件时，或在程序要求输入构件相对于网格或节点的偏心值时，用户可回答提问，也可在已布置了构件的图上拾取数据，此时，按一次【Tab】键出现"从图中拾取数"的提示和捕捉靶，当选中时，构件的断面和偏心为选中值让用户加以确认。构件布置有多种方式，按【Tab】键，可使程序在几种方式间依次转换。如果同一轴线上构件偏心相同，可先按无偏心布置，采用"偏心对齐"功能一次完成。

PMCAD中输入的墙应是结构承重墙或抗侧力墙，框架填充墙不应当作墙输入，填充墙的重量可作为外加荷载输入，该荷载不能在框架荷载文件中自动生成。

布置洞口方式除左端定位外，还有中点定位、右端定位布置方式和随意定位布置方式。若键入0，则该洞口在该网格线上居中布置，若键入一个小于0的负数（如-D），程序将该洞口布置在距该网格右端为D的位置上，需洞口紧贴左或右节点布置，可输入1或-1（再输窗台高），如第一个数输入一大于0小于1的小数，则洞口左端位置可由光标直接点取确定。两节点之间最多安置一个洞口，需安置两个时，应在两洞口间增设一网格线与节点，此处洞口仅为墙上门窗洞口，而非楼板上所开洞。

在斜杆布置时，输入"1"表示此节点在本层结构平面，"0"表示节点在下一层结构平面上。

不论在矩形房间或非矩形房间中均可输入次梁。次梁布置时不需要网格线，次梁和主梁、墙相交处也不产生节点。若房间内的梁在主菜单1的"主梁布置"时输入，程序将该梁当作主梁处理。用户在操作时把一般的次梁在"次梁布置"时输入的好处是：可避免过多的无柱连接点，避免这些点将主梁分隔过细，或造成梁根数和节点个数过多而超界，或造成每层房间数量超过3600而程序无法运行。当工程规模较大而节点、杆件或房间数超界时，把主梁当作次梁输入可有效地大幅度减少节点、杆件、房间的数量。对于弧形梁，因目前程序无法输入，可把它作为主梁输入（图3-4中的弧形次梁需画辅助轴线1/E、1/F、1/G并将其作为主梁布置）。但在"梁柱施工图"菜单中，通过对梁、柱的归并，程序又可将不与柱相连的梁重新定义为次梁，如图3-30中的LL2、LL4、LL6、LL9，还能自动将被次梁分隔的主梁上的节点去掉，如图3-30中的KL4、KL6均恢复为3跨，不过房间的数量不能相应减少，如图3-9中的⑨与⑫、⑭与⑱、⑲与㉔本应是一个房间，由于将次梁LL9、LL4、LL2作为主梁输入而被分为两个房间。

次梁布置采用与主梁同一套截面定义的数据，如对主梁截面进行定义、修改，次梁也会随之改变。次梁布置时是选取它首、尾两端相交的主梁或墙构件上的支承点，连续次梁可以跨越若干跨，次梁下不需布置网格线。点击"次梁布置"按钮后，已有次梁将以单线的方式显示。由于次梁的端点往往不在节点上，需对这些非网格的节点定位，这时常采用"参照点定位"方法或"捕捉功能"直接从已知图素上捕捉的某些特殊点。

"本层信息"中需查看板厚和梁、板、柱的混凝土强度等级等参数是否与实际情况相符。

结构平面上的房间数量及编号是由软件自动作出的，软件将由墙或主梁围成的一个个平面闭合体自动编成房间（为将楼梯间部分形成一个单独的房间，图3-4中1/C轴线上的次梁需按主梁输入），房间用来作为输入楼面上的次梁、预制板、洞口和导荷载、画图的一个基本单元。

平面布置时，应避免大房间内套小房间的布置，否则会在荷载导算或统计材料时重叠计算，可在大小房间之间用虚梁连（虚梁为截面 100×100 的梁）接，将大房间切割。

"本层修改"菜单可对已定义的某标准层布置的梁、柱、墙的位置、形式进行修改，各标准层间的变换通过"换标准层"菜单实现。

"层编辑"中包括六个子菜单："删标准层"可删除已定义的标准层；"插标准层"可在某层前插一标准层，插入的标准层可全部或部分复制当前标准层；"层间编辑"可对需作相同编辑的几个标准层进行定义，定义后凡对其中某层进行编辑，程序都会在已定义编辑的几层间相互切换，当完成这些编辑后，必须取消定义的编辑层定义，步骤与定义"层间编辑"同；"层间复制"可对多层同时复制相同的一组构件，其步骤为：首先将需被复制构件所在的标准层变为当前标准层，然后定义需要复制构件的几个标准层，最后在屏幕上选择需复制的构件回车即可；"单层拼装"能将本工程或其他工程（需在当前工作目录中）指定层的部分或全部内容复制到当前层中；"工程拼装"能将当前子目录中某一工程的结构布置拼装到该工程中，拼装的方法是按指定的基点、旋转角度及插入点将对应标准层拼装在一起。

"偏心对齐"菜单可免去梁、柱较难确定偏心的麻烦，先按不偏心输入，然后利用此菜单可得到准确的位置。但应注意"梁与柱齐"与"柱与梁齐"的不同含义，前者以柱为准，移动梁，后者则相反。

4. 荷载输入

本菜单输入非楼面传来的梁间荷载、柱间荷载、墙间荷载、节点荷载。柱间荷载和节点荷载都有 X 和 Y 两个方向，其意义为作用于平面上的 X 方向和 Y 方向的荷载，X 向弯矩以顺时针向右为正，Y 向弯矩以顺时针向上为正。

所有荷载均输入标准值，而非设计值（包括后面输入的楼面荷载）。荷载布置之前必须要用"荷载定义和布置"对话框定义它的类型、值、参数信息。当对杆件进行移动、复制、删除等修改时，杆件上面的荷载也随之连动。

梁、墙（应为在楼面布置菜单中输入的墙，即承重墙）、柱自重程序自动计算，不需输入，但框架填充墙需折算成梁间荷载输入。

5. 楼面恒活

定义各楼面的恒、活均布面荷载标准层。楼面均布恒载、活载布置相同且相邻的楼层可视为一个荷载标准层。先假定每个标准层上选用统一的恒、活面荷载，如各房间不相同时，可在 PMCAD 主菜单 3 中调整。

楼面均布恒载应包括楼板自重、地面（楼面做法）、顶棚（板底做法）重量，若选用了计算板自重功能，则输入的楼面均布恒载中不能再加楼板自重。

6. 设计参数

屏幕上弹出五页参数供用户修改输入，有结构分析所需的建筑物总体信息、材料、抗震、风荷载及绘图信息。本菜单中的"设计参数"中有"与基础相连的下部楼层数"一项，是为建筑在不等高地面（如坡边上）上的建筑物而设的，它允许除底层外，其他层上的柱、墙与基础相连，在布置时悬空，进入 PK、TAT、SATWE 等软件计算时自动取为固端。梁、柱自重由程序通过"材料信息"中"材料容重"乘截面尺寸自动计算，但梁、柱的粉刷重量不能自动计算，这部分重量有两种输入方法：一是通过人为增加"材料容重"近似将粉刷重量并入梁、柱自重；或在荷载输入菜单中将这部分重量单独输入。

7. 楼层组装

将所建立的结构标准层分别定义给各个实际楼层，并确定各楼层高，必须注意结构、荷载标准层应按顺序定义给从底层到顶层各楼层，标准层可重复定义给连续几层，但不得跳跃定义，如有这种情况应增加标准层，以保证顺序性。

8. 保存文件

本菜单是为避免突然停电、错误输入使程序中断死机等意外造成已正确输入的信息丢失而设置的，应经常执行此菜单。

运行人机交互式数据输入操作，生成的文件有（若输入的工程名为WW）：

1）WORK. CFG——交互式输入程序工作状态配置文件，用户可在PM软件目录或用户当前工作目录中找到，其中用户需经常修改的是第一、二项（Width，Height）设定显示区域的宽度、高度，另一为原点位置（Xorign，Yorign）即用户坐标系原点距屏幕左下端距离。

2）WORK. MNU——右侧菜单区支持文件。

3）WORK. DGM——下拉菜单区支持文件。

4）WW——图形设置和轴线图文件。

5）WW. JWN——总信息和当前层信息。

6）WW. JZB——各标准层信息。

7）WW. JAN——平面轴线文件。

8）WW. PM——给PMCAD主菜单1准备的标准格式的PM数据文件。

用户若需保留交互式数据，应将1）、4）、5）、6）、7）、8）文件保留。

3.4.4　主菜单2　结构楼面布置信息

这部分用人机交互式输入有关楼板结构的信息（在各层楼面上铺预制板、楼板开洞、改楼板厚、设层间梁、楼板错层等），它必须在主菜单1操作完成以后进行。

进入此程序屏幕上出现选择菜单：

1. 保留以前本菜单输入的所有楼面信息

当已输完楼板信息，需要对已输入的布置进行修改补充或在主菜单1中对结构布置做过修改，为保留前次输入的数据时，可选此项。

2. 清除以前本菜单输入的所有楼面信息

当执行完主菜单1，且第一次执行主菜单2时，程序将默认选择此项，不出现提示直接建立一个新的数据文件。

房间分为矩形房间和非矩形房间，目前版本有些功能如楼板开洞和铺预制板还不能在非矩形房间进行。每个房间周边的杆件数量不宜大于150个，超过此数时宜设拉梁把房间划小。

图形右边菜单有十项内容，这些操作在自下而上的各标准层中逐层进行，菜单的主要功能与操作分述如下：

1. 楼板开洞

按房间输入楼板洞口。有洞口布置、洞口复制、洞口删除、全房间洞等子菜单。

洞口布置：点取需要开洞的房间，根据提示输入洞口数量、方洞左下角（或圆孔中心）坐标、方孔宽、高或圆孔直径（单位：米）。方洞左下角（或圆孔中心）坐标是指以房间左下角纵横轴线中心为原点的 X、Y 坐标，单位：米。

2. 次梁显示

此菜单将在建模中输入的符合条件的次梁显示出来。

布置的次梁首先满足以下条件：

（1）非二级以上次梁；

（2）使其与房间的某边平行或垂直；

（3）次梁有相交关系时，必须相互垂直。

3. 预制楼板

按房间输入预制楼板，某房间输入预制板后，程序自动将该房间处的现浇楼板取消。

输入方式分为自动布板方式和指定布板方式。

每个房间中预制板可选用二种宽度，在自动布板方式下程序以最小现浇带为目标对二种板的数量作优化选择。

楼板复制时，板跨不一致则自动增加一种楼板类型，所以复制时尽量是板跨一致的房间，否则类型可能超界。

4. 修改板厚

每层现浇楼板厚度已在标准层信息中给出，这个数据是本层所有房间楼板的厚度，当某房间楼板厚度并非此值时，则可点此菜单，对该房间楼板厚度进行修正。

某房间楼板厚度为 0 时，该房间上的荷载仍传到房间四周的梁或墙上。

对于楼梯间可用两种方法处理，一是在其位置开洞，导荷载时其洞口范围的荷载将被扣除，此时应将楼梯荷载通过主菜单 3 输入。二是将楼梯所在的房间的楼板厚度输入 0，将楼梯上的恒载、活载平摊到楼面上，由程序自动将楼梯荷载导至周围的梁和墙上。但楼板厚度为 0 时，该房间不会画出板钢筋。

5. 设悬挑板

在平面外围的梁或墙上均可设置现浇悬臂板，用户应输入悬挑板的厚度及其上的荷载，如该荷载输入 0，程序自动取相邻房间的楼面荷载。悬挑范围为用户点取的某梁或墙全长，挑出宽度沿该梁或墙为等宽。

6. 设层间梁

层间梁是指其标高不在楼层上而在两层之间的连接柱或墙的梁段。输入层间梁后，程序可在该榀框架的分析时作出这种复式框架的立面图和荷载简图。但在作 TAT 程序时，只把层间梁上的荷载传给主结构，并未考虑该杆件的刚度存在。

7. 楼板错层

当个别房间的楼层标高不同于该层楼层标高时，即出现错层，点此菜单输入个别房间与该楼层标高的差值（m）。房间标高低于楼层标高时的错层值为正。

本菜单仅对某一房间楼板作错层处理，使该房间楼板的支座筋在错层处断开，但不能对板底钢筋和房间周围的梁作错层处理。

8. 强度等级

如本标准层中部分梁、柱或墙体材料不同于一开始输入的材料强度，点此菜单对个别构件进行修改，移动光标点取需修改的构件即可。

9. 砖混圈梁

在平面简图上输入圈梁布置，并修改有关信息。

10. 拷贝前层

可将上一标准层已输入的次梁、预制板、洞口布置直接拷贝到本层，再对其局部修改，从而使其余各层的次梁、预制板、洞口输入过程大大简化。

运行完主菜单 2 后，产生的文件有：TATDA1.PM，LAYDATN.PM，这两个文件是描述各层布置并与其他模块接口的数据文件。

3.4.5 主菜单 3 楼面荷载传导计算

从平面数据文件中已获得的荷载信息有活荷载是否计算信息及各荷载标准层中均布楼面恒荷载和均布楼面活荷载信息。这一部分的主要功能是对均布楼面荷载局部修正和输入次梁荷载。然后程序对楼面荷载作传导计算，例如从楼板到次梁，再从次梁到承重墙或梁的传导计算，再对用户人机交互输入的梁间、柱间、墙间、节点、次梁等荷载归类整理，从而完成整栋建筑荷载数据库。

启动程序后，程序提示：本工程荷载是否第一次输入？并有如下三项选择：

0　保留原荷载

1　第一次输入

2　由建筑传来

如键入【Esc】，程序将不进行荷载导算直接退回主菜单。

选择 1，则所有荷载将重新生成，并清除以前输入的次梁荷载。

选择 0，可保留已输入的外加荷载，以后可对要修改的层选择输入。选择 0 时，如果对前面的结构布置已作了修改（某层的杆件总数和编号有了改变），仍可保留未变部分已经输入的荷载，结构变动部分的荷载应作补充修改，杆件两端的坐标改动的杆件即属于已经改动的杆件，它上面原已输入的荷载将丢失。

选择 2，程序从建筑软件 APM 中传导计算建筑构件生成的外加荷载，除可转成结构的构件（梁、柱、承重墙）外，其余建筑构件将按后面确定的材料容重计算成荷载，加到梁、墙、柱、节点、次梁或楼板上。

3.4.6 主菜单 4 形成 PK 文件

此程序将生成 PK 软件结构计算所需的数据文件，文件中没有计算梁、柱自重，它们由 PK 程序自动计算，但楼面均布荷载中应包括楼板自重，PK 程序不能计算该自重。

该程序可以生成平面上任意一榀框架的结构计算数据文件和任意一层上单跨或多跨连续次梁按连续梁格式计算的数据文件，该文件可包括能画在一张图上的多组连续梁数据，还可生成底框上砖结构的底层框架的任一榀数据文件。

启动此程序后，出现一个新界面，有五个菜单可供选择，分别是：

0　结束

1　框架生成

2　砖混底框

3　连梁生成

4　版本说明

点取1，屏幕图形区显示出底层结构平面图，同时屏幕右侧有参数选择栏，共有两个蓝色选框，其一是风荷载，可以修改风荷载信息内的一些参数；其二是计算数据文件名，如果是框架，程序默认该文件名为"PK-轴线号"；如果是连续梁，程序默认该文件名为"LL-0*"，双击文件名可进行修改。屏幕左下侧则提示输入要计算的框架轴线号（或按【Tab】转为节点方式点取），若输入轴线号，则可形成该轴线上的框架文件；若按【Tab】转为节点方式，则可生成某一轴线局部上的框架。

点取2，生成底框上砖房的某一榀底框计算数据文件时，应在PMCAD主菜单8（砖混抗震计算）执行完后再做。

点取3，则提示键入连续梁所在的层号，可同时生成不同层的多组连续梁数据，但仍放在同一计算数据文件中。在选取完一组连续梁后，程序会提示输入这组梁的名称，该名称用于命名施工图中该组连续梁，应与图3-30中连续梁名一致。程序还提供了修改连续梁支撑条件的功能，默认方式是主梁和柱均为连续梁的支座。

生成的PK数据文件中同时包含了绘图补充数据文件的很多内容，主要是次梁信息，各柱偏心和各柱或支座的轴线号，连续梁的支座状况（柱、梁或墙）等，在框架数据文件中，这些信息放在后面的地震信息之后，以77777作标志开始，在连续梁数据文件中以88888作标志开始。

这些绘图数据均可修改补充，并通过结构计算这一步传输给后面的绘图操作。如需绘图，再补充若干给图参数即可。

注意：按连梁生成数据文件一般应针对各层平面上布置的次梁或非框平面内的主梁，因在连续梁画图时的纵筋锚固长度按非抗震梁选取。

当按程序隐含的抗震等级为4画图时，连续梁上箍筋加密且梁上角筋连通，如想取消箍筋加密和角筋连通，则应在选择连续梁组数后再加上一个抗震等级5，或者直接修改本菜单生成的连续数据文件的两处：

1）将总信息中抗震等级改为5；

2）把PK文件后面的地震计算参数一行删去。

如只改抗震等级而未将地震计算参数一行删除，则连续梁画图不能正常进行。

如需按框架梁抗震构造画连续梁则应接力TAT多高层计算软件画梁图。

3.4.7　主菜单5　画结构平面图

对于框架结构、框剪结构和砖混结构的平面图绘制，需要由这项功能菜单作出，本菜单还完成现浇楼板的配筋计算，每操作一次这项菜单即绘制一个楼层的结构平面图，每一层绘制在一张图纸上，图纸名称为PM*.T，*代表层号，图纸规格及比例等由用户给出，需绘图的楼层层号在一开始键入，每层的操作分为输入计算和画图参数、计算钢筋混凝土板配筋和交互式画结构平面图三部分。

1. 输入计算和画图参数

（1）选择楼层

（2）参数定义

键入要画的楼层号后，程序显示下级菜单并提示修改计算楼板配筋和画结构平面图的有关参数，可用光标或键盘点取相应选择项。

配筋参数　程序有隐含值，用户可按本单位的选筋习惯对该表修改。

绘图参数　由用户确定图纸号、比例、构件画法等。

人防等级　可设置人防等级，当人防等级为0时即不考虑人防计算配筋。

人防荷载　设置人防等级后程序自动显示默认的等效静荷载，同时也允许用户修改等效静荷载。

（3）楼板计算

本菜单完成每个房间的板底和支座的配筋计算，以下介绍其功能。

1）自动计算　计算板的内力和配筋；

2）连板参数　设置连续板计算时所需参数；

3）连板计算　对用户确定的连续板串进行计算，用鼠标左键点取两点，所跨过的板为连续板串，并沿这两点的方向计算；

4）房间编号　自动按配筋对房间进行编号；

5）计算面积　显示板的计算配筋图，当为HPB235和HRB335混合配筋时，图上数值均是按HPB235计算的结果；

6）弯矩图、裂缝宽度计算结果图、挠度计算结果图、剪力计算结果图和计算书；

7）改X正筋、改Y正筋、相同修改；

8）改梁上筋、改墙上筋、改次梁筋、相同修改。

（4）边界条件

用于修改程序默认的边界条件，红色代表固支，蓝色代表简支。

（5）进入绘图

进入该层的结构平面施工图设计，如本层未进行过楼板计算，则不能画板钢筋。只能做结构平面图的标注、轴线的绘制。

（6）重新绘图

首先屏幕显示当前结构标准层的平面图模板图，内容有框架柱、梁、剪力墙的布置，次梁布置，右边菜单显示7项内容。

2. 绘制结构平面图

绘图功能菜单有如下子菜单：

（1）标注尺寸

点此菜单，会出现二级菜单，分别可标注柱、梁、墙、次梁、洞口、楼面标高，还可对已画在平面图上的任意图素作尺寸标注，尺寸标注位置取决于光标点与所注构件的相对位置。

（2）标注字符

可在梁、柱、墙等构件上标注字符，操作均可按提示进行。注柱字符和注梁字符时，可同时把柱、梁的截面尺寸标注在平面图上。

（3）预制楼板

把主菜单2中输入的预制楼板画在相应的房间上。

1）板布置图是画出预制板的布置方向、板宽、板缝宽、现浇带宽位置等。对于预制板布置完全相同的房间，仅详细画出其中的一间，其余房间只画上它的分类号。

2）板标注图是预制板布置的另一画法，它画一连接房间对角的斜线，并在上面标注板的型号、数量等，先由用户给出板的数量、型号等字符，再用光标逐个点取该字符应标的房间，每点一个房间就标注一个房间，点取完毕时，将光标移至各预制板房间外，并回车，或直接移动光标到右边菜单，则退回到右边菜单。

（4）标注轴线

在平面图上画出轴线及总尺寸线，有 8 项子菜单：

1）自动标注　仅对正交轴线才能执行。

2）交互标注　可每次标注一批平行的轴线，按提示给出起始轴线和终止轴线。

3）逐根标注　可每次标注一根平行轴线，但每根需要标注的轴线必须点取。

4）标注弧长　可每次标注一根弧轴线的长度。首先点取起始轴线和终止轴线，再点取所需要标注弧长的那根弧线与起始轴线或终止轴线的交点。

"标注角度"、"标注半径"、"半径角度"、"弧角径"的操作同"标注弧长"。

（5）画板钢筋

本菜单给用户提供多种方式将现浇楼板钢筋绘出。

1）逐间布筋：由用户挑选有代表性的房间画出板钢筋，用户只需用光标点一下其房间，该房间的板钢筋即自动绘出，其余相同构造的房间可不再绘出。

2）板底正筋：板底正筋以房间为布置的基本单元，用户可以选择布置板底筋的方向（X 或 Y），然后选择布置的房间即可。

3）支座负筋：支座负筋以梁、墙、次梁为布置的基本单元，用户选择布置的杆件即可。

4）板底通长：这项菜单的配筋方式不同于其他菜单，它将板底钢筋跨越房间布置，将支座钢筋在用户指定的某一范围内一次绘出或在指定的区间连通，这种方法的重要特点就是可画出非矩形板的板底与支座钢筋，也与一般施工做法相符。通常需对逐间标注中的板底钢筋重新用此功能画钢筋，使板底钢筋连通。

5）支座通长：点取起始和终止（从左到右，从下到上）的两个平行的墙梁支座，可将这一范围内原有的支座钢筋抹去，换成一根连通的支座钢筋，通长钢筋的面积取较大值。当板的跨度较小时，支座钢筋宜连通，便于施工。

6）洞口配筋：对洞口作洞口附加筋配筋，只对边长或直径在 300～1000mm 的洞口才作配筋，用光标点取有洞口的房间即可。

7）温度钢筋：根据《混凝土结构设计规范》GB 50010—2002 第 10.1.9 条，程序可在楼板上层支座筋的未配筋表面布置温度收缩钢筋，温度钢筋按房间布置，标注前加了字母 WJ。

8）钢筋编辑：可对已画钢筋进行移动、删除，或修改其配筋参数。

9）负筋归并：对长短不等的支座负筋进行归并。归并长度在对话框中确定，这里归并长度是指支座左右两边长度之和。

10）钢筋编号：钢筋编号由两个基本图素组成，一个圆和一个数字。

11）移钢筋号：执行此任务时，程序将同时移动圆和数字。

12）房间归并：可将配筋相近的房间进行归并以减少施工难度。

（6）裂缝挠度

在施工图中将支座负筋或板底钢筋做了修改后，需要验算相应的裂缝和挠度时使用本菜单。

（7）填充墙体

（8）钢筋表

可自动生成钢筋表，上面会显示所有已画出钢筋的直径、间距、级别、单根钢筋的最短和最长长度、根数、总长度和总重量等结果。

（9）拷贝它图

此菜单可将其他平面图中已有的尺寸标注、轴线标注等按其图层的属性拷贝至当前图中。

（10）楼板剖面

此菜单可将用户指定位置的板的剖面按一定比例绘出。

（11）插入图框

（12）回主菜单

（13）存图退出

完成第二部分交互式绘图后，点此项菜单退出，这时，该层平面图即形成一个图形文件，该文件名称为 PM＊.T，＊代表楼层号，用户须按这个规律记住这些名称，在后面的图形编辑时需要调用这些名称。

3.4.8　主菜单6　砖混节点大样

这部分功能是在主菜单5所完成的同一层砖混结构平面图上继续作圈梁布置，画圈梁节点大样图、构造柱节点大样图和圈梁布置简图。

圈梁、构造柱构造中的一些基本参数存放在 ZHQL.TXT 文件中，这些参数一经定义便自动存在计算机内，以后程序运行中自动执行这些参数，也可随时调出修改。

机内第一次运行主菜单6时，ZHQL.TXT 尚未建立，此时程序将要求用户将以上参数交互式输入，以后要修改这些参数可调菜单修改。

本菜单程序运行共分三步：

1. 在平面简图上人机交互式输入圈梁布置，并修改有关信息

圈梁布置在主菜单2和主菜单6都可进行，一般应以前者为主，后者为辅。布置圈梁的同时还有参数定义和修改菜单，以便从总体上控制圈梁、构造柱大样的构造。

2. 自动生成每个圈梁构造柱大样的构造

屏幕上调出主菜单5完成的砖混结构平面图，程序将自动分析整理出该层平面上每一个圈梁、构造柱大样的构造。

3. 大样归并编号

用户对大样的每一次修改都将导致一次重新的归并和编号。

4. 平面图上标注大样

用"自动标注"标注圈梁时，程序对每一类大样在相关位置上只标注一次，用户可再由"人工标注"菜单对需要补充标注的部位进行补充标注。只有完成了此项操作后程序才能自动成图。

5. 大样图面布置

程序提供"窗口布图"和"人工布图"两种布图方式，参加布图的有圈梁、构造柱大样和圈梁布置简图。程序对这几种图块分别取名，圈梁简图为 QLJT，圈梁大样为 QL-

＊，构造柱大样为 GZ-＊，＊为大样号。

3.4.9 主菜单 7 统计工程量

将前一阶段输入的全部结构的工程量以表格形式输出，先逐层输出各结构标准层的工程量统计表，最后输出全部结构的工程量汇总表。

3.4.10 主菜单 8 砌体结构抗震及其他计算

该程序适用于 12 层以下任意平面布置的砖混结构的抗震验算及底层框架-抗震墙结构的计算，当下部框架层数多于二层时，也可给出抗震计算结果，但由于规范对此类结构的计算未作出明确的规定，故所得结果仅供用户参考。

1. 砌体房屋抗震验算

（1）计算过程

1）用底部剪力法计算各层水平地震作用和地震层间剪力；

2）根据楼面刚度类别及墙体侧向刚度将地震层间剪力分配到每大片墙和大片墙中的各个墙段；

3）根据导算的楼面荷载及墙体自重计算对应于重力荷载代表值的砌体截面平均压应力；

4）根据砌体沿阶梯形截面破坏的抗震抗剪强度计算公式验算墙体的抗震抗剪能力。

（2）计算结果

砌体结构抗震计算结果以图形方式输出，计算结果直接标注在各层的平面图上，图名为 ZH＊.T。其中，黄色数字是各大片墙体（包括门窗洞口）的抗震验算结果，其值为大片墙抗力与荷载效应的比值；蓝色数字是各门、窗间墙段的抗震验算结果，其值为墙段抗力与荷载效应比值；白色数字是底框结构或组合结构中混凝土抗震墙的剪力设计值；红色数据是当验算结果小于 1 时，表明该片（段）墙体不满足抗震强度要求，此时在括号中给出该片墙层间竖向截面中所需的水平钢筋总截面积，单位为 mm^2。

图中还包含了以下内容：

G_i——第 i 层的重力荷载代表值（kN）；

F_i——第 i 层的水平地震作用标准值（kN）；

V_i——第 i 层的水平地震剪力（kN）；

LD——地震烈度；

GD——楼面刚度类别；

M_i——第 i 层砂浆强度等级；

MU_i——第 i 层块体强度等级；

$F_{cuk,i}$——第 i 层柱（含构造柱）混凝土强度等级。

墙体剪力设计值计算结果的图形文件名为 ZV＊.T。

2. 墙体受压、高厚比、局部受压计算

墙体受压承载力计算结果图的图名为 ZC＊.T，墙体轴力设计值计算结果图的图名为 ZN＊.T，墙体高厚比验算结果图的图名为 ZG＊.T，墙体局部受压计算结果图的图名为 JBCY＊.T。

3. 底部框架-抗震墙房屋抗震及其他计算

（1）计算过程

1）计算一层砖墙及其他各层砖墙的抗震承载力；

2）计算底层各榀框架承受的侧向地震作用及每榀框架中各框架柱由地震倾覆力矩产生的附加轴力和作用于墙顶的附加集中力和附加弯矩。

将作用于底部框架-抗震墙结构的地震作用，以及上部砌体作用在底框上的竖向荷载，传递给 SATWE、TAT 和 PK 软件，SATWE 和 TAT 可对底框结构进行三维空间分析并绘制梁、柱、抗震墙施工图，PK 软件可进行底层框架在地震作用和竖向荷载作用下的内力分析及施工图设计。

（2）计算结果

底部框架-抗震墙房屋抗震计算结果也用图形方式输出，图形文件名为 KJ1.T。主要输出内容有：砌体抗震墙的抗力与荷载效应比、混凝土抗震墙的配筋计算结果、各轴线框架承担的地震层间剪力和由倾覆弯矩引起的柱顶附加集中力。

黄色数据表示各榀框架按平面框架分析（PK 计算）的水平地震作用标准值，数字标注方向与该榀框架轴线垂直。蓝色数据表示各框架柱的附加集中力标准值，数字标注方向与框架轴线平行。紫色数据表示混凝土剪力墙的配筋计算结果。

图下标出的内容是：

V_{xx} ＝乘以增大系数后的结构沿某一方向地震产生的地震剪力，xx 表示地震方向与 x 轴夹角；

K_{xx}＝结构沿某一地震方向的抗侧移刚度比，xx 表示地震方向与 x 轴夹角，当 K_{xx} 大于规范限值时将用红色显示，以提示用户注意。

M_t＝地震倾覆力矩标准值；

C_w＝剪力墙的混凝土强度等级；

S_{hw}＝剪力墙水平分布筋间距；

f_{yh}＝剪力墙水平分布筋强度设计值；

R_v（％）＝剪力墙纵向分布筋配筋率。

（3）软件接口

1）与 SATWE、TAT 的接口

执行完第八项菜单后，程序自动生成一个接口文件，将计算结果传递给 SATWE 和 TAT 软件。用户可使用 SATWE 或 TAT 软件对底部框架-抗震墙结构进行空间分析，并完成配筋计算和施工图绘制。

2）与 PK 接口

执行完第八项菜单后，点取 PMCAD 第四项菜单，可生成底部框架-抗震墙结构各轴线框架 PK 计算数据文件。用户可用 PK 完成各轴线平面框架的内力分析、配筋计算及施工图绘制，但不能计算抗震墙的配筋。

3.4.11 主菜单 9 图形编辑、打印及转换

PKPM 系列 CAD 各模块均设有"图形编辑及打印"菜单，在各绘图程序中也有绘图工具包。工具包除向用户提供一个像 AutoCAD 的图形工作环境外，还有大量专业化功能，可以由用户对已经完成的图形进行修改、补充，还可以用这里的画图工具直接绘制一张新图。

该菜单下的另一个重要功能就是将 CFG 绘图系统生成的".T"文件转换成 Auto-

CAD 可编辑的 ".DWG" 文件,以便熟悉 AutoCAD 的用户对所画的图进行修改。还可将 ".DXF" 文件转成 ".T" 文件,便于 PKPM 系列与其他软件的接口。

3.4.12 主菜单 A 平面荷载显示校核

本程序用于对主菜单 3 导出的中间荷载文件作校核,用户执行完主菜单 3 后点主菜单 A,即可执行这项功能。

该程序可校核的荷载有两类:一类是程序自动导算出的荷载,即楼面传导到承重墙、梁上的荷载和梁自重;另一类是用户在主菜单 3 中人机交互输入的荷载,这类荷载在主菜单 3 输入时可能较多较杂乱,但在这里可得到人机交互输入荷载的清晰记录。

进入该程序后,屏幕左侧可选择校核层号,校核的主要内容有:楼面荷载、梁墙荷载、次梁荷载、柱间荷载、节点荷载及竖向导载路线。

3.4.13 实例

【例 3-2】 以例 3-1 输入的轴线布置为基础,说明使用 PMCAD 建立一四层(局部三层)的建筑结构(图 3-6)整体模型的过程。

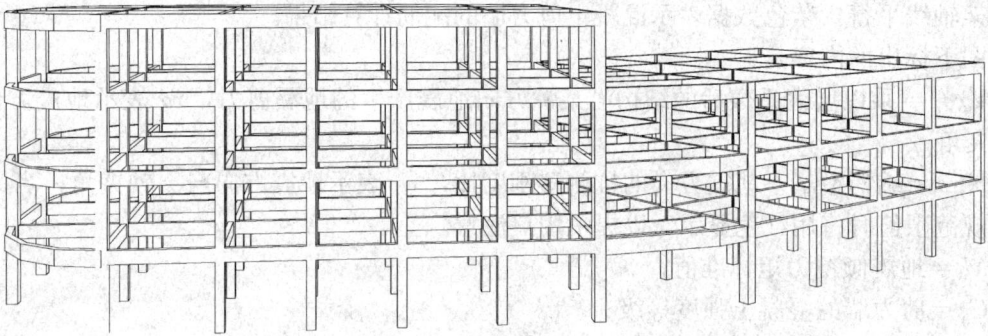

图 3-6 四层(局部三层)建筑结构整体模型

步骤:

1)轴线输入 见〔例 3-1〕。

2)轴线命名 进入"网格生成"子菜单,点"轴线命名"功能即可对已输入的轴线进行命名。由于本例中大多数轴线是有规律的,采用成批输入的方法更快捷(按 Tab 键可在几种输入方式中切换),弧轴线可不予命名,轴线名见图 3-4。

3)楼层定义 本例中定义了两个结构标准层:第一结构标准层梁柱布置如图 3-30 和图 3-31。在布置构件前要求先定义构件的截面形式和尺寸(点图 3-7 中的"新建"按钮),可根据经验初步估计该结构中的梁、柱、墙、洞口及斜杆的截面形式及尺寸,由于本例为框架结构,所以无墙,因此也不可能有洞口。点取要布置的截面形式,再点图 3-7 中的"布置"按钮进行布置,此处需注意的是主梁和次梁采用同一套截面定义的数据,如对主梁截面进行修改,次梁也会随之变化。

在布置该结构标准层时,⑧～⑫轴

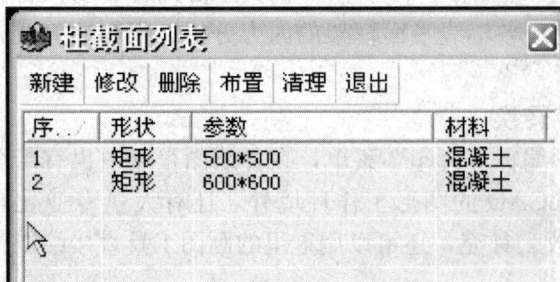

图 3-7 截面定义与布置提示图

线上的柱需输入轴转角30°，由于2、4节点上布置的柱截面大于其他柱（该位置柱截面600×600，一般柱截面500×500），为使柱外轮廓线对齐，该柱应偏心布置，输入时可先将这两个柱按无偏心输入，然后利用"偏心对齐"中"柱与柱对齐"的"边对齐"功能即可得到它们的精确位置。同样边轴线上的梁也可利用"梁与柱对齐"这一功能来对齐。

4）次梁布置　布置次梁LL3、LL1，进入梁截面列表，双击次梁截面形式（一般梁250×600，个别曲梁300×700，次梁200×500）进入次梁布置状态，在提示输入第一点时，用光标捕捉住图3-4中的点18，在提示输入第二点时，按【S】键，选择特征点"中点"，再点取轴线①，次梁LL3布置成功；在程序提示输入复制间距和次数时，输入－5000，1即可初步布置次梁LL1，用光标捕捉住图3-4中的点19，再用光标套住点20（但不要按鼠标键，将20点作为参照点），按【Tab】键，输入0，2500【E】，次梁LL8布置成功；再分别以点12、点15作为参照点初步布置次梁LL7；用上述方法可依次输入其他次梁。

在上述输入过程中所得到的次梁LL1、LL7左端均超过支撑梁（KL2、KL3），利用"图素编辑"下拉菜单中的"修剪"功能将对次梁LL1、LL7进行修剪，将次梁超出部分修剪掉。次梁布置如图3-30。

第一结构标准层布置完毕后，通过"换标准层"进入第二标准层。第二结构标准层是将第一结构标准层⑦轴线右半部去掉，剩余均同，因此可通过"部分拷贝"第一标准层得到，不需重新进行构件布置。在每个结构标准层完成结构布置后，应根据实际情况对"本层信"中的部分内容进行查看修改，本例将梁、柱的混凝土强度改为C30，层高在此处暂时不改。

5）输入荷载　本例只有梁上荷载和楼面荷载（楼梯间荷载采用楼板厚度为0的近似导入方法，因此不需在此处输入）。其中梁上荷载主要是由其上的填充墙产生的。设外墙在梁上产生的荷载为均布荷载，数值8kN/m，内墙产生的均布荷载10kN/m。楼面活载折减系数为1.0，共有两个荷载标准层：第一荷载标准层是楼面荷载，恒、活载标准值均为2.5kN/m²（恒载中不包括楼板自重，由程序自动计算）；第二荷载标准层是屋面，恒载为4.0kN/m²（不包括楼板自重），活载为1.0kN/m²。

6）楼层组装　本例结构有四层：第一层、第二层采用第一结构标准层、第一荷载标准层，层高3.6m；第三层仍采用第一结构标准层布置，由于该建筑为局部四层，所以三层有部分楼面、部分屋面，可先暂时按屋面荷载层（即第二荷载标准层）定义，楼面部分的不同荷载可到主菜单3中再修改，层高3.3m；第四层采用第二结构标准层、第二荷载标准层，层高3.3m。组装后的结构见图3-6。

不要忘记对该菜单下的"设计参数"进行查看，对不符合本工程的参数应进行修改，否则程序自动设置这些参数。

7）退出主菜单1　至此已完成整个结构的整体描述，可退出此程序，回到PMCAD主菜单。退出时应存盘，且需生成数据文件，以用于以后的结构计算。

8）进入主菜单2"结构楼面布置信息"本例采用近似方法处理楼梯间荷载，将楼梯间板厚改为0，由程序自动将楼梯荷载导至周围的梁和墙上，此时忽略楼梯平台梁对框架的影响，否则平台梁应作为层间梁处理，可能使框架柱变为短柱。次梁布置见图3-30。

9）进入主菜单3"楼面荷载传导计算"首先将第一层楼梯间的恒载修改为

3.5kN/m²，活载修改为 4kN/m²，不对导荷方式进行变更，即采用程序默认的四边导荷方式。在次梁 LL3、LL5 上输入填充墙产生的荷载 10kN/m。

此处应注意，当第一层输入完成后，程序自动跳动第三层，无法对第二层上的楼面荷载和次梁荷载进行修改。这是由于程序将结构标准层、荷载标准层相同的楼层（层高可不同）默认为它们的其他荷载也相同，所以在主菜单 3 中将这些层作为一层来处理，本例若要对第二层局部荷载进行修改，应多定义一个结构标准层或荷载标准层，即使这个结构标准层或荷载标准层与其他的完全一样。

分别将第三层上楼面部分的恒载、活载改为 2.5kN/m²，楼梯间的恒载修改为 3.5kN/m²，活载修改为 4kN/m²（见图 3-8），并输入次梁荷载。第四层上不需修改。

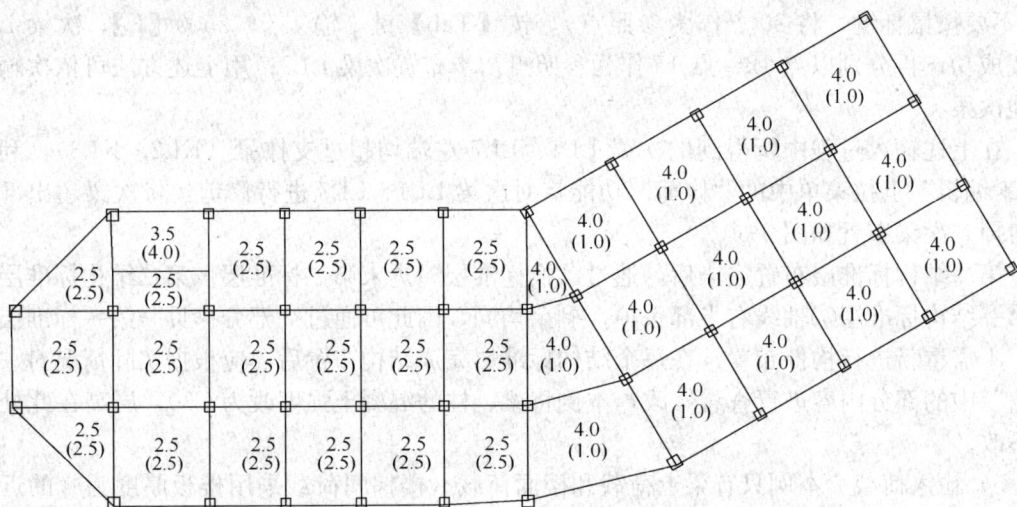

图 3-8　第三层楼面荷载分布图（括号中为活荷载值，单位 kN/m²）

10）平面荷载显示校核　若上一步输入的荷载较多，对输入荷载的准确性没有把握，可进入主菜单 A 进行查看，若输入的荷载较简单，则可省去该步骤。

11）形成 PK 文件　对较规则的框架结构，其框架和连续梁的配筋计算及施工图绘制可用 PK 软件来完成，而 PK 计算所需的数据文件可直接通过主菜单 4 生成。本例生成②轴线上的横向框架，数据文件名程序默认为 PK-2（亦可修改），生成框架数据文件时应加入风载。在此菜单下还同时生成包括两组连续次梁的计算数据文件，该数据文件名程序默认为 LL-01（亦可修改），两组连续次梁亦需输入对应的名称，分别是 LL1、LL2，该名称应与图 3-30 相对应，用于施工图中各连梁的命名。由于两组连续梁画在同一张施工图上，故共用一个计算数据文件。

12）画楼板配筋图　进入主菜单 5 后应首先对画平面图的参数进行查看和修改，然后进行绘制结构平面图工作。画板筋时最好采用逐间配筋方式，只画部分有代表性房间，其余用代号表示，以免图面过于杂乱。若采用 TAT 软件进行结构计算，该步应在执行完梁柱施工图主菜单 1 和 4 后才可自动标注梁柱编号。二层局部配筋图见图 3-9。

对熟悉 AutoCAD 的用户，在该菜单下画完各层结构平面布置图后（图名为 PM＊.T，＊代表层号），可将它们转为".DWG"文件（该工作由主菜单 9 完成），对其进行进一步修改完善，也可在本菜单中对".T"文件进行直接修改。

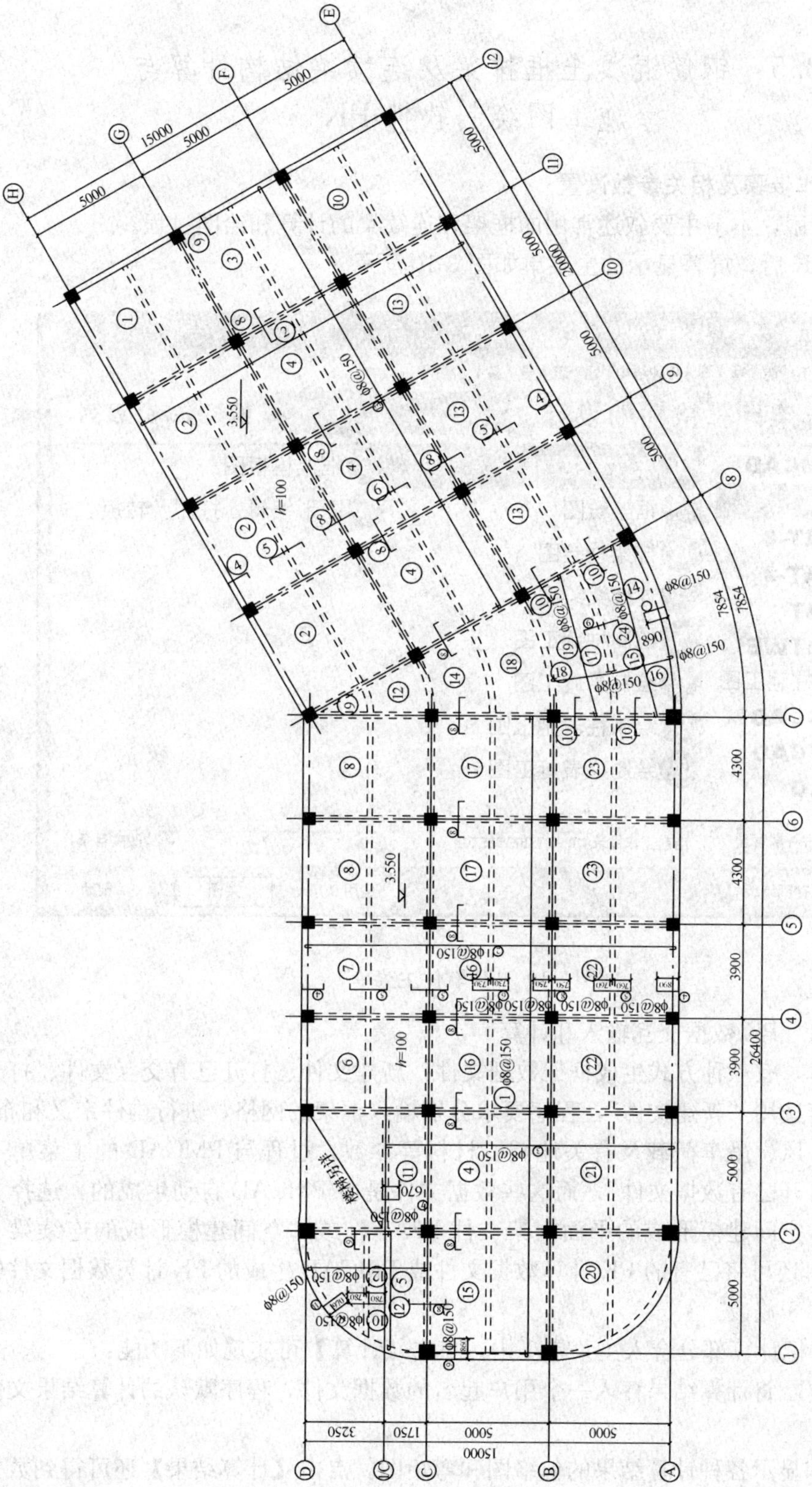

图 3-9 二层局部配筋图

3.5 钢筋混凝土框排架及连续梁结构计算与施工图绘制软件 PK

3.5.1 操作步骤及相关参数设置

由于篇幅所限，本节主要叙述常用的框架和连续梁的计算和绘图过程。

进入软件 PK 后，屏幕显示的主菜单如图 3-10 所示。

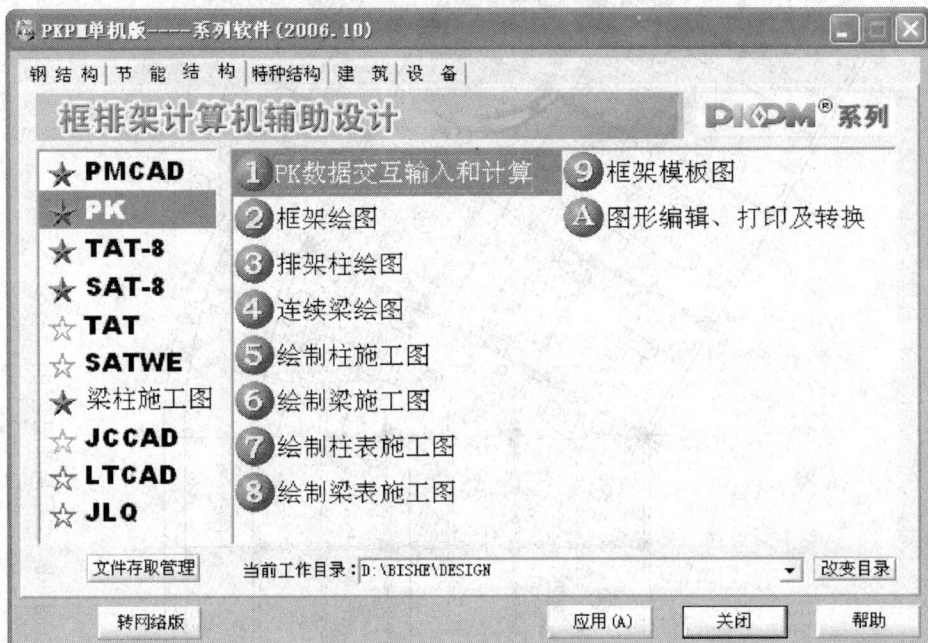

图 3-10 PK 软件主菜单

1. 主菜单 1 PK 数据交互输入和计算

进入该菜单，有三种方式生成框架数据文件：新建文件、打开已有交互文件、打开已有数据文件。若选用"新建文件"，程序要求分别输入框架的网格，进行构件定义和布置，并输入恒、活、风、吊车荷载及有关地震、材料等参数，过程与 PMCAD 的主菜单 1 类似；若选用"打开已有数据文件"，而这些数据文件是由 PMCAD 自动生成的，选择文件类型时，应为"空间建模形成的平面框架文件 PK-*"或"空间建模形成的连续梁文件 LL-*"。该菜单还可将已有的 PK 计算数据文件或 PMCAD 生成的 PK 计算数据文件转入交互状态，以便于修改。

新版 PK 中把计算部分合入主菜单 1 中，点击【计算】可实现如下功能：

（1）屏幕提示将计算结果存入一个用户起名的数据文件，程序默认的计算结果文件为 PK11. OUT。

（2）绘制和显示各种计算结果的包络图和弯矩图。点击【计算结果】还可得到数据文件结果（隐含名为 PK11. OUT）。

2. 主菜单 2　框架绘图

必须在进行主菜单 1 "PK 结构交互数据输入和计算"后才能启动该菜单，启动后右侧显示如下子菜单：

（1）参数修改　其中的参数输入共有四页，分别为归并放大、绘图参数、钢筋信息、补充输入，主要完成选筋、绘图参数的设置。

（2）柱纵筋　本菜单可分别对柱平面内和平面外的钢筋进行审核及修改，如采用对话框，点取某一根柱后，屏幕上弹出该柱剖面简图，对话框左边是钢筋的直径、根数等参数供用户直接修改（如图 3-11）。

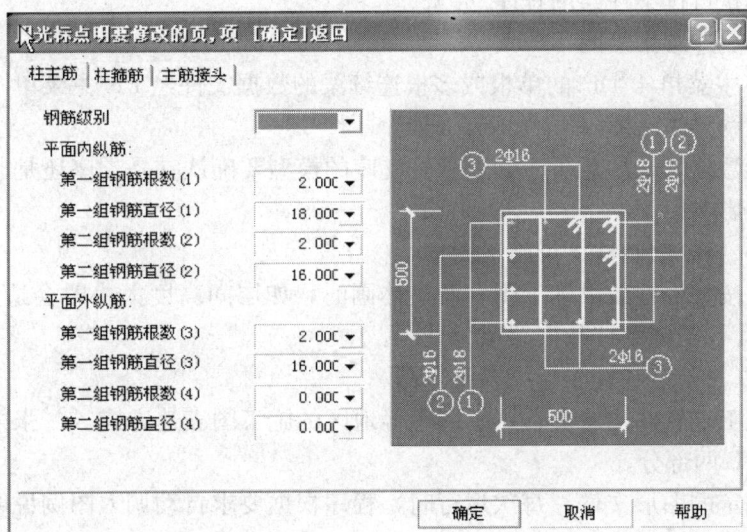

图 3-11　对话方式修改框架柱配筋

（3）梁上钢筋　修改梁支座及梁上部的钢筋。

（4）梁下钢筋　修改梁下部的钢筋。

（5）梁柱箍筋　可修改梁与柱箍筋的配置。

（6）节点箍筋　修改柱上节点区的箍筋，此菜单仅在一、二级抗震时才起作用。

（7）梁腰筋　参考《混凝土结构设计规范》GB 50010—2002 第 10.2.16 条规定，在梁侧面配置纵向构造钢筋。

（8）次梁　用户可通过此菜单查改次梁集中力及次梁下的吊筋配置。

（9）悬挑梁　修改悬挑梁的参数，可把悬挑梁转变成端支承梁，或把端支承梁改成悬挑梁。

（10）弹塑位移　此菜单在地震烈度 7°～9°时起作用，完成框架在罕遇地震下的弹塑性位移计算。

（11）裂缝计算　考虑恒载、活载、风载标准值的组合，按《混凝土结构设计规范》GB 50010—2002 第 8.1.2 条公式计算。给出最大裂缝宽度图 CRACK.T。

（12）挠度计算　按《混凝土结构设计规范》GB 50010—2002 第 8.2 节做梁的挠度计算，修改梁的上下钢筋可改变挠度值。

（13）施工图 程序在这里给出每根梁柱详细的钢筋构造，归并钢筋生成钢筋表，合并剖面计算出剖面总数，合并相同的层和跨，调整图面布置。

进入前面的绘图参数修改项选择有钢筋表和无钢筋表时的图面表达方式，不要钢筋表画图时，剖面归并仅依据截面尺寸和钢筋的根数、直径，比有钢筋表时剖面数量少得多，图纸表达直观且节省图面，缺点是无材料统计表。

3. 主菜单 3 排架柱绘图

此菜单包括吊装验算、修改牛腿、修改钢筋和施工图子菜单。

排架柱要正确绘制的条件：1）必须布置吊车荷载；2）柱上端必须布置两端铰接的梁。否则程序不执行排架柱绘图程序。

4. 主菜单 4 连续梁绘图

由 PMCAD 主菜单 4 生产的单根或多根连续梁的数据文件经 PK 主菜单 1 计算后，再用此菜单绘制连续梁施工图。

生成连续梁数据时，注意对于梁支承处支座的模型要确认它是支座还是非支座，这一点对计算和绘图影响很大。

5. 主菜单 5、6 绘制柱、梁施工图

主菜单 2 是按整榀框架出施工图，而整体画时，如层间高度太小时会造成尺寸重叠，可改用主菜单 5、6 把框架柱和框架梁分开画。

6. 主菜单 7、8 绘制柱表、梁表施工图

画梁、柱施工表软件的研发参照了广东等地区的施工图表达方式。一张梁、柱表施工图一般分为 A、B 两部分。

A 部分是固定的图形文件，每次运行时，程序根据要求自动调入图例说明文件。B 部分是由程序运行后产生的 CFG 图形文件。

3.5.2 实例

【例 3-3】 用软件 PK 计算例 3-2 中的②轴线框架和连续梁 LL1，LL2 的配筋，并绘制施工图。

步骤：

（1）PK 数据交互输入和计算 打开 PK 软件，进入主菜单 1，从"打开已有数据文件"窗口进入，调出由 PMCAD 空间建模形成的平面框架数据文件 PK-2（无文件后缀），对轴线②框架进行计算，计算结束后可在此菜单下查看计算结果，本例柱的轴压比均满足设计要求，其他计算结果也较正常。

（2）框架绘图 进入主菜单 2，采用人机交互方式建立绘图数据文件，此处将该图形的文件名定为 KJ-2（不能与数据文件 PK-2 相同，否则会产生数据紊乱），程序设定的绘图参数值大多符合本例要求，只需对个别参数进行修改。进入绘图工作之前，应查看框架梁的裂缝宽度及挠度，本例挠度能满足规范要求，但部分框架梁的裂缝宽度不能满足规范要求（图 3-12a），应对框架梁的配筋进行修改，将支座配筋由原来的 3 ϕ 20（A_s＝941mm²）改为 2 ϕ 20＋2 ϕ 16（A_s＝1231mm²），跨中配筋由原来的 2 ϕ 22＋1 ϕ 20（A_s＝1074mm²）改为 3 ϕ 16＋2 ϕ 18（A_s＝1112mm²），修改后的裂缝宽度见图 3-12（b），最后绘制出框架施工图，图名为 KJ-2. T。

（3）进行连续梁内力、配筋计算，由主菜单 1"PK 数据交互输入和计算"，从"打开

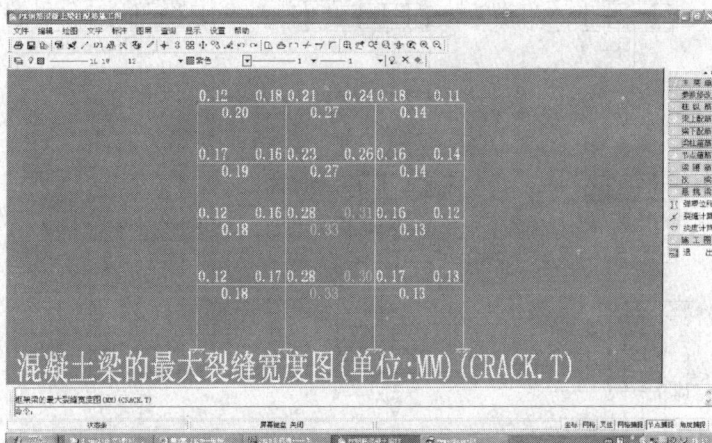

混凝土梁的最大裂缝宽度图(单位:MM)(CRACK.T)

(a)

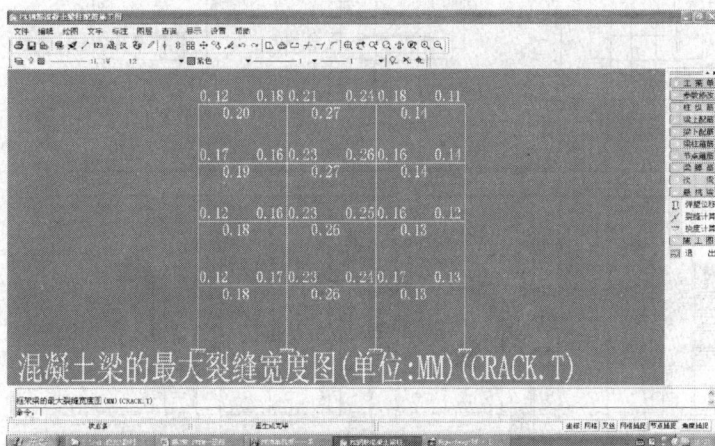

混凝土梁的最大裂缝宽度图(单位:MM)(CRACK.T)

(b)

图 3-12　框架梁裂缝宽度

（a）框架梁按计算配筋的裂缝宽度；（b）框架梁配筋修改后的裂缝宽度

已有数据文件"窗口进入，调出由 PMCAD 空间建模形成的连续梁数据文件 LL-01（无文件后缀），完成连续梁内力、配筋计算。

（4）进入主菜单 4，绘连续梁施工图。仍采用人机交互方式建立绘图数据文件，绘图数据文件名为 LL，本例不需对程序设定的绘图参数进行修改，直接进入施工图绘制，施工图名为 L1. T。

（5）将 KJ-2. T 和 L1. T 分别转为".DWG"文件（由主菜单 A 完成），对施工图进行修改完善。图 3-13 和图 3-14 为②轴线平面框架和 LL1、LL2 的施工图。

注：由 PK 软件绘制的框架、连续梁的剖面不能显示现浇板部分，只能显示单独的梁截面，如图 3-13、图 3-14，主要是该程序未提供该种形式的截面，需对这些截面进行修改。但采用"梁柱施工图配筋"菜单中的"画整榀框架施工图"，可正确画出带现浇板的梁截面。

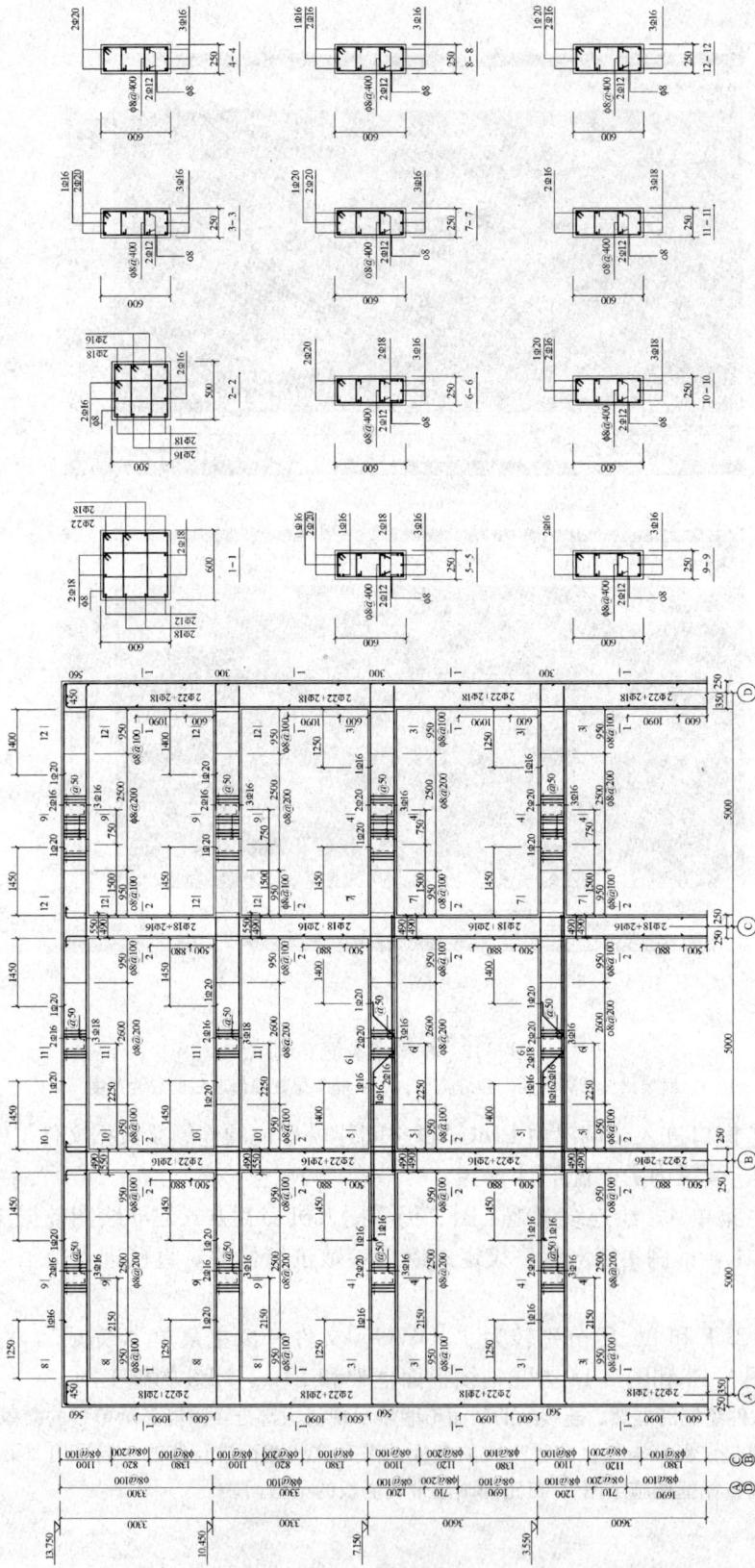

图 3-13 ②轴线平面框架施工图

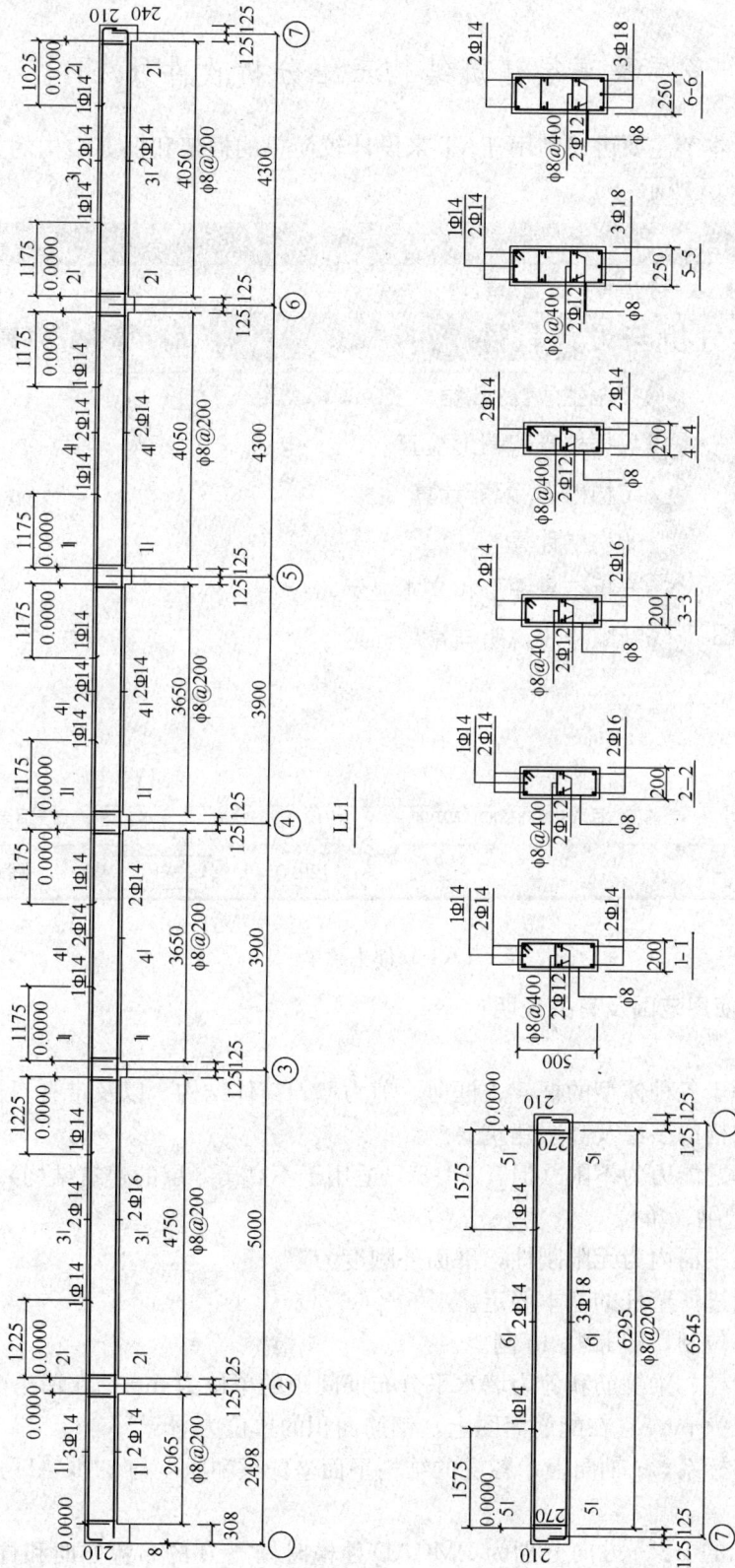

图 3-14 过梁 LL1、LL2 施工图

93

3.6 多层及高层建筑结构三维分析软件 TAT

由于篇幅限制，本节主要讲述利用 TAT 来设计较简单的框架和框剪结构的方法，该软件的主菜单如图 3-15 所示：

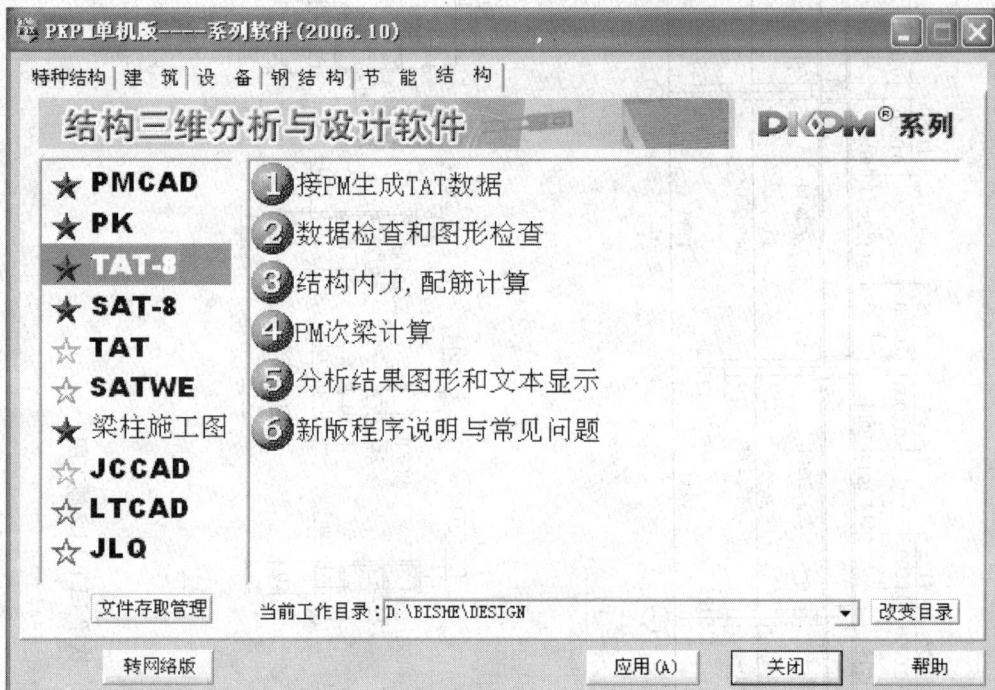

图 3-15 TAT 软件主菜单

3.6.1 TAT 的使用范围及有关说明

1. 使用范围

（1）本程序适用于各种体型的框架、框剪、剪力墙、筒体结构，以及带有斜柱、钢支撑的钢结构或混合结构的多层及高层建筑。

（2）本软件的解题能力为不限（但 TAT-8 只适用于不高于 8 层的建筑结构）。

2. 基本假定、量纲、单位

（1）假定楼板在平面内为无限刚性，平面外刚度为零。

（2）对剪力墙引进薄壁杆的基本假定。

（3）选用国际单位制，即 kN，m 制。

（4）输入数据中柱、梁箍筋和剪力墙水平分布筋间距的单位为 mm；在输出配筋文件中，钢筋面积的单位为 mm^2；在配筋简图上，钢筋面积的单位为 cm^2。

（5）采用右手座标系，z 轴向上，各层的结构平面坐标系和原点与 PMCAD 建模时的坐标系基本相同。

（6）柱局部座标的 x、y 方向分别为 PMCAD 建模时柱宽 B 的布置方向和柱高 H 的布置方向。

（7）楼层划分按一般设计习惯，从下向上划分，最底层为1层（从柱脚到楼板顶面），向上分别为第2、第3层等，依次类推。

（8）对空旷结构可定义弹性节点，不考虑楼板的作用。

（9）程序中的名词解释：

1）标准层：是指具有相同几何、物理参数的连续层，不论连续层的层数是多少均称为一个标准层；在TAT中标准层是从顶层开始算起为第1标准层，依次从上至下检查，如几何、物理性质有变化则为第2标准层，如此直至第1层。它与PMCAD定义标准层的顺序相反；

2）薄壁柱：由一肢或多肢剪力墙形成的竖向受力结构，亦可称为剪力墙；

3）连梁：两端与剪力墙相连的梁称为连梁，亦可称为连系梁；

4）无柱节点：有两根或两根以上梁的交点，此交点下面没有柱；

5）工况：一种荷载（如风、地震等）作用下，称为结构受一种工况荷载。多种荷载组成一种荷载（如风＋地震）作用下，也称为结构承受一种工况荷载。

3. TAT运行注意事项

（1）正式计算之前，必须先通过数据检查；

（2）如果修改了与刚度有关的参数，如：梁弯曲刚度放大系数、连梁刚度折减系数（调整信息页）、活载质量折减系数（地震信息页）、混凝土构件的容重（材料信息页）等参数，应全部从头重新计算；如果修改了与地震周期、地震力有关的参数，如：振型组合数、地震设防烈度、场地土类别、近震远震标志、周期折减系数（地震信息页）等参数，必须重新从周期、振型算起；如果修改了扭转耦联标志（地震信息页）则应从刚度算起；如果修改了梁端负弯矩调幅系数、梁跨中弯矩放大系数、鞭梢效应放大系数、$0.2Q_0$调整起止层号（调整信息页）、梁柱箍筋间距、墙水平分布筋间距（材料信息页）等参数，则只要重新计算配筋即可；

（3）多塔、错层的补充数据文件不要在不同的工程中混淆；

（4）多塔和错层设置后，应检查相应的数据文件，以避免产生设置错误，用前处理菜单来检查；

（5）只有各层配筋计算完后，才可接"梁柱施工图"、JLQ菜单画施工图；

（6）只有计算了底层内力，才产生基础荷载接口；

（7）只有计算了上部刚度凝聚，才可进行上下部刚度共同工作。

3.6.2 TAT操作过程及相关参数设置

1. 主菜单1 接PM生成TAT数据

要使该菜单顺利完成，在此之前必须执行过PMCAD软件的主菜单1、2、3，建立完整的结构模型。此外还需删除当前用户子目录中不同工程项目但工程名相同的数据，请删除旧的"TAT＊.PM"文件。

进入该菜单后，一般应选择生成荷载文件和计算风载，以便将由PMCAD生成的本工程的荷载信息转为TAT计算所需的文件LOAD.TAT。

2. 主菜单2 数据检查和图形检查

该菜单有多项功能：

（1）数据检查

检查几何文件和荷载文件的正确性，若有错则有提示；计算柱、墙、支撑下端水平刚域；找出调幅完整主梁和不调幅梁；计算柱计算长度系数（混凝土柱按《混凝土结构设计规范》GB 50010—2002 计算，即底层为 1.0，其他层 1.25；钢柱按《钢结构设计规范》GB 50017—2003 计算）。任何工程都须执行该步骤。

（2）多塔和错层定义

本菜单对整个结构作多塔、错层的自动搜索，当为多塔结构时，自动生成多塔数据文件 D-T. TAT；当为错层结构时，自动生成错层数据文件 S-C. TAT，如没有可不进行此步骤。

（3）参数修正

屏幕上共设了 6 页参数（鼠标点取的页会自动变为当前页），应根据本工程实际情况，对各参数逐一检查或修改。各参数的意义如下：

1）总信息页

①地震力计算信息

1：不算地震力；2：计算水平地震力；3：计算水平地震和竖向地震。一般结构选 2。

②竖向力计算信息

1：不计算；2：整体刚度一次性加载，适用于多层结构，或有上传荷载；3：模拟施工加载 1，即整体刚度分层加载，普遍适用下传结构，有吊柱情况除外；4：模拟施工加载 2，即分层刚度分层加载，推荐使用该方式来计算恒载，更接近施工过程。

③风荷载计算信息：程序提供计算和不计算两种选择。

④水平力与整体坐标夹角（度）：当该角为零时，所求水平力总是沿着坐标轴方向作用的，当该方向水平力对结构不起主导作用时，则应通过改变此夹角来改变水平力的作用方向，逆时针为正。

⑤是否考虑梁柱重叠的影响：1：不考虑；2：考虑梁端弯矩折减；3：考虑为梁端刚域。

⑥地下室层数

⑦柱计算长度系数：当选择"打勾"时，判断水平力所占的设计弯矩的比值，当其大于 75% 时，按混凝土规范第 7.3.11 条计算柱长度系数，否则仍按底层 1.0，上层 1.25 取用；当选择"不打勾"时，底层取 1.0，上层取 1.25。

⑧结构类型：程序提供框架结构、框架剪力墙结构、剪力墙结构和吊车排架结构等 11 种选择。

⑨结构材料及特征

⑩是否考虑 P-Δ 效应

⑪回填土对地下室的相对刚度：该值越大时，对地下室的侧向约束越大。

2）地震信息页

①是否考虑扭转耦联：对于平面很不对称的结构，宜考虑扭转耦联。此外，当地震力计算采用总刚模型时，必须考虑耦联。

②计算振型个数：一般应≥3，且最好为 3 的倍数。当考虑耦联时，振型数一般应≥9，结构越复杂，所取振型越多，但若不考虑耦联，振型个数应≤层数。

③地震烈度：新规范对 7、8 度抗震提供两种不同的加速度，有 7（0.15g）和 8

（0.3g）。

④场地土类别：提供 1～4 类。

⑤周期折减系数：当框架有砖填充墙时，会增加结构的总体刚度和地震反应，减少结构地震周期，因此应考虑周期折减。折减系数应视填充墙多少而定，一般取 0.7～1.0。

⑥设计地震分组。

⑦框架抗震等级。

⑧剪力墙抗震等级。

⑨结构的阻尼比：钢筋混凝土结构为 0.05，钢结构 0.02，混合结构介于其间。

3）调整信息页

①0.2（0.25）Q_0 调整：按照《高层建筑混凝土结构技术规程》JGJ 3—2002 8.4.1 条定义调整的起始层号和终止层号。一般只用于框剪结构主体结构中的框架，一旦结构内收就不再调整。

②中梁和边梁刚度放大系数：考虑现浇板对梁刚度的有利作用，该系数对连梁不起作用。

③梁端负弯矩调幅系数：即考虑塑性内力重分布作用，一般取 0.85，钢梁不能调整。

④连梁刚度折减系数：主要用于两端与剪力墙相连的梁，考虑其破坏过程中对剪力墙的卸载作用，可取 0.55～1，一般工程取 0.7。

⑤梁扭转折减系数：考虑梁开裂后抗扭刚度降低，从而向楼板卸载的影响，一般工程取 0.4。如选择扭矩折减，则计算配筋时无条件对梁的组合扭矩进行折减；如选择扭转刚度折减，则在形成总刚时就对梁的扭转惯性矩进行折减，也间接达到了折减扭矩的目的。

⑥顶部塔楼内力放大起算层号：不放时填 0。

⑦顶部塔楼内力放大起算系数

非耦联：3≤振型数<6，取 3.0；

　　　　6≤振型数<9，取 1.5。

耦联：9≤振型数<12，取 3.0；

　　　12≤振型数≤15；取 1.5。

⑧温度应力折减系数：一般取 0.75 或更低。

⑨考虑与框支柱相连的框架梁的设计调整：打勾时，程序对与框支柱相连的框架梁进行与框支柱相同的地震内力放大。

⑩9 度或 1 级框架结构的梁柱钢筋超配系数：一般取 1.15。

⑪转换层所在层号。

⑫剪力墙加强区起算层号：一般取 1 层，有多层地下室时，可以只考虑地下 1 层为加强区。

4）材料信息页

①混凝土容重：若考虑梁、柱、墙上的抹灰荷载，一般应取 26～28kN/m³，否则取 25kN/m³。

②梁、柱和墙及边缘构件的主筋和箍筋强度设计值：一般应填入规范值，也可由用户输入非标准钢筋。

③梁、柱箍筋间距：应填入加密区间距。

④墙水平筋间距：应填入加强区间距。

⑤墙竖向分布筋配筋率（％）。

⑥钢容重≥78kN/m³。

⑦钢号。

⑧钢净面积与毛面积的比值：描述钢截面被开洞后的削弱情况，一般取小于1的值。

⑨底部墙竖向分布筋配筋率最高层号。

⑩底部墙竖向分布筋配筋最小配筋率。

5）设计信息页

①地震力分项系数：一般取1.3。

②风力分项系数：一般取1.4。

③恒载分项系数：一般取1.2。

④活载分项系数：一般取1.4。

⑤竖向地震力分项系数：若不考虑竖向地震力取0，考虑取0.5。

⑥风力、活载之活载组合系数：多取0.70。

⑦风力、活载之风载组合系数：多取0.60。

⑧柱配筋保护层厚度：为钢筋合力点至柱边的距离，缺省取30mm。

⑨结构重要性系数。

⑩柱配筋方式选择：程序提供单偏压（拉）和双偏压（拉）两种选择。

⑪柱、墙活载折减：提供不折减和按荷载规范折减。

6）风载计算信息页

①修正后的基本风压：为基本风压乘调整系数，详见《建筑结构荷载规范》GB 50009—2001。

②地面粗糙度：根据荷载规范分类确定。

③结构基本自振周期：缺省值按高规中近似公式计算。

④体型分段数和分段参数：对下方上圆或下圆上方等特殊体形结构，由于各段体形系数不同，因此应分段。最多可分3段。

⑤是否考虑风振系数：缺省是考虑。如结构符合《建筑结构荷载规范》GB 50009—2001的7.4.1条，可以选择"不考虑"。

（4）特殊梁、柱、支撑、节点定义

运行此项程序，可由用户逐个确认和修改所有不调幅的梁、铰接梁、连接剪力墙肢的连梁、角柱、框支柱、铰接柱、铰接支撑、弹性节点（只有梁、柱支撑但无楼板支撑的节点）等。当结构布置修改后，梁、柱等编号可能发生变化，这时应删除文件 B-C.TAT（特殊梁、柱文件），以免与原布置造成混淆。

（5）特殊荷载查看和定义

提供了吊车荷载的空间计算，另外还有温度应力、特殊风载和支座位移等计算功能。

（6）检查和修改各层构件的长度系数

（7）检查和修改各层水平风荷载

（8）检查各层几何平面图 FP＊.T

（9）检查各层荷载作用 FL＊.T

（10）空间线框图 STRUC.KT

（11）文本文件查看

可直接调用编辑程序，查看和修改这一节生成的各种数据文件。

第一次执行主菜单 2 时，可按顺序从 1～5 各项运行。但若结构定义为多塔结构（第 2 项）或改变了总信息中的水平力与整体坐标的夹角（第 3 项）或定义了弹性节点（第 4 项），均应重新计算风荷载（即重新执行"参数修正"），并通过数据检查。若定义了弹性节点，在重新计算风荷载前还需再进行多塔、错层搜索。

3. 主菜单 3　结构内力配筋计算

选择 TAT 主菜单 3"结构内力配筋计算"显示如图 3-16 操作菜单：

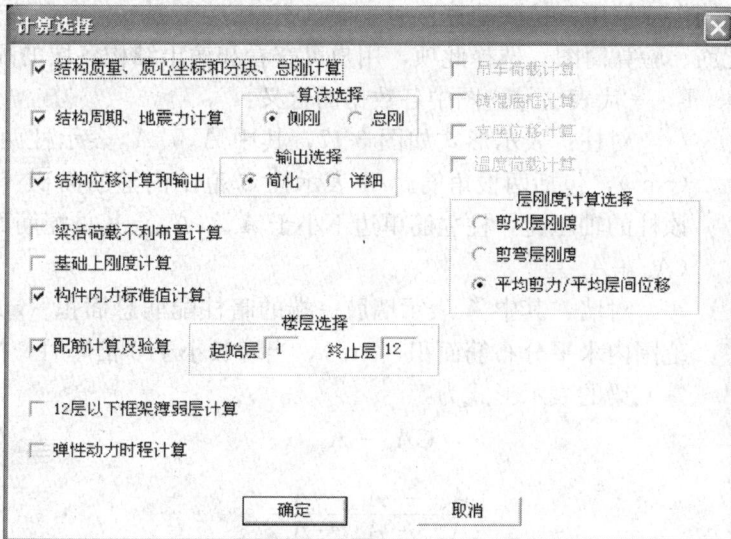

图 3-16　"结构内力配筋计算"菜单页面

（1）结构质量、质心坐标和分块、总刚计算：要计算结构的内力位移，必须计算此项。

（2）周期、地震力和位移计算：若有抗震设防要求，必须计算此项。总刚模型采用"弹性楼板"假定，侧刚模型采用"刚性"楼板假定计算周期地震作用。

位移输出时有两种方式"简"或"详"，若选择"简"，则只输出各工况下各层的最大位移和最大层间位移，若选"详"，则在 TAT-4.OUT 文件输出各工况下各层的位移和内力，一般选"简"即可。

（3）梁活载不利布置计算：对多层结构，由于活载在总荷载中所占比例较大，其不利布置对结构构件的影响较明显，因此一般应考虑活载的不利布置，但计算此项会增加 20％的计算时间。当结构布置和活荷载未变，其他参数有变动时，可不计算该步。

（4）基础上刚度计算：计算基础上刚度是为了在基础计算时能考虑上部结构的实际刚度，使上、下部结构共同工作，计算此项可使基础内力分析更精确。对上部结构中各构件轴向变形不均匀或总体刚度较小的结构，应计算该项。

（5）内力标准值、配筋计算和验算：以层为单元进行，可同时算所有层，也可挑某几层计算。

主菜单 3 下的另一计算功能是对十二层以下框架进行薄弱层计算，《建筑抗震设计规范》5.5.2 规定的框架结构要进行罕遇地震作用下的薄弱层抗震变形验算。因高层建筑中很少有此类结构，所以在 TAT 软件中仅对小于 12 层的框架结构进行验算。

4. 主菜单 4　PM 次梁计算

选择此菜单，将把 PMCAD 主菜单 1 输入的所有次梁按连续梁的方式全部计算，其配筋可在 TAT 配筋图中显示，该步不参与 TAT 整体计算。

5. 主菜单 5　分析结果的图形和文本显示

该菜单下可分别显示并绘制下列计算结果图形：

（1）矩形截面柱钢筋的双偏压验算　进入该项，用户可修改各层柱的实配钢筋，然后程序对该实配钢筋作双偏压、拉的验算。

（2）构件配筋、验算简图　选择此项，用户可查看和输出结构各层的配筋简化图，程序默认图名 PJ＊.T，＊代表层号，图中各数据的含义：

对柱：表示形式如图 3-17，其中 A_{sx}，A_{sy} 表示柱两边的配筋面积（cm^2），包括两根角筋。A_{sv} 表示柱 S_c 范围内箍筋面积（cm^2），U_c 表示该柱的轴压比，柱主筋单边不小于 A_{sx}，A_{sy}，其总配筋面积不小于 $2＊(A_{sx}＋A_{sy})$。

(U_c)

| A_{sv} | A_{sy} |

A_{sx}

图 3-17　柱配筋表示法

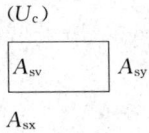

对墙：其中 A_s 表示墙肢一端的暗柱配筋总面积（cm^2），A_{sh} 为 S_{wh} 范围内水平分布筋面积（cm^2），当墙长小于 3 倍厚时，按柱配筋。

梁的表示形式为：

$$GA_{sv}-A_{sv0}$$

$$\frac{A_{su1}-A_{su2}-A_{su3}}{A_{su1}-A_{su2}-A_{su3}}$$

其中：A_{s1}、A_{s2}、A_{s3} 为梁上部（负弯矩）左支座、跨中、右支座配筋面积（cm^2），A_{sm} 为梁下部最大配筋面积（cm^2），A_{sv} 表示梁在 S_b 范围内的抗剪箍筋面积和剪扭箍筋面积的较大值（cm^2），A_{sv0} 为非加密区抗剪箍筋面筋和剪扭箍筋面积的较大值，A_{st} 表示梁受扭纵筋面积（cm^2），A_{st1} 表示梁受扭所需要周边箍筋的单肢箍的面积（cm^2）。G、VT 为箍筋和剪扭配筋标志。

支撑的表示形式为：$A_{sx}-A_{sy}-GA_{sv}$

其中：A_{sx}、A_{sy}、A_{sv} 的解释同柱，支撑配筋的看法是：把支撑向 Z 方向投影，即可得到如柱一样的截面形式。

（3）墙边缘构件配筋和梁弹性挠度简图。

（4）构件设计控制内力、配筋包络简图　选择此项，用户可以查看和输出各层梁、柱、墙和支撑的设计内力包络图（地震、风载、恒活载及其组合作用下梁的弯矩图，剪力图）及配筋包络图。

说明：在包络图中：

弯矩包络—表示控制梁正负配筋的弯矩包络图

剪力包络—表示控制斜截面配筋的剪力包络图

主筋包络—表示梁抵抗正负弯矩的配筋包络图

箍筋包络—表示梁斜截面抗剪的配筋包络图

该菜单下每层均有多个图，但程序默认图名为 PB＊.T，＊为层号，即同一层中的多个图共用同一图名，若想保留一层中的多个图，应对这些图改名，本菜单中有该功能。

（5）各荷载工况下构件标准内力简图。

说明：在【弯矩图】、【剪力图】的标准值中：

恒—表示恒荷载作用下梁的弯矩和剪力；

活 1—表示活荷载一次性作用下梁的弯矩和剪力；

活 2—表示活荷载不利布置作用下梁的负弯矩和剪力；

活 3—表示活荷载不利布置作用下梁的正弯矩和剪力；

X、Y 向风力—表示在 X、Y 向风力作用下梁的弯矩和剪力；

X、Y 向地震—表示在 X、Y 向地震作用下梁的弯矩和剪力；

竖向地震—表示在竖向地震作用下梁的弯矩剪力。

（6）底层柱、墙底最大组合内力图　选择此项，可以把专用于基础设计的上部荷载以图的形式查看，在右上角菜单区中：

最大的剪力含有：V_{xmax}，V_{ymay}；最大轴力含有：N_{max}，N_{min}；最大弯矩含有：M_{xmax}，M_{ymax} 以及恒＋活，均为设计荷载，即已含有分项系数，但不包含抗震的调整系数以及框支柱调整系数。

注意：在搜索最大值或最小值时，当遇有地震参与时，其内力除 1.25，然后再去比较，但输出的内力是没除的。这是因为在基础设计时，上部外力如有地震参与，其地耐力要提高 1.25 倍。D＋L 是 1.2 恒＋1.4 活、1.35 恒＋0.98 活组合的最大值。

（7）质心振型图或整体空间振型简图 MODE＊.T。

（8）水平力作用下楼层侧移简图。

（9）吊车作用下构件预组合内力简图。

（10）弹性动力时程分析构件预组合内力简图。

（11）弹性动力时程分析楼层反应值时程曲线。

（12）文本文件查看　有多个计算结果文件可供查看，但由于配筋和内力结果可由图形查看，一般不需通过文本文件查看结果，该功能可对无图形输出的其他计算结果，如楼层位移、超配筋信息等进行查看，具体格式详见 3.6.3。

3.6.3　TAT 的文件管理及部分输出文件格式

1. TAT 的主要文件

（1）工程原始数据文件

这里所说的原始数据文件是指 PMCAD 主菜单 1、2、3 生成的数据文件，若工程数据文件名为 AAA，则工程原始数据文件包括 AAA.＊和 .PM。

（2）TAT 基本输入文件

几何数据文件：DATA. TAT

荷载数据文件：LOAD. TAT

多塔数据文件：D-T. TAT

错层数据文件：B-C. TAT

特殊梁柱数据文件：B-C. TAT

后三个文件称为附加文件，不一定每个结构都有。

（3）计算过程的中间文件

计算过程的中间文件对硬盘的占用量比较大，其文件内容为：

TAT _ BIN. PM　　数检后的几何和荷载；

SHKK. MID　　结构的总刚；

SHID. MID　　单位力作用下的位移；

SHFD. MID　　结构各工况下的位移；

BEAMLIVE. TAT　　梁活荷载不利布置包络。

其中：DATA. BIN 是在前处理的数据检查时生成的，其余的中间数据文件都是在结构整体分析时生成的，程序没有自动删掉这些中间数据文件，其目的是为了便于分步进行计算，以减少不必要的重复计算工作。计算完成后，若想留出更多的硬盘空间给其他工程使用，可删掉这些中间数据文件。

如果在同一子目录做不同的工程，则必须把 *. TAT，DATA. BIN 文件删除。

（4）主要输出结果文件

TAT 软件的输出结果文件分两部分，一部分是以文本格式输出的文件（ *. OUT），另一部分为图形方式输出的图形文件（ *. T）。

1）文本文件输出（括弧内是考虑时程分析返算的文件）

TAT-C. OUT　　　　　　　　　　数检报告

TAT-C. ERR　　　　　　　　　　出错报告

GCPJ. OUT　　　　　　　　　　超配筋信息文件

DXDY. OUT　　　　　　　　　　各层柱墙水平刚域文件

TAT-M. OUT　　　　　　　　　　质量、质心座标、风荷载和层刚度文件

TAT-4. OUT　　　　　　　　　　周期、地震力和位移文件

TAT-K. OUT　　　　　　　　　　薄弱层验算结果文件

TATBMB. OUT　　　　　　　　　各层剪力墙边缘构件配筋文件

V02Q. OUT　　　　　　　　　　$0.2Q_0$ 调整的调整系数文件

FLR _ SM. OUT　　　　　　　　$0.2Q_0$ 调整后的框架所占的楼层剪力和弯矩文件

NL- *. OUT　　　　　　　　　　各层内力标准值文件（ * 代表层号）

PJ- *. OUT　　　　　　　　　　各层配筋、验算文件（ * 代表层号）

DCNL. OUT　　　　　　　　　　底层柱、墙底最大组合内力文件

CRANE *. OUT　　　　　　　　吊车荷载作用下的各层构件预组合内力文件

DYNAN. OUT　　　　　　　　　动力时程分析最大值文件

2）图形文件输出（括弧内是考虑时程分析返算的文件）

FP *. T　　　　　　　　　　　各层平面图（ * 代表层号）

FL *. T　　　　　　　　　　　各层荷载图（ * 代表层号）

PJ *. T　　　　　　　　　　　各层配筋简图（ * 代表层号）

PD *. T　　　　　　　　　　　各层梁挠度、框架节点验算和墙边缘构件图

PB *. T　　　　　　　　　　　各层梁、柱、墙、支撑内力配筋包络图

PS∗.T	各层梁、柱、墙、支撑标准内力图
DCNL∗.T	底层柱、墙底最大组合内力图
MODE∗.T	振型图
DISP∗.T	水平力作用下楼层侧移简图
DYN∗.T	弹性时程分析作用下构件预组合内力图
DYNT∗.T	弹性时程分析楼层反应值时程简图
CRA∗.T	吊车作用下构件预组合内力图

另接 PK 所绘的施工图，图名由用户自定义。

（5）前后接口文件

TOJLQ.TAT	由 PM 转到 TAT 的接口文件
TATNLPJ.TAT	传 TAT 各层内配筋力文件
TATJC.TAT	把 TAT 内力传给基础文件
TATFDK.TAT	把 TAT 上部刚度传给基础文件

2. 部分输出文件格式

（1）数检出错报告 TAT-C.ERR

对于数检中发现的错误或警告性错误，程序都把它们写在 TAT-C.ERR 文件中，用户可以参照 TAT 使用手册中的出错信息表，根据错误号码来对照阅读。

（2）质量、风力和各层刚度、刚度比输出 TAT -M.OUT

1）结构分析参数；

2）质量、质心坐标。

输出用中文表示，格式为：

层号，塔号，活载质量，恒载质量，自重，质心 X 坐标，质心 Y 坐标，质量矩。

如果结构中还有弹性节点，则在各层质量输出后还输出各层弹性节点的质量，格式：

活载质量折减系数

全楼恒载之和（t）标准值

全楼活载之和（t）标准值

全楼恒＋活之和（t）

3）风力、风剪力和弯矩

格式为：层号，塔号，X 向风力，X 向风剪力，X 向风弯矩，层高

另 Y 向与 X 类似，格式相同。

如果结构中还有弹性节点，则在其后还输出各层弹性节点处的风力。

4）层刚度和刚度比

结构各层的剪切层刚度、刚度中心的输出，输出格式：

层号，塔号，X 向层刚度，Y 向层刚度，刚心坐标："X，Y"，X 向偏心率，Y 向偏心率

层号，塔号，Ratio_d1：X、Y，Ratio_u1：X、Y，Ratio_u3：X、Y，薄弱层放大系数

其中，层刚度是楼层的剪切刚度，层刚度中心也是剪切刚度中心；Ratio_d1 为本层与下一层的层刚度之比；Ratio_u1 为本层与上一层的层刚度之比；Ratio_u3 为本层与上

三层的平均层刚度之比；偏心率是楼层刚心和质心之差与楼层回转半径之比。

5）高位转换时转换层上部与下部结构的等效侧向刚度比，根据高规，当在总信息中填有转换层时，程序输出：

采用的楼层刚度算法：层间剪力比层间位移算法

转换层：所在层号

转换层下部：其始层号，终止层号，高度

转换层上部：其始层号，终止层号，高度

X 方向下部刚度，X 方向上部刚度，X 方向刚度比

Y 方向下部刚度，Y 方向上部刚度，Y 方向刚度比

6）结构整体稳定验算结果

给出结构的刚重比和是否需要考虑 P-Δ 效应等信息。

X 向刚重比　　EJd/GH^2

Y 向刚重比　　EJd/GH^2

7）抗剪承载力及承载力比值

层号，塔号，X 向承载力，Y 向承载力，Ratio_Bu-X，Y

其中，Ratio_Bu 表示本层与上一层的承载力之比。

（3）周期、地震力、振型参数和位移输出　　TAT-4.OUT

1）周期和振型参数　输出每个振型的特征，格式为：

振型号，周期（s），方向角，平动比例（$X+Y$），转动比例

其中：平动比例反应了该振型的平动分量和程度，转动比例反应了该振型的转动分量和程度，方向角是该振型的一个综合方向。

输出每个振型的基底剪力，格式为：振型号，基底剪力（kN）

随后输出结构的有效质量系数，格式：结构的有效质量系数（%）

2）地震力和剪重比输出格式：

塔号，（X、Y）地震力，（X、Y）向剪力，（X、Y）向弯矩，层剪重比（%）

详细输出格式：

层号，塔号，振型 X 向分量，振型 Y 向分量，振型扭转向分量

层号，塔号，地震 X 向分量，地震 Y 向分量，地震扭转向分量

3）位移和位移比

位移输出分两部分，第一部分为各工况下各层的最大位移和最大层间位移，并考虑了楼层扭转影响，因此最大位移和层间位移均指到某一根柱（薄壁柱）节点上。

对水平荷载作用下，输出：

第一行输出楼层节点最大位移：

层号，塔号，最大位移节点号，最大位移值，最大层间位移节点号，最大层间位移值，最大层间位移角，节点柱高。

第一行输出楼层节点平均位移：

平均位移值，平均层间位移值，平均层间位移角，比值。

其中比值（R1/R2）输出两项：

R1 为最大位移与平均位移之比；

R2 为最大柱间位移与平均柱间位移之比。

竖向荷载作用下，输出：

层号，塔号，节点号，最大竖向位移

这里地震力作用下的楼层位移已经进行了各振型地震力作用下位移的组合。

第二部分选择详细输出时，格式为：

在水平力作用下，输出：

柱节点号，柱高，加载类型，X 向位移，Y 向位移，Z 向位移，柱间位移，位移角

在竖向力作用下，输出：

节点号，加载类型，X 向位移，Y 向位移，Z 向位移，X 向转角，Y 向转角，Z 向转角

（4）各层柱、墙下端水平刚域文件 DXDY.OUT

数检完后产生下端水平刚域文件 DXDY.OUT，其格式如下：

对刚域总数 N_{dxy} 循环，即 $I=1\sim N_{dxy}$，有：

对柱：

N_d，$N\text{-}Floor$，$N\text{-}Colu$，N_c（N_{ci}，N_{cj}），D_{cx}，D_{cy}

对墙（薄壁柱）：

N_d，$N\text{-}Floor$，$N\text{-}Wall$，N_w（N_{wi}，N_{wj}），D_{wx}，D_{wy}

对支撑或斜柱：

N_d，$N\text{-}Floor$，$N\text{-}Brac$，N_g（N_{gi}，N_{gi}），D_{gx}，D_{gy}

其中：

N_d：刚域顺序号

$N\text{-}Floor$：刚域构件的层号

$N\text{-}Colu$，$N\text{-}Wall$，$N\text{-}Brac$：分别为带刚域的柱号、墙号和支撑号

N_{ci}，N_{cj}，N_{wi}，N_{wj}，N_{gi}，N_{gj}：分别为带刚域构件柱、墙、支撑的上节点号和下节点号

D_{cx}，D_{cy}，D_{wx}，D_{wy}，D_{gx}，D_{gy}：分别为带刚域构件柱、墙、支撑的 X 向刚域和 Y 向刚域长度（m）

（5）薄弱层验算文件　TAT-K.OUT

格式：N_{floor}，N_{tower}，V_x，V_y，V_{xV}，V_{yV}

其中：

N_{floor}：层号

N_{tower}：塔号

V_x，V_y：分别表示 X、Y 方向罕遇地震产生的框架楼层弹性剪力（kN）

V_{xV}，V_{yV}：分别表示 X、Y 方向的楼层承载力之剪力（kN）

由此求得各层剪力和承载力之后，求得各层的屈服系数，格式：

N_{floor}，N_{tower}，G_{sx}，G_{sy}

其中

G_{sx}，G_{sy}：分别为 X、Y 方向各层的屈服系数对于小于 0.5 的屈服系数，再求出各层的塑性位移，格式：

$$N_{floor}，N_{tower}，D_x，D_{xs}，A_{tpx}，D_{xsp}，D_{xsp}/h，h$$

$$N_{floor}，N_{tower}，D_y，D_{ys}，A_{tpy}，D_{xyp}，D_{ysp}/h，h$$

其中

D_x、D_y：分别表示 X、Y 方向的楼层位移（mm）

D_{xs}、D_{ys}：分别表示 X、Y 方向的层间位移（mm）

A_{tpx}、A_{tpy}：分别表示 X、Y 方向的塑性放大系数

D_{xsp}、D_{xyp}：分别表示 X、Y 方向的塑性层间位移（mm）

D_{xsp}/h、D_{ysp}/h：分别表示 X、Y 方向的塑性层间位移角

h：层高（m）

3.6.4 实例

【例 3-4】　用软件 TAT 计算例 3-2 中的②轴线框架和连续梁 LL1，LL2 的配筋，并绘制施工图。

步骤：

（1）进入 TAT-8 主菜单　启动主菜单 1，生成 TAT 计算所需的几何文件和荷载文件，并注意本例应考虑风荷载。

（2）数据检查和图形检查　进入主菜单 2，首先运行数据检查，通过后再对部分参数进行修正（由于本结构无错层，也非多塔结构，因此可不进行多塔和错层定义），因为隔墙较多，取周期折减系数为 0.7，框架抗震等级三级，因采用现浇板，梁弯曲刚度放大系数取 1.5；然后检查几何平面图和各层荷载图，全部正确后退出主菜单 2（若不正确则应回到 PMCAD 进行修改，然后再从步骤 1 开始运行）。

（3）结构内力、配筋计算　进入主菜单 3，计算结构的周期、位移内力和配筋，并进行薄弱层计算。

（4）进入主菜单 4 计算结构中所有次梁的内力和配筋。

（5）进入主菜单 5 查看第 3 步计算结果，初步判断其振型、内力和配筋是否合理，本例均正常。

（6）新版 PKPM 中把 TAT 和 SATWE 模块中的梁柱施工图部分提取出来，作为一个新的模块，因此本书也把"梁柱施工图"作为独立的一节内容。

【例 3-3】与【例 3-4】比较：

由于 TAT 考虑空间作用，轴线②框架会卸去部分荷载给受荷较小的轴线①框架；而 PK 按平面框架计算，不考虑轴线①框架对轴线②框架的影响，显然后者考虑的荷载比较大，因此对轴线②框架，TAT 计算的结果比 PK 计算的略小，同理可推断对轴线①框架，TAT 计算的结果比 PK 计算的略大。TAT 分析更能模拟实际工作状态，只有当框架结构较规则时，采用 PK 分析的结果才可靠。轴线②框架弯矩包络图见图3-18。

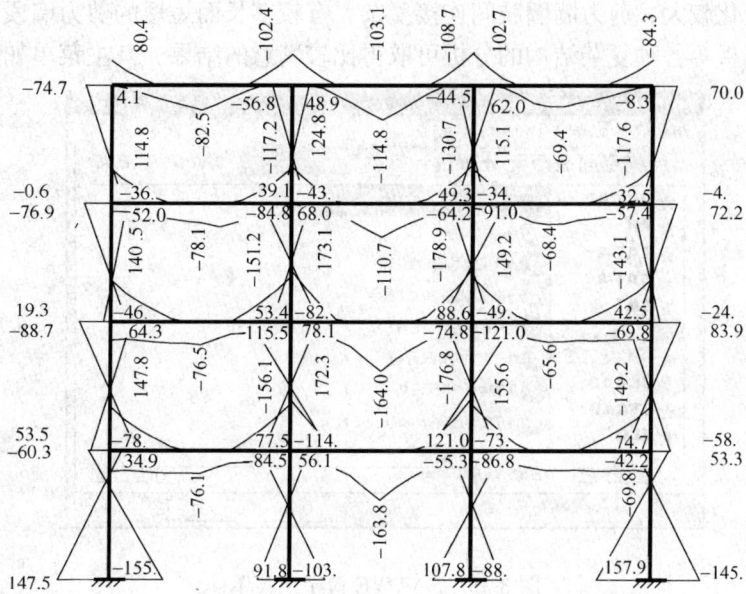

(a)

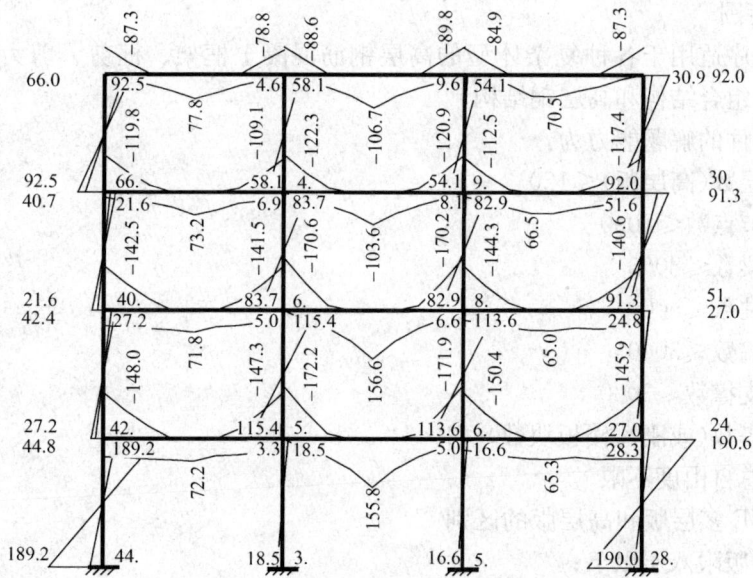

(b)

图 3-18 ②轴线框架弯矩包络图

(a) PK 计算②轴线框架弯矩包络图；(b) TAT 计算②轴线框架弯矩包络图

3.7　多高层建筑结构空间有限元分析软件 SATWE

SATWE 是专门为多、高层建筑结构设计和分析而研制的空间组合结构有限元分析软件，该程序较好地解决了剪力墙和楼板的模型化问题，对荷载分布不均匀、存在框支剪力墙或剪力墙布置变化较大、剪力墙墙肢间连接复杂、有较多长而短矮的剪力墙段、楼板局部开大洞口及特殊楼板等各种复杂结构的分析可取得比较满意的结果。其主菜单如图3-19。

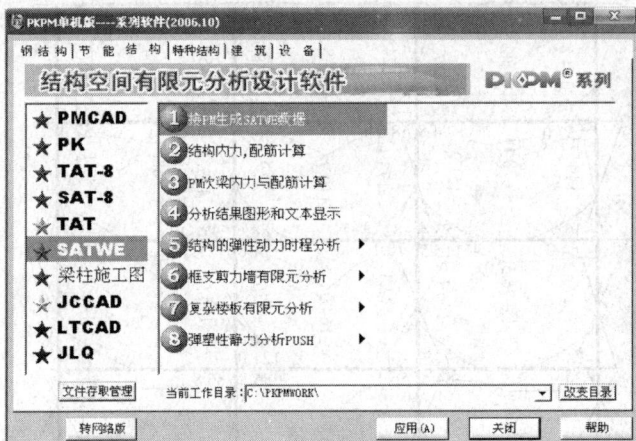

图 3-19 SATWE 程序主菜单

3.7.1 SATWE 的使用范围及有关说明

1. 使用范围

（1）本程序适用于各种复杂体型的高层钢筋混凝土框架、框剪、剪力墙、筒体结构等，以及钢混组合结构和高层钢结构。

（2）本软件的解题能力为：

1）结构层数（高层版）≤120

2）每层节点数≤8000

3）每层梁数≤8000

4）每层柱数≤5000

5）每层墙数≤3000

6）每层支撑数≤2000

7）每层塔数（或刚性楼板块数）<10

8）结构总自由度不限

2. SATWE 多层版和高层版的区别

（1）多层版限八层以下；

（2）多层版没有考虑楼板的弹性变形能力；

（3）多层版没有动力时程分析和吊车荷载分析能力；

（4）多层版没有与 FEQ 的数据接口。

3.7.2 SATWE 的操作过程及相关参数设置

1. 主菜单 1 接 PM 生成 SATWE 数据

由于 PMCAD 中未考虑到高层结构有关的特殊信息，所以在 SATWE 的前处理中要补充输入这些信息，"接 PM 生成 SATWE 数据"菜单的主要功能就是补充高层结构分析所需的数据，并将这些信息自动转换成有限元分析及设计所需的数据格式，生成相应的文件供第二、第三主菜单调用。点取第一主菜单后，屏幕弹出子菜单的内容有：

（1）分析与设计参数补充定义

在这里用户可以补充多高层结构分析所需的参数，在新版软件中主要有以下十页：

1）总信息

在总信息页可以对水平力与整体坐标的夹角、混凝土容重、钢材容重、群房层数、转换层所在的层号等信息进行修改和定义。用户根据结构的实际情况，补充结构体系和结构材料信息，软件据此采用相应的规范和调整系数进行结构计算。在补充了活荷载、风荷载和地震作用的计算信息后，程序可计算多个方向的风荷载和地震作用。其他需要补充和定义的有：

地下室层数：这里的地下室层数指与上部结构同时进行内力分析的地下室部分，这个参数的设定是为风荷载导算和自动形成嵌固约束信息服务的。

墙元细分最大控制长度：控制剪力墙在有限元分析时壳元的大小，以确保有限元分析具有足够的精度。这里要求壳元的边长不得大于给定的限值。

对所有楼板强制采用刚性楼板假定：在计算结构位移比时需要选择此项。

墙元侧向节点信息：这是墙元刚度矩阵凝聚计算的一个控制参数，有"出口"和"内部"两个选项。在选择"出口"的情况下，墙元的变形协调性好，符合剪力墙的实际。但是墙两侧的节点均为独立节点，具有六个自由度，因此计算量较大；选择"内部"时，只把墙元上下边的节点作为出口节点，墙元的其他节点则统统被作为内部节点而被凝聚。这时带洞口的墙元两侧边中部的节点为变形不协调点。这种方法是对剪力墙的一种简化模型，计算精度比前者稍差，但效率高、实用性好。

2）风荷载信息

这里定义与风荷载计算有关的十个数据，如果在总信息页中选择了不计算风荷载，此页参数不必考虑。

① 地面粗糙度类别：分 A、B、C、D 四类，分别按照高层建筑混凝土结构技术规程中的规定划分。

② 修正后的基本风压：一般按照结构荷载规范的相应规定取值，对风荷载敏感或体形复杂的建筑按照 100 年一遇取值。

③ 结构基本周期：初步计算时，按照程序默认的估算值计算，如果有结构周期计算值时也可直接输入，这样可使风荷载计算更为准确些。

④ 体型系数：对于立面变化较大的建筑，可以分区段采用不同的体型系数。程序限定最多可以分为三段。分段情况通过各段最高层号来确定。

⑤ 设缝多塔背风面体型系数：对于设缝多塔结构，用户可以指定各塔的挡风面，程序在计算风荷载时会自动考虑挡风面的影响，并采用此处输入的背风面体型系数对风荷载进行修正。

3）地震信息

① 结构规则性信息：按照抗震设计规范中对于结构规则与否所做的定义选择。

② 扭转耦联信息：一般多高层建筑地震力计算宜选择"耦联"。

③ 设计地震分组：依照抗震设计规范中对不同地区的分组规定定义。

④ 设防烈度：可选择的抗震设防烈度有 6、7、8 和 9 度。

⑤ 场地类别：场地类别可以取值 0、1、2、3、4，分别代表上海地区和全国的 Ⅰ、

Ⅱ、Ⅲ、Ⅳ类。

⑥ 框架剪力墙的抗震等级：可取值 0、1、2、3、4、5，取 5 代表不考虑抗震构造要求，其他依次代表抗震等级为特一级、一级、二、三或四级。

⑦ 考虑偶然偏心：在考虑偶然偏心的情况下，程序会自动增加计算 4 个地震工况。分别是质心沿 Y 正、负向偏移 5% 的 X 地震和质心沿 Y 正、负向偏心 5% 的 Y 地震。

⑧ 考虑双向地震作用：一般对于高层建筑或平面或竖向不规则的建筑均宜进行两个主轴方向的抗震验算。在多层中可以不选。

⑨ 计算振型个数：一般计算振型数目应大于 9 个，多塔结构的计算振型数应取得更多些。当然，这里所取的振型数不能超过结构计算模型的固有振型的总数，否则会造成计算地震力异常。

⑩ 活荷载质量折减系数：指计算重力荷载代表值时活荷载组合值系数。程序缺省取值于荷载组合中的活荷载组合值系数相同，也可以根据用户自己的需要进行修改。

A. 周期折减系数：框架结构和框架剪力墙结构的填充墙对结构刚度有影响，所以考虑自振周期的折减。对于框架结构，若填充墙较多，周期折减系数可取 0.6～0.7，填充墙较少的可取 0.7～0.8，对于框架剪力墙可取 0.8～0.9，纯剪力墙结构的周期可不折减。

B. 结构阻尼比：对于一些常用结构，程序给出了结构阻尼比的隐含值，用户可通过此项菜单进行修改。

C. 特征周期、多遇或罕遇地震影响系数最大值：可以通过抗震规范来确定也可以根据具体要求指定。

D. 斜交抗侧力构件方向附加地震数，相应角度：抗侧力构件斜交角度超过 15° 应输入计算，最多允许附加 5 组地震。

4）活荷信息

本页对活荷载信息进行补充，只有当恒、活荷载分算的时候才有意义。

① 柱、墙设计时活荷载是否折减：荷载规范中指出有些结构可对所承受的活载进行折减。

② 传给基础的活荷载是否折减：活荷载作为一种工况，参与上部各竖向构件的各种控制组合，在基础设计计算时可以进行折减。

③ 梁活荷不利布置最高层号：此处如果填 0，表示不考虑活荷载的不利布置。填一个大于零的 NL 表示从 1～NL 各层均要考虑梁活荷载的不利布置，NL+1 以上各层则不考虑梁活荷载的不利布置。

④ 柱、墙、基础活荷载折减系数：程序分 6 栏按照规范给出了折减系数的隐含值，用户可以根据需要进行修改。

5）调整信息

① 梁端负弯矩调整系数：一般在 0.8～1.0 之间取值。

② 梁设计弯矩放大系数：为提高安全储备，一般取值 1.0～1.3，当已考虑活荷载不利布置时宜取 1.0。

③ 梁扭矩折减系数：对于现浇楼板结构，当采用刚性楼板假设时，可以考虑楼板对梁抗扭的有利贡献，从而对梁的设计扭矩进行折减，一般现浇楼板取 0.4，装配式楼板取 1.0。

④ 连梁刚度折减系数：多、高层结构设计中允许连梁开裂，程序中通过连梁刚度折减系数来反映开裂后的连梁刚度。一般为避免连梁开裂过大，该系数不宜小于0.55。

⑤ 中梁刚度增大系数：对于现浇楼板结构，采用刚性楼板假定时，楼板作为梁的翼缘对梁的刚度有贡献，一般现浇楼板结构取2.0，装配整体式楼板结构取1.5 。

⑥ 剪力墙加强区起算层：一般取1。

⑦ 调整与框支柱相连的梁内力：规范要求对框支柱的地震作用弯矩、剪力进行调整。且应相应柱端梁（不包括转换梁）的剪力、弯矩，这里程序给出一个控制开关，用户可选择不对柱端梁的内力进行调整，以避免由于调整系数太大而带来的计算异常。

⑧ 按抗震规范第5.25条调整各楼层地震内力：在抗震计算时选择进行调整。按照规范，结构任一楼层的水平地震的剪重比不应小于给出的最小地震剪力系数λ。若某一层剪重比小于规范要求，程序则自动相应放大该层的地震作用效应。

⑨ 9度结构及一级框架结构梁柱钢筋超配系数：规范规定一级框架结构及9度时，框架梁和连梁端部剪力、框架柱端部弯矩、剪力调整应按照实配钢筋和材料强度的标准值来计算，一般取1.15。

⑩ 指定的薄弱层个数及相应的各薄弱层层号：楼层屈服强度系数沿高度分布均匀的结构，可取底层；

⑪ 楼层屈服强度系数沿高度分布不均匀的结构，可取该系数最小的楼层（部位）及相对较小的楼层，一般不超过2～3处。

⑫ 全楼地震作用放大系数：经验取值的范围是1.0～1.5，通过放大地震作用来提高结构安全度。

⑬ $0.2Q_0$调整起始层号和终止层号：框架剪力墙结构主体结构中的框架的总剪力应当满足$0.2Q_0$调整的要求。

⑭ 顶塔楼地震作用放大起算层号及放大系数：若不调整塔楼内力，可将起算层号和放大系数均填为0。

6）设计信息

① 考虑P-DELTA效应。

② 梁柱重叠部分简化为刚域：点取此项程序将梁柱交叠部分作为刚域计算，否则作为梁的一部分计算。

③ 按高规或者高钢规进行构件设计：不选择此项时，程序将按照多层结构进行荷载组合计算，钢柱计算长度系数按有侧移计算：根据实际构件是否有侧移取舍。

④ 混凝土柱的计算长度系数计算执行《混凝土结构设计规范》GB 50010—2002 7.3.11-3条：点取此项，混凝土柱计算长度系数的计算将执行《混凝土结构设计规范》GB 50010—2002 7.3.11-3条，否则执行7.3.11-2条。

⑤ 结构重要性系数。

⑥ 梁、柱的保护层厚度。

⑦ 钢构件截面净毛面积比。

⑧ 柱配筋计算原则：这里可以选择按照单偏压公式计算或者按照双偏压公式计算柱配筋。

7）配筋信息

此页共有十个参数，包括钢筋和混凝土强度、墙水平分布钢筋间距、墙竖向分布筋配筋率等。梁、柱、墙的主筋强度一般取 $300N/mm^2$，箍筋强度一般取 $210N/mm^2$，梁、柱箍筋最大间距一般取 100mm，墙分布筋最大间距取 200mm。

8）荷载组合

可以在本页指定各施工荷载工况的分项系数和组合系数，缺省情况下，程序自动按照规范取值。

9）地下室信息

① 回填土对地下室约束相对刚度比：若取 0，则认为基础回填土对结构没有约束作用；若填一负数 M（M 小于或等于地下室层数），则认为有 M 层地下室无水平位移。

② 外墙分布筋保护层厚度（mm）。

③ 回填土容重和回填土侧压力系数：回填土容重一般取 $18\sim20$（kN/m^3）。侧压力系数取值在无实地试验结果时取 $0.34\sim0.45$。

④ 室外地坪标高（m）地下水位标高（m）：以结构±0.0 标高为准。

⑤ 室外地面附加荷载（kN/m^2）：一般取不小于 10。

⑥ 人防设计等级：程序考虑 4、5、6 三个等级，0 表示不考虑人防设计。

⑦ 人防地下室层数：有些工程地下室层数和考虑人防设计的地下室层数不相同。

⑧ 顶板人防等效荷载（kN/m^2）：按照人防等级选择。

⑨ 外墙人防等效荷载（kN/m^2）：按照人防等级选择。

10）砌体结构

① 砌块类别：程序中考虑三种砌块类别，烧结砖、蒸压砖、混凝土砌块。

② 砌块容重（kN/m^3）。

③ 构造柱刚度折减系数：通过这个参数有保留地考虑构造柱的作用。

④ 底部框架层数。

⑤ 底框结构空间分析方法：这里有两种方法选择。

⑥ 接 PM 主菜单 8 的规范算法：接 PM 传递的恒活荷载与地震作用，然后仅对底部框架进行空间分析。

⑦ 有限元整体算法：按空间组合结构有限元计算方法，对整体结构进行空间分析。

⑧ 材料强度变化起始层号：程序允许两种不同强度的砌块和砂浆出现在一个结构中，若输入 n，则表示结构为 $1\sim n$ 层的材料为第一种材料，$n+1\sim N$ 层的材料为第二种材料。此时需要输入以下二种：

第一种砌块的弹性模量、抗压强度和砂浆强度；

第二种砌块的弹性模量、抗压强度和砂浆强度。

（2）特殊构件补充定义

在这里用户可以定义特殊梁（不调幅梁、连梁、转换梁、一端铰接、两端铰接、滑动支座、门式钢架、耗能梁、组合梁等），特殊柱（上端铰接、下端铰接、两端铰接、角柱、框支柱、门式钢柱），特殊支撑（两端固结、上端铰接、下端铰接、两端铰接、人/V 支撑、十/斜支撑），弹性板（弹性板 6、弹性板 3、弹性膜），吊车荷载、刚性板号，框架抗震等级，材料强度和刚性梁等等。

（3）温度荷载定义

本菜单通过指定结构节点的温度差来定义结构温度荷载，温度荷载记录在文件 SAT-WE_TEM.PM 中，若想取消定义，将该文件删除即可。

（4）弹性支座/支座位移定义

对支座指定刚度或位移作为恒载工况的一部分，其产生的内力和恒载产生的内力叠加。支座定义的信息记录在 ZHIZUO.PM 中，将其删除即取消该项定义。

（5）特殊风荷载定义

特殊风荷载由空旷结构引起，尤其是对大跨度结构产生竖向正负风压，程序将其考虑为节点和梁上荷载，每组特殊风荷载作为一独立的荷载工况，与恒、活、地震组合配筋、验算。若想取消定义，删除目录下 SPWIND.PM 文件即可。

（6）多塔结构补充定义

对于非多塔结构可以跳过此菜单。执行过本菜单以后，补充定义记录在名为 SAT_TOW.PM 的文件中，若要取消定义可将该文件删除。

（7）生成 SATWE 数据文件

这项菜单是 SATWE 前处理的核心，是向内力分析与配筋计算及后处理过渡的一项菜单。点取本菜单时，程序提示是否保留先前定义的几个参数，如果本菜单第一次执行或是此前没有执行过 8、9、10 菜单，则直接点"确定"即可。注意，如果先前并未定义或修改过所列参数，而选择保留他们，将导致计算出错。

（8）修改构件长度系数

点取这项菜单后，程序在屏幕上显示隐含的柱、支撑计算长度系数及梁面外长度，用户可以根据工程的实际情况进行交互修改。修改后，如果要恢复程序隐含的计算长度系数，可再执行一遍菜单 7（生成 SATWE 数据文件），并选择不保留先前定义的长度系数。

（9）水平风荷载查询/修改

用户可以对程序自动导算的风荷载进行修改，退出本菜单后即可执行 SATWE 主菜单第二步进行内力分析和配筋计算，无需再执行"生成 SATWE 数据文件"。如果需要恢复程序自动导算的风荷载，可再执行一遍"生成 SATWE 数据文件"，并选择不保留先前定义的水平风荷载。

（10）人防荷载修改

利用本菜单，用户可以对在"分析与设计参数补充定义"中输入的顶板人防信息进行修改。修改的信息记录在 SAT_AIRLOAD.PM 中，若想取消定义，删除该文件即可。

（11）用户指定 $0.2Q_0$ 调整系数

（12）察看数据检查报告

（13）SATWE 最新更版说明

2. 主菜单 2　结构内力、配筋计算

结构内力计算和配筋计算是本程序的核心功能，结构分析的主要计算工作都在这一步完成。进入这项菜单之后显示如图 3-20 窗口：

这里程序把结构计算和分析分六步进行。整个过程中需要计算的六个参数（左侧一列的前六个）可以连续计算也可以分步计算，各步之间相互独立。通过鼠标点取复选框，用户可以灵活控制是否计算某个控制参数。如在方案修改时，仅改动了荷载信息，则不必再重复进行总刚计算。

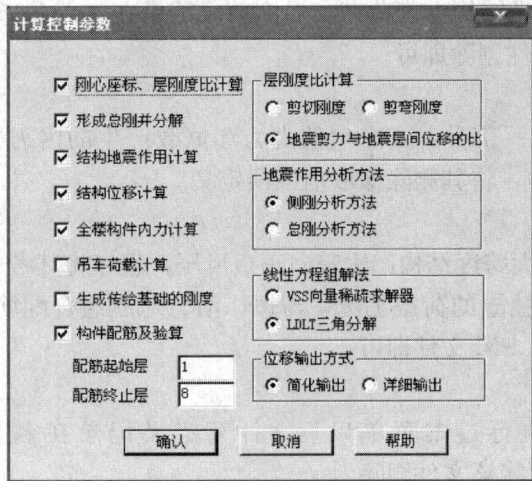

图 3-20　SATWE 程序中
"结构内力、配筋计算"菜单

层刚度比的计算中，程序提供三种方法供选择。对于一般结构，选择用"地震剪力与地震层间位移比"定义的侧向刚度比；对于底部为一层大空间的转换结构以及底部框架—抗震墙砌体结构，一般采用剪切刚度计算；多层转换、带斜撑的钢结构采用剪弯刚度计算刚度比。

地震作用分析方法的选择，对于考虑楼板弹性变形或有较多的错层构件时建议采用"总刚分析方法"，其他情况一般采用"侧刚分析方法"。

在"线性方程组解法"一栏里，"VSS向量求解器"在求解大型对称稀疏矩阵时比"LDLT 三角分解"快得多，这里程序提供的两种求解方法造成误差的原理当然不同，可以用于对比。

3. 主菜单 3　PM 次梁内力与配筋计算

此项菜单的功能是将 PMCAD 中定义的次梁按照"连续梁"简化模型进行内力分析，并进行截面配筋设计。在 SATWE 配筋图中把次梁和 SATWE 计算的梁共同显示在一张图上以便统一查看。在接"梁、柱施工图"程序绘梁的施工图时主次梁一起归并，和主梁一起出施工图。

4. 主菜单 4　分析结果的图形显示和文件显示

这里包括图形输出和文本输出两部分。图形输出的内容有：各层配筋构件编号图、混凝土构件配筋及钢构件验算图、梁设计内力包络图、水平力作用下结构各层水平侧移简图等等。文本输出的内容有：结构设计信息、周期、振型、地震力、薄弱层验算结果和底层最大组合内力等等。

3.7.3　SATWE 的文件管理及部分输出文件格式

SATWE 软件要求不同的工程在不同的子目录内进行结构的分析和设计，以避免数据文件冲突。SATWE 的数据文件分为以下几类：

1. 工程原始数据文件（工程名 . ＊和 ＊. PM）

原始数据文件就是 PMCAD 主菜单 1、2、3 生成的数据文件。如果工程数据文件名为 AAA，则工程原始数据文件包括 AAA. ＊和 ＊. PM。

2. SATWE 补充输入的数据文件（SAT ＿ ＊. PM ）

从 PMCAD 导入 SATWE 前处理时，补充输入的信息会在工程对应的子目录下生成如下几类文件：

SAT ＿ DEF. PM　　　　补充输入的有关参数

SAT ＿ ADD. PM　　　　特殊构件信息

SAT ＿ TOW. PM　　　　多塔信息

3. 计算过程的中间数据文件（＊. MID）

114

计算过程中的中间数据文件以 .MID 为后缀，这部分的数据对硬盘空间的占用量很大，一般为了节省硬盘空间，可将这类文件在计算后进行删除。程序之所以没有自动将这些中间数据文件删除，主要是为了便于分步计算，以减少不必要的重复计算工作。有以下几类情况：

STIF. MID	存放的数据
WALL. MID	墙元凝聚信息
LATERAL. MID	侧刚矩阵、单位力作用下的位移

4. 计算结果输出文件（*.SAT）

计算结果的输出文件有三类，其后缀分别为 .SAT、.OUT 和 *.T。

STRU. SAT	几何数据文件（文本文件）
LOAD. SAT	竖向荷载数据文件（文本文件）
WIND. SAT	风荷载数据文件（文本文件）
DATA. SAT	经数据检查后形成的几何、荷载数据文件（计算用）
MASS. SAT	结构的质量矩阵、质心坐标和自由度等信息（计算用）
TOJLQ. SAT	PM 与 SATWE 之间构件对应关系文件（接 PK 用）
MODE. SAT	周期、地震力、振型信息
DISP. SAT	结构在各工况下的位移
WFRC. SAT	结构构件的内力数据文件
WPJ. SAT	结构构件的配筋数据文件
WDCNL. SAT	接 JCCAD、BOX 用地层柱、墙底组合内力
JLQPJ. SAT	接 JLQ 绘剪力墙施工图用的配筋文件

以 .OUT 为后缀的结果输出文件，这些文件都是文本格式的输出文件。

WMASS. OUT	质量、质心、刚心等信息文件
WZQ. OUT	周期、地震力、振型信息
WDISP. OUT	结构在各工况下的位移
SAT-K. OUT	薄弱层验算结果
WNL *.OUT	各层内力标准值
WWNL *.OUT	各层地震作用调整后内力标准值
WPJ *.OUT	各层配筋输出
WGCPJ. OUT	各层超配筋信息
WDCNL. OUT	底层柱、墙底组合内力

以 *.T 结尾的输出文件，这些文件都是图形文件，主要有以下几种类型：

FIR *.T	各层平面简图
WPJW *.T	各层墙-柱、墙-梁编号简图
WPJ *.T	各层配筋简图
LOAD *.T	各层荷载简图
MODE *.T	振型简图

3.7.4 实例

【例 3-5】 用 SATWE-8 分析计算如图 3-21 所示 8 层框架剪力墙结构，1～6 层平面布置与例 3-2 中结构相似,其剪力墙布置如图 3-22。

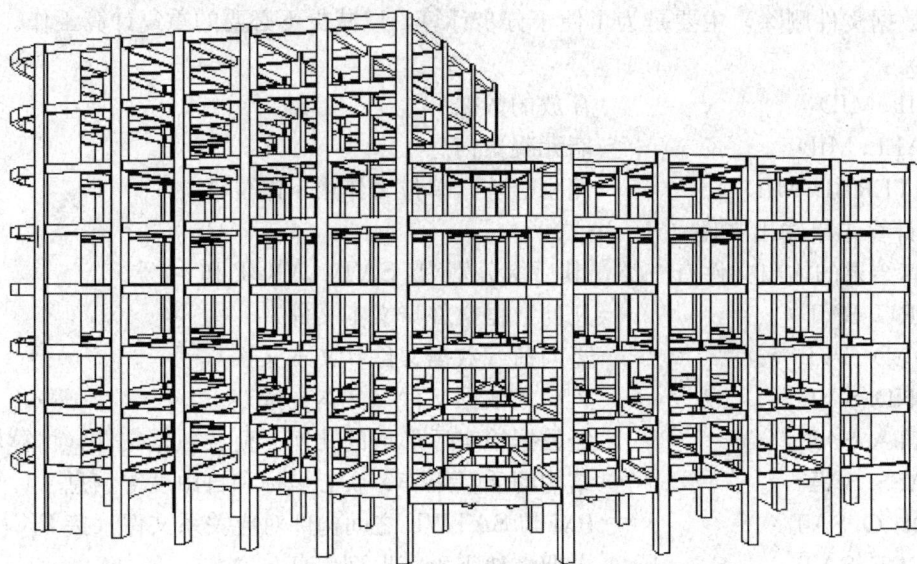

图 3-21　8 层框架剪力墙结构

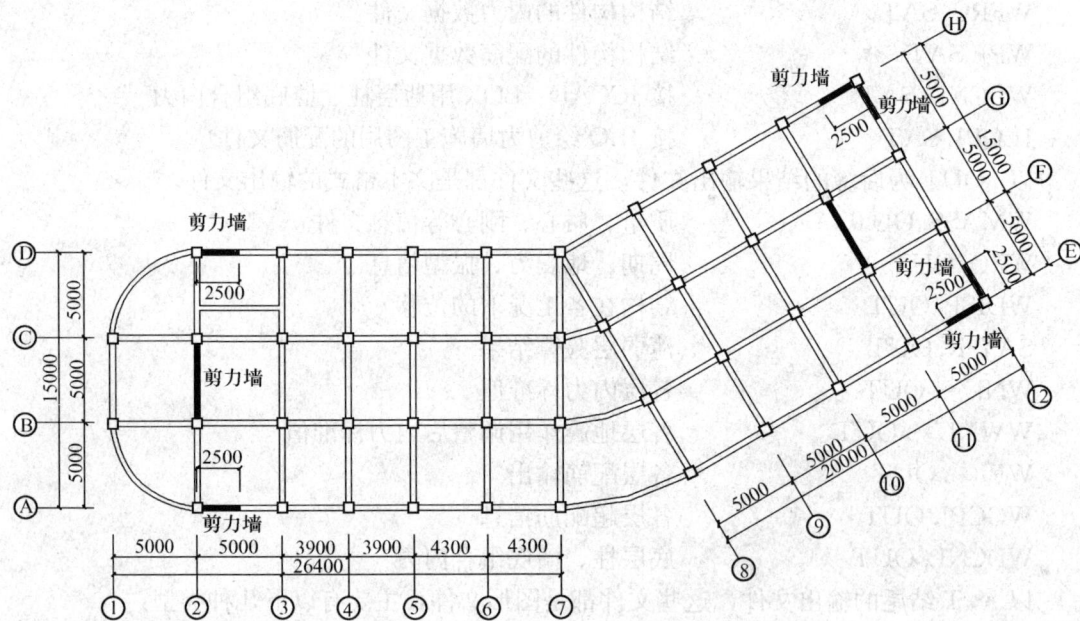

图 3-22　剪力墙布置图

步骤:

(1) 建立模型。底层层高 3600,其他层 3300,建模具体过程已在 PMCAD 中介绍,此处不再赘述。

(2) 进行 SATWE 数据的补充定义和生成。进入子菜单 1 进行分析与设计参数补充定义,本例中进行的参数修改和补充如下:

在总信息页修改"混凝土容重"为26，"结构体系"为框剪结构。

在风荷载信息页修改"修正后的基本风压"为0.25，体型分段为两段，第一段最大层高为6，体型系数为1.3。第二段最大层高为8，体型系数为1.1。

在地震信息页，勾选考虑双向地震作用。计算振型个数取8，考虑填充墙对结构周期的影响，周期折减系数取0.75。

在调整信息页改"中梁刚度放大系数"为2，其他信息采用程序默认值。

（3）本例中不考虑特殊结构，不定义特殊构件、温度荷载、弹性支座、支座位移以及多塔结构。

（4）生成SATWE数据文件及数据检查。进入必须执行的子菜单7，弹出对话框提示是否保留先前定义的长度系数、水平风荷载及人防荷载等信息，这里是第一次执行本菜单，故直接点击"确定"，程序自动执行数据文件生成和数据检查。

（5）结构整体分析和构件内力配筋计算。线性方程组的解法选择"VSS向量稀疏求解器"解法。其他采用程序缺省设置。点击"确定"，程序自动进行分析计算。

（6）PM次梁内力与配筋计算。输入梁支座处的负弯矩调幅系数0.85。"确定"后程序自动完成计算。

（7）显示分析结果，进入主菜单4，选择"文本文件输出"。查看结构设计主要控制参数符合要求的情况，打开以下文件：

结构设计信息（WMASS.OUT），查看结构整体稳定性验算结果和是否存在薄弱层。查看"结构整体稳定验算结果"，其中结构刚重比大于1.4（对于框架结构，刚重比大于10可以满足规范的稳定性验算），所以能够通过《高层建筑混凝土结构技术规程》（高规）之5.4对结构重力二阶效应及稳定性的规定，且该结构刚重比大于2.7（框架结构刚重比大于20），结构可以不考虑重力二阶效应；查看各楼层与其上一层的抗剪承载力之比（Ratio_Bu）均大于0.7，所以本例中结构可以认为无薄弱层。

周期、振型、地震力（WZQ.OUT），这里主要查看三项内容：

首先查看结构的基本周期（第一振型对应的周期），与在总信息页风荷载选项中需要的结构基本周期比较，两者比较接近。否则应将计算得到的基本周期填入风荷载计算信息，对风荷载进行重新计算；

然后分别查看最大扭转系数对应的周期（以扭转为主的第一自振周期）Tt与最大平动系数对应的周期T1（以平动为主的第一自振周期），两者之比值（周期比）应满足规范要求。本例中周期比为0.3606/0.6062小于规范规定值（0.9）；

还需要查看振型有效质量参与系数是否大于90%。本例X方向的有效质量系数：94.15%，Y方向的有效质量系数：93.78%均满足要求。否则应增加计算振型数目，重新计算。

结构位移（WDISP.OUT），在这里查看位移比（楼层竖向构件最大弹性水平位移和层间位移与该楼层两端弹性水平位移和层间水平位移平均值的比值），本例各工况的位移比均小于规范对于多层建筑或A级高度高层建筑位移比限值（1.5）。

"水平作用下结构各层平均侧移简图"，在图形文件输出第八项中查看地震作用下层间位移角（楼层层间最大弹性水平位移与层高的比值），本例中均小于《高规》4.6中关于水平位移限值和舒适度要求（1/800）。

（8）如果计算结果出现不符合规范要求的，应该考虑修改方案重新进行计算。

3.8 剪力墙计算机辅助设计软件 JLQ

JLQ 是 PKPM 系列建筑结构 CAD 系统功能模块之一，它使用 PMCAD 生成的结构布置数据和多、高层计算软件 TAT、SATWE 或 PMSAP 分析得到的剪力墙配筋数据，通过归并整理与智能分析，并人机交互操作形成剪力墙结构或框架剪力墙结构的施工图。下面简要介绍其菜单设置和操作过程。

3.8.1 主菜单 1 剪力墙配筋设计

1. 生成配筋数据文件

进入主菜单 1 后，程序提示"选择使用何种计算结果"生成配筋数据文件，如果选择"仅按构造要求设置"则不读取计算结果文件，仅依据最小配筋率等构造要求确定各构件的初始配筋及尺寸。

2. 划分剪力墙钢筋标准层

程序按照工程的结构标准层自动划分了墙筋标准层，用户也可以修改。一般将同一结构标准层内的层高相同并且配筋相近的若干个连续层划分为一个墙筋标准层。

3. 最小配筋设置

划分墙筋标准层后，程序显示可以进行配筋设置的对话框。用户可以对默认值修改和编辑。这里设定的值只影响程序生成的初始配筋，并不是对配筋做出限定。

4. 修改配筋和边缘构件尺寸

如果当前工程目录中已有墙配筋数据，再次执行"剪力墙配筋设计"时，程序作"清除此前修改结果，重新布置墙钢筋"或和"修改各层剪力墙钢筋布置"提示，如选择"清除此前修改结果，重新布置墙钢筋"时不保存此前对墙筋的修改结果。首次进入时并不显示此提示框，而直接进入"剪力墙配筋编辑"状态。该状态下用户可以对端柱、墙翼柱、墙暗柱、墙连梁和分布筋进行编辑和修改。其菜单如下图 3-23 所示。

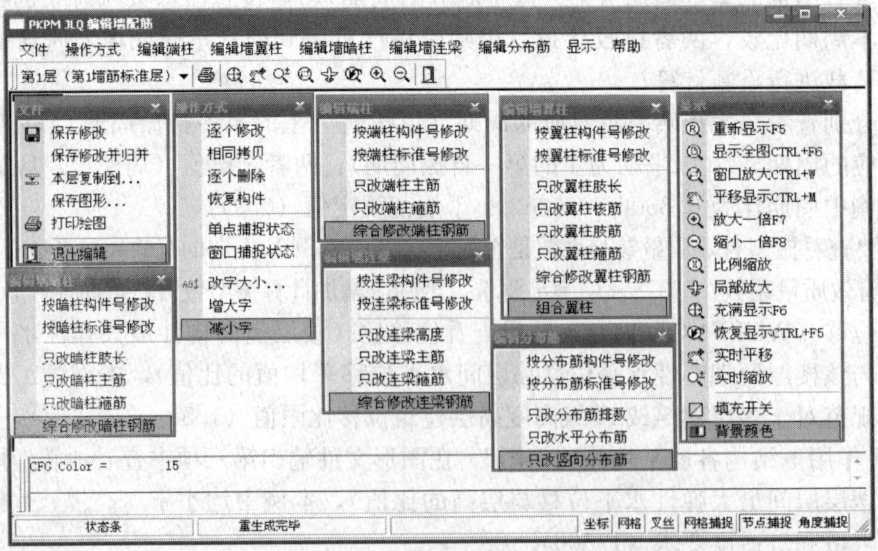

图 3-23　修改编辑剪力墙配筋菜单

编辑菜单中的"按构件号修改"可理解为逐个修改,"按标准号修改"则是对一类构件中配筋相同的做同一修改。修改某构件的配筋值时,先选择能实现该项修改的菜单项,然后光标在平面图上点取该构件,在相应的对话框中按提示完成修改。在编辑中为了用户输入方便,程序设定表格中编辑时以 A、B、C、D 分别代表Ⅰ、Ⅱ、Ⅲ、Ⅳ级钢筋,用符号"—"代替"@"表示钢筋间距。

在编辑过程中可以先选一个做样板,然后选用"操作方式"菜单下的"相同拷贝",用于将该构件的配筋复制到多个位置。

3.8.2 主菜单 2 画剪力墙平面图

本菜单用剪力墙的平面图加大样图和墙梁表的画法完成剪力墙施工图。主要操作菜单如下:

1. 编号方式

这里对剪力墙的三类边缘构件的标准构件连续编号。可以选择"全楼统一编号"或者"按层分别编号"。

2. 平面图

画出剪力墙的平面布置,并在其上标注墙柱节点大样编号或名称、分布钢筋以及墙体编号等。主要有以下菜单项:

（1）画模板图

如是首次画平面图,程序出现三个选项。

0 继续

1 切割局部平面

2 修改平面图参数

其中"切割局部平面"是用窗口或用任意形状切割出平面图的一个布局来画,多用于框剪或框筒结构画局部筒体时;"修改平面图参数"主要提供对图纸号、平面图比例、文字高度、绘图线型以及其他一些绘图参数的编辑和修改功能。

屏幕显示要画的本层平面全部或局部后,可标注尺寸、轴线、中文、字符等,操作和PMCAD 主菜单第五项画结构平面图操作相同。绘制完一个模板以后,可以选用"操作方式"菜单下的"相同拷贝",将其复制到配筋相同的位置。

（2）平面标注

该菜单可标注各边缘构件的大样编号或名称,标注每一门窗洞口墙梁的编号,用适当比例标注墙的分布钢筋。包括以下子菜单:缩放显示,标注翼柱,标注暗柱,标注墙梁,标注墙体,画分布筋,大样轮廓,退出标注等。其中"画分布筋"菜单可实现对墙体分布筋的标注,"大样轮廓"对平面图上墙端柱、暗柱的肢长部分用虚线做出轮廓。

对三类墙柱的标注操作是相近的,例如选择"标注暗柱"项后,出现下列子菜单,并显示本层的此类构件在平面中的位置。

修改标注:移动大样的标注圈和字符的位置,避免与其他图素重叠。

删除标注:点选删除某一大样号的标注。

显示开关:每点击一次本菜单则显示或隐藏本项标注的内容。

参数设置:可以改标注圈的半径和字符的高宽、分布筋字符高宽、画分布钢筋的最小厚度、长度等。

字环方式、字环线式、字线方式和字符方式：此为四种不同形式的标注样式，用户可根据需要修改。

（3）画大样图

需要注意这里是在"平面图"方式下绘制大样。若要在平面图所在的同一张图上插入大样图，点选此项。与在菜单"大样图"中绘制大样不同，这里不能绘出本层未用到的边缘构件详图，但操作方法与下面在"3 大样图"方式下画大样相同。

（4）画墙梁表

这里同样是在"平面图"方式下画墙梁表。若要在平面图所在的同一张图上插入墙梁表，点选此项。

（5）画墙体表

（6）标竖剖面

（7）删旧图层

程序把端柱、暗柱、翼柱、分布筋、墙梁、大样图、竖剖面号和墙梁表分别作为不同的图层。续画旧图时，如需要对旧图中已有的标注做修改或重画时，可利用本菜单将需要修改部分的图层全部删去。

退出"平面图"方式时可插入标准构造图，也可直接点击"结束退出"。

3. 大样图

以详细的比例画出各墙柱（暗柱、端柱、翼墙和转角墙）大样。操作步骤如下：

（1）输入图形文件名起始编号

（2）选择"大样范围"

程序显示"选择要画的大样"对话框，在"标准大样信息"中列出了未画过的大样的信息，见图 3-24。若想不画一些大样，可按住 Ctrl 键，同时用鼠标点击列表内大样编号，

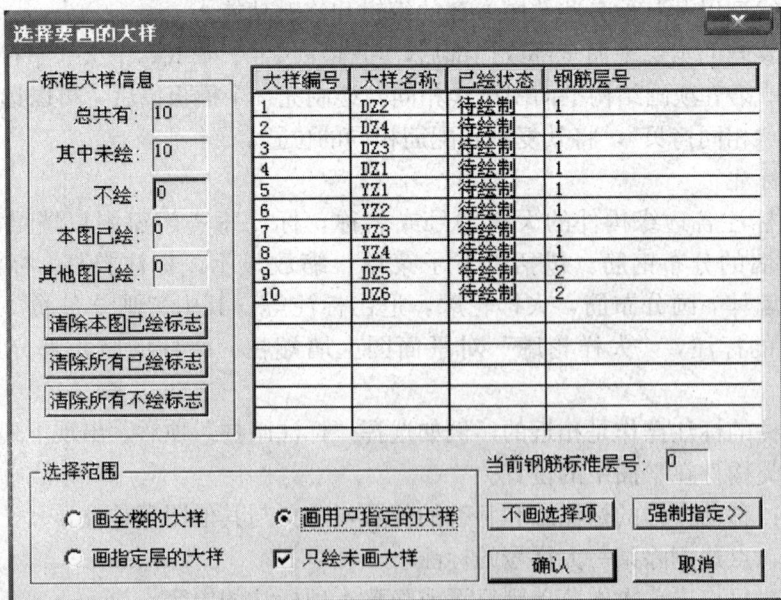

图 3-24　大样图对话框

最后选择"不画选择项"。

（3）全局布置、窗口布置或逐个布置

"全局布置"是把要画出的大样图在整个图面做布置，如果在一张图上只画大样时，选择此项。

"窗口布置"可在用户动态开的窗口内画大样，并随窗口的大小调整所画的个数。

"逐个布置"可在编辑框中输入大样名或大样编号后，移动光标确定画大样的位置。

（4）删除或移动大样

（5）结束本页绘图

执行"结束退出"项，退出本页大样布置，进入细部编辑。最后退出开始画下一页图。

4. 墙梁表

这里的操作步骤与方式和画大样图类似，不再赘述。

3.8.3 主菜单 3 画剪力墙立面图

1. 参数输入

点取该菜单程序弹出绘图参数设定的对话框。包括立面图参数、图纸参数和钢筋统计参数。主要涉及绘图的比例尺、图纸号等信息，钢筋统计参数仅影响"画钢筋表"功能项的统计结果。

2. 选择轴线

用光标点取需画墙体的起始节点和终止节点，选取完毕后屏幕上出现该墙图的图名。程序默认的图名为"JQ 轴线号 . T"，因此如果用户想分几次画出同一轴线上的剪力墙，就需要修改图名以避免先画的立面图被覆盖。此后会显示所选墙的立面图以及横、竖剖面图，它们是相互独立的图块，在下面编辑过程中遵循图块操作规律。

3. 编辑图块

在右侧菜单列出的各图块中点取一个需要编辑的图块。下面以立面图图块编辑为例简单介绍图块编辑的操作。点取"立面图"后，右侧出现如下菜单：

（1）标注轴线：标注各轴线间距，标注位置直接用光标拖动即时定位。

（2）标注标高：标注各层标高，标注位置也直接用光标拖动即时定位。

（3）墙体开洞：这里绘制的小洞口是 PMCAD 中没有输入的，因此在一开始的立面图上并没有显示。程序以开洞所在的墙片下楼面标高为参照点，要求用户按照先输入方洞口下皮或圆洞口中心距离楼面的高度，再输入洞左端或圆洞中心距离其左端最近轴线的水平距离，最后输入洞口的宽、高或圆洞的直径的顺序来输入洞口。

（4）标注尺寸：标注门窗尺寸和小洞口尺寸，或者使用"任意标注"进行任何图素的标注。

（5）画钢筋：选择"横向钢筋"或"竖向钢筋"，用光标在墙立面上需要画出钢筋的位置点取，该分布筋即自动画在图上。

（6）UNDO：用来撤销前面已完成的操作。

4. 布置图面

点选此菜单后，屏幕出现图框，用户可用光标将各图块移到图框中合适的位置。

5. 画钢筋表

用于列出本轴线墙体的钢筋表供参考。

3.8.4 主菜单 4 截面注写施工图

此项功能用于剪力墙注写施工图绘制，参照了标准图集《混凝土结构施工图平面整体表示方法制图规则和构造详图》03G101—1 中关于截面注写的规则。

1. 绘制新图

对于每个墙筋标准层，首次进入时自动进入"绘制新图"步骤。在"绘制新图"前，程序提供下面三个选项：

（1）画完整平面图：将整层墙体画在一张图上，用于平面较小的建筑。

（2）切割局部平面：取一部分墙体单独绘制，多用于框剪结构。

（3）修改平面参数：此处修改或定义画平面图的相关信息。

2. 编辑旧图

当工作目录下已经存在以前编辑过的截面注写图时，点选此项，程序显示"选择编辑方式"对话框，用户在其列表中选择需要编辑的截面注写图。

3. 参数设置

在画新图时选"修改平面图参数"或编辑时在菜单上选择"参数修改"都弹出"画平面图参数"对话框。用户可以定义平面图图纸号、平面图比例、弯钩示意长度等，可以选择"柱子不涂黑"、"画梁用虚线"、"门洞处不画示意线"以及"在平面中示意墙体配筋"等九项选项。

4. 移动标注

利用这项功能，用户可以对几类标注以及箍筋层次示意图进行拖动，使图更加明了清晰。

5. 标注换位

对于标准号相同的多个构件，程序在平面中只选择其中一个进行详细的标注，其余的只标出构件名称。利用"换位标注"可以实现详细标注的位置与程序所选位置不同的目的。

6. 删除标注

7. 修改钢筋

可用此功能以类似于"剪力墙配筋设计"步骤中按标准号修改方式调整配筋。

8. 层高表

读取在 PMCAD 中输入的层高和地下室层数，生成层高表，需要用户指定它的图面位置。

9. 查找构件

输入要查找的墙柱、墙梁或墙的名称，程序将提示当前图形中使用此名称的构件所在的位置。

3.8.5 实例

【例 3-6】 用例 3-5 中的结算结果，绘制图 3-22 中 D 轴线上剪力墙的施工图。

步骤：

（1）打开 JLQ 软件，启动主菜单 1。选择"依据 SATWE 计算结果"。设置标准层采取程序默认设置。最小配筋设置中"钢筋并归"项中选择"按系数"并归，并在该编辑框中输入并归系数 0.3，其他设置采用默认设置。

（2）程序进入"编辑墙配筋"状态，在左上角下拉框中选择第一钢筋标准层。选择"编辑墙翼柱"，选择"按翼柱标准号修改"方式，屏幕上显示出各翼柱名称。用光标点取翼柱 YZ2，程序自动弹出"翼柱编辑对话框"。将"阴影区长度"改为 350mm，将"拉结区长度"改为 150mm。点击"确认修改"，退出编辑。

（3）进入主菜单 2，选取第一钢筋标准层，进入"平面图"方式并选择"切割局部平面"，在平面图上截取 1～4 轴线间的部分。

（4）画模版，标注墙和柱的尺寸，并交互标注轴线。结果参看图 3-25。

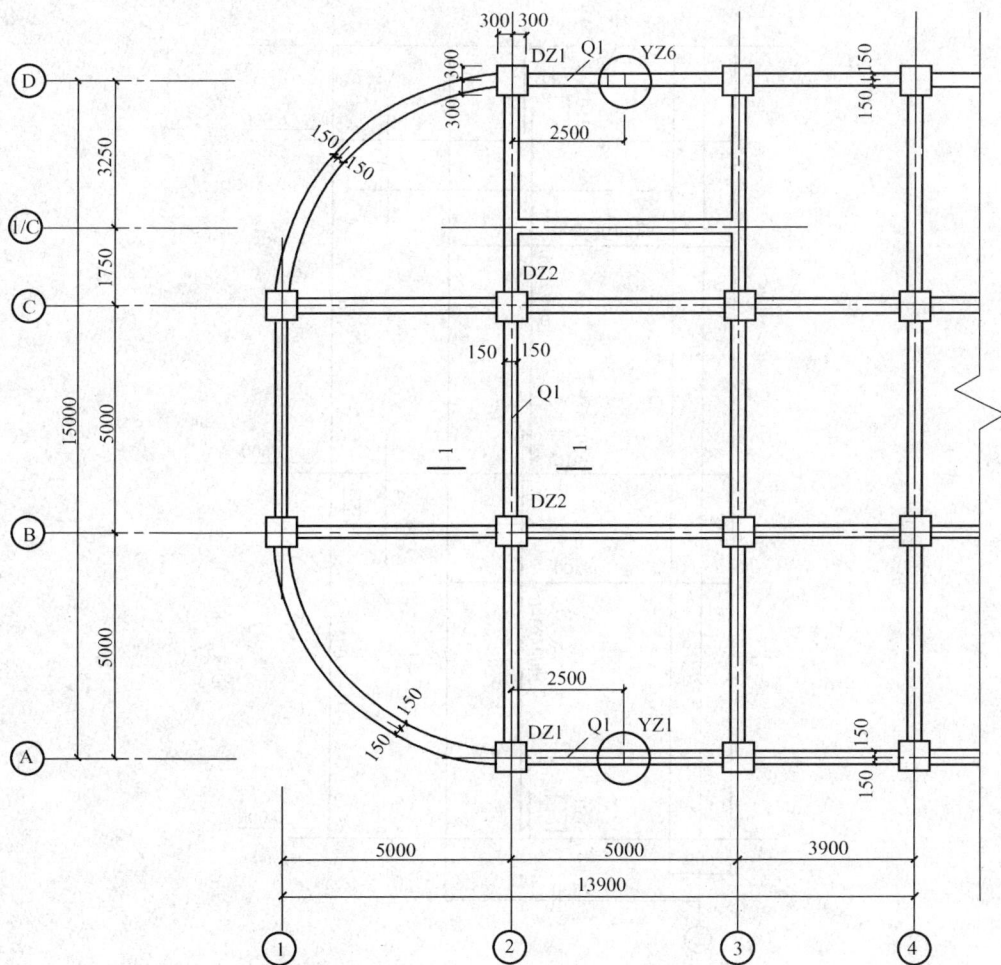

图 3-25 剪力墙平面布置图

（5）平面标注，在图中标出边缘构件并画墙分布筋。进入"平面标注"，对翼柱进行标注，在"参数设置"中修改大样号字宽和大样号字高分别为 2 和 3。在图上标注出端柱和分布筋，打开大样轮廓。

（6）绘制大样图，在上面所绘平面图同张图纸上绘制本层结构的大样图。

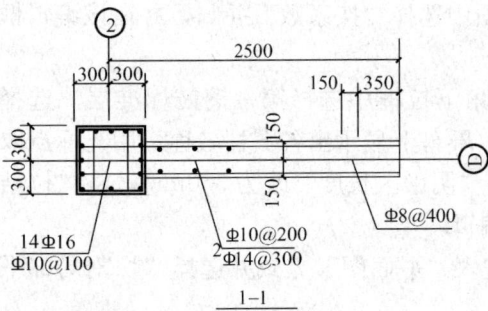

图 3-26 D轴线底层剪力墙剖面图

（7）绘制立面图，启动主菜单 3（画剪力墙立面图），输入绘图参数并选择与绘制平面图相同的墙片绘制立面图。结果参看图 3-27。

（8）编辑图块，首先编辑"立面图"图块。在图中标注轴线、标高和构件尺寸，画横分布钢筋和竖分布钢筋。

（9）编辑图块"H：1-1"，标注轴线，画分布筋，标注端柱钢筋和翼柱拉筋。

（10）标注墙厚、翼柱肢长以及端柱尺寸等。

（11）布置图面，结束绘制，结果参看图 3-26。

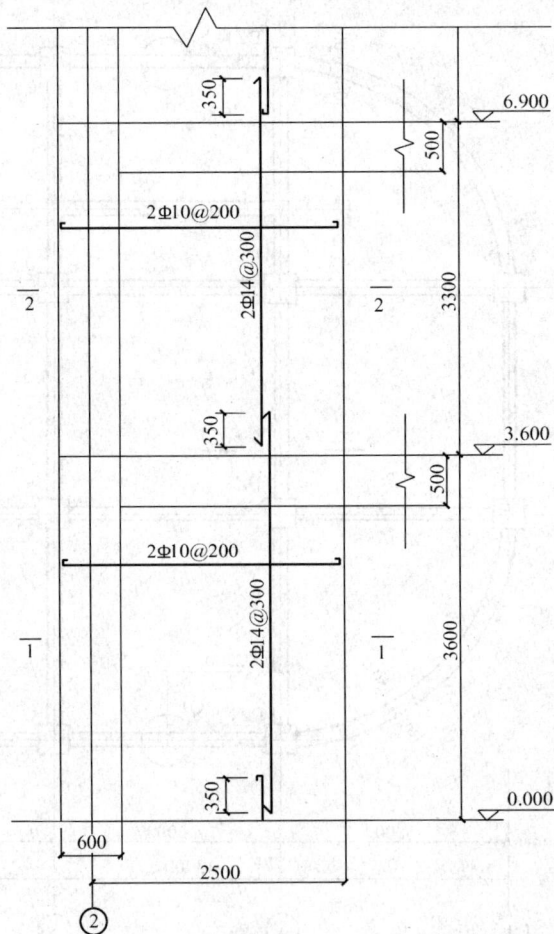

图 3-27 D轴线剪力墙立面图（局部）

3.9 接三维结构计算结果的梁柱施工图

PKPM 结构设计系统的空间有限元计算软件 SATWE、多高层建筑三维分析软件

TAT 和特殊结构多高层结算软件 PMSAP 计算完成以后，可以利用 PKPM 主菜单"梁柱施工图"完成结构梁、柱施工图设计。程序提供多种梁柱施工图画法。限于篇幅，这里仅介绍梁和柱的立、剖面图以及平法施工图的绘制，对画柱剖面列表和框架施工图不做介绍。以下简单介绍绘制步骤。

3.9.1 梁施工图绘制

1. 梁归并

这是梁柱施工图软件的主菜单 1，对梁进行归并是绘制施工图的第一步，通过归并从而简化出图。梁归并也就是把配筋相近、截面尺寸相同、跨度相同、总跨数相同的若干组连梁的配筋选大归并为一组。本节所说"归并"以及后面"取大"是指把归并各构件的配筋取为该组构件中配筋计算结果最大的构件的配筋。梁归并的基本步骤和主要参数的意义如下：

（1）输入梁归并的起始层号和终止层号

（2）竖向强制归并

竖向强制归并的意义是：在同一归并段内，把不同楼层几何位置及几何参数相同的梁强制归并为一类。一般可以选择把相同结构标准层进行强制竖向归并，归并的各层取得相同的归并段号。用户定义归并系数 BL_0 的大小，程序将把对应截面（梁一般考虑梁左右两个截面的上部和跨中截面的下部的配筋）相对配筋偏差在 BL_0 之内的各梁归并到一起。例如当取 $BL_0 = 0.3$ 时，如图 3-28 梁 1

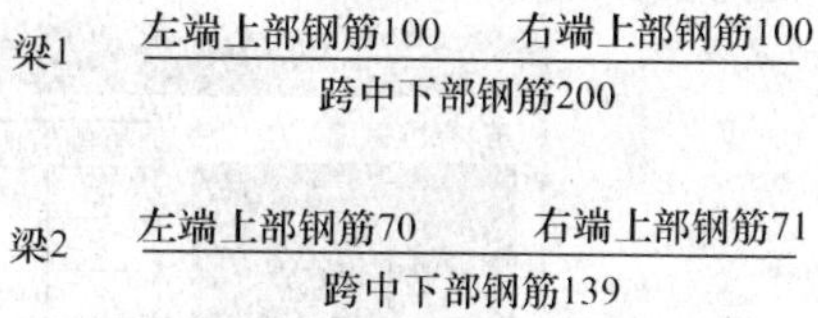

梁1 ┃ 左端上部钢筋100　　　右端上部钢筋100 ┃
　　　　　　　跨中下部钢筋200

梁2 ┃ 左端上部钢筋70　　　　右端上部钢筋71 ┃
　　　　　　　跨中下部钢筋139

图 3-28

和梁 2 尽管端部两截面的控制配筋的相对偏差在 0.3 内，但是跨中截面的配筋相对偏差 $BL_0 = 1 - 139/200 > 0.3$，所以这两根梁在归并系数为 0.3 时不进行归并。

（3）查看归并信息及名称编辑

输入归并系数并确认之后，屏幕显示结构平面，用户可以查看各层构件归并的各种信息。还可以对程序自定义的构件名进行修改。

（4）选择楼层及配筋数据

点取"绘制新图"后，先输入要画图的楼层号，然后程序提示用户选择"已有的配筋结果"或"重新生成配筋数据"，这里的"配筋数据"是指有程序自动配筋并经过用户以前人工修改后所保存的详细配筋数据。第一次操作时选择"重新生成配筋数据"。

2. 梁立、剖面施工图绘制

（1）定义梁配筋设计参数和钢筋修改

1）程序提供用户可定义梁设计配筋参数的功能，参数主要有以下几项：

① 是否允许裂缝宽度自动选筋：选择此项，用户可以输入构件的允许裂缝宽度，程序自动配筋的结果将不但满足结构计算结果的要求还满足裂缝宽度的要求。

② 是否考虑支座宽度对裂缝宽度的影响：如果选择了"允许裂缝宽度自动选筋"，程序考虑支座宽度对梁开裂的有利作用，对梁支座截面负弯矩进行折减。

③ 是否考虑贯通中柱的梁纵筋直径不大于中柱截面尺寸的 1/20：《建筑抗震设计规范》GB 50010—2002 及《高层建筑混凝土结构技术规程》JGJ 3—2002 都有关于贯通柱的梁钢筋直径的要求。选择此项，常造成梁上部钢筋直径小个数多的不合理状况，用户可对

配筋结果进行人工修改来满足工程要求。

④ 选筋时的归并系数：这里的归并针对在同一连续梁不同截面处的配筋而言。

⑤ 梁下部钢筋放大系数与梁上部钢筋放大系数：用户可以利用这两个调节系数对计算软件给出的配筋结果进行人工干预。

⑥ 混凝土保护层厚度：此处"保护层厚度"仅影响钢筋长度，程序并不以此对截面的有效高度和钢筋的配筋面积进行重新计算。

2）梁选筋库

选筋库页列出了用户可以选择的钢筋直径列表，如果用户取消了某直径前的选项勾，即不选用这种直径的钢筋。

选筋后，程序自动绘制本层梁的平面施工图。

（2）选择要进行绘制的层号

（3）挑耳补充和梁截面修改

对于花篮梁和带挑耳的梁，需要通过"挑耳补充"功能对梁的截面进行修改。图3-29为挑耳补充的编辑对话框。

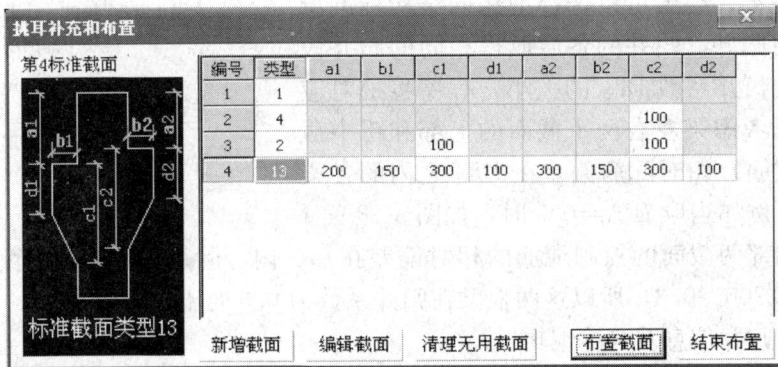

图 3-29

软件共定义了15种梁截面的类型，用户可以点击"新增截面"按钮把某种截面添加到编辑状态，并利用"编辑截面"功能对其进行修改，也可直接在编辑框中修改截面参数。定义完成后，点取"布置截面"，返回到平面图中选择需要修改截面的梁，完成对该梁截面的修改。

（4）调整支座

主梁和次梁的划分对于配筋而言有很重要的意义，对于在PMCAD中当作主梁输入，且参与整体计算的梁，在梁与梁相交处，程序要做出主次梁的判断，在端跨时做端支撑梁或悬挑梁的判断（对于在PMCAD中按照次梁输入的梁并无此类问题）。其判断的原则是：

1）支座梁和连续次梁

两梁相交处，梁高较小且恒载弯矩为负值（顶部受拉）的梁为次梁，程序认定其在此相交处分成左右两跨。认定高大的梁为支座梁。

2）悬挑梁和端部支承梁

这里的"端部支承梁"即为端部有支座支承的梁。程序把跨中支承在梁、柱或墙上，外端与其他梁相交，且在其跨中支座处恒载弯矩为负值的梁认定为悬挑梁，否则为端支撑梁。

对于程序自动判断的支座情况不满足设计人员的要求时，可利用主菜单"支座调整"实现对梁支承关系的修改。点击"支座调整"，平面图上以红色的三角形或圆圈表征各梁的支承关系。用光标在需要修改支座情况的梁上点取，这时只显示该梁的支承情形，三角形处表示该梁的支座，圆圈处该梁为其他梁提供支承。在图上点击圆圈或三角可以实现对支座的修改。

（5）钢筋修改

用户可以根据需要对程序选出的钢筋进行修改，设计此项功能的菜单有以下两个，下面分别简要介绍其菜单设置和操作过程：

1）平面修改

①、② 水平开关和垂直开关：为了便于操作，这两个按钮可以分别打开或关闭纵横两个方向的配筋信息在平面上的显示。

③ 表式修改：在平面上点取需要修改的某连续梁，程序显示该梁钢筋的修改编辑对话框，以详细的钢筋列表形式给出了所有跨的所有类型钢筋的配置信息，用户可直接在表格中编辑和修改配筋。为了用户输入方便，表格中编辑时以 A、B、C、D 分别代表Ⅰ、Ⅱ、Ⅲ、Ⅳ级钢筋；用符号"—"代替"@"表示钢筋间距；只用单排钢筋根数统一表达钢筋数目，不再细分多排钢筋各排数目的多少。

④ 单梁修改：与表式修改方式不同的是，这项功能以此只修改单跨梁的钢筋。

⑤ 成批修改：可以实现一次对多根梁的修改。

⑥ 原位修改：针对原位标注的钢筋，可以通过此项功能进行修改。用光标直接点取原位标注的字符，然后可在弹出的编辑框中进行修改，在编辑时符号"＋"隔开两种不同的直径和等级的钢筋，符号"/"隔开不同排的纵筋，例如 2B18＋2B16/2B20 表示有两排钢筋，第二排为两根直径 20mm 的二级钢筋。其中大写字母 B，与前面"平面修改"中编辑的意义相同。

⑦ 次梁加筋：在图中绘制次梁的附加吊筋和箍筋示意图，或者删除。

⑧ 修改吊筋：对此梁的吊筋进行输入或修改。编辑框中输入方式和前面"平面修改"中的一致。

⑨ 单梁拷贝

⑩ 连梁拷贝

2）立面修改

立面修改方式将当前层全部梁用立面形式分项目地给出。例如选"梁箍筋"下的"加密间距"时，屏幕上显示标有箍筋加密间距信息的全部梁的简图，用光标直接在需要修改的间距的字符上点击，程序即提示输入新的加密间距，输入后图中即显示修改过的加密间距。对其他类型钢筋的修改操作与此相似。

（6）修改标注

在此可进行标注换位、标注修改、轴线标注等操作。

（7）挠度图、裂缝图和计算配筋图

如果用户有需要也可输出和查看本层平面挠度、裂缝和计算配筋图。

（8）选梁画图

点取需要画出立面的梁，并定义图纸大小等参数以及图纸文件名称等，程序自动绘制梁的立面和剖面图。用户可将该文件转换成 DWG 格式，在 AutoCAD 中进行进一步的编辑。具体做法是保存文件之后退至"梁柱施工图"主界面，启动主菜单 A（图形编辑、打印及转换），点击"工具"菜单中"T 图转换 DWG"项，然后在弹出的对话框中找到并选择先前定义的文件名后点击打开，即可完成对该文件的格式转换。

3. 梁平法施工图

见于软件中平法施工的绘制界面采用了和立、剖面施工图绘制相近的界面，下面简单介绍梁平法施工图绘制的主要菜单。

（1）参数修改：见"2 梁立、剖面施工图绘制"。

（2）绘制新图：用户只需选择欲绘制梁施工图的楼层，程序自动完成绘制。

（3）编辑旧图：用户选择已经编辑过的施工图并在其上修改，程序默认的第 * 层梁平法施工图名为 PL * . T。

（4）调整支座：程序支承关系判断原则和调整步骤参看"2 梁立、剖面施工图绘制"。

（5）修改钢筋：同"2 梁立、剖面施工图绘制"中的修改操作。

（6）立面改筋：同"2 梁立、剖面施工图绘制"中的修改操作。

（7）重标钢筋：将所有梁的集中标注和原位标注回复到程序标注的原始位置。

（8）标注：可标注墙、梁、洞口定位尺寸及轴线。

（9）挠度图、裂缝图和计算配筋简图：如果用户有需要也可输出和查看本层平面挠度、裂缝和计算配筋图。

（10）层高表：用于插入层高表。

（11）拷贝他层。

（12）图框图例：用于图框绘制。

3.9.2 柱施工图的绘制

1. 柱归并

"柱归并"是梁柱施工图模块的主菜单 4，柱归并在全楼范围内进行，归并的意义和条件与梁归并的相同。这里用 CL_0 代表归并系数。

归并的基本过程及参数意义参看"梁归并"。

2. 柱立、剖面施工图绘制

（1）选择钢筋数据

启动主菜单 5 柱立、剖面施工图后，程序提示用户选择钢筋数据。如果第一次进行柱施工图的绘制，选择"重新选筋"。

（2）定义柱子选筋归并参数

这里需要定义的主要有归并系数、柱筋放大系数、混凝土保护层厚度、柱箍筋形式、重新归并、柱筋搭接方式等几项，参数的意义和梁施工图中相同。

（3）选择楼层

（4）钢筋修改

设计钢筋修改的菜单主要有：平面修改、相同改筋、表式改筋、立面改筋等。如果在平面修改中选择了"同时修改相同编号的柱子"，在修改完毕后点击"相同修改"显示对

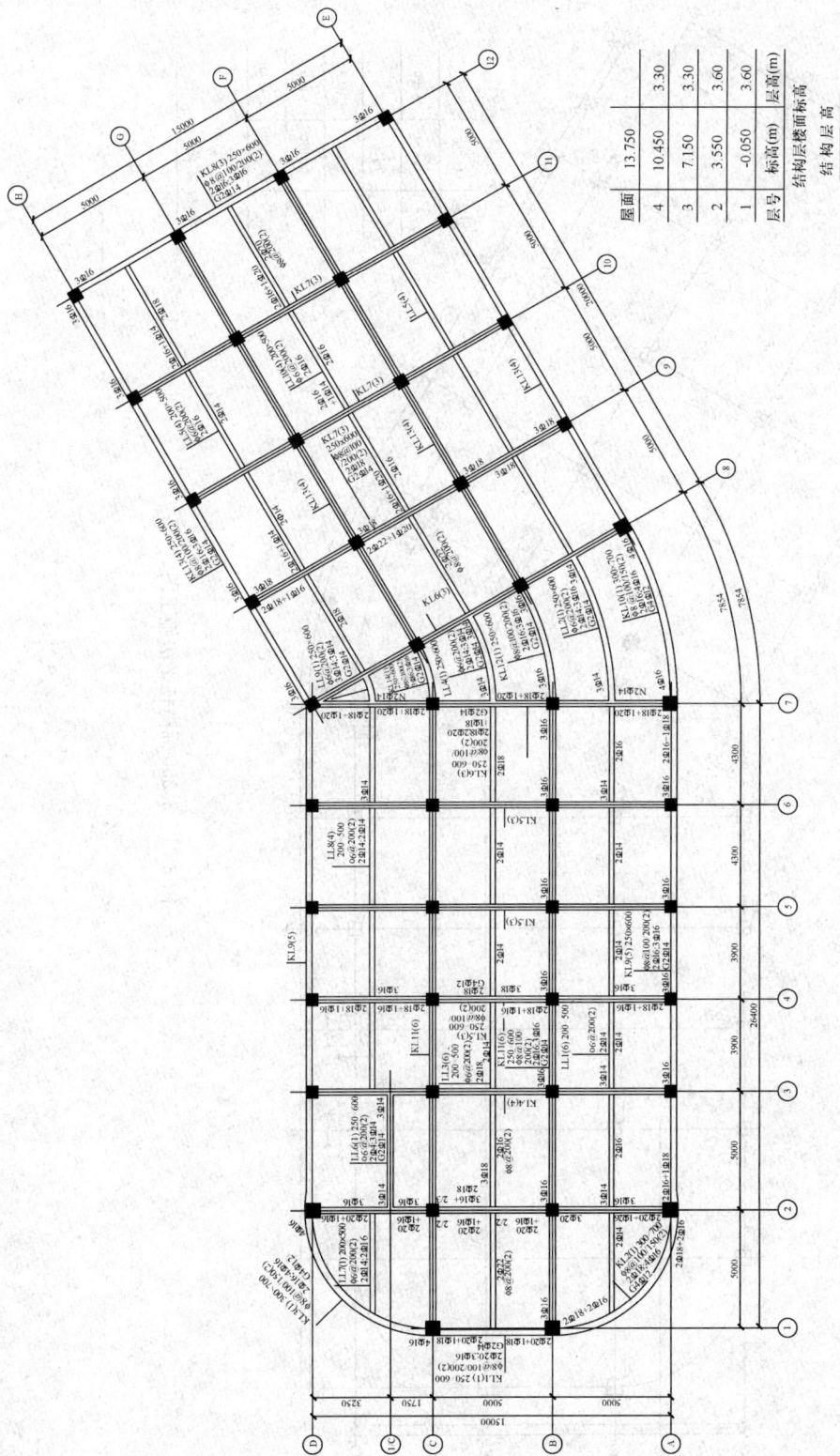

图 3-30 3.550 标高梁平法施工图

层号	标高(m)	层高(m)
屋面4	13.750	3.30
3	10.450	3.30
3	7.150	3.60
2	3.550	3.60
1	-0.050	
	结构层楼面标高 结构层高	

129

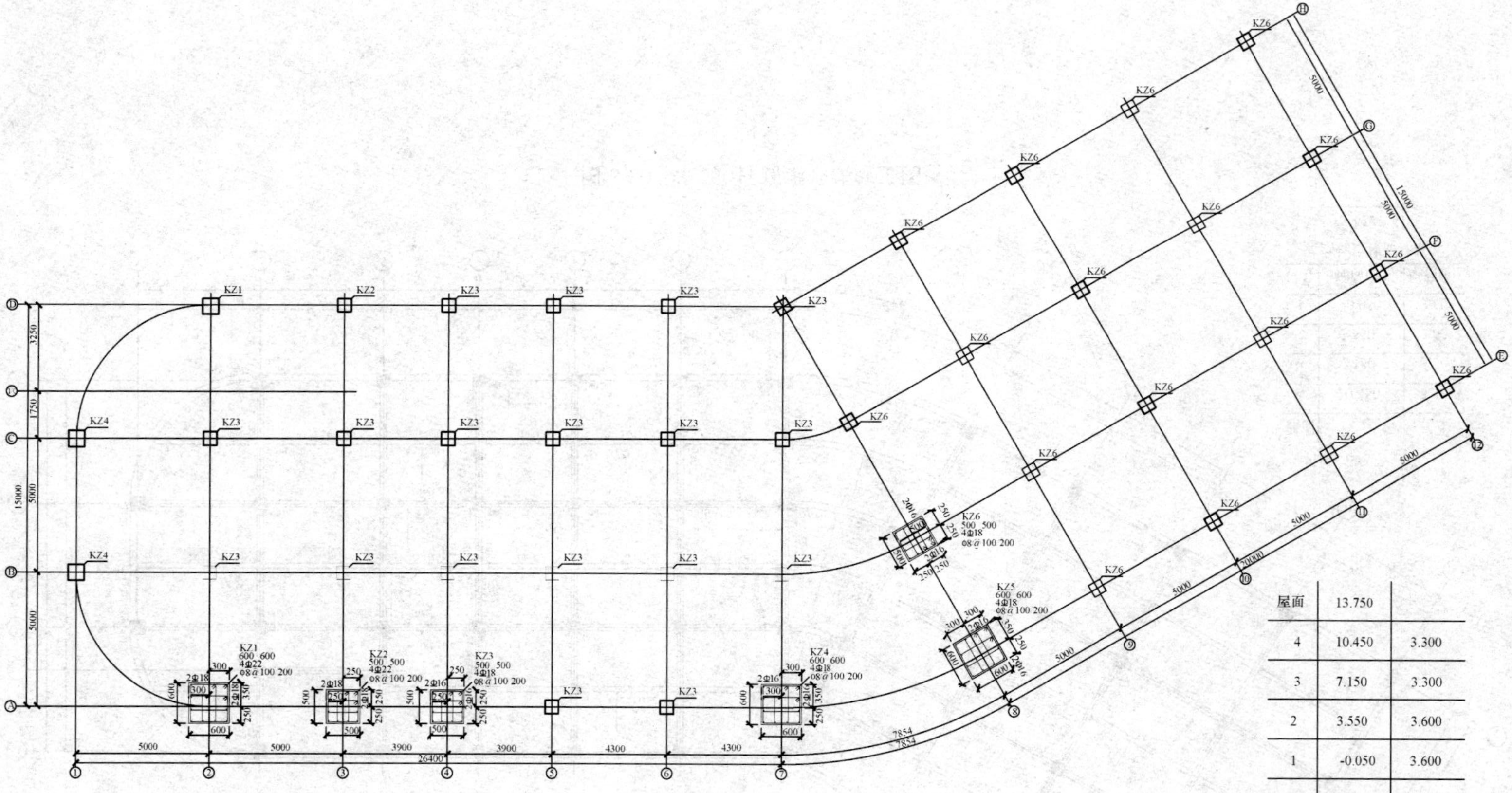

图 3-31　3.550 标高柱平法施工图

层号	标高(mm)	层高(m)
屋面	13.750	3.300
4	10.450	3.300
3	7.150	3.600
2	3.550	3.600
1	-0.050	

结构层楼面标高
结　构　层　高

130

这一批柱的修改结果。

立面改筋模式和平面改筋模式修改钢筋的过程一样，只是立面改筋时，程序显示出全部柱子标有各段配筋信息的立面简图，显示的格式为：柱段左侧标水平 X 方向的钢筋，柱段右侧标注水平 Y 方向的钢筋，箍筋的等级和直径用紫色的字体标注在柱段的中间。点击某一柱段，即弹出钢筋修改界面。

表式改筋的方式，以列表的形式给出了柱的配筋信息，其中包括主筋和箍筋。主筋包括 X（1）、X（2）、Y（1）、Y（2）等四个项目，分别指平行于 X 和 Y 轴的一侧配筋。用户直接在修改截面中可完成对柱钢筋的修改。

（5）文字标注

这项菜单下有以下几个功能键：大样移位、移动标注、柱子尺寸、绘制梁线、直轴线和弧轴线。其中"大样移位"用于把编号相同的柱的大样画在用户指定的构件上。

（6）选柱画图

点取需要画出的柱，并定义图纸大小等参数以及图纸文件名称等，程序自动绘制柱的立面图和剖面图。用户也可将该文件转换成 DWG 格式，在 AutoCAD 中进行进一步的编辑。

3. 柱平法施工图绘制省略

3.9.3 实例

【例 3-7】 利用例 3.4 TAT 计算结果绘制梁、柱平法施工图。

步骤：

（1）设置基本的绘图参数、选筋参数、选筋库参数等。

（2）点取"绘制新图"菜单，选取结构第一层绘制梁的施工图。

（3）点取"调整支座"菜单，检查并调整各连梁的支座。

（4）检查并修改集中标注或原位标注的内容，根据具体情况，选择某种修改方式修改梁配筋。

（5）点取裂缝图、挠度图菜单查看挠度和裂缝是否满足要求。

（6）点取换位标注菜单，调整布图。

（7）点取次梁加筋菜单。

（8）标注梁、柱、洞口的尺寸及轴线。

（9）绘制楼层 1 梁平法施工图。绘制结果参看图 3-30。

（10）依照上面步骤绘制柱平法施工图，结果参看图 3-31。

第4章 PKPM 钢结构类系列软件 STS 的应用

4.1 STS 的基本功能

4.1.1 STS 基本功能特点

钢结构 CAD 软件 STS 是 PKPM 系列的一个功能模块，既能独立运行，又可与 PKPM 其他模块数据共享。可以完成钢结构的模型输入、优化设计、结构计算、连接节点设计与施工图辅助设计。具有如下特点：

1）专业钢结构一体化 CAD 软件，可完成钢结构的模型输入，结构计算，强度和稳定性验算，节点设计，以及绘制施工图。

2）可以设计多、高层钢框架，轻钢门式刚架，钢桁架，钢支架，钢排架，以及钢—混凝土混合结构。软件自动化程度高，易学易用。

3）施工图包括多、高层钢框架，轻钢门式刚架，钢桁架，钢支架，钢排架柱、吊车梁等。节点类型丰富，全部可以自动设计。施工图有构件图和节点详图，可达到施工详图的深度。

4）截面类型有 70 多种，包括各类型钢截面，焊接截面，实腹式组合截面，格构式组合截面等截面类型。程序自带型钢库，包含了世界各国的标准型钢。

5）空间建模可以接口 TAT、SATWE 或 PMSAP 完成钢结构空间计算和应力验算，也可以由空间建模数据形成平面框架、连梁数据文件进行钢结构平面计算和应力验算。可以分别按空间、平面计算结果进行节点设计和绘图。

6）平面建模灵活方便，框架、桁架、门式刚架可以快速建模，各种荷载类型全面，吊车荷载（包括抽柱排架吊车荷载），地震参数等数据交互输入。

7）各种结构类型均提供二维截面优化设计，以结构重量最轻为目标函数。

8）钢结构平面杆系计算程序可以设计"单拉杆件"，完成平面杆系钢结构的内力分析，位移和梁挠度计算，活荷不利布置，荷载作用效应自动组合，可采用钢结构设计规范、门式刚架技术规程、高层民用建筑钢结构技术规程等标准进行杆件的强度和稳定性验算。

9）STS 工具箱提供了常用的一些钢结构基本构件的设计与施工图，包含吊车梁计算与施工图，檩条（含连续檩条）、墙梁、隅撑，屋面支撑、柱间支撑计算与施工图，抗风柱计算，连接节点计算，组合梁计算，蜂窝梁计算，简支梁计算，钢梯施工图等程序模块。

10）新增复杂空间结构建模及分析，可以完成复杂的空间杆系结构（如空间桁架、塔架等）的建模分析。

11）方便、专业的施工图编辑工具。用户可用鼠标随意拖动图面上各图块，进行图面布局；用鼠标成组地拖动尺寸、焊缝、零件编号等标注，大大减少了修改图纸的工作量。

提供图形编辑环境，可以进行图形编辑和补充绘图。

4.1.2 STS 主菜单的使用

STS 主界面如图 4-1 所示，包含的功能模块有：门式刚架、框架、桁架、支架、框排架、工具箱以及塔架、空间桁架、网架等空间杆系钢结构部分。

各模块的主要功能如下：

1. 门式刚架

用于门式刚架结构类型的三维模型输入，屋面、墙面设计，钢材统计和报价；门式刚架二维模型的输入，截面优化，结构计算，节点设计和施工图绘制。

门式刚架可以采用三维模型输入方法。执行菜单 1～2 是用三维模型输入方法输入门式刚架结构整体模型，分榀建模，优化计算，与刚架施工图设计，并形成三维数据，然后布置屋面、墙面构件，统计用钢量和报价，可以在布置图中点取檩条、墙梁、隅撑、屋面支撑、柱间支撑等构件进行计算或绘图。

也可以直接采用二维模型输入方法。执行菜单 A 建立二维门式刚架模型，完成截面优化，结构分析计算，节点设计和施工图。

2. 框架

用于多、高层框架结构类型的三维模型输入，见图 4-2，为 TAT、SATWE 或 PM-SAP 三维计算提供建模数据，可以按三维计算软件的设计内力完成全楼节点的连接设计，绘制三维框架设计图，节点施工图，构件施工详图，平面、立面布置图，实际结构三维模型图。

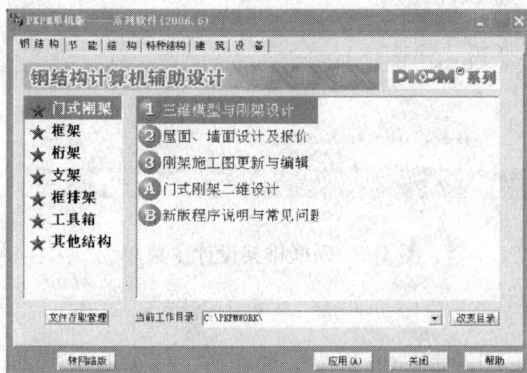

图 4-1　STS 主界面　　　　　　　　图 4-2　钢框架设计主菜单

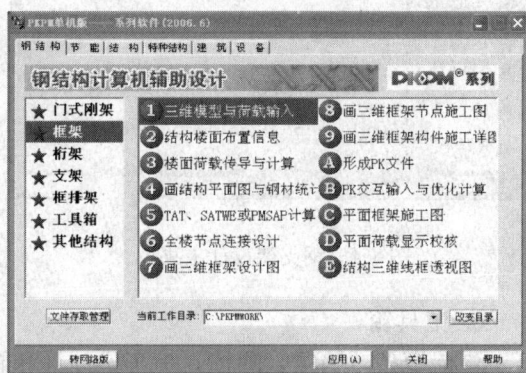

还可以进行框架二维模型的输入，截面优化，结构计算，节点设计和施工图绘制。

三维框架节点设计可以单独修改各节点的连接螺栓直径，连接方式等参数，做到各个节点可以有不同的设计参数和连接方式，对节点设计结果可以进行修改和重新归并，设计结果文件详细地输出了节点计算的过程和校核结果。

三维框架施工图部分分别针对大型设计院、中小设计院、详图制作单位的出图习惯，可以绘制设计图，节点施工图，构件施工详图，结构平面、立面布置图，提供的实际结构三维模型图可以身临其境的从各个角度观察节点的实际连接形式和效果。可以精确地统计整个结构最终的钢材用量，绘制钢材订货表和高强度螺栓表。

3. 桁架

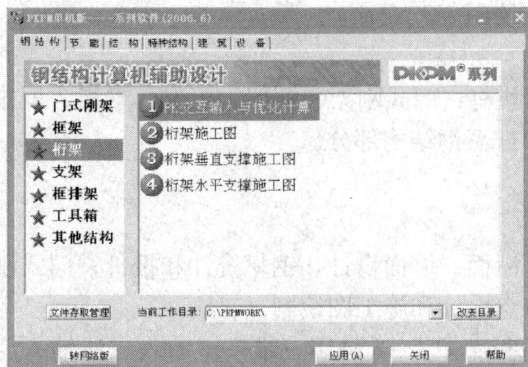

图 4-3　钢桁架设计主菜单

用于桁架结构类型的二维模型的输入，截面优化，结构计算，节点设计和施工图绘制。人机交互绘制桁架纵向垂直支撑，屋面水平支撑施工图。可以绘制纵向垂直支撑，屋面水平支撑施工图。见图 4-3。

4．支架

用于支架结构的二维模型的输入，截面优化，结构计算，节点设计和施工图绘制。见图 4-4。

5．框排架

用于排架，框排架结构类型的二维模型的输入，截面优化，结构计算。可以进行实腹式组合截面和格构式组合截面，钢管混凝土截面等复杂截面的输入。对于焊接 H 形截面柱，可以进行牛腿设计和柱脚设计，绘制排架柱施工图。见图 4-5。

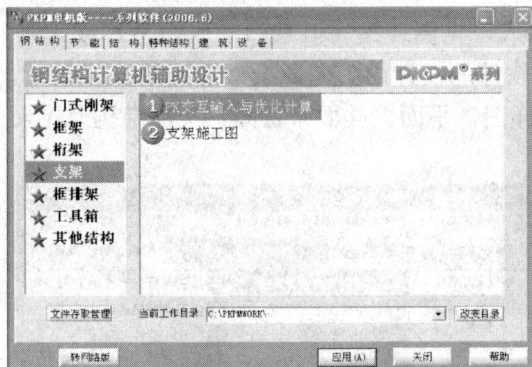

图 4-4　钢支架设计主菜单

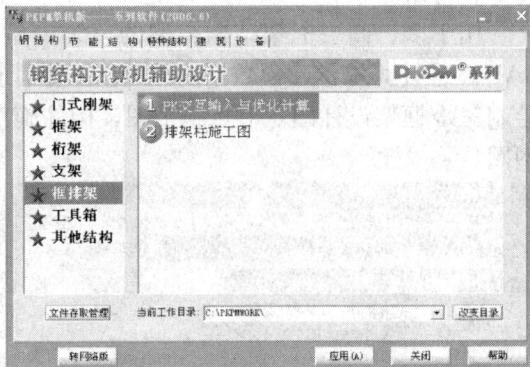

图 4-5　钢框排架设计主菜单

6．工具箱

包括檩条，墙梁，隅撑，吊车梁计算和施工图绘制，吊车梁平面布置与节点图，屋面支撑、柱间支撑计算与施工图，钢梯施工图，交互式框架节点、管节点计算工具，钢结构连接计算与绘图工具，抗风柱计算，组合梁计算，蜂窝梁计算，简支梁计算，梁、柱构件计算等功能。见图 4-6。

交互式框架节点计算工具，用于交互式输入框架节点连接的梁、柱截面，设计参数和连接方式，自动计算连接螺栓、焊缝和连接板，输出详细的节点设计结果。

7．其他结构

相对于老版本，本菜单保留了原来 STS-1 三维模型输入，形成 PK 文件，STS-2 菜单中平面杆系结构模型输入和计算的内容；新增塔架、空间桁架、网架等空间杆系钢结构的建模和分析模块，见图 4-7。关于复杂空间结构建模和分析部分的操作方法详见 SpaS CAD 用户手册和 PMSAP 用户手册。

注：门式刚架模块将在后续的 4.3 节作重点介绍，其他模块限于篇幅不作深入介绍。

134

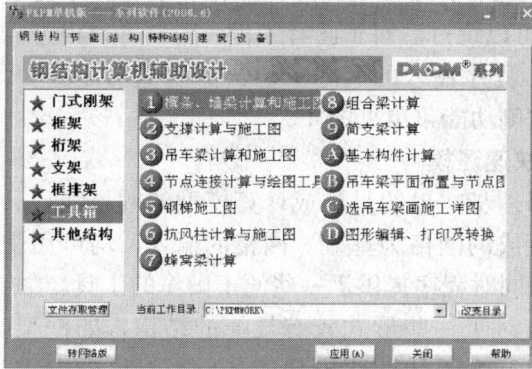

图 4-6 钢结构工具箱

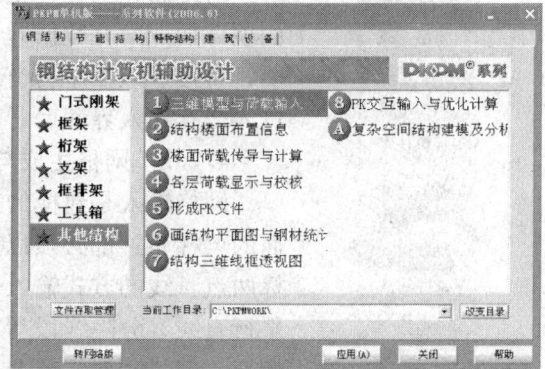

图 4-7 其他钢结构

4.2 PK 交互输入与优化计算

4.2.1 概述

STS 提供了人机交互图形输入功能，对于不同类型的钢结构工程，用户可采用不同的建模方法，例如：

对于多、高层钢框架，采用三维空间分析时，应采用空间建模：框架→三维模型与荷载输入。

框架采用二维平面分析时，可以用平面建模直接计算；也可以用空间建模，形成单榀框架数据文件，然后再进入平面交互输入与修改中进行修改并计算。

对于桁架、支架、排架、框排架、连续梁等，采用平面分析，应采用平面杆系输入：相应菜单对应→PK 交互输入与优化计算。

对于门式刚架，一般采用平面分析，可以用二维平面建模直接计算；也可以用三维建模，各单榀独立选取二维设计，最终形成三维模型数据，并完成屋面墙面布置及施工图。

在平面建模中，框架、桁架、门式刚架可以采用快速建模。

全楼三维建模的操作方法，参阅前面 PMCAD 应用章节。

本章主要介绍直接二维建模的菜单用法和设计参数说明。

二维建模在 STS 的门式刚架、框架、支架、框排架程序项中均有，程序菜单为：PK 交互输入与优化计算。二维建模、分析的基本过程为：见图 4-8。

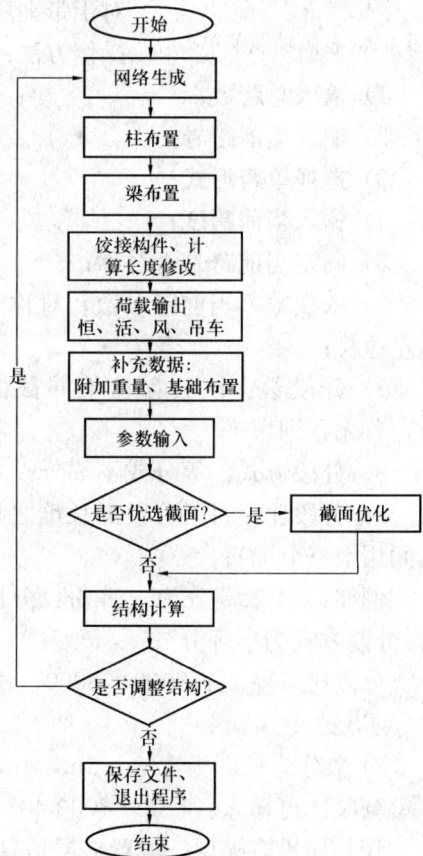

图 4-8 PK 交互输入与优化计算操作流

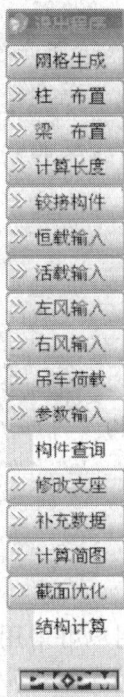

图 4-9 右侧功能菜单

网格生成
柱 布 置
梁 布 置
计算长度
铰接构件
恒载输入
活载输入
左风输入
右风输入
吊车荷载
参数输入
构件查询
修改支座
补充数据
计算简图
截面优化
结构计算

对于新建工程，用户基本上应按上述过程操作，没有或不需要的项（如〔附充数据〕）可以跳过。对于已有工程，用户可以根据需要，直接进入某项操作。程序输入的尺寸单位全部为毫米（mm）。进入交互输入界面后，右侧功能菜单见图 4-9。

4.2.2 网格生成与快速建模

网格输入是建模的第一步，目的是形成计算模型的网格线，后面的梁柱布置都必须以生成的网格为基础。网格的输入，均可用坐标两点直线的方式输入，同时程序提供了一些便于操作的工具，如：平行直线、分隔线段等，对于一些形式较有规律的结构，如框架，桁架，门式刚架，还专门开发了快速建模功能，采用对话框方式，快速地输入这些结构的网格。下面主要介绍快速建模的操作。

1. 门式刚架快速建模

（1）网格输入（对话框如图 4-10）

基本形式有两种，双坡和单坡，由这两种基本形式可以组合成任何形式的门式刚架。也可以在这里输入刚架的大致轮廓，结合"分割线段"和坐标输入方式，生成刚架模型。在分段处，程序会自动增加节点。

对于带夹层的门式刚架，可以为每跨单独指定夹层的信息。

操作方法：

1）输入总跨数；

2）输入当前跨号；

3）选择单跨形式；

4）输入当前跨度；

5）确定当前跨是否对称；

6）依次输入当前跨参数，对称时只需输左边跨；

7）分段数：该坡存在不同截面的段数，若无，则填 1；

8）分段方式：等分或不等分；

9）分段比：每一分段的长度之比（数据间用空格分隔）；

例如：24 米等分为 3 等份：分段数＝3；分段方式为"等分"；

分段比可输入：8000 8000 8000 或 8 8 8 或 1 1 1。

图 4-10 门式刚架快速建模

24 米分为长度为 12m，8m，4m 的三段，分段数＝3；分段方式为"不等分"；

分段比可输入：12000 8000 4000 或 12 8 4 或 3 2 1。

10）如果有夹层，设置夹层信息。

（2）自动布置构件截面和荷载

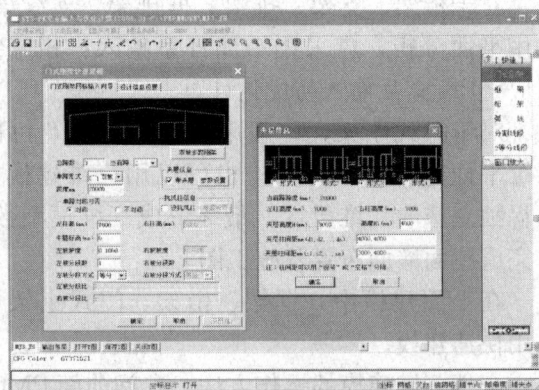

根据门式刚架这种特殊结构形式，程序能够自动为所建模型生成杆件截面与铰接信息，并根据输入的荷载信息，自动生成屋面的恒、活、风荷载。

受荷宽度为所计算榀在垂直刚架方向（纵向）承受恒、活、风荷载宽度，对于中间榀一般为纵向柱距，端榀一般为端榀与第二榀间距离的一半。

对于轻型门式刚架斜梁，可以设置所有斜梁平面外计算长度。

如果有夹层，夹层梁上的荷载、夹层梁的平面外计算长度需要在模型生成后人工修改。

2. 钢桁架快速建模（对话框如图 4-11）

（1）基本形式有四种，分别如图所示。可以形成桁架结构的外轮廓和腹杆。网点输入方法如下。

1）上下弦杆节点

上下弦杆的节点可以通过输入分段来输入。在分段处，程序会自动增加节点。

2）腹杆布置

腹杆的连接方式可以由程序自动生成，也可以由用户自由连接，可以用"两点直线"来实现。

图 4-11 桁架网线输入

3）腹杆的再分

腹杆的再分可以用"分割线段"输入分段节点。用"两点直线"来连接。

（2）操作方法：

1）选择结构类型；

2）确定是否对称；

3）输入跨度等参数，对称时只需输左边跨；

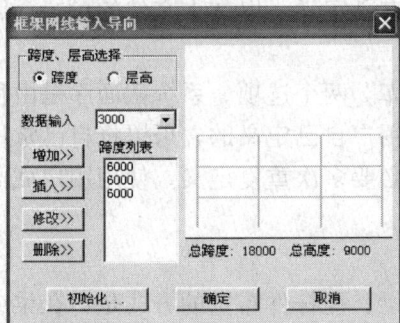

图 4-12 框架网线输入

（2）增加：增加一跨或一层；

（3）插入：在当前跨或当前层前插入一跨或一层；

（4）修改：修改当前跨或当前层的数据；

（5）删除：删除当前跨或当前层的数据。

初始化：清除已有数据，准备输入。

4）分段数：该坡存在不同截面的段数，若无，则填 1；

5）分段方式：等分或不等分；

6）分段比：每一分段的长度之比（数据间用空格分隔）；

7）下弦参数是指整个下弦杆的分段参数。

分段数据的输入同上节门式刚架的输入方法。

3. 钢框架快速建模（对话框如图 4-12）

操作方法：

（1）依次输入跨度和层高参数，单位为 mm；

4. 分隔线段

可用于把一根网格线（两个节点之间的线段）分割成若干分段，在分段处自动增加节点，是一个快速建模和节点输入方式建模的补充工具。

按照程序提示，首先输入网格线的分段数，再输入分段比，简单的输入"0"表示等分。

4.2.3 截面定义与杆件布置

进行柱、梁杆件布置之前，首先要对柱、梁杆件的截面进行定义，进入［柱布置］或［梁布置］菜单项内的［截面定义］，即可分别定义柱、梁杆件的截面。

1. 截面定义

点取［截面定义］菜单，弹出截面定义对话框：

（1）增加：点取"增加"按扭，弹出截面形式选择对话框，用户选择要定义的截面类型，输入必要的参数，确定后，该截面可以增加到标准截面定义列表。标准截面总数增加1。

（2）删除：从标准截面定义列表中选择一个截面，点取"删除"按扭，可以删除该标准截面，标准截面总数减少1，同时从各个结构标准层删除该截面的布置。

（3）修改：从标准截面定义列表中选择一个截面，点取"修改"按扭，可以修改该标准截面，标准截面总数不变，同时在各个结构标准层布置的该截面被修改为当前截面。用于修改或替换某一标准截面。

（4）复制：从标准截面定义列表中选择一个截面，点取"复制"按扭，可以拷贝被选择截面的数据，修改标准截面，确认后，该截面可以增加到标准截面定义列表最后。标准截面总数增加1。用于快速输入参数基本相同的截面。

（5）清除所有数据：用于清除所有显示在标准截面定义列表中的数据，标准截面总数清0，同时从各个结构标准层删除所有截面的布置。

（6）存入用户截面库：用于将所有显示在标准截面定义列表中的标准截面数据存入用户自己定义的标准截面库文件中，该文件的名称由用户自己定义，以文本文件的形式存储在指定位置（程序默认在当前工作目录中）。

（7）选择截面库：有"系统截面库"和"用户截面库"两个选项。系统截面库是由程序自带的标准型钢库，不能进行修改；用户截面库是由用户自己定义的，可以将自己常用的一些截面存入用户截面库，在不同的工程中使用，不必要多次重复定义。使用用户截面库时，只需要从截面库列表中选择即可。

2. 杆件布置

梁、柱布置必须是在已建网格线基础上布置杆件。梁、柱杆件布置的方式是：在梁或柱截面定义完成以后，点取［梁布置］或［柱布置］，弹出截面定义对话框，选取需要布置的已定义好的截面类型，按［确定］，再点取需要布置该杆件的网格线，即可在所选定的网格线上布置所定义截面类型的梁（或柱）。

柱构件定义为抗风柱以后，抗风柱上作用风荷载左风表示山墙风压力，右风表示山墙风吸力，垂直于刚架面作用，平面内风荷载作用计算时不考虑抗风柱上作用的风荷载。

钢桁架中，一般都是轴心受力杆件，所有构件应当作两端铰接的柱输入。

变截面构件：

当作 KIND＝29 类（两端加腋梁）输入的梁截面，内力计算没有问题，而强度和稳定性计算时，这种截面规范或规程未做规定，程序做了近似处理（即按最小截面计算，计算结果偏于保守），建议用户把加腋梁分段，每分段当作变截面梁输入。同时变截面构件不能作为两端铰接构件，因两端铰接构件也不需要使用变截面。

注意：柱偏心为相对轴线的偏心，柱、梁布置未设置偏心的情况下，柱形心与轴线重合，梁顶面与梁轴线重合。

3. 铰接构件

点取［铰接构件］菜单，这里定义杆件两端的约束情况，即定义两端刚接，左固右铰，右固左铰，两端铰接。

与节点相联的杆件在该端均为铰接时，应把所有与该节点相联杆件在该端就都设置为铰接，如图 4-13 所示，可以使用节点铰工具实现。

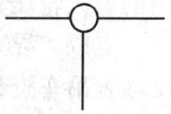

钢桁架中，一般都是轴心受力杆件，因此所有构件通常应当作两端铰接的柱输入。

图 4-13

注意：两端铰接构件不能采用变截面构件输入（类型不能是 27 类），因为两端铰接构件不需要变截面。

4. 计算长度

点取［计算长度］菜单，即可进入柱、梁平面内计算长度系数和平面外计算长度定义菜单，在这里用户可以定义与修改柱、梁的计算长度。

平面内计算长度系数默认值为－1，即计算长度系数由程序自动计算，程序计算长度系数的方法详见《STS 技术条件》。如果用户有充分依据，也可采用自定义值，此时只要键入自定义值（正数），点取相应构件即可。

平面外计算长度程序默认值为杆件实际长度，平面外的计算长度应该取平面外有效支撑之间的间距，通常需要根据平面外支撑布置情况修改。

4.2.4 荷载输入

输入节点，梁间，柱间的恒荷载、活荷载、风荷载，可以点取相应的菜单，输入荷载参数，用光标、轴线、窗口等方式来布置、删除荷载。

荷载正负规定：无论左风、右风，吸力、压力，水平荷载规定向右为正，竖向荷载规定向下为正，顺时针方向的弯矩为正，反之为负。

"荷载查改"菜单可以查询节点或构件上所有荷载的信息，同时可以进行修改。

柱间偏心集中力（KL＝5）中的偏心值，为相对作用柱段的形心的偏心。

注意：变截面杆件上的荷载，不允许有跨中弯矩或偏心集中力，存在该类荷载时，可在杆间增加节点，转化为节点荷载输入。

1. 风荷载自动布置

对于门式刚架（或规则的框架、框排架），可以用"自动布置"菜单来快速输入风荷载。自动布置风荷载时，输入要依据的规范、地面粗糙度、封闭形式、迎风宽度、基本风压和调整系数等信息，程序自动判断结构形式，找出有风荷载作用的构件，查找规范相应的体形系数、风压高度变化系数（根据节点标高确定），计算作用在受风构件上的风荷载标准值，这些值用户都可以修改。

对话框中显示的风荷载体形系数和规范中的规定应该是一致的。自动布置风荷载时，用户只需要关心对话框中的数据是否和规范中的规定一致。确定后，程序自动根据左风（或右风）将对话框中显示的风荷载标准值按程序规定的荷载方向布置在构件上。

注意：桁架上作用的风荷载需要等效为节点荷载来输入，不能采用自动布置！抗风柱上作用风荷载左风表示山墙风压力，右风表示山墙风吸力（垂直于刚架面作用）。

2. 吊车荷载布置

点取［吊车荷载］菜单，即可进入吊车荷载定义、布置菜单，选择吊车数据进入吊车荷载定义对话框。对话框上按钮代表意思与截面定义对话框（4.2.3节）意义一致。

点取［增加］，即进入吊车荷载数据输入对话框，应该注意程序要求输入的最大轮压、最小轮压产生的吊车荷载，不是指吊车资料中的最大轮压和最小轮压，而是根据影响线求出的最大轮压、最小轮压对柱子的作用力。STS还支持双层吊车组合（略）。

点取＜导入 D_{max}，D_{min}，T_{max}，WT＞，弹出如下图 4-14 对话框，其功能是由用户直接输入吊车资料和相关参数，程序可以计算作用在该计算榀的吊车竖向荷载 D_{max}，D_{min}，横向水平刹车力 T_{max} 和吊车桥架重，点取"直接导入"，这些数据将会传入到所定义的吊车荷载数据中。吊车桥架重是按额定起重量最大的一台吊车输出的（$WT=$按轮压推导出的吊车满载总重－额定起重量），对于硬钩吊车，吊车桥架重 WT 中包含 0.3 倍的吊重。吊车桥架重用于地震作用计算时的集中质点质量。

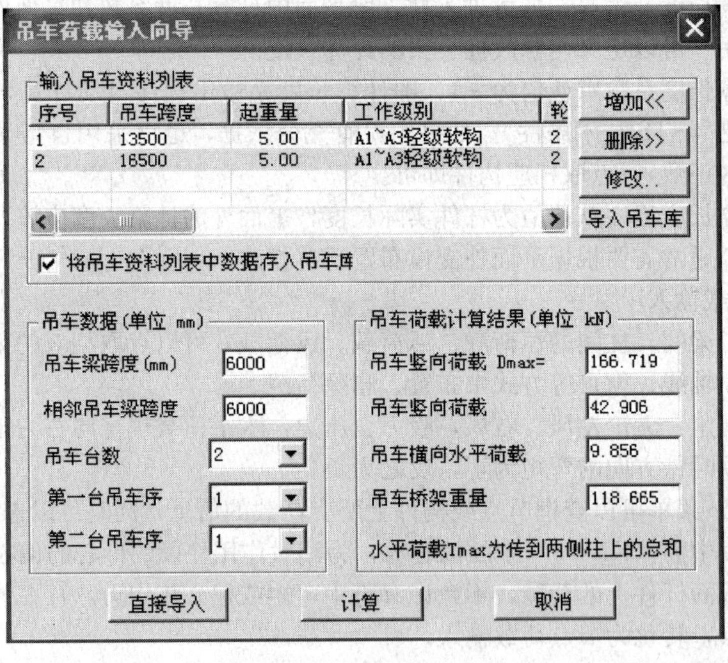

图 4-14　吊车资料输入

如属于抽柱排架，抽柱吊车荷载在［吊车荷载］→［抽柱排架］中定义、布置吊车。同样，此处要求输入的最大轮压、最小轮压产生的吊车荷载同样是通过影响线计算得到的。

竖向轮压荷载偏心为相对紧邻下柱形心的偏心，右偏为正。

完成定义吊车荷载数据以后，即可点取［布置吊车］，选中需要布置的已定义的吊车，从左向右依次点取吊车作用节点，即可布置吊车。

3. 互斥活荷

注意：此项属于高级功能，通常情况下不需要使用！（略）

4. 附加重量与基础布置

点取［补充数据］菜单，即可进入附加重量与基础布置菜单。

附加重量：正常使用阶段没有直接作用在结构上，而地震力计算的时候，需要考虑这一部分地震力作用时，需要把这一部分重量当作附加重量输入到地震力计算时质点集中的节点上。

基础布置：如果用户需要计算基础，则可以在该项输入基础数据与布置基础。

目前版本只能进行锥形、阶形独立基础计算。对话框中附加墙重与柱中心偏心距离 V 以右偏为正，长宽比当填"0"时，程序自动按长宽比为1.0、1.2、1.4、1.6四种情况计算，也可填入指定长宽比，这时程序只按指定长宽比计算。

4.2.5 分析与设计参数定义

参数输入分四个页面，分别是：结构类型参数、总信息参数、地震计算参数、荷载分项及组合系数。点取［参数输入］菜单，弹出参数输入对话框，初始显示的页面为第一页面：结构类型参数。对于一个新工程，第一次打开参数输入对话框时，程序会自动为所有选项赋默认初始值，用户的修改应该从结构类型页面开始，因为后面页面的初始值与该项的选取有关。下次再进入时，程序将保留前次输入值。

1. 结构类型参数

（1）结构类型

根据选定的结构类型，程序将按相应规范，采取不同的计算与控制。

（2）设计规范

此处指定结构分析采用的验算规范，可以选取钢结构相关的验算规范有：

1)《钢结构设计规范》GB 50017—2003；

2)《门式刚架轻型房屋钢结构技术规程》CECS 102：2002；

3) 上海市标准《轻型钢结构设计规程》DBJ 08—68—97；

4)《冷弯薄壁型钢结构技术规范》GB 50018—2002。

对于混凝土构件，程序会自动选用《混凝土结构设计规范》GB 50010—2002 进行设计。

（3）设计控制参数

此处用户可以指定柱的长细比、梁的挠跨比、柱顶位移控制限值，程序在进行分析时将以此作为控制条件，不满足时，程序将给出警告信息。当选择《钢结构设计规范》进行验算时，挠度验算需要输入两个值：第一个"［vT］/梁跨度"为永久和可变荷载标准值产生的挠跨比容许值；第二个"［vQ］/梁跨度"为可变荷载标准值产生的挠跨比容许值。

（4）多台吊车组合时的荷载折减系数

该项用户可以参考《建筑结构荷载规范》GB 50009—2001 表5.2.2 选取。

（5）单层厂房阶形柱计算长度折减系数

该项只有在设计规范选取《钢结构设计规范》GB 50017—2003 验算时才需要填写，用户可以参考《钢结构设计规范》GB 50017—2003 表5.3.4 填写。

（6）门式刚架梁按压弯构件验算平面内稳定性

该项只有在设计规范选取《门式刚架轻型房屋钢结构技术规程》CECS 102：2002 验算时才需要选取，该项的作用是：对于门式刚架钢梁，是仅按压弯构件计算其强度和平面外的稳定性，还是除此之外还要按压弯构件验算其平面内稳定性。如果选取该项，程序对门式刚架钢梁的平面内稳定按压弯构件验算，否则不进行其平面内稳定性验算。

（7）门式刚架摇摆柱设计内力放大系数

该项只有在设计规范选取《门式刚架轻型房屋钢结构技术规程》CECS 102：2002 验算时才需要选取，该项的作用是：对于摇摆柱（即两端铰接柱），在计算其强度和稳定性时，将柱的轴力设计值乘以该系数进行计算，用于考虑摇摆柱非理想铰接的不利影响。

2. 总信息参数

（1）钢结构参数

该项输入的参数只对钢结构构件计算起作用。

自重放大系数：只在钢构件自重荷载计算时考虑了该项参数，用钢量计算时没有计入放大系数。

钢柱计算长度系数计算方法：只对按《钢结构设计规范》GB 50017—2003 线刚度比计算柱平面内计算长度系数时起到作用，有侧移或无侧移框架的界定，应按现行钢结构设计规范界定，钢桁架应按无侧移结构计算。当前面选取采用门规验算时，程序会输出线刚度比计算结果，但最终验算是按照门规计算方法确定计算长度系数的。

净截面和毛截面的比值：该项参数对程序强度计算结果产生影响，强度计算时要考虑这项净截面系数，对稳定验算没有影响。

（2）总体参数

结构重要性系数：对于不同的结构类型和结构设计使用年限的要求，修改该项参数将对结构构件的设计内力进行调整。

梁柱自重计算信息 IA：该项控制结构分析时是否考虑梁或梁和柱的自重作用，可供选择的选项有：0—不算、1—算柱、2—算梁柱。

基础计算信息 KAA：该项只有在用户前面布置了基础以后，可供选择的参数：

0—不算基础，选择该项，则即使布置了基础，但计算时不进行基础计算；

1—算，选择该项，则对柱底计算所有组合内力进行基础计算；

2—算（但不考虑抗震）该项则对所用非地震作用组合进行基础计算。

恒载作用下柱的轴向变形：钢结构一般都应该考虑恒载作用下柱的轴向变形，尤其是对柱轴向变形比较敏感的结构，如桁架等。

（3）混凝土构件参数

该部分参数输入内容主要针对混凝土构件计算设置，如果所分析工程中没有混凝土构件，则该部份参数输入一般可以不用修改。

梁的惯性矩增大系数，即内力计算时梁的刚度放大系数，是这部分参数中唯一例外的，该参数的修改对钢梁同样起到作用。

（4）结果文件输出控制

结果文件输出格式：这项控制计算结果文本文件 PK11.OUT 的输出格式；

结果文件中包含：这项控制计算结果文件 PK11.OUT 输出的内容。

3. 地震计算参数

该页参数的输入主要为结构地震作用计算设置，对于不需要考虑抗震的结构，只要在本页第一项地震作用计算选取 0—不考虑，即可跳过本页其他参数的输入，程序将不考虑结构的地震作用；否则必须按具体工程认真输入该页各项参数：

（1）抗震等级、地震烈度、场地类别、设计地震分组：应根据具体工程，按抗震规范填写。

（2）计算振型个数：对于单层单质点体系，填 1，多层应按工程计算需要填写。

（3）周期折减系数：应根据具体工程结构布置情况进行填写。

（4）阻尼比：程序根据结构类型参数，按相应结构类型给出默认值，用户也可修改。

（5）附加重量的质点数：该项只要输入了附加重量以后，程序自动计数，用户不能修改。

（6）地震力计算方法：选择振型分解法，程序将自动按《建筑抗震设计规范》GB 50011—2001 振型分解法进行结构地震作用计算。

当用户需要手工输入各层地震力的时候，可以点取由用户输入各层地震力项，程序将弹出地震力输入对话框。

用户应根据振动质点数和拟计算振型数依次填各质点在每一振型下的各质点的地震力。

振动质点的选取：对于规则框架，每个层面即为一个振动质点，自下而上排列；对于不规则框架，即为可以独立振动的质点个数，用户可以选取按振型分解法进行预计算，然后可以在计算结果文件中查得程序计算得到的震动质点的编号与排列顺序，用户再在此基础上输入质点数和按质点顺序填入各振型地震力。

（7）地震作用效应增大系数：根据《建筑抗震设计规范》GB 50011—2001 第 5.2.3 条规定，规则结构不进行扭转耦联计算时，平行于地震作用方向的边榀，其地震作用效应应乘以增大系数，来估计水平地震作用扭转影响。

（8）规则框架考虑层间位移校核和薄弱层内力调整：根据抗震规范 GB 50011 第 5.5.1 和 3.4.2 条规定，对规则框架，抗震验算时考虑层刚度计算、地震作用层间位移角计算、薄弱层判断与薄弱层内力调整，可选择本参数。

4. 荷载分项及组合系数

（1）荷载分项系数与荷载组合系数：程序自动按《建筑结构荷载规范》GB 50009—2001 给出默认值，一般不需要用户修改，对于特殊情况结构，用户也可以按需要修改。

（2）考虑活荷载最不利布置：当选取该项时，程序自动考虑活荷不利布置计算，否则按所有活荷一次加载情况计算。程序默认为考虑活荷不利布置，该项对计算结果影响较大，用户应慎重选取。

5. 构件验算规范

点取 [参数输入] 菜单，输入设计参数后，显示程序缺省的构件验算规范，可以点取 [构件验算] 菜单修改构件的验算规范。

对于框架顶层为门式刚架的结构，或带变截面斜梁的排架结构，整体需要考虑按《钢结构设计规范》GB 50017—2003 进行验算，但对于变截面梁柱构件、斜梁等轴力影响较大的梁杆件，可以选取门式刚架规程进行构件的强度、稳定的验算。局部带夹层的门式刚架结构形式，整体按门式刚架规程进行设计，但对于夹层梁柱，有时候需要按《钢结构设计规范》GB 50017—2003 进行校核。

其他结构类型一般不需要修改，默认按参数输入中的验算规范进行验算。

修改构件验算规范后，该构件的强度和稳定性将按照指定的规范计算。

4.2.6 钢结构截面优化

点取［截面优化］菜单，进入钢结构截面优化菜单。

优化根据结构类型，采取不同的优化方式，结构类型的选择在"优化参数"中选取，优化结构类型分为三类：轻型门式刚架、桁架、其他（框排架、支架等）。其中轻型门式刚架优化结构类型限制构件的截面仅为 H 形截面（焊接组合 H 形、H 型钢截面），其他两种类型的优化对截面没有限制。

下面以平面框架优化为例，简要说明一下操作过程：

1. 功能

适用于各类截面组成的平面杆系结构，对于各类型钢截面（含 H 型钢）、焊接组合 H 形截面、焊接组合箱形截面、自定义圆管截面程序可以自动完成优化范围的选取、构件截面的优化。对于其他类型的截面（如实腹式组合截面、格构式截面、混凝土截面等），可以由用户定义一系列可供程序选择的截面序列，程序再从用户定义的截面序列中，自动优选截面。

优化原理是按照强度、稳定、长细比、挠度及位移限值，进行多次迭代计算，最后得到用钢量最小的截面。

2. 操作方法

（1）定义优化参数

点取［优化参数］菜单，进行优化参数设置。应首先定义优化参数，因为定义强度、稳定、变形及长细比限值会影响优化范围的确定与最终的优化结果。控制柱顶侧向位移是指，在风载作用下柱顶节点的最大水平位移与柱高的比值；挠跨比的控制是指在恒＋活载作用下的挠跨比控制。

右侧对截面选取的控制，主要是针对当工程中用到焊接组合 H 形截面，在由程序自动选取截面时，对程序选取板件截面尺寸的控制，只有当订货有特殊要求（如供货为固定宽度的轧制板），需要指定"控制翼缘板宽度规格化选取"，宽度规格化的选取宽度，需要根据梁的平面外计算长度因素考虑选取合适的板件宽度，否则当梁稳定无法满足的情况下，难以获得理想的优化结果。

（2）设置成组杆件

点取［优化分组］菜单进行优化成组杆件设定。在实际工程中不可能一根杆件取一种截面，通常是把某些受力状态比较接近的杆件取相同的截面。也就是把所有杆件分成几组，每组取一种截面。程序在优化时，也是以一个组为一个优化单元，一组杆件的截面由该组中最不利的杆件决定。杆件分组可以通过设置成组杆件来完成。

程序缺省的分组是按照建模时所定义的标准截面划分的，认为具有同样标准截面的杆件划分为一组。

本选项可以改变杆件的分组，定义新组，合并分组，显示和查询杆件的分组信息。

有以下功能菜单：

1）改变分组

本菜单可以改变杆件的分组情况，首先选择要改变的分组，选中的杆件用红色显示，然后连续选择要加入该分组的杆件，选中的杆件加入该分组，同时从其原先所属分组中删除。改变一组后，可以重复改变其他组。

2）定义新组

本菜单可以定义一组新的成组杆件。首先选择一个要成为新组的杆件，然后连续选择要加入该分组的杆件，选中的杆件加入该分组，同时从其原先所属分组中删除。定义一个新组后，可以重复定义其他的新组。

利用本菜单，可以把有很多杆件的大组再细分为若干小组。

3）合并分组

本菜单可以把几个受力等条件相近的分组重新合并为一组。

4）取缺省组

本菜单可以恢复程序缺省的分组。程序缺省的分组是按照建模时所定义的标准截面划分的，认为具有同样标准截面的杆件划分为一组。

如果用户想取消当前的分组定义时，可以使用本菜单。取缺省组会使此前用户所定义的分组信息丢失，回到初始状态。所以程序要求用户确认。

5）改字大小

本菜单可以改变屏幕上所显示的字符的大小。

6）显示分组

本菜单是分组编号显示的开关。

7）查询分组

本菜单可以点取查询当前的分组情况和每一分组的截面信息。点取一个杆件后，该杆件所属分组的全部杆件都以红色显示，同时显示该分组杆件采用的截面信息。

（3）确定优化范围

点取［优化范围］进行确定每个分组杆件的优化搜索范围，这一步必须经过，才能进行后面的优化步骤。进入该项菜单以后，程序首先对于型钢截面、焊接组合 H 形截面、自定义箱形、圆管截面，根据受力条件自动确定优化初值与优选范围。对于焊接组合截面、自定义箱形、圆管截面，在程序自动确定的优化范围基础上，用户还可以通过该项菜单进行，人工干预。对于其他程序不能自动优化的截面（以灰色显示），用户可以在这里为这些截面选定可选的截面组，程序在优化时，将在选定的组中为构件选定截面。

"优选序列"的定义方式，选取"优选序列"菜单以后，再点取需要指定可选截面序列组的杆件，程序将读取该杆件的当前截面，并显示定义截面的对话框，再点取"增加"按钮，增加该杆件可选截面。一个截面组中，可以存在不同的截面类型，程序优选重量最轻的截面形式。

（4）进行截面优化

点取［优化计算］进行截面优化计算。首先按照应力（强度，稳定）、梁的挠度及长细比等限值，来调整每组杆件的截面，每组杆件的截面由该组杆件最不利的杆件确定。如果截面调整到可选截面的最大，仍不能满足，程序也将终止优化进程，用户可返回修改优化范围，或返回到建模中修改结构模型。

（5）优化结果查看与修改

查看优化结果的右侧菜单功能如下：

1）结果文件

输出初始截面参数，杆件对应的标准截面号及其计算出的强度、稳定、长细比、变形结果，总重量；优化计算的设计限值。验算不满足内容，在其输出值后紧跟"＊＊"显示。

输出优化后的截面参数，杆件对应的标准截面号，强度、稳定、长细比、变形计算结果，总重量。

2）截面查询

点取查询各分组杆件优化后采用的截面信息。

3）应力显示

图形输出强度、稳定计算结果。

4）杆件信息

查看当前杆件的详细验算内容。

5）超限文件

对于当前的结构的校核结果中的超限信息文件输出，有些超限内容，在图形上不能完全反映（如局部稳定、格构柱单肢验算结果、缀材验算结果等），可以通过该项查看。

6）改字大小

本菜单可以改变屏幕上所显示的字符的大小。

7）局部放大

8）图形说明

说明各杆件的颜色代表的该优化杆件意义。

9）导出截面

"导出截面"则导出最终结果截面，选取导出以后，优化后的截面直接返回到交互建模的模型截面数据。

4.2.7 二维结构计算

在用户完成模型输入（或优化计算）以后，点取［结构计算］菜单，程序即对用户所建模型进行内力分析、杆件强度、稳定验算及结构变形验算、基础设计等。要生成计算书以及进行后面的施工图设计，必须经过结构计算这一步。

点取［结构计算］以后，程序弹出输入生成计算书文件名对话框，确定以后，程序自动进行计算，计算完成后弹出计算结果查看界面。

4.3 门式刚架设计

4.3.1 概述

门式刚架设计的主界面参见图 4-1 所示，主要包括：三维模型输入与刚架设计、屋面墙面设计及报价、门式刚架二维设计三大模块。

应用 STS 软件进行门式刚架设计的基本流程见图 4-15。可以采用两种设计方法：第一种方法：三维建模方法，分榀进行计算、设计、施工图，再在设计的刚架基础上，进行

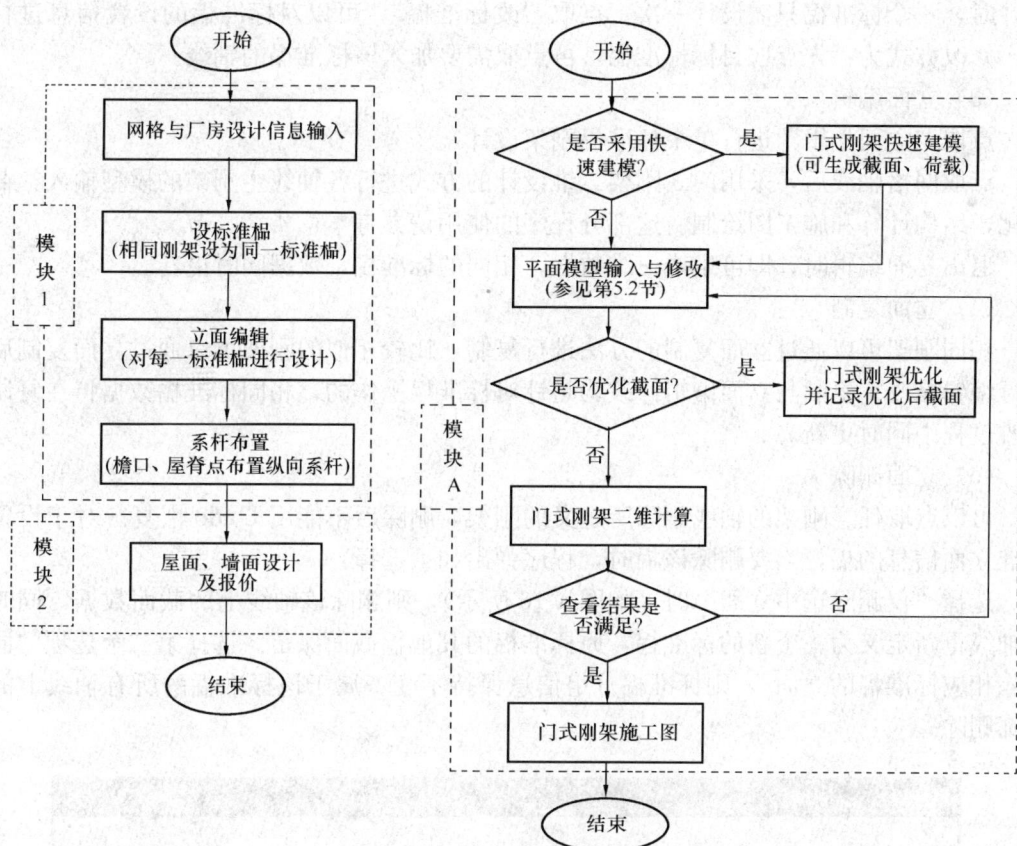

图 4-15　门式刚架设计流程

屋面墙面设计与施工图；第二种方法：二维建模方法，直接建立二维模型，进行二维分析、设计、施工图。

4.3.2　三维建模与屋面墙面设计

1. 门式刚架三维建模与刚架设计

用于完成门式刚架三维建模和主刚架设计。针对门式刚架结构的特点，可以快速输入平面网格轴线，结构设计信息；采用门式刚架二维设计的方式进行各轴线主刚架的模型输入，截面优化，结构计算和施工图绘制；可以进行立面复制，编辑，删除；可以输入纵向系杆；通过这些操作，可以建立门式刚架三维模型；并且快速生成用于屋面、墙面设计的数据。

（1）网格轴线与厂房设计信息输入

点取"网格输入"进行厂房总信息、厂房网格轴线输入。厂房总信息中的恒、活、风荷载信息能够传递到后面的"立面编辑"中的单榀刚架设计，导荷方式自动按刚架方向单向导荷。

（2）设标准榀

点取"设标准榀"进行厂房标准榀设置，对于相同刚架榀，可以设为同一标准榀（如：两个端榀相同时，设为同一标准榀；中间榀相同时，也设为同一标准榀）。立面编辑设计时，一个标准榀只需设计一次。点取"改标准榀"，可以对标准榀的设置信息进行修改，修改方式为：先点取目标标准榀，再点取需要加入该标准榀的轴线。

（3）立面编辑

点取"立面编辑"进行单个标准榀刚架设计。

点取网格轴线后，采用门式刚架二维设计的方式进行各轴线主刚架的模型输入，截面优化，结构计算和施工图绘制。这部分程序的使用请参考本章 4.3.3 节。

退出立面编辑时，即可生成三维数据，相同的标准榀，数据同时更新。

（4）立面复制

相同刚架可以通过立面复制的方法进行复制，比较相似的刚架可以通过立面复制后再进行编辑修改。复制与立面编辑修改均是针对标准榀操作的，相同标准榀数据将在复制或修改过程中同时更新。

（5）立面删除

可以点取任意刚架的轴线删除所定义的刚架，删除后不能用 Undo 恢复。对于设置过标准立面信息的榀，当要删除该榀时，程序弹出如下选择：

选择"仅删除选中立面"时（如图 4-16 所示），则删除该轴线上的截面数据，同时将该轴线重新定义为一个新的标准榀，原标准榀的其他榀截面保留。选择第二个选项"同时删除相应标准榀的立面"，则标准榀分组信息保持不变，属于该标准榀的所有轴线上的模型都删除。

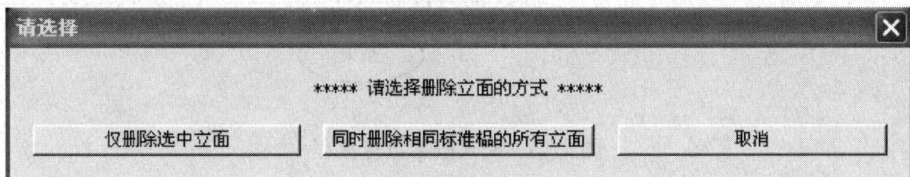

图 4-16　选择删除方式

（6）刚性系杆

对单层门式刚架，可以在檐口和屋脊定义和布置刚性系杆；对于带夹层的门式刚架，可在夹层位置定义和布置纵向钢梁。可以通过删除系杆将纵向构件删除掉。

（7）保存数据，形成用于屋面、墙面设计的数据

点取回前菜单，保存当前建模数据，程序询问是否形成用于屋面、墙面设计的数据，选择是，即可形成数据，接下来就可以进行屋面、墙面设计和报价。

可以自动生成各层荷载传递到基础的数据，用户可以进行确认。

2. 屋面、墙面设计及报价

门式刚架"屋面、墙面设计及报价"是接力门式刚架三维模型数据，快速完成门式刚架屋面、墙面的交互布置、单根构件的计算与绘图、屋面墙面布置图绘制、整体结构用钢量的统计和报价以及三维透视图的显示。

注意：门式刚架"屋面、墙面设计及报价"模块必须在三维模型已经建立完成后才可进行；模块中布置的构件仅用于单根构件计算、详图绘制、画布置图和统计钢材，不能参加结构整体分析计算。

下面详细介绍各部分功能实现和主要操作。

（1）屋面、墙面交互布置

点击屋面、墙面交互布置出现相应界面。程序缺省进入后显示底层平面图，如需要布置屋面构件，则需点击右侧菜单中的屋面构件，在出现的平面图中布置檩条、支撑等构件；如需要在侧立面上布置构件时，首先应选择右侧菜单中的墙面构件，再点取立面所在网格线，然后在出现的侧立面图中布置构件。

1）标号前缀

可以定义构件的标号前缀，用户可以按实际需求定义各类构件的标号前缀，在今后的交互布置、构件详图、布置图、构件表中的构件标号为标号前缀加归并号；如未执行"标号前缀"菜单，则按照程序内部缺省的前缀命名构件，如檩条缺省前缀为"LT"。

2）屋面构件

在标准层平面布置支撑、檩条、隔撑、拉条、斜拉条等构件，并提供相应的编辑功能，如修改截面、删除构件等。

程序缺省点击屋面构件后进入的是顶层平面，用户可以通过"选择楼层"菜单来切换标准层。

①屋面支撑布置与编辑

屋面支撑是柔性或刚性交叉支撑，截面可以是圆钢或等边角钢。

截面定义后，按命令行提示：首先选择需要布置支撑的房间，选定需要布置支撑的梁，定义支撑组数和是否等距即可完成该房间内支撑的布置。

支撑只能在单个房间内布置。布置完成后可以对支撑进行拷贝、删除、修改等。拷贝、删除支撑是针对房间进行的；修改支撑是针对选中的一组支撑进行的。修改支撑截面，在交互布置中认为不满足需要时可以修改截面，另外在后边的支撑计算完成后，如不满足设计要求，可在此修改截面。

②檩条布置与编辑

A. 檩条布置

檩条布置可以在所有房间内进行，可以跨越房间布置。点击"布置檩条"，首先选择布置方式：自动布置或交互布置，二者可结合使用。

a. 自动布置檩条：点击自动布置后，出现参数确认对话框，确定檩条及拉条信息、斜拉条设置信息、檩条排列方式等，程序自动布置檩条及拉条。用户可以对自动布置的结果进行编辑，如设置悬挑、修改截面等。

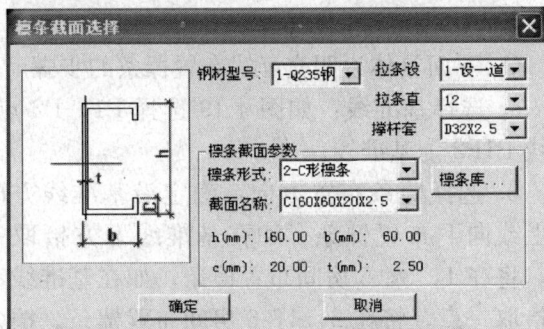

b. 交互布置檩条：点击"交互布置及编辑"后，出现檩条截面定义对话框（见图4-17），确定钢材型号、拉条信息、檩条截面等，参数确认后，按命令行提示：选择参考基准线，在屏幕上点取檩条相对与基准线的排列方向，输入檩条间距和数目，即可依次布置。檩条间的拉条是自动布置的。斜拉条可以在任意两排檩条之间布置。

图 4-17　檩条、墙梁截面定义

檩条布置时可以选择的截面形式包括以下六种，即斜卷边 Z 形冷弯薄壁型钢、C 形冷弯薄壁型钢、直卷边 Z 形冷弯薄壁型钢、双 C 形背靠背组合、双 C 形口对口组合和高频焊接 H 型钢。檩条库（也适用于墙梁布置、檩条计算和绘图、墙梁计算和绘图）：点击上图右侧的檩条库按扭出现如图 4-18 所示对话框，用户可以对型钢截面进行编辑（增加、修改、删除）。

檩条库由常用的 C 形、Z 形（斜卷边或直卷边）冷弯薄壁型钢组成，以文本文件的方式存储在当前工作目录内，包括三个文件 ccsteel. lib，czsteel. lib，

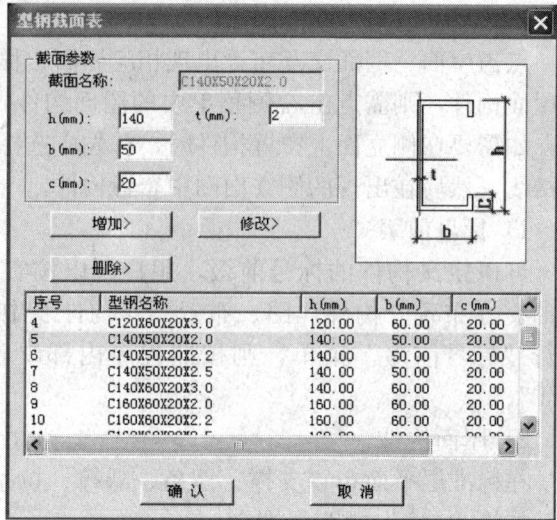

图 4-18　檩条库编辑

zzsteel. lib。对于用户选择的截面规格，如果规程（规范）中存在，则其截面特性由型钢库读取，否则，按照《冷弯薄壁型钢结构技术规范》GB 50018—2002 附录 B 提供的截面特性近似公式进行计算（按截面中心线计算）。

B. 檩条及拉条编辑

a. 檩条悬挑：设置边缘檩条的悬挑，可以窗选或单个选择设置悬挑。选中要悬挑的檩条，按提示选择悬挑方式、输入悬挑长度，参数输入完成后按鼠标右键或〔Esc〕键退出即可。单选布置悬挑时，是在离选中点较近的一端设置悬挑。如果需要设置构件两端的悬挑，则需要两步完成，首先设置左悬挑，然后再选中同一构件设置右悬挑，反之亦可；如果需要取消已经设置的悬挑，可将悬挑长度设为 0 重新对构件设置悬挑即可。

b. 修改檩条：是修改檩条截面，檩条计算完成后如不满足设计要求，可在此进行修改；修改檩条不仅可以修改檩条截面形式，还可以修改檩条间拉条的设置情况。注意：如进行檩条修改后，则自动将选中的檩条间的斜拉条删除，如需要请重新布置。

c. 布斜拉条：按提示选择需要布置斜拉条的两排檩条即可实现。两排檩条选择次序不同，斜拉条设置方向不同，具体操作时应注意。

删除拉条：提供单选和窗选方式删除。可以删除直拉条、斜拉条，也可以二者同时删除。

C. 下面具体说明交互式布置檩条的步骤

a. 选择基准线：如图 4-19 选择 P1，P2 点，直线 P1P2 为基准线；

b. 选择檩条布置方向：确定沿基准线方向向上或向下布置檩条。如在基准线下方拾取一点，将在 1，3，5 房间布置檩条；如在基准线上方拾取一点，将在 2，4，6 房间布置檩条。檩条方向平行于基准线。

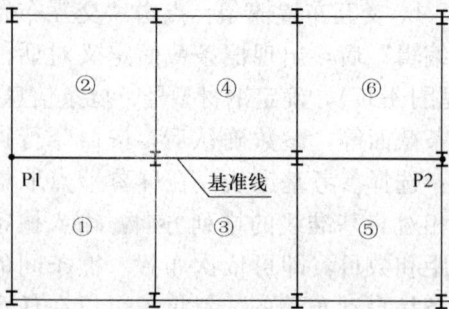

图 4-19　檩条布置示意图

c. 输入檩条间距和数目：（按照提示行输入）

檩条间距（单位：毫米）对于第一排檩条是指与基准线的距离，对于其他檩条是相对于前一排檩条的距离。

一般选择屋脊线作为基准线，沿着屋面坡度布置檩条，檩条间距一般取 1500mm。

③屋面隅撑布置与编辑

布置隅撑：提供单选、窗选和轴线选择三种方式布置隅撑。

隅撑截面为单角钢，隅撑形式分为三种：类型 A（连在刚架构件下翼缘上），类型 B（连在刚架构件下翼缘附近的腹板上），类型 C（连在靠近下翼缘附近的加劲板上）。

定义第一排檩条孔距支座中心距离 c 和檩条孔间距 d，主要是规格化檩条上隅撑孔的位置。

删除隅撑：提供单选、窗选方式删除隅撑。

④全楼归并、改归并号

全楼归并：点击全楼归并将对整个楼层平面中的构件包括支撑、檩条、隅撑、拉条等进行归并，并标注构件标号。归并时考虑了截面特性、构件长度等因素，并且程序自动将有斜拉条处的直拉条和无斜拉条处的直拉条分开归并；另外檩条归并时还考虑了檩条是否悬挑、悬挑长度，斜拉条孔和隅撑孔位置是否相等等因素。

改归并号：用户可通过此菜单修改程序自动归并的结果，如果将截面不同的构件归并为同一归并号时，程序将提示用户是否真的需要修改，用户确认后则强行修改，否则不修改。

如果当前工程为新工程，即未执行过屋面、墙面构件的布置，则在屋面构件交互布置菜单退出前程序自动进行全楼归并；如果当前工程为旧工程，即曾经布置过屋面、墙面构件，则在构件交互布置时程序会自动将新布置的构件与已存在的同类构件进行归并，这种情况下如果在退出前用户点击了"全楼归并"，将不保存以前修改归并号的结果，重新对各构件归并。

3）墙面构件

点击墙面构件首先应在底层平面图中选择网格线来确定立面，进入后便可在选中立面上交互布置墙架梁、墙架柱、隅撑、柱间支撑、拉条、斜拉条等，还可以在此定义抗风柱。

用户选择要执行的菜单，根据提示输入相应的数据，即可在任意由梁、柱围成的区格内布置构件。布置完成后还可以对构件进行编辑，如整间拷贝、整间删除和单个删除等。

①墙架梁、墙架柱

墙架梁、墙架柱截面形式可以是冷弯薄壁 C 形、Z 形（斜卷边或直卷边）型钢截面，名称可以由截面名称列表框中选取。墙架梁、墙架柱截面定义对话框可参考檩条截面定义。

墙架梁、墙架柱布置时要求输入的距离是相对选中的网格原点的相对值，单位为毫米。墙架梁：布置墙架梁时，程序提示用户选择墙梁布置方向，即口朝上或口朝下；对于墙梁提供墙梁悬挑和修改墙梁功能。墙梁悬挑提供窗选和单选方式完成，选中目标后按命令行提示，首先选择悬挑方式，然后设置悬挑长度即可实现选中墙梁的悬挑；修改墙梁即修改墙梁截面，主要是计算完成后如墙梁不满足设计需求，可在此修改。

墙架柱：可以在选中网格区域中的任意两墙梁间或整个区域高度范围内布置墙架柱。如在墙架柱布置的高度范围内有墙梁时，程序自动打断墙梁；如需要在整个网格区域高度内布置墙架柱，按命令行提示选择网格号的最低点和最高点即可实现。

②柱间支撑

柱间支撑可以是柔性或刚性支撑，有五种形式供选择。

下面介绍不同形式支撑各杆件截面的可选形式：类型（一），即交叉形支撑，斜杆截面可以是圆钢、等边角钢（单角钢、双角钢）、双片支撑（等边角钢、不等边角钢），如图4-20所示；类型（二）、（四）、（五），斜杆可选截面为圆钢和等边角钢（单角钢、双角钢），水平杆可选截面为等边角钢；类型（三），即门形支撑，上部腹杆、斜杆和水平杆截面形式可选等边角钢（单角钢、双角钢）。如支撑类型选择门形支撑，用户可以通过上图中节间数 n 值改变上弦杆数目，目前 n 的可选值为 4，6，8。

如果实际工程需要在一个区域内布置多道交叉支撑，可以选择类型，点取"参数输入"，出现如图4-21所示对话框，定义支撑组数和各组支撑高度比便可实现。

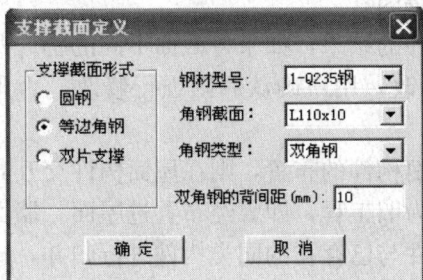

图 4-20　交叉形柱间支撑截面定义　　　　　图 4-21　多层交叉支撑参数设置

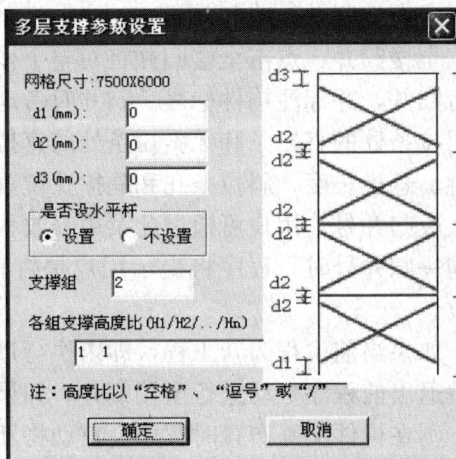

③墙面隅撑

提供单选和窗选方式布置隅撑，隅撑截面定义见屋面隅撑。隅撑的布置方向依赖与相关的墙梁，即如果墙梁布置方式为口朝下，则自动将隅撑布置在墙架梁的上部，如果墙梁布置方式为口朝上，则自动将隅撑布置在墙架梁的下部。

④设抗风柱

设置山墙立面上的抗风柱。这里选择的柱只能是在三维模型中布置的柱。在此增加设置抗风柱仅是一个辅助的定义，为后面的单根抗风柱的点取计算和绘图做准备，并不能定义或修改该柱的几何信息，如果三维模型修改后，需删除原有抗风柱定义，重新定义抗风柱。

⑤全楼归并、修改归并号

全楼归并：点击全楼归并将对所有立面中的构件，包括墙架梁、墙架柱、墙面隅撑、柱间支撑、拉条等构件自动进行归并，并标注构件标号。归并时考虑构件的截面特性、构件长度，并且程序自动将有斜拉条处的直拉条和无斜拉条处的直拉条分开归并，对墙梁归并时还考虑了墙梁是否悬挑、悬挑长度、斜拉条孔和左右两端隅撑孔的位置等。

改归并号：用户可以修改程序自动归并的结果。

4）层间拷贝

可以将一个标准层中布置的维护构件全部拷贝到另外一标准层中。点取"层间拷贝"按命令行提示选择已经布置维护构件的标准层号，然后选择目标标准层号，程序自动实现拷贝。应注意：如果两个标准层中的网格划分不同，拷贝完成后，支撑、檩条可能不合理，用户需要局部修改。

5）墙面拷贝

可以将源立面中已经布置的墙面构件全部拷贝到目标立面中。拷贝的前提是两立面几何形状完全相同。

6）保存退出

保存当前的屋面、墙面布置，返回主菜单。

7）放弃退出

放弃当前的屋面、墙面布置，返回主菜单。

（2）檩条、墙梁、隔撑计算和绘图

分屋面构件和墙面构件两部分实现。下面分别介绍：

1）屋面构件

点击屋面构件进入下级菜单，可点取计算檩条和屋面隔撑，并绘制详图，而且可以绘制拉条详图，檩条、拉条和屋面隔撑详图可绘制在同一张图纸上。程序缺省进入顶层平面，用户可通过"选择楼层"变换标准层。功能主要分计算和绘图两部分：

①计算

A．檩条计算：在平面图上点取需要计算的檩条，出现如图4-22所示对话框（目前程序可计算的檩条截面形式包括冷弯薄壁斜卷边Z形、C形、直卷边Z形、双C形背对背

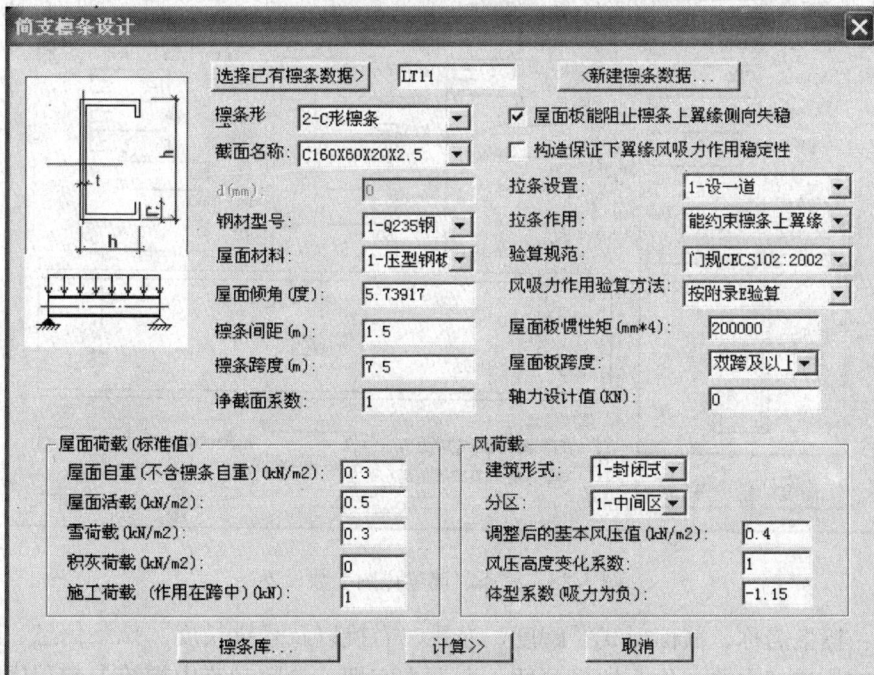

图4-22　檩条计算

153

组合、双 C 形口对口组合、高频焊接 H 形截面)。

其中：钢材型号、屋面倾角、檩条间距、檩条跨度、檩条形式、截面名称、拉条设置、屋面自重、屋面活荷等参数程序自动从整体模型中取得，屋面荷载接力门式刚架三维建模中的荷载数据；其他参数程序给出缺省值，用户可以调整。参数确认后点击"计算≫"按钮，程序自动计算。计算结果可查看结果文件。

计算完成后如果计算满足在平面图中用绿色标记，如果计算不满足用粉色标记。对计算不满足的檩条，可回到交互布置中进行檩条截面的修改。

B. 隅撑计算：在平面图上点取需要计算的隅撑，出现相应对话框。

其中：隅撑节点形式、隅撑位置、与隅撑相关的檩条截面形式、工字梁截面数据、隅撑名称、隅撑与腹板夹角、隅撑截面、檩条孔相关信息等参数程序自动从整体模型中取得或计算得出。螺栓数据中螺栓直径从交互布置信息中取得，b 值用户可以调整，a 值是程序自动计算的，h 取檩条截面高度的一半和 100mm 之间的小值。参数确认后点击"计算"按钮，程序自动计算。计算结果可查看结果文件。

计算过的隅撑在平面图中使用绿色标记。

②绘图

A. 选择檩条：提供单根点取和框选方式选择需要绘图的檩条，选择方式可通过〔Tab〕键切换。在平面图上点取檩条，出现图 4-23 所示对话框(目前可绘图的檩条截面形式包括冷弯薄壁斜卷边 Z 形、C 形、直卷边 Z 形、双 C 背对背、双 C 口对口、高频焊接 H 型钢)。

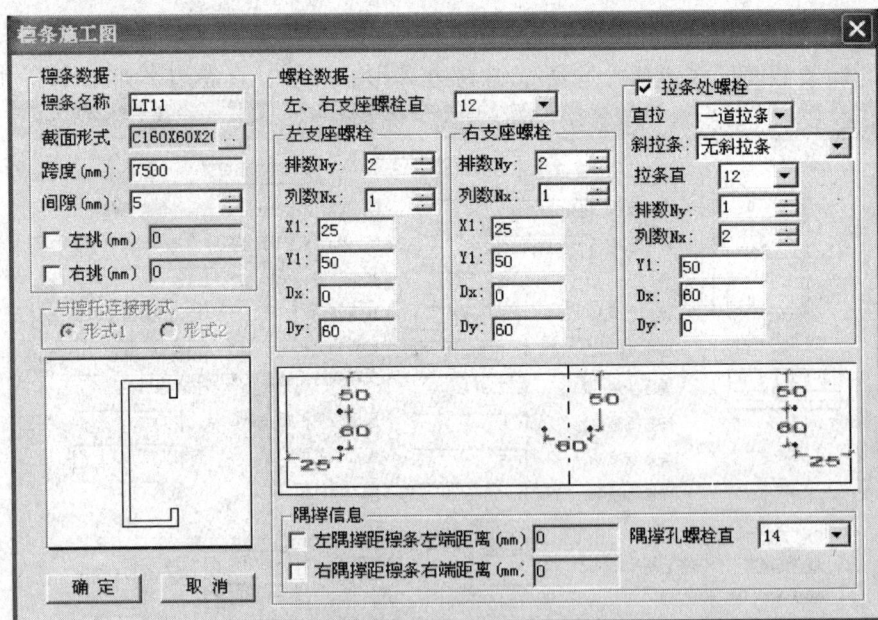

图 4-23　檩条、墙梁详图参数设置

其中：檩条名称、截面形式、跨度、左挑、右挑以及悬挑长度、拉条信息、隅撑信息等自动从整体模型中传来作为缺省参数。左右支座螺栓参数和跨中螺栓参数程序给出缺省值，用户可以按要求调整。如果未设置拉条则跨中螺栓按钮未选中，相关参数不可选。新

154

的檩条详图中增加了斜拉条孔和隔撑孔。

下面以左支座螺栓数据为例解释参数 X_1、Y_1、D_x、D_y 的含义：X_2 为最左端一列螺栓距檩条左端端部的距离；Y_1 为最上面一排螺栓距檩条顶部的距离；D_x 为各列檩条之间的间距；D_y 为各排檩条之间的间距。

可以选择多根檩条绘制详图，每选择一次需要定义或修改相应的螺栓参数，选中的檩条将画在同一张图上。

选中要画详图的檩条在平面图中用黄色标记，同时将归并号与选中檩条归并号相同的檩条全部标记。

B. 选择拉条：在平面图上点取需要绘图的拉条（包括直拉条、撑杆和斜拉条）。出现相应对话框。其中：拉条类型、拉条直径、撑杆套管的截面、构件名称等自动从整体模型中传来，其余参数给出缺省值，用户可以根据实际情况修改。

选中的拉条在平面图中用黄色标记，同时将归并号与选中拉条归并号相同且类型相同的拉条全部标记。可以选择多根拉条，选中的拉条将画在同一张图上。

C. 选择隔撑：在平面图上点取需要绘图的隔撑，程序可自动取得隔撑的相关信息，具体可参考"隔撑计算"部分。

选中的隔撑在平面图中用黄色标记，同时将归并号与选中隔撑归并号相同的隔撑全部标记。可以选择多个隔撑，选中的隔撑将画在同一张图上。

D. 全层檩条：选中当前层平面中的全部檩条绘制详图，这样避免了用户多次选择。如选择全层檩条绘图，则所有檩条的支座螺栓和跨中螺栓相关信息都是初始对话框中定义的数据，如各檩条这些参数不同，则应采用单个点取方式选择檩条。

E. 全层拉条：选中当前层平面中的全部拉条进行绘图。

F. 全层隔撑：选中当前层平面中的全部隔撑进行绘图。

G. 绘施工图：绘制选中的檩条、拉条和隔撑的详图及材料表。

注意：这里的檩条计算和绘图是独立的，绘制檩条施工图之前需要选择目标，而选中绘图的檩条并不一定要经过前面的檩条计算。同样隔撑、墙梁、支撑、抗风柱等构件的计算和绘图也一样是相互独立的。

2）墙面构件

点击墙面构件，命令行提示请选择网格线确定立面，立面确定后进入下级菜单，可计算选中立面上的墙架梁和墙面隔撑，并绘制详图，还可以绘制立面上拉条和墙架柱的详图。墙架梁、墙面拉条、墙面隔撑、墙架柱可以绘制在同一张图纸上，也可分开绘制。功能主要分计算和绘图两部分：

①计算

A. 墙梁计算：在立面图上点取需要计算的墙梁，出现如图 4-24 所示对话框。

其中：钢材型号、墙梁间距、墙梁跨度、墙梁形式、墙梁截面名称、拉条设置、墙梁布置方式等参数自动整体模型中取得，其他参数程序给出缺省值，用户可以按要求修改。参数确认后点击"计算≫"按钮，程序自动进行计算：计算结果可查看结果文件。

计算完成后，如果计算满足将在立面图中用绿色标记该构件，如计算不满足则用粉色标记。对计算不满足的墙梁，可回到交互布置中进行墙梁截面的修改。

B. 隔撑计算：墙面隔撑的计算可参考屋面隔撑的计算。墙面隔撑计算和绘图时与隔

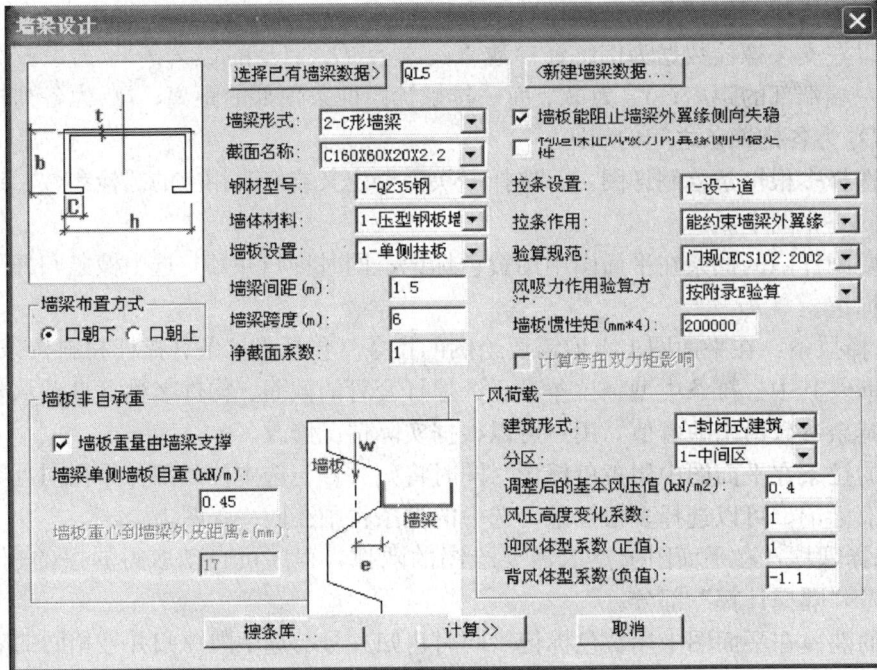

图 4-24　墙梁设计参数设置

撑相关构件分别为墙架梁和立面工字形柱。

②绘图

A. 选择墙梁：提供单选和窗选方式选择墙梁。选择墙梁可参考檩条绘图部分。

B. 选择拉条：选择当前立面中拉条进行绘图。可参考前面的屋面构件中拉条绘图部分。

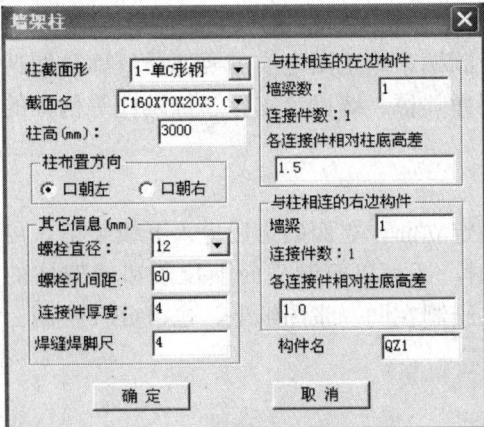

图 4-25　墙柱设计参数设置

C. 选择隔撑：选择当前立面中隔撑进行绘图。可参考前面的屋面隔撑绘图部分。

D. 选择墙柱：选择当前立面中的墙架柱进行绘图。选择墙柱，出现如图 4-25 所示对话框，除"其他信息"栏中的数据需要用户自己确定外，其他参数均可以从整体模型中取得。

E. 全部墙梁：选中当前立面中全部墙梁进行绘图。

F. 全部拉条：选中当前立面中全部拉条进行绘图。

G. 全部隔撑：选中当前立面中全部墙面隔撑进行绘图。

H. 全部墙柱：选中当前立面中的全部墙架柱进行绘图。

I. 绘施工图：绘制选中构件的详图及材料表。

（3）支撑计算和绘图

可以实现屋面支撑和柱间支撑的计算和绘图。屋面支撑和柱间支撑分开实现，选择屋面支撑进入屋面支撑的计算和绘图；选择柱间支撑首先应选择网格线确定立面，然后在选中立面上点取柱间支撑进行计算和绘图。

1）屋面支撑

目前能计算和绘图的屋面支撑形式：X形（圆钢、等边角钢）。

①选择楼层：变换标准层。

②支撑计算：在平面图上点取需要计算的屋面支撑，出现相应对话框。

其中：支撑类型，钢材型号，角钢截面，几何尺寸B、L，构件名称等参数自动从交互布置信息中取得。

容许长细比限值：只对角钢起作用，对于圆钢，程序默认该圆钢带有张紧装置，对这类杆件的容许长细比规范没有限制，对角钢按规范给出缺省值（屋面支撑为400），用户可以修改。

优选截面：如选中优选截面计算按钮，程序会对支撑截面进行优选计算，对于圆钢优选截面的控制条件为强度控制，对于角钢由强度、容许长细比共同控制，在满足控制条件下，搜索用钢量最小截面，并在计算结果文件中给出优选后的截面。如用户对程序优选结果满意则可回到交互布置中修改支撑。

设计剪力：是作用于本支撑段剪力设计值（kN），用户可以计算后输入，也可以点击上图中的"设计剪力（kN）"按钮使用程序提供的辅助计算工具计算。点击"设计剪力（kN）"按钮出现如图 4-26 所示对话框。

其中：风荷载信息需要用户自己输入，其余参数缺省值是选中支撑所在房间

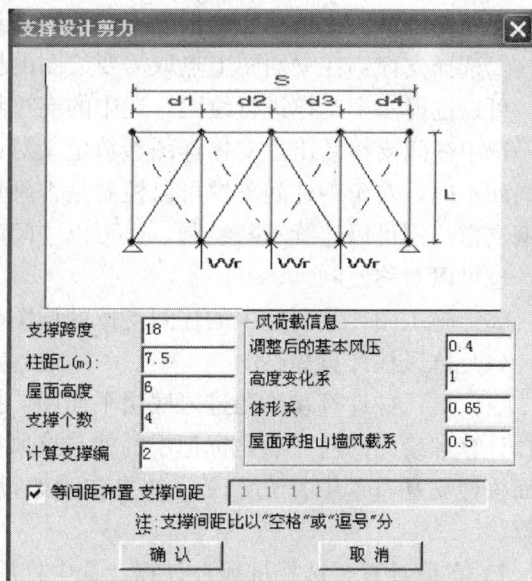

图 4-26　屋面支撑设计剪力

的支撑信息，计算支撑编号是支撑在所在房间总支撑中的编号（从左向右或从下向上排列），用户可根据影响支撑的实际情况修改参数。注意：计算出的设计剪力是选中支撑的剪力，不一定是最不利值，点取"确认"后，程序会显示所有支撑斜杆的设计剪力、支撑直杆的设计轴力，并把所计算支撑编号的支撑斜杆设计剪力传到支撑计算对话框。

参数确定后，程序自动进行计算，计算结果可查看结果文件。

支撑计算满足和不满足在平面图中将用绿色和粉色标记。如果计算不满足可回到前面屋面构件交互布置中进行支撑截面修改。

③选择支撑：选择需要绘图的屋面支撑。选中支撑后出现相应对话框，其中：支撑类型、支撑几何数据、支撑截面以及构件名是通过整体模型传来的，其他参数如焊缝数据、螺栓数据、节点板数据等给出缺省值，用户可根据需要修改。

选中的支撑在平面图中用黄色标记，可以选择多个支撑进行绘图。选中的支撑将绘在同一张图纸上。

④绘施工图：绘制选中的屋面支撑的详图和构件表。

2）柱间支撑

点击柱间支撑，命令行提示请选择网格线确定立面，立面确定后，进入下级菜单，实现柱间支撑的计算和绘图。

能绘图的柱间支撑形式：X形（圆钢、等边单角钢、双角钢）、双片支撑（等边角钢、不等边角钢）、门形支撑。

①支撑计算：在立面图上点取需要计算的柱间支撑，自动传递支撑类型、截面形式、支撑尺寸 B，H，构件名称等。

作用于支撑上的荷载需要用户根据实际情况输入。

对于交叉支撑设计时可以选择设计方法，对圆钢和单角钢按柔性杆件考虑，计算按轴心拉杆进行设计，压杆退出工作；对双角钢设计方法可选择按拉杆设计或一拉一压杆件设计。程序提供截面优选功能，根据支撑几何信息和荷载作用在结果文件中给出优选截面。

②选择支撑：在立面图上点取需要绘图的柱间支撑。选中的支撑在平面图中用黄色标记，可以选择多个支撑进行绘图。选中的支撑将绘在同一张图纸上。

选中柱间支撑后出现支撑详图参数定义对话框，其中截面相关数据部分根据支撑类型不同而不同，对角钢柱间支撑可以控制是否画角部节点板、可以选择不同设计方法、对单角钢支撑角钢可以连续不断绘制，也可以中间断开；对门形支撑，可以将整个支撑完整绘制，也可以对称绘制。

③绘施工图：绘制选中的柱间支撑的详图和构件表。

（4）抗风柱计算和绘图

点取抗风柱计算和绘图进入底层平面图，抗风柱在平面图中用黄色的圈标记，即用户选择计算和绘图的柱只能是标记中的柱。抗风柱的定义可以在三维建模中实现，也可以在墙面构件交互布置中补充定义。如果在刚架设计时，已经完成抗风柱计算，此处不用再计算。

1）点取计算：选择抗风柱计算。选中柱后出现图 4-27 对话框。

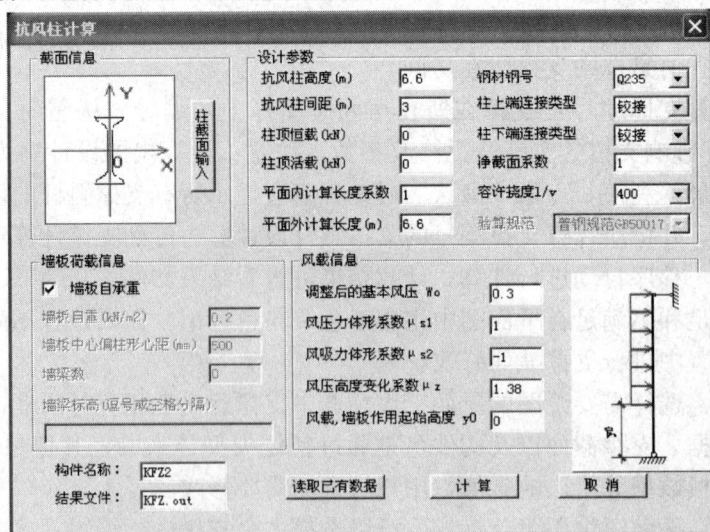

图 4-27 抗风柱计算

其中：构件名称、抗风柱高度、抗风柱间距、钢材钢号和相关的墙梁信息是程序自动从整体模型中取得和计算的。用户需要输入柱顶恒载和活载值，其余参数给出缺省值，可修改。

参数确定后点击"计算"按钮程序自动进行抗风柱计算。计算完成后，可以通过结果文件查看计算结果，还可通过图示的方式查看不同组合下的内力及验算结果，可以重新进行设计。

2）选择构件：选择需要绘图的抗风柱，选中后出现如图 4-28 所示对话框。

其中：柱截面类型、柱高度、材质、截面数据、相连的墙梁信息、构件名等程序自动从整体模型中取得，其余参数如焊缝高度、螺栓直径等给出缺省值，用户可根据实际情况修改。

3）绘施工图：绘制抗风柱详图并形成构件表。将选中的抗风柱绘制在同一张图上。

（5）绘布置图

绘制不同结构层的平面布置图、墙面布置图，统计当前图形中的构件并形成构件表。用户可使用标注尺寸、标注字符、标注轴线、标注中文等公用工具对图面进行修改和补充，还可以通过移动图块操作对图面进行调整。

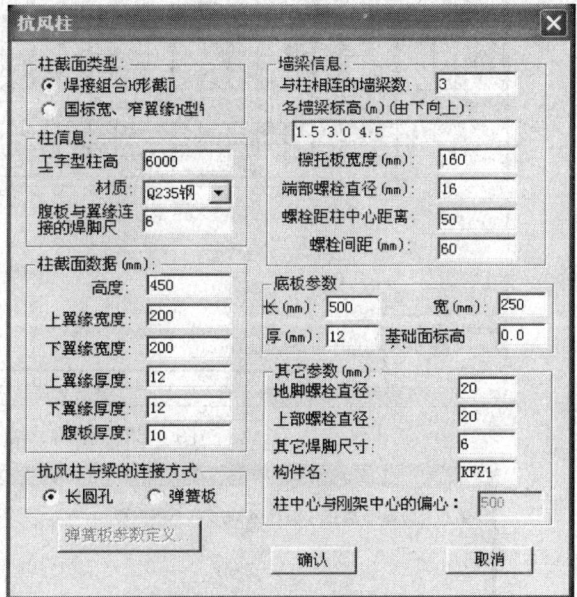

图 4-28 抗风柱绘图参数设置

点取菜单"屋面构件"绘制屋面构件布置图时，出现图 4-29 的构件选择对话框，用户可以按需要选择需绘制的屋面构件。程序提供的选择项包括屋面支撑、檩条及拉条、屋面隅撑，缺省是全部选中。

注意：构件表中的构件单重同画构件详图时形成的材料表中的重量对应，如该类型构件未进行构件详图的绘制，则在构件表中构件重量为 0。

（6）三维线框透视图

通过绘制 3D 图使用户可从三维空间的不同角度观察整个模型。见图 4-30。

（7）钢材统计和报价

1）钢材订货表

统计所有布置的刚架柱、梁、檩条、墙梁、支撑、隅撑等的用钢量（毛重），按标准截面列出钢材订货表。

2）钢材报价表

按照各种材料的价格统计所有布置的刚架柱、梁、檩条、墙梁、支撑、隅撑等的单方造价、总价和总用钢量。用户可以修改工程量和单价，在修改后程序可以重新形成报价表。

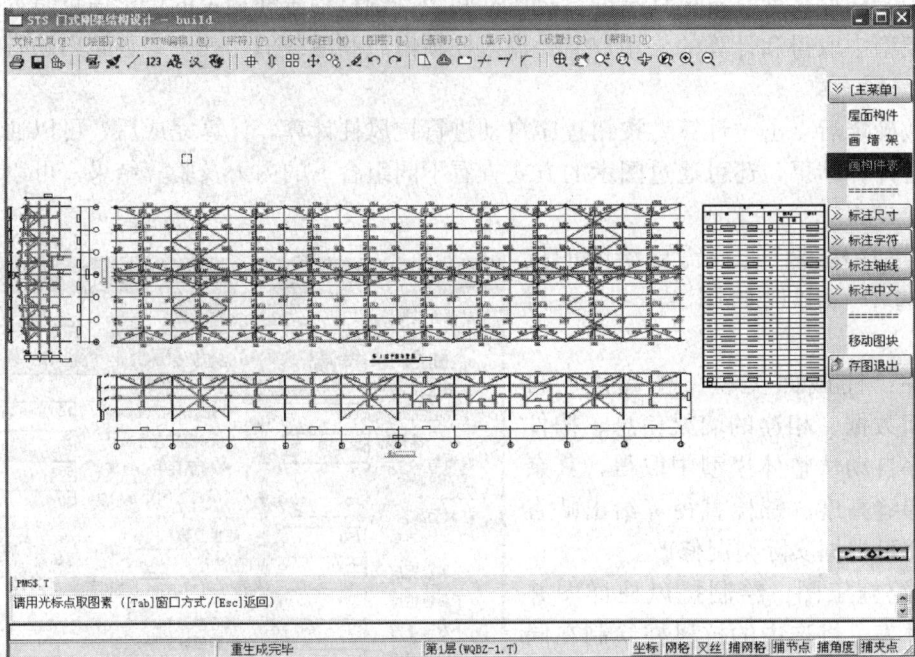

图 4-29 屋面、墙面布置图

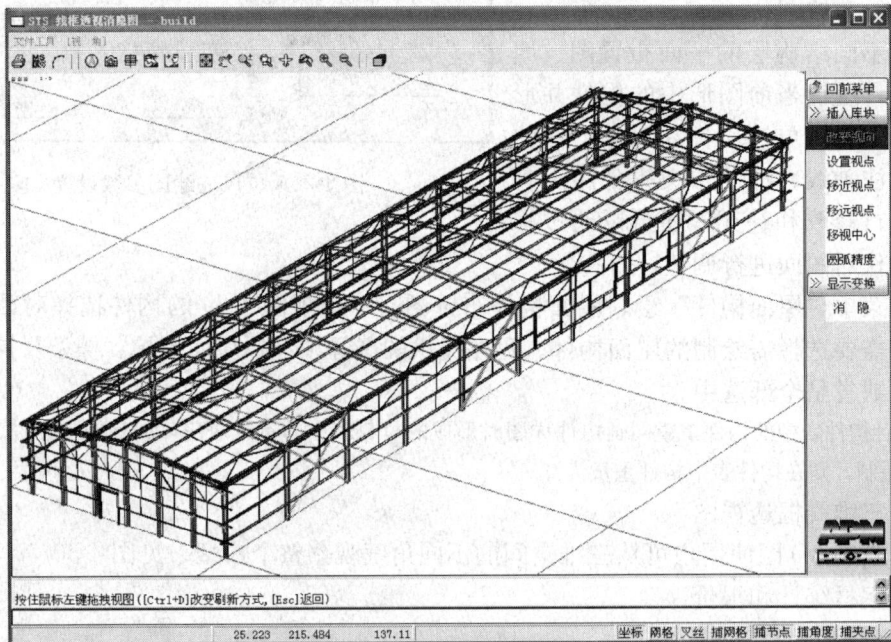

图 4-30 三维线框透视图

4.3.3 门式刚架二维设计

门式刚架二维设计在 PK 交互输入与优化计算中进行，在该项菜单中，可以完成平面建模（可快速建模）、二维分析、单榀刚架的节点设计与施工图。

模型的输入操作，详见 4.2 节说明。

1. 门式刚架优化设计

门式刚架截面优化是程序为用户优化设计方案提供的工具，根据用户的需求，可以利用这个工具进行截面优化设计，也可以直接从当前输入的模型进行结构计算。

优化操作过程详见第4.2.6节，针对门式刚架的优化，同时需要注意以下问题：

（1）优化结构类型选取"轻型门式刚架"，针对这种轻型门式刚架类型的特点，程序采用相应的优化搜索方法，同时能够保证一跨中多段变截面梁截面高度的连续性。

（2）当前版本可以优化的门式刚架截面类型有：焊接工形截面、H型钢截面；对于其他截面类型，不能采用门式刚架方式优化。

（3）截面优化是按照分组截面为优化对象（默认为建模输入的同一标准截面杆件为一组），一个分组由最不利的杆件控制，所以当受力状态差异很大的构件用同一个分组时，优化结果可能比较差；建议当需要优化时，截面分组受力状态有明显差异的不同构件应尽量采用不同的截面分组。

（4）人机交互建模时不允许存在加腋截面，建议采用分段变截面输入。

（5）在PK人机交互建模时可以定义柱、梁的平面内计算长度系数。在优化计算时，程序可以采用用户定义的梁平面内计算长度系数，但不采用用户定义的柱平面内计算长度系数，因为当程序调整构件截面时，柱平面内计算长度系数是变化的。

（6）必须选择门式刚架（即按轻钢规程计算），即可以按照《门式刚架轻型房屋钢结构技术规程》CECS 102：2002或按照上海市标准《轻型钢结构设计规程》DBJ 08—68—97进行优化设计。

2. 门式刚架二维计算

在"PK交互输入或优化计算"中完成模型与参数输入以后，点取"结构计算"，程序即对用户所建模型进行内力分析、杆件强度、稳定验算及结构变形验算等，生成平面分析计算结果，这里重点讲述门式刚架验算结果，查询用户应着重注意的一些项目：

（1）节点位移图、弯矩图、轴力图查看，该项主要查看内力及位移是否合理，如发现异常，则返回模型输入，查看输入的模型是否正确；

（2）应力图查看，此项可以直观的查看构件的强度、稳定及长细比是否满足；

（3）超限信息文本查看，通过此文件可以快速查看所有不满足项，如需要更详细的信息，可以进入到结果输出文本文件查看；

（4）钢梁挠度图，查看钢梁挠度是否超过规范限值，查看屋面坡度改变率是否超过规程要求；

（5）风载作用节点位移图，查看柱顶位移是否超过规范限值。

3. 门式刚架施工图

在"结构计算"完成以后，并确认各项都满足规范要求的前提下，即可进入"绘施工图"菜单，进行门式刚架节点设计和施工图绘制。

（1）功能

本菜单与STS的平面杆系建模和计算结果数据接口，再进行节点设计，最后生成门式刚架施工图，输出计算结果。编程按照《门式刚架轻型房屋钢结构技术规程》（以下简称规程CECS 102：2002）和上海市标准《轻型钢结构设计规程》DBJ 08—68—97编制。

施工图包括刚架整体立面图，连接节点剖面图、材料表、腹板大样图、构件详图、节点大样图。

（2）适用范围

1）对刚架跨度和高度不限制。

2）可处理单跨、多跨、对称和非对称门式刚架。可以有吊车荷载。构件可采用等截面或变截面梁、柱和加腋截面梁。截面为实腹焊接 H 形截面或者标准 H 型截面。截面布置角度可为 0°、180°，柱截面布置还可以为 90°、270°。如图 4-31：

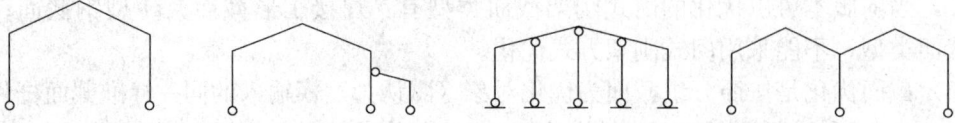

图 4-31　结构形式

3）檐口梁柱刚性连接节点、屋脊刚性连接节点、柱脚节点类型

4）牛腿

牛腿构造如图 4-32 所示。柱子为焊接工型截面，可为等截面或变截面柱。牛腿板件尺寸与柱截面尺寸相协调，牛腿各部分焊缝由计算确定。

若在门式刚架建模中布置吊车荷载时，程序就认为在吊车荷载作用的节点处需布置牛腿。用户不需要在该节点处输入一悬臂梁作为牛腿；只需要把作用在牛腿上的所有荷载（包括竖向荷载产生的偏心弯矩）布置在柱顶节点上。这些数据将被收集用于牛腿的设计。

（3）操作方法

执行绘施工图，进入门式刚架绘图主菜单。见图 4-33。

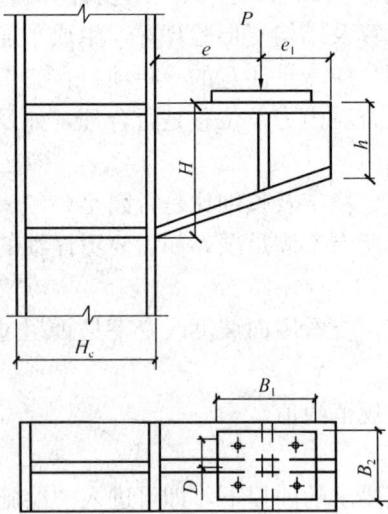

图 4-32　牛腿构造

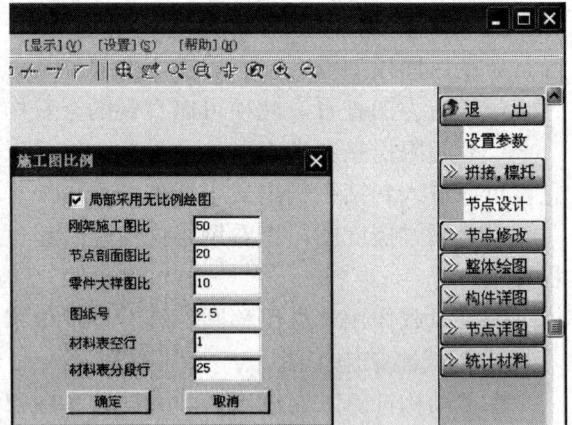

图 4-33　门式刚架绘图主菜单

各菜单功能如下：

1）退出，即返回门式刚架二维设计主菜单。

2）设置参数

用户必须首先执行本菜单。读取二维结构计算结果，准备初始数据。定义设计和绘图参数。

注：材料表分段行数是指材料表每列最多的行数，在该列处换行。

3）设置梁拼接点、檩托布置（拼接 & 檩托）

本菜单显示刚架轮廓图，在梁梁连接节点处，可设置拼接节点。程序默认在所有梁梁连接处均设置拼接节点，拼接点用红色圆点显示。用户可以根据实际需要设置和删除。

布置檩托可以在刚架梁或者刚架柱上分别定义不同的檩托类型和布置参数，见图4-34，布置完成后的檩托会统计入材料表，在刚架施工图和构件施工图中绘制。可以修改或删除布置的檩托。

本菜单还可查询构件尺寸，节点编号，构件编号，总体尺寸。各菜单为开关选项。

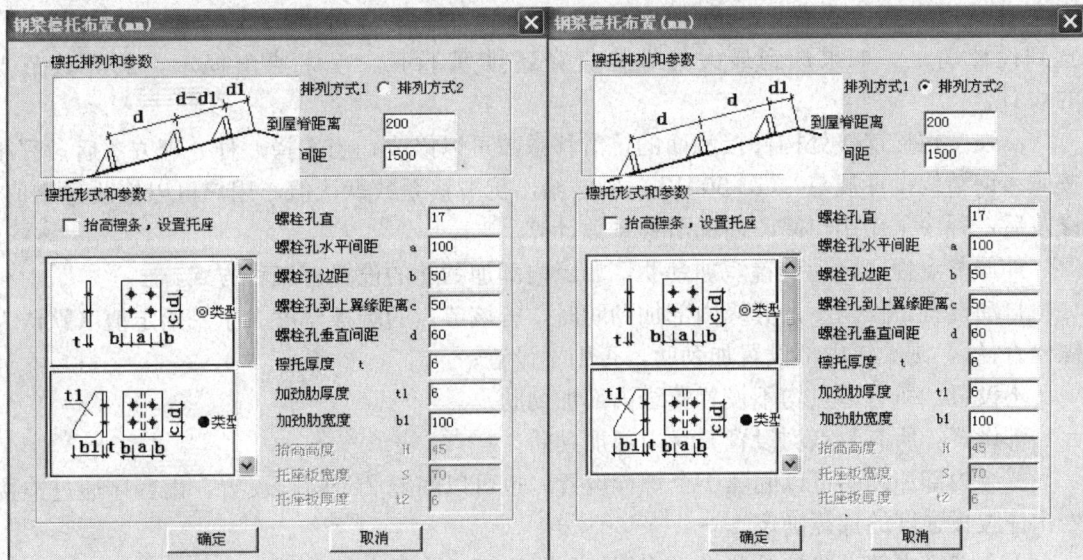

图 4-34　檩托布置参数

4）节点设计

操作过程如下：

①选择斜梁和柱连接节点、屋脊节点、柱脚节点形式，如图4-35；

②确认梁、柱连接节点的控制信息，各参数均可改动。参数如图4-36；

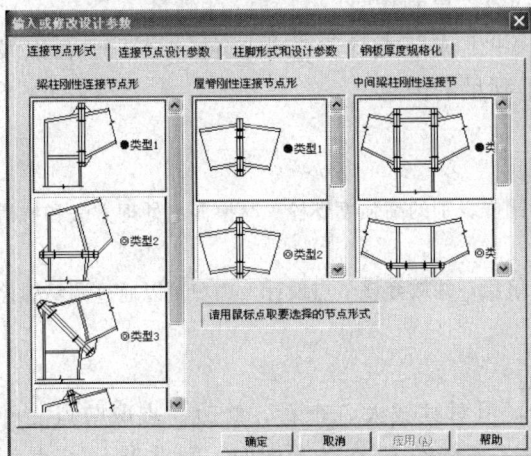

图 4-35　节点形式

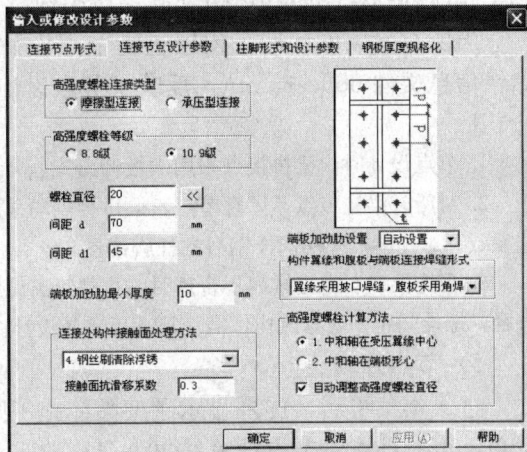

图 4-36　节点设计参数

关于端板螺栓连接的高强度螺栓受力计算，程序提供两种算法，供用户选择。

算法 1：假定中和轴在受压翼缘中心。

算法 2：假定中和轴在螺栓群形心。

高强度螺栓连接类型可采用摩擦型连接或承压型连接。

高强度螺栓的直径，可以由用户指定，此时全部节点的高强度螺栓都采用同一直径，如果某个节点螺栓排列不下，程序给出提示，放弃该节点的设计，也可以由程序自动调整，此时用户输入的螺栓直径为节点设计的最小直径，对每一个节点，程序首先采用用户输入的螺栓直径计算，如果存在节点螺栓排列不下的情况时，程序会自动增大螺栓直径，调整相应的螺栓间距和边距（满足构造要求），重新设计，直到设计满足，如果选到最大的螺栓直径还排列不下，程序给出提示，放弃该节点的设计。

高强度螺栓连接处构件接触面的抗滑移系数可以修改；当选择一种处理方法后，程序按照《钢结构设计规范》GB 50017—2003 给出抗滑移系数默认值，用户可以修改这个值，修改后，程序采用用户修改后的滑移系数计算。

外伸节点程序自动设置短加劲肋，翼缘内部加劲肋的设置有三种方式：

自动设置：仅当不设翼缘内部加劲肋时，若该节点的端板厚度大于一给定值（默认为螺栓直径），则翼缘内部设置加劲肋，否则不设置；

不设置：所有节点均不设置翼缘内部加劲肋；

都设置：所有节点均设置翼缘内部加劲肋。

翼缘内部加劲肋可以间隔 1 个螺栓设置，也可以间隔 2 个螺栓设置，由程序通过连接处构件腹板强度的计算确定。

不在翼缘内部设置加劲肋时，将端板划分为两边支承类、无加劲肋类端板；

在翼缘内部设置加劲肋时，将端板划分为两边支承类、三边支承类端板。

③选择柱脚节点形式，见图 4-37，确认柱脚控制参数，参数如下：

用户输入的锚栓直径为柱脚设计的最小直径，对每一个节点，程序首先采用用户输入的锚栓直径计算，如果存在锚栓抗拉不能满足要求的情况时，程序会自动增大锚栓直径，调整相应的锚栓间距和边距（满足最小构造要求），重新设计，直到设计满足。

当所有参数确认后，程序进行节点设计，并生成节点计算结果文件 node.out；以及出错信息文件 nodeerr.out，反映了节点设计不满足的信息。

注：

1. 节点设计时，梁拼接点采用端板伸出式。

2. 对所有梁柱节点，屋脊节点，梁拼接点均采用同样级别的高强度螺栓、摩擦面出处理方法和抗滑移系数；对柱脚，采用同样钢号的柱脚锚栓。

3. 当连接节点螺栓排列不合理时，程序给出出错信息，并放弃该节点设计。用户可以通过调整螺栓直径，螺栓间距，或修改构件截面尺寸后重新设计。

5）节点修改

进入本菜单后，屏幕显示刚架整体施工图，可对其放大，查看，修改。点取节点文件菜单，可立即查看节点计算结果文件 node.out，需修改某节点剖面时，可先将该节点剖面图放大，移至屏幕左侧，再点取修改节点菜单，在提示区输入该节点剖面号，对话框中会显示该节点的设计数据和节点剖面图，图 4-38，如果数据有修改，对话框中的节点剖面图会动态，可以立即看到修改的结果。按确定按钮后，施工图也会立即更新，修改过程可以反复进行。

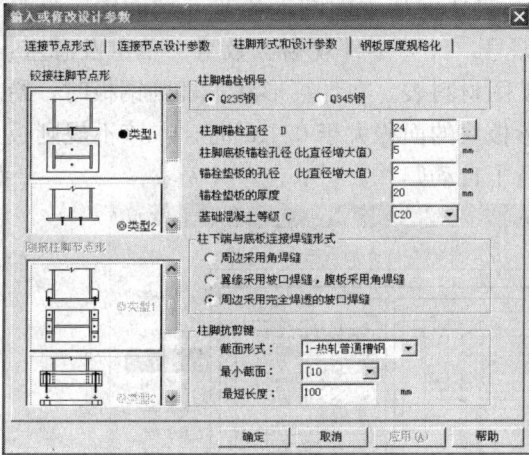

图 4-37　柱脚控制参数

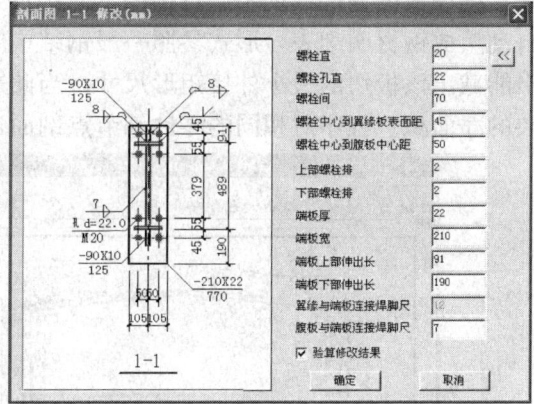

图 4-38　节点参数

是否验算修改结果：

若验算，则以修改后的数据为初值，对螺栓孔径，端板厚度，端板宽度，螺栓排数，角焊缝焊脚尺寸等数据给予计算。若满足，则采用该值；否则，由程序自动调整。

若不验算，则仅以修改后的数据来计算螺栓受力和焊缝受力，可在输出文件中查看计算结果，程序不作调整。

对牛腿节点：

键入牛腿所在节点任一剖面号，即出现相应的修改菜单，如图 4-39、图 4-40 所示。

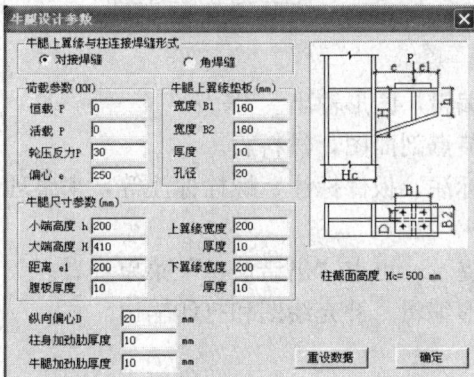

图 4-39　边柱牛腿修改菜单

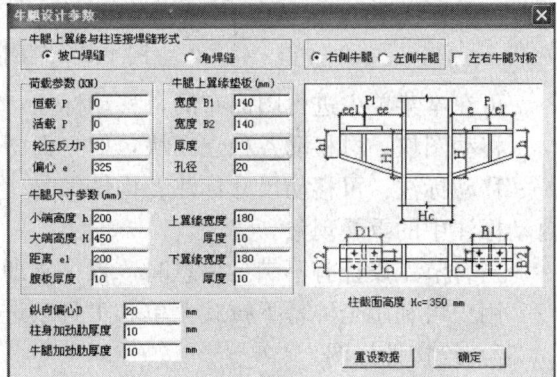

图 4-40　中间柱牛腿修改菜单

恒载 P：作用在该牛腿上所有竖向恒载之和；

活载 P：作用在该牛腿上所有竖向活载之和；

轮压反力 P：作用在该节点吊车的最大轮压产生的反力；

偏心 e：荷载作用点到柱边的距离；

纵向偏心 D：单侧吊车梁最大支座反力对牛腿中心的纵向偏心，用于设计牛腿加劲肋焊缝。

注：修改完成后，进入绘整体施工图菜单，编辑图形，布置图面，打印输出。

6）绘整体施工图

在本菜单生成最终整体施工图，见图 4-41。包括框架立面图，各节点剖面图，材料表。程序根据构件数据，进行构件零件统计及编号，计算零件规格、数量、单重及总重，自动生成钢材明细表，形式参照一般钢结构施工图材料表。在计算形状不规则钢板时，给出能截出该板块的最小外接矩形尺寸，当此矩形板块的面积大于 $0.1m^2$ 时，取该不规则板块的净面积。程序对相同的零件和节点剖面进行了自动归并。

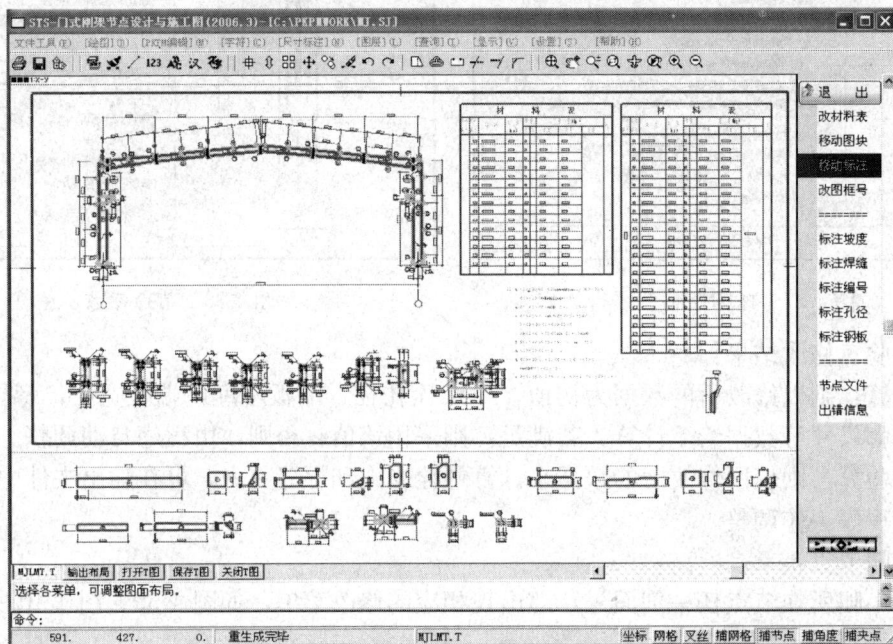

图 4-41 门刚整体施工图

可在本菜单中进行图面布局，移动标注，图形编辑，图形输出。

移动图块：可移动各独立图块，如立面图，各节点剖面图，材料表。

移动标注：可移动尺寸标注、构件编号、焊缝标注、板件标注、螺栓标注等，来整理自动标注中的重叠现象。

当有节点设计有不满足信息时，程序立即给以提示，可点"出错信息"菜单查看。

用户可利用全屏幕下拉式菜单和工具条进行图形编辑、补充绘图和打印输出。

7）绘构件详图

绘制用户选择的构件详图，构件分别编号，按构件统计材料表。图纸内容包括构件图、相关剖面图，零件放样图。零件放样图包括构件腹板，加劲肋，端板和底板大样在剖面图中表示，翼缘为矩形板，没有绘制放样图，用户可以根据材料表中的规格直接放样。

8）绘节点详图

绘制用户选择的节点详图。图纸内容包括节点绘制的节点索引图，各节点施工详图。

9）统计整榀刚架材料

精确统计整榀刚架构件，连接板，加劲肋的准确用量，钢板按照类型、厚度统计重量，型钢按照规格统计重量，然后绘制钢材订货表。

统计全部高强度螺栓的数量，根据连接长度分别统计，绘制高强度螺栓表，表中螺栓长度按连接厚度＋2×螺栓直径确定，并取 5 的倍数。

（4）节点计算输出文件说明（略）

第5章　MIDAS/Civil 软件的应用与实例

5.1　MIDAS/Civil 软件的概况

5.1.1　MIDAS/Civil 软件的特点

MIDAS/Civil 是目前应用较广的土木结构分析系统，Civil 是"Civil structure analysis &design system for windows"的缩写，它对预应力箱形桥、悬索桥、斜拉桥、水化热等土木建筑的分析所需要的各种功能进行了综合考虑。MIDAS/Civil 采用其自行开发的新概念 CAD 形式建模技术，建模较为简洁方便，特别是自动化建模功能"结构建模助手"的应用，建模效率更高，只要输入截面形状、桥梁特点、预应力桥的钢束位置等基本数据，就可以自动建立桥梁模型以及施工阶段的各种数据。在结构设计方面，MIDAS/Civil 全面强化了实际结构分析所需要的功能，通过在已有的有限元库中加入索单元、钩单元、间隙单元等非线性要素，结合施工阶段、时间依存性、几何非线性等最新结构分析理论，计算结果更加切合实际，具有比较好的准确性。

MIDAS/Civil 的适用领域主要为：所有形式的桥梁分析与设计（钢筋混凝土桥、钢桥、组合梁桥、预应力桥、悬索桥、斜拉桥）；大体积混凝土的水化热分析（桥台、桥墩、防波堤、地铁、其他基础建筑）；地下建筑的分析（地铁、通信电缆管道、上下水处理设施、隧道）；发电站及工业设施结构设计（发电站、铁塔、压力容器、水塔等）和其他国家基础建设结构设计（飞机场、大坝、港湾等）等。

5.1.2　MIDAS/Civil 软件的数值分析模型

结构分析是在合理分析结构力学模型的基础上，建立结构的数值分析模型，利用假定的外部环境作用，对数学模型做理论性的实验分析的总过程。为了使数值分析模型同实际结构相接近，计算结果同实际结构较好地吻合，在进行结构分析时，必须充分细致的了解实际结构的材料特性，掌握结构的变形能力即刚度，选择合理的有限计算单元。MIDAS/Civil 软件建立的数值分析模型是由节点、单元和边界条件三要素构成的。其中，节点用来确定构件的位置；单元是用分析模型数据表达结构构件的元素，它是由连续的结构构件按有限元法划分而成的；边界条件用来表达所研究的对象结构与相连结构之间的连接方式。下面简单介绍一下建模时，输入节点、单元和边界条件时的注意事项。

1. 坐标系和节点

MIDAS/Civil 软件使用如下几个坐标系统：

（1）全局坐标系（GCS，Global Coordinate System），GCS 使用的是右手法则 X、Y、Z 轴垂直坐标系，各轴以大写字母（X、Y、Z）表示，主要用来输入所分析对象的空间几何位置，建筑物的节点坐标、节点位移、节点反力及相关节点的其他输入数据皆由该坐标系表达。启动 MIDAS/Civil 软件时，系统将自动生成原点（Reference point）为 $(0,0,0)$

的全局坐标系统，画面的竖直方向与全局坐标系的 Z 轴平行。在建模时，将建筑物的竖直方向（重力加速度的反方向）输入为 GCS 的 Z 方向会比较便利。

（2）单元坐标系（ECS，Element Coordinate System），ECS 使用的也是右手法则的 x、y、z 轴垂直坐标系，各轴以小写字母（x、y、z）表示，主要用来表达单元内力、单元应力及相关于单元的其他输入数据。

（3）节点坐标系（NCS，Node Local Coordinate System），NCS 使用的也是右手法则的 x、y、z 轴垂直坐标系，各轴以小写字母（x、y、z）表示。当结构端部节点的约束（支撑）方向、弹簧支撑方向及节点的强制位移方向同全局坐标系的坐标轴方向不相吻合时，通常采用该坐标系，即若某一节点使用节点坐标轴功能被赋予了节点坐标系，其各种边界条件如支座、节点弹性支撑、一般弹性支撑、面弹性支撑以及强制位移数据就会以节点坐标系为准被输入。

2. 单元种类及使用注意事项

MIDAS/Civil 软件使用的单元类型主要有：桁架单元（Truss Element）、只受拉单元（Tension-only Element，含 Hook 单元）、只受压单元（Compression-only Element，包含 Cap 功能）、索单元（Cable Element）、梁单元/变截面梁单元（Beam Element/Tapered Beam Element）、平面应力单元（Plane Stress Element）、平面应变单元（2D Plane Strain Element）、板单元（Plate Element）、平面轴对称单元（2D Axisymmetric Element）和空间单元（Solid Element）。

（1）桁架单元（Truss Element）

桁架单元是由两个节点构成的"单向受拉—受压三维线性单元"，只能传递轴向的拉力和压力，单元的两端各有一个沿单元坐标系的 x 轴方向的位移，具有两个自由度。通常利用该单元做空间桁架结构（Space Truss）或交叉支撑结构（Diagonal Brace）的受力分析。桁架单元仅具有轴向刚度，没有弯曲刚度，在其连接点上不存在旋转自由度，当只有桁架单元相连接时，应注意不要形成不稳定结构。

（2）只受拉（压）单元（Tension-only (Compression-only) Element）

只受拉（压）单元是由两个节点构成的"只受拉（压）三维线性单元"，只能传递轴向的拉（压）力，同桁架单元具有相同的单元自由度。通常利用只受拉单元做抗风支撑（WindBrace）或吊钩（Hook Element）等构件的受力分析，利用只受压单元建立接触界面及边界部位的计算模型。具体来说，在桁架结构中，只承受拉（压）力的桁架可以利用只受拉（压）单元做结构分析；或在施加拉（压）力之前具有一定的初始间隙，施加拉（压）力变形达到初间距以后开始承受荷载的构件，可以利用只受拉（压）单元做结构分析。在建模时，应注意单元所受荷载的大小和方向。

（3）索单元（Cable Element）

索单元是由 2 个节点构成的"只受拉三维线性单元"，只能传递单元的轴向拉力。该单元一般用作随张拉力大小的改变，构件的刚度发生变化的索结构的受力分析。

（4）梁单元（Beam Element）

梁单元是由 2 个节点构成的"等截面或变截面三维梁单元"，具有抗拉、抗压、抗剪、抗弯和抗扭刚度，单元内的每一个节点都具有 6 个自由度（三个方向的线性移动位移和三个方向的旋转位移）。通常利用梁单元作等截面或变截面细长结构骨架的受力分析，当截面边长大于梁轴长度的 1/5 时，剪切变形对结构内力的影响较大，应采用板单元。

由于梁单元的每个节点都有 6 个自由度，也可以利用它作为具有不同自由度的单元连接处的荷载传递单元，即当节点自由度不同的单元相连接时，可以设置刚体梁单元到节点上，能有效防止发生奇异，所设置的刚体梁的刚度是邻近单元刚度的 105～108 倍。

（5）平面应力单元（Plane Stress Element）

平面应力单元由同一平面上的 3 或 4 个节点构成，具有平面内的抗拉、抗压和抗剪刚度，每个节点具有单元坐标系 x、y 方向的线性位移自由度。该单元只能承受垂直于单元边长方向的荷载，利用它可以建立在单元内均匀厚度的薄板结构的数学模型。在工程中，可以利用该单元作承受平面内压力或拉力的壳体结构或只能在平面内传递荷载的结构构件的受力分析。

平面应力单元的形状为四边形或三角形，四边形单元的计算精度优于三角形单元。在划分单元时，通常采用四边形单元作为结构主单元，而三角形单元作为调解用不同尺度划分结构时的过渡型单元。单元的优化形状比宜接近于 1，即对一些应力集中现象较大或需要精度较高的部位，尽可能采用正方形的有限单元，单元的尺寸越小，收敛性越好。

平面应力单元没有旋转刚度，在连接点处，没有旋转自由度。该单元同具有旋转刚度的梁单元或板单元连接时，应利用刚体约束条件（主节点和从属节点功能）或刚体梁单元，保证单元间的连续性，防止奇异的发生。

（6）平面应变单元（2D Plane Strain Element）

平面应变单元由同一平面上的 3 或 4 个节点构成，具有平面内的抗拉、抗压、抗剪刚度及厚度方向的抗拉、抗压刚度，每个节点具有全局坐标系 X、Z 方向的线性位移自由度。该单元只能承受垂直于单元边长方向的荷载，利用它主要作坝（Dam）或隧道（Tunnel）等结构受力分析，这种结构的特点是结构的长度较大，且沿长度方向上截面尺寸及内力几乎不发生变化。本单元不能同其他有限单元混合应用，只能应用于线性静定结构分析。

平面应变单元的形状有四边形和三角形两种，亦优先采用四边形单元，单元形状比宜用接近 1 的值。

（7）板单元（Plate Element）

板单元由同一平面上的 3 或 4 个节点构成，具有平面内的抗拉、抗压、抗剪刚度及厚度方向的抗弯、抗剪刚度，每个节点具有单元坐标系 x、y、z 方向的线性位移自由度和绕 x、y 轴的旋转位移自由度。该单元只能承受垂直于单元边长方向的荷载，利用它主要解决平面张拉、平面压缩、平面剪切及平板沿厚度方向的弯曲、剪切等结构问题，如工程中利用板单元作发生平面位移和平面外弯曲变形的压力容器、挡土墙及桥梁板等结构的受力分析。

根据平面外刚度的不同，板单元可以划分为薄板单元和厚板单元。厚板单元理论考虑了局部横向剪切应力的影响，相对于薄板理论更为准确，不仅可以分析厚板，也可以分析薄板。板单元输入板厚的方式有两种：一是为计算平面内的刚度输入板厚，另一是为计算平面外的刚度输入板厚，当计算结构的自重或质量时软件自动取用前者数据。

板单元的形状有四边形和三角形两种，亦优先采用四边形单元。利用板单元建模具有曲面的结构时，相邻单元间的夹角不得超过 100，当计算精度要求较高时，夹角尽可能在 20~30 之间。对一些应力集中部位或需要精度较高的部位，尽可能采用正方形的有限单元，同时要求详细划分局部结构。

（8）平面轴对称单元（2D Axisymmetric Element）

平面轴对称单元是由同一平面上的 3 或 4 个节点构成，具有平面内的抗拉、抗压、抗剪刚度及厚度方向的抗拉、抗压刚度，每个节点具有全局坐标系 X、Z 方向的线性位移自由度。该单元只能承受垂直于单元边长方向的荷载。当结构的形状、材料和荷载对称于某一轴时，通常利用此单元作结构分析，如工程中的桩、储水池和筒仓等。本单元不能同其他有限单元混合应用，只能应用于线性静定结构分析。由于该单元是依据结构的轴对称特征开发的，使用该单元作结构分析时，单元沿圆周方向的位移、剪切变形和剪切应力都取为零。

平面轴对称单元的形状有四边形和三角形两种，亦优先采用四边形单元，单元形状比宜用接近 1 的值。

（9）空间单元（Solid Element）

空间单元是分别利用 4 个节点、6 个节点或 8 个节点构成的三维实体单元，每个节点具有全局坐标系 X、Y、Z 方向的线性位移自由度，该单元的荷载可以沿着垂直于单元平面方向或者平行于全局坐标系的 X、Y、Z 轴方向输入。通常利用此单元作空间结构的受力分析，如工程中的实体结构（Solid Structure）和厚板壳（Thick Shell）结构的受力分析。

空间单元的形状有四面体锥形单元（四节点）、三棱柱单元（六节点）和六面体单元（八节点）等。相对于四面体锥形单元和三棱柱单元，利用六面体单元划分结构，可得到较为精确的分析结果。在建模时，通常采用六面体单元作为结构的主单元，利用四面体锥形单元和三棱柱单元作为调解用不同尺度划分结构时的过渡型单元。单元的优化形状比宜接近于 1，当单元形状为六面体时，尽可能做到内夹角为 900，即对一些应力集中现象较大或需要精度较高的部位，尽可能采用六面体的有限单元，单元的尺寸越小，收敛性越好。

空间单元在节点上没有旋转刚度，亦没有旋转自由度。该单元同具有旋转刚度的梁单元或板单元连接时，应利用刚体约束条件或刚体梁单元，保证单元间的连续性，防止奇异的发生。

3. 边界条件

MIDAS/Civil 软件的边界条件分为节点边界条件和单元边界条件。节点边界条件包括：自由度约束（Constraint）、弹性支撑单元（Spring Support）、弹性连接单元（Elastic Link）；单元边界条件包括：单元端部释放（Element End Release）、刚性端部偏移（Beam EndOffset）、刚体连接（Rigid Link）。

（1）自由度约束（Constraint）

自由度约束功能主要用来约束节点的位移，或者在缺少自由度的单元（如桁架单元、平面应力单元等）之间相互连接时，约束连接节点的自由度，防止奇异的发生。在整体坐标系或节点坐标系上的每一个节点都可以输入六个方向的自由度约束条件。

节点的位移约束功能主要应用在忽略节点位移的支承条件上，在节点上赋予节点约束条件，可计算输出节点的支反力。

自由度约束功能用来填补节点缺少自由度约束条件的应用可举例说明。如一平面桁架结构，因桁架单元只具有沿桁架轴向的位移自由度，在连接节点处，应约束其平面外的线性位移和所有方向的旋转位移。

（2）弹性支撑单元（Spring Support）

弹性支撑单元主要设在结构的边界及弹性地基梁的支撑位置处，或为防止发生奇异，应用在缺少自由度的单元之间相互连接的节点上。在整体坐标系上的任意节点的六个自由度方向都可以输入弹性支撑单元（三个线弹性支撑和三个转角弹性支撑），线弹性支撑的刚度是按发生弹性位移时，所施加的力的大小来输入，转角弹性支撑的刚度是按发生单位旋转角时所施加的弯矩的大小来输入。

在实际工程中，线弹性支撑通常用来反映结构下部桩或地基的刚度，转角弹性支撑主要用来反映分析对象在连接部位的旋转刚度。为便于建立地基接触面的力学模型，MIDAS/Civil 软件还设有面弹性支撑功能，可以方便地形成地基弹性边界条件。

MIDAS/Civil 软件在力学分析阶段需要组合构件的刚度矩阵，当节点的某一自由度方向缺少刚度成分时，有可能出现奇异。一般在节点的该方向上设置弹性支撑单元，其刚度大小约取为 0.0001～0.001。

（3）弹性连接单元（Elastic Link）

弹性连接单元是把两个节点按用户所要求的刚度连接而形成的有限计算单元，具有六个参数（三个轴向位移刚度值和三个沿轴旋转的转角刚度值）。线性位移刚度按发生单位线位移时所施加的力的大小来输入，转角位移刚度按发生单位转角位移时所施加的弯矩的大小来输入。当只输入单元坐标系 x 轴向的线刚度时，该单元可作为只受拉或只受压的单元使用。

在实际工程中，一般用弹性连接单元建立桥梁结构的上部结构和下部桥墩之间的垫板以及弹性地基梁下地基的接触面的计算模型。

（4）单元端部释放（Element End Release）

单元和单元相遇部位的力学模型是根据单元自由度和端部的约束条件建立的。利用单元端部释放功能可以建立单元的约束条件。可以利用单元端部释放功能的单元有梁单元和板单元。

梁单元两个节点的所有自由度方向上都可以输入单元端部释放。如在梁单元的两节点释放所有的旋转自由度，结构将形成桁架单元结构形式。

板单元的三～四个节点上，除了垂直于平面的轴旋转自由度外，在所有的自由度方向都可以输入单元端部释放。如在板单元的所有节点上输入平面外弯曲自由度方向的单元端部释放，结构将形成平面应力单元的结构形式。

（5）刚性域（Panel Zone）和刚性端部偏移（Beam End Offset）

在进行刚构结构分析时，构件的长度（梁板跨度）一般取用构件轴线之间的距离。而实际结构在梁柱端部存在偏心距或在梁柱交接处形成刚性域，使得实际的构件长度比轴间距小，导致实际变形和内力比计算结果小。MIDAS/Civil 软件在所有梁柱交接的刚性域上，采用自动考虑梁端偏移距离和直接输入梁端偏移距离的方法处理。

（6）刚体连接（主节点和从属节点）

刚体连接功能是用来约束结构物之间的相对几何移动。约束相对几何移动是指在任意一个节点上固定一个或几个其他节点的连接方式，这里的任意一个节点就是主节点，被固定的其他节点就是从属节点。主节点和从属节点的连接方式有四种：一是主节点和从属节点以三维刚体约束方式连接，各节点之间将保持一定的距离；当主结构的刚度远大于其他构件的刚度，其他构件在与主结构的连接位置上的位移可以忽略不计时，采用这种连接方式。二是主节点和从属节点在 X-Y 平面、Y-Z 平面及 Z-X 平面相平行的平面上以平面刚体约束方式连接，各节点在平面上的投影之间将保持一定的距离；在建立平面内的相对位移可以忽略不计的楼板结构的力学模型时，采用这种连接方式。三是主节点和从属节点以约束沿 X、Y、Z 轴方向相对位移方式连接。四是主节点和从属节点以约束沿 X、Y、Z 轴旋转的相对位移方式连接。

（7）支座的强制位移

已知被约束的自由度的位移，进行该位移下的结构力学分析时，应利用支座的强制位移功能。在工程应用中，一些实际问题都将有效地适用支座强制功能，如已有的建筑物发生位移，需要对其作详细的安全诊断时；已有的建筑物或桥梁结构发生支座下沉，需要对其进行受力分析时；把整体结构分析所得到位移值作为精确分析局部结构的边界条件时等。

MIDAS/Civil 软件可根据荷载类型输入支座的强制位移，在对没有被约束的自由度输入强制位移条件时，程序将自动地先约束该自由度再赋予其强制位移。

微小的强制位移将敏感地反应到结构的受力特性上，因此应适用精确的位移值，尽可能输入节点的 6 个自由度的所有位移的大小。强制位移值一般在整体坐标系上输入，但如果在节点上已经附加了节点坐标系，也可以利用节点坐标系输入强制位移。

5.1.3 MIDAS/Civil 软件的结构分析功能

MIDAS/Civil 软件主要进行线性分析，同时也可以进行只受拉单元、只受压单元、P-Delta、大变形的几何非线性分析。MIDAS/Civil 的结构分析软件由基本的线性分析功能和非线性分析功能构成，还包括一些在实际分析中必要的功能。具体如下：

1）静力分析（Static Analysis）：包括线性静力分析和热应力分析。

2）动力分析（Dynamic Analysis）：包括自由振动分析（或称特征值分析）、反应谱分析和时程分析。

3）屈曲分析（Buckling Analysis）：主要用于求解由桁架单元、梁单元或板单元构成的结构临界荷载系数和分析对应的屈曲模态。

4）非线性分析（Non-linear Analysis）：包括几何非线性分析和使用非线性单元的边界非线性分析。几何非线性分析主要用于结构发生比较大的位移，位移—应变关系呈非线性关系时，包括大变形分析和 P-Delta 分析。边界非线性分析主要用于边界条件随荷载引起的结构变形而变化，结构的荷载—位移关系呈非线性关系时，如与地基接触的结构的受压边界条件等问题。

5）边界非线性动力分析（Dynamic Non-linear Analysis）：主要用于对拥有减震或隔震装置的结构进行的分析。

6）移动荷载分析（Moving Load Analysis）：主要指桥梁结构中，对车辆移动的全过程进行的结构分析，包括影响线分析和影响面分析。影响线分析适用于主梁的变形起支配作用的桥梁，如箱形梁桥；影响面分析适用于车辆移动荷载引起的横桥向结构变形变化较大的桥梁，如板式桥梁和刚架桥。

7）水化热分析（Hydration Heat Analysis）：主要用于浇筑大体积混凝土时，为有效控制裂缝的发展，计算温度和应力的分布。

8）施工阶段分析（Construction Stage Analysis）：包括施工阶段材料的时间依存性分析和施工阶段的定义和组成功能。材料的时间依存性分析主要考虑不同龄期混凝土构件的徐变、收缩、强度增长以及预应力钢束的松弛；施工阶段的定义和组成功能主要反映任意龄期构件的产生和消失、任意时刻荷载的施加和解除以及边界条件的变化。

9）预应力混凝土（PSC）分析：PSC分析是通过考虑 PS 钢束在施加预应力时的瞬时损失和施加预应力后随时间推移引起的损失，计算各个施工阶段内施加的经历多种荷载历程的 PS 钢束张力的变化。

10）其他功能分析：包括优化设计方法计算未知荷载的功能、自动考虑桥梁结构支座沉陷效应的分析以及考虑组合梁桥组合前、组合后截面性质变化效应的分析。

MIDAS/Civil 软件可同时进行上述几个荷载的计算分析。

5.2 MIDAS/Civil 软件的基本使用方法

5.2.1 MIDAS/Civil 软件的操作环境和菜单系统

1. 菜单系统

MIDAS/Civil 软件的主界面见图 5-1。

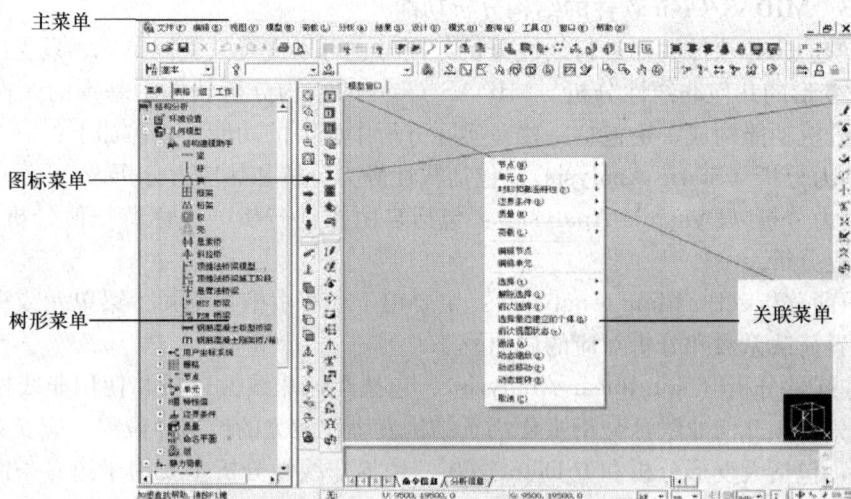

图 5-1 MIDAS/Civil 软件的主界面

（1）主菜单

主菜单包含 MIDAS/Civil 内存所有功能的指示命令和快捷键。

1）文件：包括与文件的建立、保存、打印、数据互换等相关的功能。

2）编辑：包括撤销/重做功能和 Spread sheet 形式的表格化数据的编辑功能等。

3）视图：模型的视觉表现方法的调整功能、选择功能、激活/钝化功能等。

4）模型：网格、节点、单元、截面特性、边界条件、质量等模型数据的输入功能和定义群的功能等。

5）荷载：各种静力荷载、动力荷载、温度荷载及施工阶段分析、移动荷载分析、水化热分析和几何非线性分析所需数据的输入功能等。

6）分析：分析过程中所需的各种控制数据的输入和分析运行功能等。

7）结果：荷载组合条件的输入、分析结果的图形处理、查询及分析功能等。

8）模式：前处理模式和后处理模式的转换功能。

9）查询：节点或单元的输入状态及属性的查询功能。

10）工具：单位系及初期操作环境的设定、MCT 命令窗口、材料目录表的列表、地震数据的生成、截面特性值计算器的运行功能等。

11）窗口：操作画面的各种窗口调整和排列功能。

12）帮助：帮助功能及连接 midasIT 的主页、发送 e-mail 的功能等。

（2）树形菜单

MIDAS/Civil 软件从模型的输入到结果分析、各种表格及群的设定状态等按照树形结构进行了系统的整理，使用户可以就所需的内容得到指示或打开相关的对话窗口，进行有效的操作。在树形菜单的工作树中可以清楚地对已做的模型数据输入状况进行确认，并提供对模型进行修改的托放（Drag&Drop）方式的建模功能。

（3）关联菜单

关联菜单是 MIDAS/Civil 软件为了尽量减少移动鼠标，而提供通过在操作窗口点击鼠标的右键来显示与操作内容相关的各项功能或经常使用功能的菜单系统。

（4）工具条和图标菜单

为了能够快速地导入经常使用的功能，MIDAS/Civil 软件提供将各项功能形象化的图标菜单。各图标从属于各种类似功能图标群的工具条内。可以使用工具>用户制定功能选择或编辑工具条上的各项内容，并用鼠标拉放到合适的位置上。对工具条上的某一图标的功能有疑问时，只要将鼠标移到该图标位置，就会出现简单的提示窗口。

2. 设定操作环境

（1）单位系的设定或变更

MIDAS/Civil 软件可以对单位系进行任意变更或者同时使用几个单位系。对于温度的单位无需另行设定，只要将单位统一后输入既可。由长度单位和力的单位组合而成的弯矩、应力或弹性系数等单位，程序会根据长度和力的单位自动地进行组合。

在设定或变更单位系时，可以使用工具>单位体系，如图 5-2，也可以使用画面下端的 kN ▼ ‖ m ▼ 状态条的单位变更功能。

（2）初始操作环境的设定

建筑物的大小和材料的特点因项目的不同而不

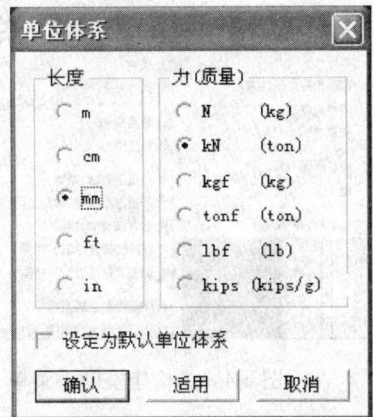

图 5-2 单位设定

175

同，在项目初始阶段对建筑物的整体规模进行设定，也可以使用栅格功能输入栅格间距，可避免在建模分析过程重新调整画面的大小。对程序运用中所需的基本数据进行事先设定，可以通过工具＞参数设置功能。如在工具＞参数设置＞使用环境＞视图中可以对未建模的最初画面的大小以及栅格的间距进行设定，如图 5-3，并通过视图＞缩放＞对齐功能或 🔍 对齐工具条调整整体画面的大小。

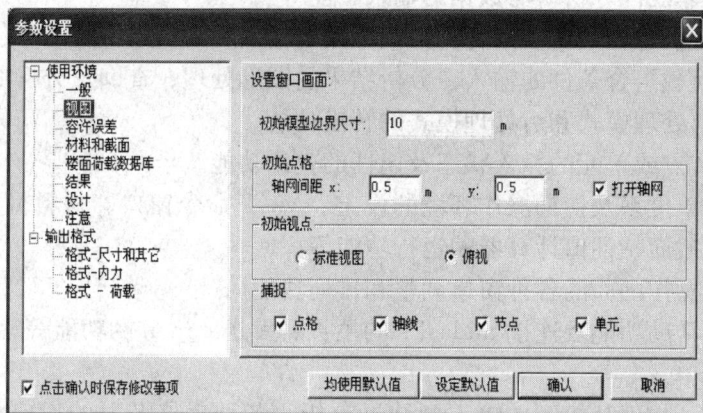

图 5-3　操作环境设定

5.2.2　模型的建立

1. 输入节点和单元

MIDAS/Civil 软件在输入单元时主要使用以下两种方法：一是先输入节点，再利用输入的节点输入单元，二是使用栅格同时输入节点和单元。将栅格排列在画面上之后进行建模，可以最大限度地减少输入的误差，当输入等间距模型时，效率较高；当输入非等间距模型或在使用面单元或实体单元对局部进行详细分析时，一般使用前一种方法。

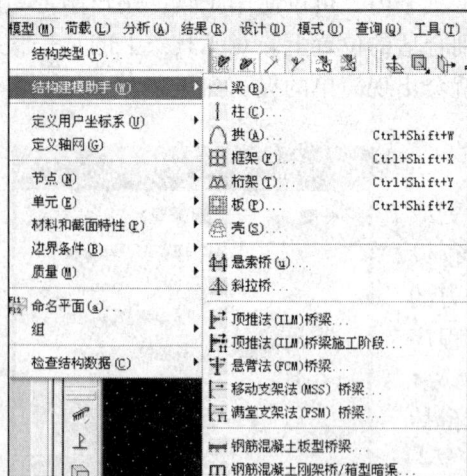

图 5-4　结构建模助手菜单

输入节点时可使用模型＞节点菜单或节点工具条；输入单元时可使用模型＞单元菜单或单元工具条。根据所要分析的建筑物的特点，也可使用结构建模助手简化节点和单元的输入过程，如图 5-4。结构建模助手不但可以方便地输入梁、板、拱、桁架、壳等简单单元，还可以极大地缩短建立各种形态的斜拉桥、悬索桥以及预应力箱桥模型的时间，提高结构分析的效率。

2. 输入材料和截面特性

MIDAS/Civil 软件备有 GB（中国），ASTM，AISC，JIS，DIN，BS，KS 等材料和截面特性的数据库（DB），也可使用用户自己定义的材料和截面，还可以反映组合梁桥在合成前后截面特性的变化，并且有对任意形状

176

的截面特性自动进行计算的截面特性值计算器功能。

输入材料数据时可使用模型＞材料和截面特性＞材料菜单或使用材料工具条，如图5-5。为了输入输出过程中模型管理的便利，即使使用的是相同的材料，建议按构件的种类对材料分别编号。

当需要考虑混凝土的收缩和徐变对桥梁施工阶段分析或水化热分析影响时，可通过模型＞材料和截面特性＞时间依存性材料（徐变/收缩）菜单定义有关收缩和徐变的材料数据。

输入截面数据时可使用模型＞材料和截面特性＞截面菜单或使用截面工具条。MI-DAS/Civil软件提供的截面数据的输入种类

图 5-5 材料和截面设定菜单

较多，可以根据选择标准截面的数据库，也可以由用户直接输入截面各方面的数据，定义组合截面、型钢截面、预应力混凝土截面、变截面、组合截面等。为节约输入截面数据的时间，可使用导入功能将类似截面的其他模型文件导入。

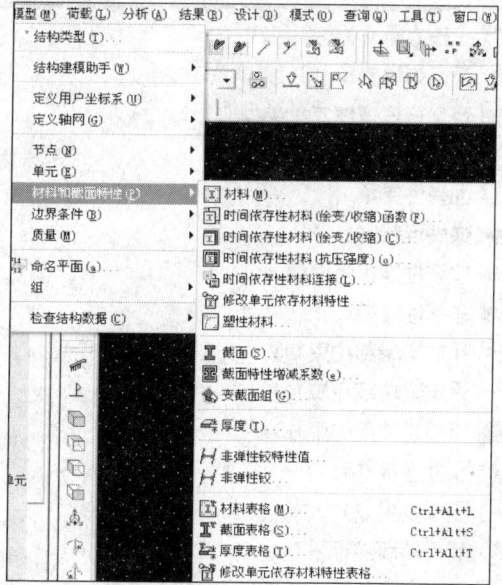

3. 输入边界条件

MIDAS/Civil软件在菜单模型＞边界条件中提供的边界条件有支撑、节点弹性支撑、一般弹性支撑、面弹性支撑、弹性连接、释放梁端约束、释放面端约束、刚域效果、两端刚域、刚性连接、节点局部坐标等，如图5-6。其中，一般，弹性支撑主要用来考虑桩的纵向刚性；面弹性支撑是在输入基础或隧道等与地面接触的结构的边界条件时，使用面单元或实体单元的有效接触面积和地基反力系数，自动计算等价弹性刚度进行输入的功能；弹性连接用于在桥梁结构分析中，对弹性梁垫建模时不必使用虚拟的梁单元，而直接在相应的方向输入刚度就可计算各支点的反力；节点局部坐标系是在输入边界条件时，对于如倾斜的桥梁支点，以与全局坐标系的轴相倾斜的方向输入边界条件并计算反力时使用。

4. 输入荷载

MIDAS/Civil软件为进行各种结构分析而输入的荷载类型主要有静力荷载、移动荷载和动力荷载三种，如图5-7菜单。静力荷载在按荷载工况进行结构分析时使用；移动荷载在通过影响线或影响面分析对车辆移动工况进行结构分析时使用；动力荷载在考虑随时间变化的荷载条件进行反应谱分析或时程分析时使用。

静力荷载的输入可首先使用荷载＞静力荷载工况菜单输入静力荷载工况，再在荷载菜单使用各种静力荷载功能输入荷载数据。值得注意的是，静力荷载一般是按不同的静力荷载工况分别进行并在后处理阶段使用结果＞荷载组合对分析结果进行组合，但由荷载＞由荷载组合建立荷载工况菜单也可将输入的荷载组合条件分别变更为单一的荷载工况进行结构分析，此功能对使用非线性单元模型进行结构分析时非常方便。

车辆移动荷载的输入应先考虑车辆移动路线、车道数及车道宽等在模型上排列车道

⬚ 一般支承 (S)...	
⬚ 节点弹性支承 (P)...	
⬚ 定义一般弹性支承类型 (T)...	
⬚ 一般弹性支承 (G)...	
⬚ 面弹性支承...	
⬚ 弹性连接 (E)...	
⬚ 非线性连接特性值...	
⬚ 非线性连接...	
⬚ 释放梁端部约束 (B)...	
⬚ 设定梁端部刚域 (O)...	
⬚ 释放板端部约束 (R)...	
⬚ 刚性连接 (L)...	
⬚ 刚域效果 (Z)...	
⬚ 节点局部坐标系 (A)...	
⬚ 有效宽度系数	
⬚ 一般支承表格 (S)...	Ctrl+Alt+P
⬚ 节点弹性支承表格 (P)...	
⬚ 一般弹性支承表格 (G)...	
⬚ 弹性连接表格 (E)...	
⬚ 非线性连接表格...	
⬚ 梁释放端部约束表格 (B)...	Ctrl+Shift+D
⬚ 梁端部刚域表格 (O)...	
⬚ 板释放端部约束表格 (R)...	
⬚ 刚性连接表格 (L)...	Ctrl+Alt+R
⬚ 节点局部坐标系表格 (A)...	
⬚ 有效宽度系数表格...	

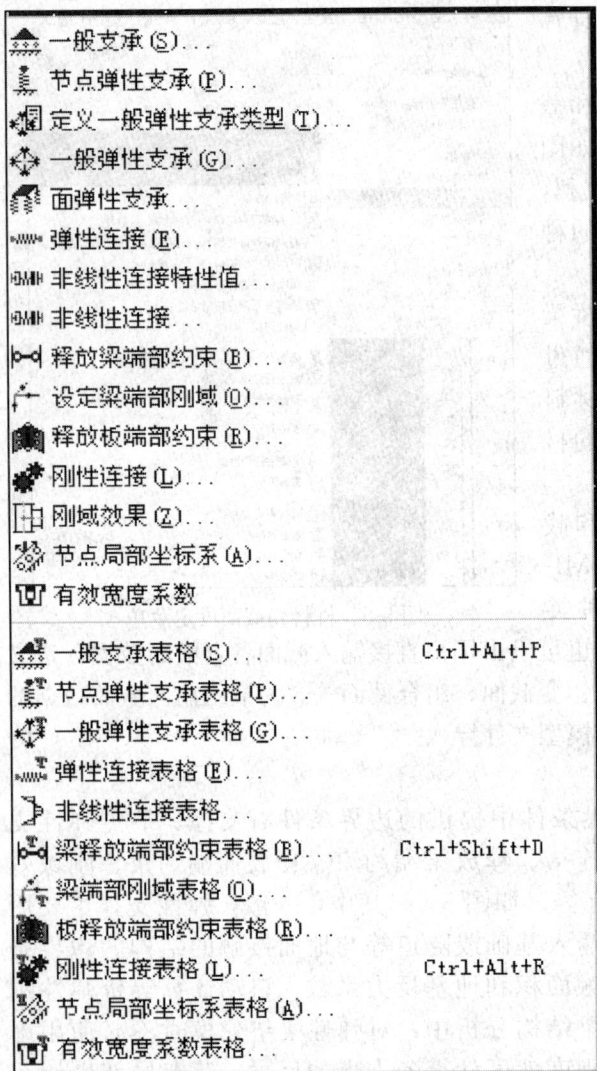

图 5-6　边界条件菜单

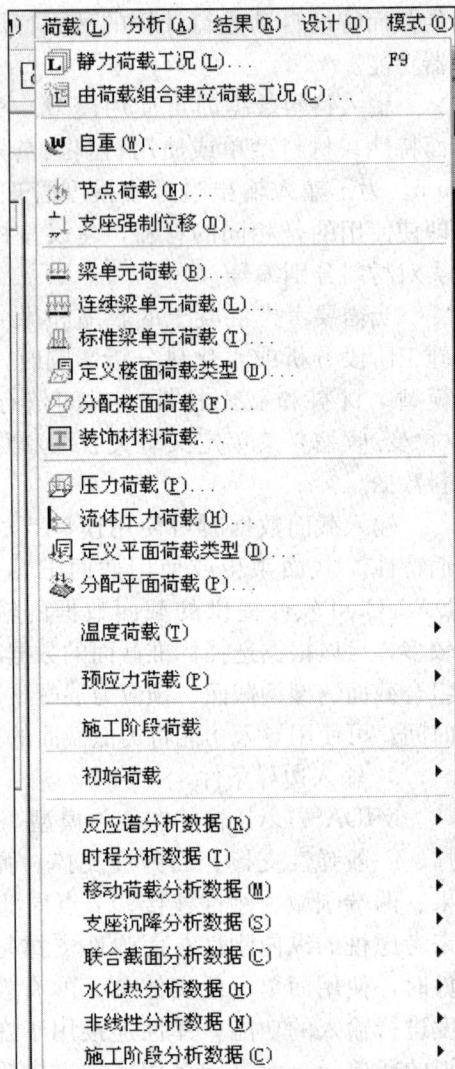

荷载 (L)　分析 (A)　结果 (R)　设计 (D)　模式 (O)	
⬚ 静力荷载工况 (L)...	F9
⬚ 由荷载组合建立荷载工况 (C)...	
⬚ 自重 (W)...	
⬚ 节点荷载 (N)...	
⬚ 支座强制位移 (D)...	
⬚ 梁单元荷载 (B)...	
⬚ 连续梁单元荷载 (L)...	
⬚ 标准梁单元荷载 (T)...	
⬚ 定义楼面荷载类型 (D)...	
⬚ 分配楼面荷载 (F)...	
⬚ 装饰材料荷载...	
⬚ 压力荷载 (P)...	
⬚ 流体压力荷载 (H)...	
⬚ 定义平面荷载类型 (D)...	
⬚ 分配平面荷载 (P)...	
温度荷载 (T)	▶
预应力荷载 (P)	▶
施工阶段荷载	▶
初始荷载	▶
反应谱分析数据 (R)	▶
时程分析数据 (T)	▶
移动荷载分析数据 (M)	▶
支座沉降分析数据 (S)	▶
联合截面分析数据 (C)	▶
水化热分析数据 (H)	▶
非线性分析数据 (N)	▶
施工阶段分析数据 (C)	▶

图 5-7　荷载输入菜单

线或车道面，对于梁单元或变截面梁单元使用荷载＞移动荷载分析数据＞车道功能排列车道和输入冲击系数，对于面单元使用荷载＞移动荷载分析数据＞车道面功能排列车道面，然后使用荷载＞移动荷载分析数据＞车辆菜单指定车道或车道上的车辆荷载，使用荷载＞移动荷载分析数据＞定义车辆组可将几种移动荷载同时进行施加，使用荷载＞移动荷载分析数据＞移动荷载工况菜单指定车辆荷载所需要施加的车道或车道面，输入施加荷载的条件并定义移动荷载条件。该荷载条件将在结果＞荷载组合与其他分析结果相结合。

　　输入动力荷载进行反应谱分析时，首先在荷载＞反应谱分析数据＞反应谱函数菜单定义将要输入的反应谱数据，然后在荷载＞反应谱分析数据＞反应谱荷载工况菜单输入反应谱荷载条件。反应谱数据一般从内存的设计用反应谱数据库中进行挑选或导入，也可由用户直接将各周期及其相对应的频谱数据输入的方法定义。

输入动力荷载进行时程分析时，首先在荷载＞时程分析数据＞时间荷载函数菜单定义将要输入的时间荷载，然后在荷载＞时程分析数据＞时程荷载工况菜单输入时程分析条件的名称和控制分析用数据；进行地震分析时在荷载＞时程分析数据＞地面加速度菜单中指定所要考虑的时程分析条件和作为地面运动的时间荷载；进行一般时程分析时，使用荷载＞时程分析数据＞动力节点荷载菜单指定所要考虑的时程分析条件和时间荷载。时间荷载的定义有四种方法，一是由用户将各时间的荷载数据直接输入，二是在地震分析时从内存的地震加速度数据库中选择，三是对已输入的时间荷载的文件进行导入，四是输入谐频荷载函数的系数定义时间荷载函数。

5. 查看输入结果

MIDAS/Civil 软件提供便利的确认所有数据输入状态的多种查询功能。如视图＞显示菜单或显示工具条能对输入的节点或单元的编号、材料和截面的名称、荷载、支撑条件、端部约束条件、刚体连接条件等各种输入状态在画面上以图形形式快速查看，视图＞显示选项菜单能指定模型窗口中所有图形数据和文字数据的显示形式。通过查询菜单中项目输入状况、查询节点、查询单元、节点详细表格、单元详细表格和质量统计表格等功能，对所输入数据的种类和数量以及所选节点和单元的编号和各种属性进行确认和查询。

5.2.3 分析功能

MIDAS/Civil 软件在分析＞分析选项菜单中提供了三种求解器。Skyline 求解器为结构分析程序中最为常见的求解器，也是程序内默认的求解器，其与分析种类、分析模型的规模及系统的配置无关，可对所有情况进行使用。Band 求解器为适用于结构刚度矩阵拥有 ABD（Almost Block Diagonal）特性的模型的求解器，其与分析种类、分析模型的规模及系统的配置亦无关，可对所有情况进行使用。Multi-Frontal 求解器使用的是 Multi-Frontal 技法和可减少计算次数的最佳 Front 分割运算原理，可显著地改善线性方程组求解的性能，特别是对于单元的自由度多且节点也多的建筑物可提高分析速度 3～5 倍，比较适用于使用板单元或实体单元进行精确分析的情况。

利用 MIDAS/Civil 软件可进行静力分析、动力分析、非线性分析、屈曲分析、移动荷载分析、热传导分析、水化热分析和施工阶段分析等，如图 5-8 菜单。点击分析＞运行分析菜单或运行分析工具条可进行分析。分析菜单中的一些控制菜单选项是具体在进行分析时，输入的一些控制参数。如分析＞P-Delta 分析控制菜单是输入收敛所需的反复计算次数和收敛差，再输入计算几何刚度矩阵所需的荷载条件和荷载系数；分析＞反应谱分析控制菜单是指定振型组合方法及是否给结果付与符号等。

5.2.4 查看分析结果

MIDAS/Civil 软件将程序的体系环境区分为前处理模式和后处理模式。建模过程中的所有输入工作只有在前处理模式才有可能，而荷载组合、反力、位移、构件内力、应力等分析结果的查看和整理工作则可在后处理模式中进行。模式的转换可使用模式菜单或点击前处理模式图标和后处理模式图标。一般在结构分析结束后，前处理模式会自动转换为后处理模式。

MIDAS/Civil 的后处理模式对分析结果提供图形和文本两种形式，可以对所有结果进行分析和验算。其各种后处理功能从属于结果菜单，如图 5-9，其中结果＞荷载组合功能是对静力分析、移动荷载分析、动力分析、水化热分析、非线性分析及各施工阶段分析得出的所有结果进行任意组合，形成荷载组合条件。

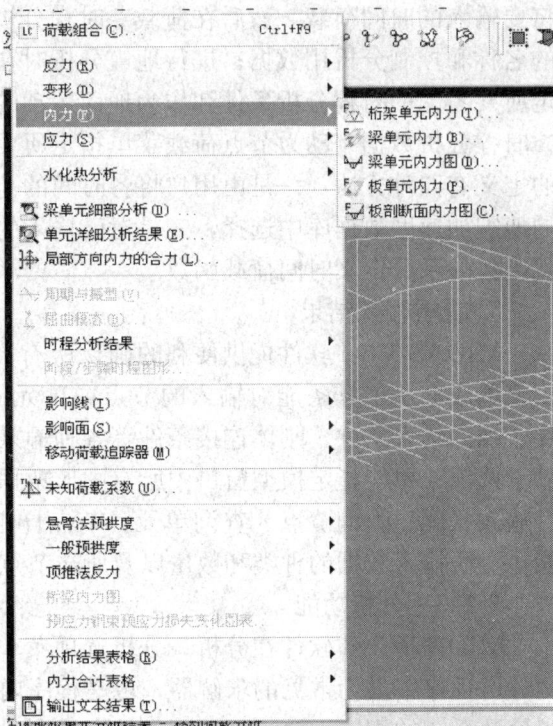

图 5-8　结构分析菜单　　　　　　　　图 5-9　结构分析菜单

MIDAS/Civil 的后处理功能的一般使用步骤为：

（1）点击后处理模式图标 🔒 将程序的环境转换为后处理模式；

（2）利用结果菜单或工具条的图标导入后处理功能；

（3）画面左侧出现对话框后，选择相应荷载工况/荷载组合条件，若要输入新的荷载组合条件可利用右侧的 ... 键；

（4）在内力组成选择栏对位移、构件内力及反力的方向成分进行指定；

（5）在显示形式选择栏对等值线图、变形图、数值显示等画面表现形式进行指定；

（6）在所有模型中只想显示某一部分时，可利用视图＞选择功能对该部分进行选择后，再利用视图＞激活功能将其激活；

（7）点击 适用 键则反映上述指令的后处理功能结果就会在画面上显示出来。

5.3　MIDAS/Civil 软件的设计实例

5.3.1　设计资料

1. 设计基本参数

该桥梁为计算跨径 56m 的中承式拱桥，矢跨比为 1/4，拱肋结构按无铰抛物线设计，拱轴线方程为 $y=x^2/56$，拱肋截面为等宽变高度的箱形截面。吊杆的型号为 PES5-85 平行钢丝成品拉索，吊杆两端配置相应的冷铸锚，上端为张拉端。

桥面净宽 12+2×2.0m，桥面总宽 18.3m，拱肋横向中到中距离为 12.9m，横梁的计算跨径亦为 12.9m。行车道板为跨径 5.5m 及 4.0m 的钢筋混凝土实心板，板高 0.22m。桥台为实体钢筋混凝土结构，基础坐落在强风化花岗长斑岩上。如图 5-10。

图 5-10　实桥照片

2. 主要技术标准

为简化输入，假定除自重外的其他恒荷载值作用在横梁之上。荷载为 18kN/m，桥的车辆移动荷载为 C-AL 和 C-AD。

3. 结构材料性能及尺寸

本桥横梁、纵梁、拱肋均为钢筋混凝土结构。横梁混凝土强度等级为 C30，跨径内为等截面矩形梁，截面尺寸 0.6m×0.90m，跨径外悬臂为变截面矩形梁，两端部截面尺寸分别为 0.6m×0.3m 和 0.6m×0.90m。纵梁与横梁固结，混凝土强度等级为 C30，矩形截面尺寸为 0.3m×0.9m。拱肋混凝土强度等级为 C40，为等宽变高度箱形截面，且拱肋底部箱形截面中筑有混凝土，实心箱形截面尺寸 0.7m×2.0m，变截面箱形截面两端尺寸 $B×H×t_w×t_f$ 分别为 0.7m×2.0m×0.15m×0.2m 和 0.7m×1.5m×0.15m×0.2m。吊杆拉索为圆形截面，直径 0.046m，设计索力 1115kN，破断索力 2787kN。上支撑为矩形截面，截面尺寸 0.4m×0.8m，下支撑为工字形截面，截面尺寸为 0.6m×2.6m×0.3m×0.7m。

本例题主要为了方便介绍 MIDAS/Civil 软件的建模、结构分析和后处理功能，将桥梁的实际情况进行了简化，仅做参考。

5.3.2　操作演示

1. 打开文件与设定基本操作环境

（1）在主菜单选择文件＞新项目（或 □ 新文件）打开新文件。

（2）在主菜单选择文件＞保存（或 💾 保存），以"拱桥"为名保存文件。

（3）在主菜单选择工具条＞单位体系，在长度选择栏选择 m，在力（质量）选择栏中选择 kN，点击确认键。

（4）在主菜单选择工具＞用户定制＞工具条，在工具条选择栏的相应项目之前（如节点、单元及特性）表示为√，并拉放到自己所需的位置。关闭工具条对话窗口。

2. 输入构件材料及截面

（1）在主菜单选择模型＞材料和截面特性＞材料，或在树形菜单的菜单表单选择几何模型＞特性值＞材料，或在特性工具条上点击 材料。

（2）点击添加键。

（3）在一般的材料号输入栏中确认 1，在类型栏中确认混凝土，在《混凝土结构设计规范》GB 50010—2002 中确认 GB（RC），在数据库选择栏中选择 C30，点击适用键。

（4）用同样的方法输入拱肋和吊杆拉索的材料（拱肋材料号为 2，C40 混凝土；吊杆拉索的材料号为 3，名称可设为吊杆，类型为用户定义，在用户定义栏中输入弹性模量 $1.9500e+008kN/m^2$，泊松比为 0.3，线膨胀系数为 $1.2000e-005$，重度为 $77kN/m^3$，设置如图 5-11。

（5）点击确认键。

（6）在材料和截面特性对话窗口选择截面表单，或在特性工具条上点击 截面。

（7）点击添加键。

（8）在数据库/用户表单的截面号输入栏确认 1，在名称输入栏输入纵梁，在截面形状选择栏选择实腹长方形截面，在用户和数据库中选择用户，在 H 输入栏中输入 0.9，在 B 输入栏中输入 0.3，偏心为中—上部。如图 5-12 对话框。

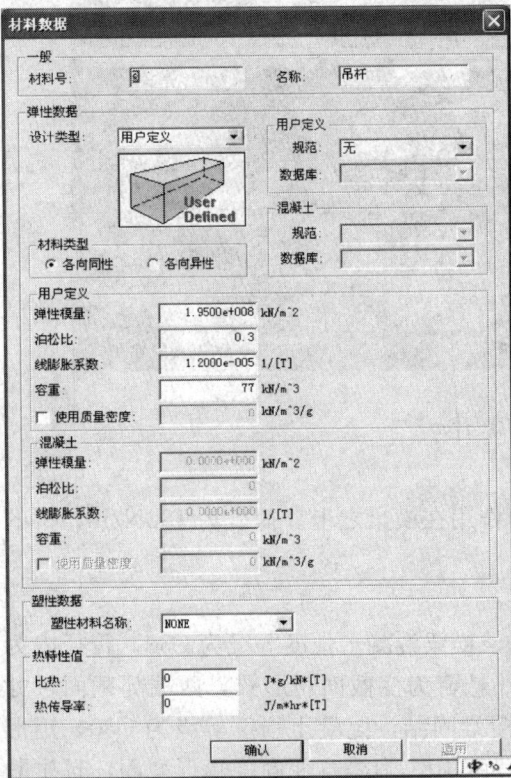

图 5-11　吊杆材料输入对话框

（9）点击适用键。

（10）同样方法输入截面 2～8（截面 2 为横梁 1，实腹长方形截面，H 为 0.9，B 为 0.6，偏心为中—上部；截面 3 为横梁 2，选择变截面表单，实腹长方形截面，截面 i 端 H 为 0.9，B 为 0.6，截面 j 端 H 为 0.3，B 为 0.6，偏心为中-上部；截面 4 为拱肋 1，实腹长方形截面，H 为 2.0，B 为 0.7，偏心为中—上部；截面 5 为拱肋 2，变截面，箱形截面，截面 i 端 H 为 2.0，B 为 0.7，t_w 为 0.15，t_f 为 0.2，截面 j 端 H 为 1.5，B 为 0.7，t_w 为 0.15，t_f 为 0.2；截面 6 为拱肋 3，变截面，箱形截面，截面 i 端 H 为 1.5，B 为 0.7，t_w 为 0.15，t_f 为 0.2，截面 j 端 H 为 2.0，B 为 0.7，t_w 为 0.15，t_f 为 0.2；截

面 7 为吊杆，实腹圆形截面，D 为 0.046；截面 8 为上支撑，实腹长方形截面，H 为 0.8，B 为 0.4；截面 4~8 的，偏心均为中心）。

（11）点击确认键。

（12）点击关闭键。

3. 使用节点和单元建立模型

建立拱肋

1）在主菜单选择模型＞结构建模助手＞拱。出现拱设定对话框如图 5-13。

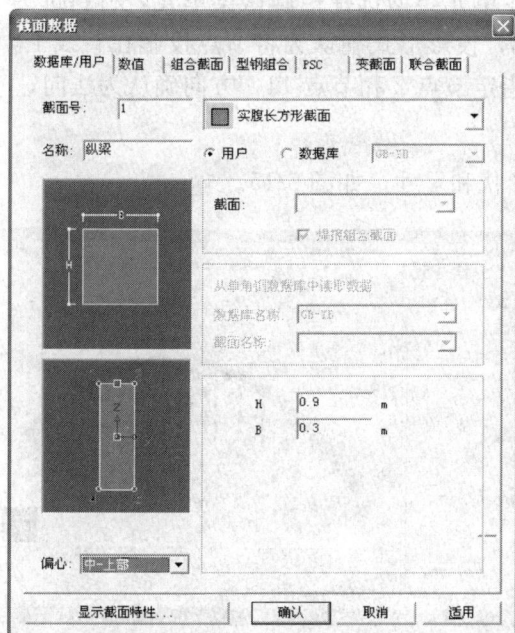

图 5-12　截面输入对话框

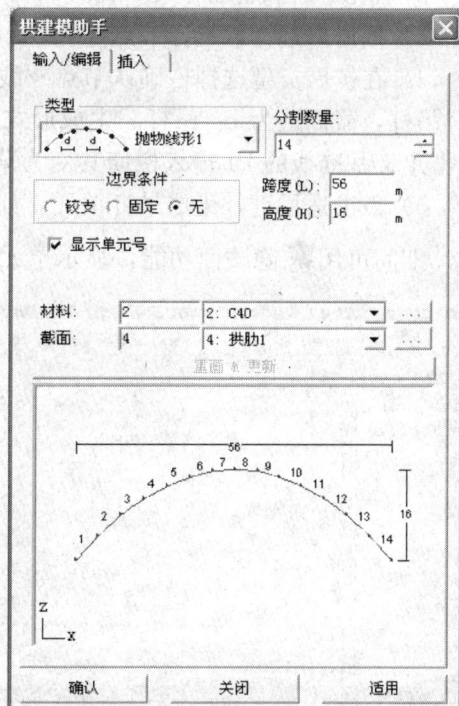

图 5-13　拱建模对话框

2）在输入/编辑表单的类型选择栏确认抛物线形，在分割数量输入栏中确认 14，在 L 输入栏中输入 56，在 H 输入栏中输入 16，在边界条件选择栏中选择无，在显示单元号的左侧表示√，在材料选择栏中选择 2：C40，在截面选择栏中选择 4：拱肋 1。

3）在插入表单的插入点输入栏中确认 0，0，0。

4）点击确认键。

5）点击 ⊙ 自动调节缩放，点击 ⬚ 正面视图。

6）点击 ⬚ 用窗口选择，选择单元 3~7。

7）在主菜单选择模型＞单元＞修改单元参数，在参数类型选择栏中选择截面号，在形式选择栏选择分配/定义，在名称中选择 5：拱肋 2。

8）点击适用键。

9）同样方法将单元 8~12 的截面改为 6：拱肋 3。

183

10）在主菜单选择模型＞材料和截面特性＞变截面组，[图标]用窗口选择，选择单元3～7，在组名称输入栏中输入拱肋2，截面形状变化选择栏选择z轴线性和y轴线性，点击添加键。

同样方法将单元8～12设为变截面组拱肋3。

建立吊杆

1）在单元工具条点击[图标]扩展；

2）点击[图标]节点编号（Toggleon）；

3）用窗口选择，选择节点3～13；

4）在扩展类型选择栏确认节点→线单元，在单元类型选择栏确认梁单元，材料选为3：吊杆，截面选为7：吊杆。生成形式选为投影，投影形式确认为将节点投影在直线上，点击定义基准线的P1输入栏使其变为草绿色后指定节点2和节点14，方向确认为法向；

5）点击适用键，生成吊杆单元，如图5-14。

期间可用[图标]隐藏面功能，显示单元的截面形状和尺寸，如图5-15。

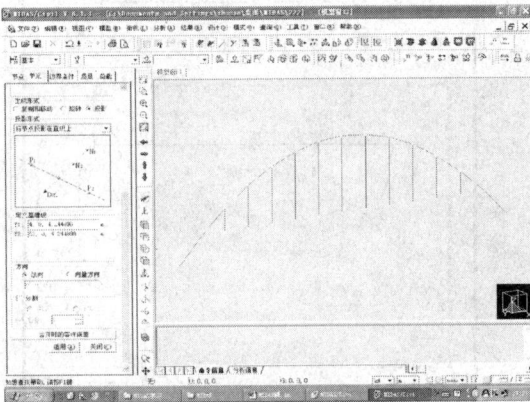

图5-14　生成吊杆单元

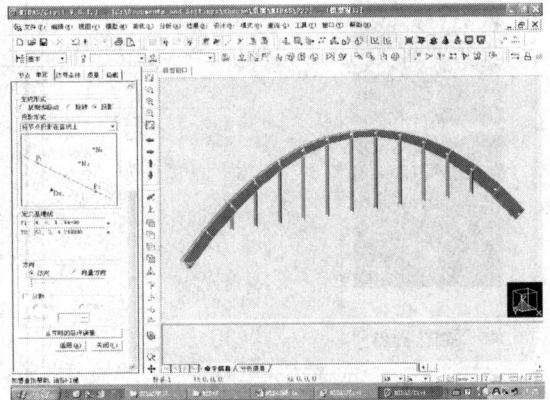

图5-15　消隐功能显示

建立纵梁并复制构架。

1）在单元工具条点击[图标]建立单元。

2）在单元类型选择栏确认一般梁/变截面梁，材料选为1：C30，截面选为1：纵梁，Beta角确认为0，交叉分割选择栏确认节点左侧√，点击节点连接输入栏使其变为草绿色后指定节点2和节点14。点击适用键，生成纵梁单元如图5-16。

3）点击[图标]全选。

4）在单元工具条点击[图标]单元的复制和移动。

5）在形式选择栏确认复制，在移动和复制选择栏确认等间距，dx，dy，dz输入为0，12.9，0，复制次数确认为1。

6）点击适用键。

7）将复制拱变截面相应部位设为变截面组拱肋4和拱肋5。生成双拱模型如图5-17。

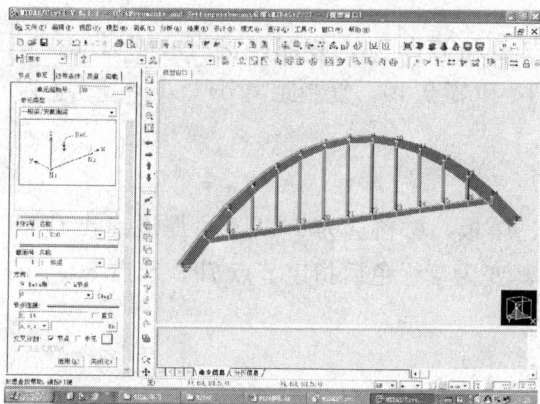

图 5-16　生成纵梁单元

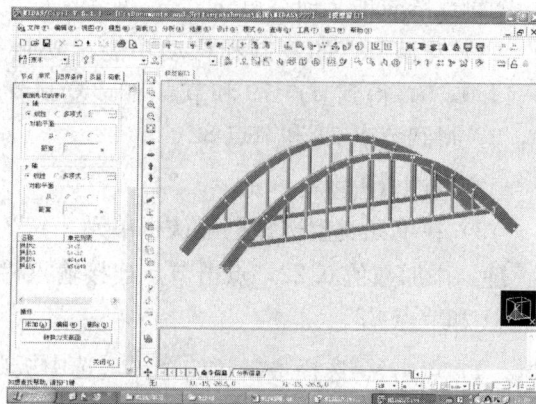

图 5-17　复制生成双拱模型

说明：Beta 角使指梁单元和桁架单元截面排列方向的角度，截面为 H 形截面时，对于柱子（与 GCS 的 Z 轴平行的构件）的腹板方向程序中自动设定为与 GCS 的 X 轴相平行，对于梁（除柱子以外的所有梁单元和桁架单元）的腹板方向则被自动设置为与 GCS 的 Z 轴相平行。

建立横梁

1）点击 ⊞ 扩展单元。

2）点击 ⬚ 多边行选择，选择节点 2/节点 16～26 和节点 14。

3）在扩展类型选择栏确认节点→线单元，在单元类型选择栏确认梁单元，材料选为 1：C30，截面选为 2：横梁 1。生成形式选为投影，投影形式确认为将节点投影在直线上，点击定义基准线的 P1 和 P2 输入栏使其变为草绿色后分别指定节点 28 和节点 40，方向确认为法向。

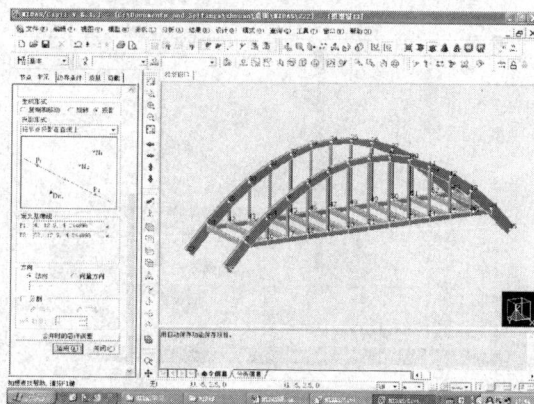

图 5-18　生成横梁单元

4）点击适用键，生成横梁单元如图 5-18。

5）点击 ⚡ 复制和移动节点。

6）点击 ⬦ 单选，选择节点 2 和节点 14。

7）在形式选择栏确认复制，在移动和复制选择栏确认等间距，dx，dy，dz 输入 0，−2.7，0，复制次数确认为 1，点击适用键。

8）用扩展单元，建立桥右侧的悬臂变截面横梁，材料为 1：C30，截面形式为 3：横梁 2。

9）同样建立桥左侧的悬臂变截面横梁，节点的复制距离 dx，dy，dz 为 0，2.7，0。生成横梁悬臂单元如图 5-19。

建立桥面板并划分单元

1) 利用节点的复制和移动功能，复制节点 2 和节点 28，复制距离 dx，dy，dz 为 −4，0，0，得到节点 79 和节点 80，复制节点 14 和节点 40，复制距离 dx，dy，dz 为 4，0，0，得到节点 81 和节点 82。

2) 点击 ⬚ 建立单元。

3) 在单元类型选择栏确认板单元、4 节点、厚板，材料选为 1：C30，厚度点击右侧 ⋯ 键，添加数值 0.22，点击节点连接输入栏使其变为草绿色后指定节点 79、节点 80、节点 81 和节点 82。

4) 点击 ⬚ 选择最新建的个体，选中板单元。

5) 点击 ⬚ 分割单元。

6) 分割单元类型选为其他平面单元，等间距，x 方向分割数量设为 4，y 方向分割数量设为 2，合并重复节点。

7) 点击适用键

8) 点击 ⬚ 属性选择单元，在选择属性栏选择单元类型，添加板单元，选中分割过的所有板单元。

9) 可点击 ⬚ 激活键，⬚ 逆激活键，⬚ 全部激活键，⬚ 消隐键，查看模型的情况，如图 5-20。

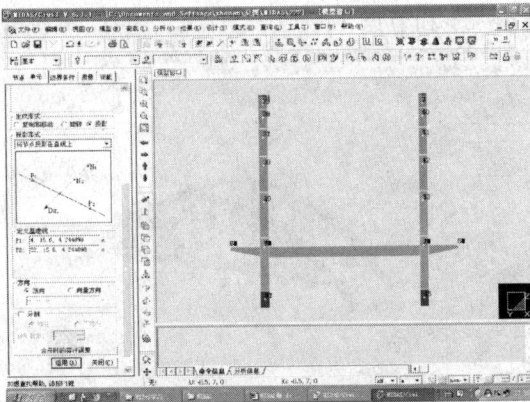

图 5-19　生成横梁悬臂单元

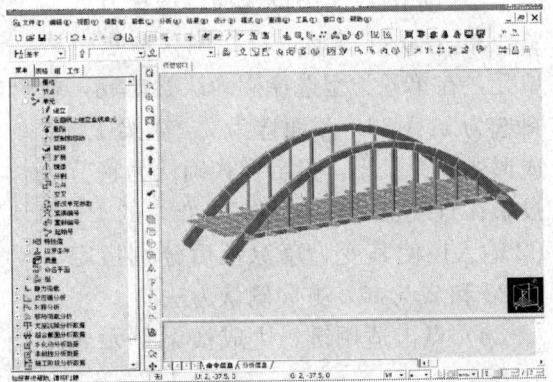

图 5-20　生成桥面板单元

在此应说明的是：MIDAS/Civil 软件对线单元（如桁架单元、梁单元 ... 等）而言，单元的大小不影响结构的计算结果，而对板型单元（如平面应力单元、平面应变单元、轴对称单元和板单元）和空间单元而言，单元的大小、单元的形状和单元的分布将直接影响结构的分析结果。

建立横向支撑

1) 点击 ⬚ 单元编号（Toggleon），点击 ⬚ 建立单元。

2) 在单元类型选择栏确认一般梁/变截面梁，材料号选为 1：C30，截面号选为 8：上支撑，Beta 角确认为 0，交叉分割选择栏确认节点左侧✓。

3）在画面下端的状态条，确认捕捉点的位置是否为 1/2 ⊏⊐ ⊏/⊐ 2 ⊏⊐。

4）点击节点连接输入栏使其变为草绿色后指定单元 6 和单元 43 的中点，重复点击节点连接输入栏使其变为草绿色后指定单元 9 和单元 46 的中点。生成横向支撑单元如图 5-21。

输入结构的边界条件

1）点击 ^{n} 节点编号（Toggle on）。

2）在主菜单选择模型＞边界条件＞一般支承。

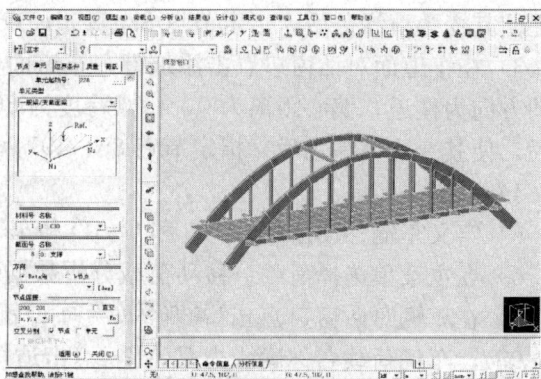

图 5-21　生成横撑单元

3）点击 单选，选择节点 1、15、27、41（拱角的四个支点）。

4）选择添加，在 D-ALL、R-ALL 的左侧表示√，点击适用键。

5）选择板单元左侧节点 79、80、83、85、85，选择添加，在 D-ALL 左侧表示√，在 Rx、Rz 的右侧表示√，点击适用键。

6）选择板单元右侧节点 81、82、195、196、197，选择添加，在 Dy、Dz 的右侧表示√，在 Rx、Rz 的右侧表示√，点击适用键

4. 输入静力荷载

设定荷载条件

1）在荷载菜单选择静力荷载工况。

2）在静力荷载工况对话窗口的名称输入栏输入恒荷载 1，在类型选择栏选择恒荷载（D），点击添加键。

3）在名称输入栏输入恒荷载 2，在类型选择栏选择恒荷载（D），点击添加键，点击关闭键。

输入自重和静力荷载

1）在荷载菜单选择自重。

2）在荷载工况名称中确认恒荷载 1，在自重系数的 Z 中输入 -1，点击添加键。

3）点击 选择属性，在选择属性栏选择截面，添加横梁 1 和横梁 2，选中横梁单元，点击关闭键。

4）在荷载菜单选择梁单元荷载，荷载工况名称选择栏确认恒荷载 2，选择添加，荷载类型为均布荷载，方向为整体坐标系 Z，投影选为否，数值为相对值，$x1$ 输入 0，$x2$ 输入 1，w 输入 -18。

5）点击适用键，点击关闭键。

5. 输入车辆移动荷载

定义车道面

1）在主菜单选择荷载＞移动荷载分析数据＞车道面。

2）在车道面对话窗口点击添加键，车道面名称输入车道面 1，车道宽度为 3.5，车辆移动方向为往返，偏心距离为 0，桥梁跨度为 56，选择确认为 2 点，用鼠标点击右侧的输

入栏使其变为草绿色后，指定节点 83、195，点击确认键。

3）在车道面对话窗口点击添加键，车道面名称输入车道面 2，车道宽度为 3.5，车辆移动方向为往返，偏心距离为 0，桥梁跨度为 56，选择确认为 2 点，用鼠标点击右侧的输入栏，使其变为草绿色后，指定节点 85、197，点击确认键。

4）点击关闭键。

5）定义车辆移动荷载 C-AL 和 C-AD 和车辆荷载群。

6）在主菜单选择荷载＞移动荷载分析数据＞车辆。

7）在车辆对话窗口点击 添加标准车辆(A) 键，规范名称确认中国城市桥梁荷载（CJJ 77—98），车辆荷载名称确认为 C-AL，点击适用键。

8）车辆荷载名称选择 C-AD（150），点击确认键。

9）点击关闭键。

10）在主菜单选择荷载＞移动荷载分析数据＞车辆组。

11）在车辆组对话窗口点击添加键，在车辆组数据对话窗口的车辆组名称输入栏输入 C—AL，选择车辆荷载项目中的 C-AL 后，点击 -> 键将其移动到选择的荷载项目，点击适用键。

12）在车辆荷载组名称输入栏输入 C-AD（150），将选择的荷载项目中的 C-AL 换成 C-AD（150），点击确认键。

13）点击关闭键。

14）将车辆荷载 C-AL 和 C-AD（150）定义为相同车辆荷载组，程序可在两种车辆荷载的分析结果中算出构件内、变形、反力等的最大、最小值。

定义车辆移动荷载条件

1）在主菜单选择荷载＞移动荷载分析数据＞移动荷载工况。

2）在移动荷载工况对话窗口点击添加键，在移动荷载工况输入栏输入 MVL-C-AL，在子荷载工况选择栏点击添加键，在荷载工况数据的车辆组选择栏确认 VC：C-AL，组合系数确认 1，可以加载的最少车道数输入 1，可以加载的最大车道数输入 2，选择设置车道的车道列表项目中的车道面 1 和车道面 2，点击 -> 键将其移动到选择的车道列表，在子荷载工况对话窗口点击确认键，在移动荷载工况对话窗口点击适用键。

3）用相同的方法建立移动荷载工况 MVL-C-AD。

4）点击关闭键。

6. 进行结构分析

定义分析车辆移动荷载的方法和进行结构分析

1）在主菜单选择分析＞移动荷载分析控制数据。

2）在选择加载位置选择栏确认最不利点。

3）点击确认键。

4）在主菜单选择分析＞运行分析和点击 ⇉ 运行分析。

7. 查看分析结果

在后处理阶段，为了便于确认各种分析结果，可将建模过程中所排列的节点、单元和特性工具条在画面上消除，调整为结果和影响线/面工具条。在此仅举例查看部分结果。

荷载组合

1）在主菜单选择结果＞荷载组合。

2）在荷载组合列表的激活表示√，在名称输入栏输入组合1，类型选择栏确认Add，用鼠标点击荷载工况选择栏后，利用▼键在选择栏选择恒荷载1（ST），用鼠标点击第二个选择栏，选择恒荷载2（ST），用鼠标点击第三个选择栏后，选择MVL-C-AL（MV），在系数输入栏确认1.0。

3）用相同的方法建立组合2：1.0［恒荷载1＋恒荷载2＋MVL-C-AD（150）］。

4）点击关闭键。

确认变形

1）在主菜单选择结果＞变形＞变形形状或在结果工具条点击 ⬳ 变形形状。

2）在荷载工况/荷载组合选择栏选择CBmax：组合1，在内力组成选择栏确认DXYZ，在显示形式选择栏对变形前和图例表示√，点击位于变形右侧的 ▦ 键，在变形的表现方式选择栏选择实际变形，确认适用于选择确认时的√标记，点击确认键，变形显示如图5-22。

3）点击 ✹ 隐藏面（Toggle on）。

查看支点反力和节点挠曲的影响面结果。

4）点击 ✹ 隐藏面（Toggle off）。

5）在影响线/面工具条点击 ▦ 反力。

6）在车道/车道面选择栏确认车道面1，节点号输入1，放大系数输入1.0，内力组成选择FZ，显示形式选择图例，点击适用键。

7）点击 ▦ 正面视图。

8）在影响线/面工具条点击 ▦ 位移。

9）在车道/车道面选择栏确认车道面1，节点号输入23，放大系数输入2.0，内力组成选择DZ，显示形式选择图例，点击适用键。

10）点击关闭键。

利用移动荷载追踪器查看车辆移动所引起的建筑物的反力

1）点击 ▦ 标准视图

2）在主菜单选择结果＞移动荷载追踪＞反力。

3）在移动荷载追踪器选择栏选择MVmax：MVL-C-AL，单元号输入1，放大系数输入1.0，反力选择FZ，显示形式确认等值线图，图例和适用荷载，点击适用键。

4）点击关闭键。

查看梁单元内力（弯矩图等），在此选择Y轴坐标为0的X-Z平面，主要查看拱肋的弯矩图。

1）点击 ▦ 全部激活。

2）点击 ▦ 用平面选择，在平面表单选择XZ平面，用鼠标在X-Z平面选择节点1，点击关闭键。

3）点击 ▦ 激活键，点击 ▦ 正面。

4）在结果工具条点击 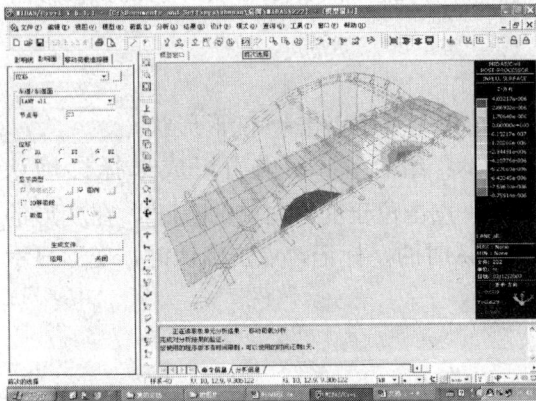梁单元内力图。

5）在荷载工况/荷载组合选择栏选择 MVall：MVL-C-AL，内力组成选择 My，显示选项选择 5 点和线涂色，系数输入 2.0，显示类型选择等值线和图例，点击适用键，弯矩分布显示如图 5-23。

6）改变内力组成的选择项，可查看其他的内力图。

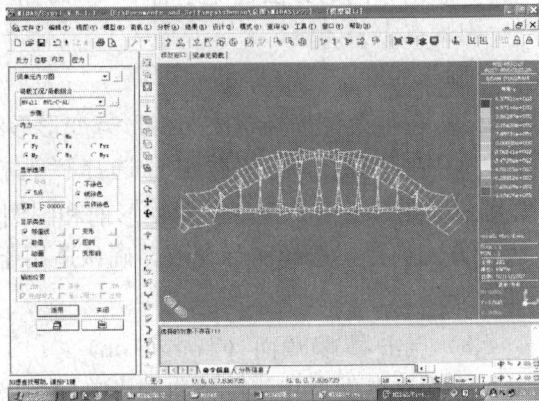

图 5-22　变形分析结果显示

图 5-23　弯矩分布分析显示

所有的分析结果还可利用主菜单的结果＞分析结果表格功能，将所有的分析结果以表格形式表达，可方便地对结果进行确认

利用此例题，还可自行进行桥梁的动力分析和反应谱分析。

第6章　ETABS软件的应用与实例

ETABS是由美国Computer and Structures Inc.（CSI）公司开发研制的房屋建筑结构空间有限元分析与设计软件，已有近三十年的发展历史，是美国乃至全球公认的高层结构计算程序，在世界范围内广泛应用。目前，ETABS已经发展成为一个建筑结构分析与设计的集成化环境：系统利用图形化的用户界面来建立一个建筑结构的实体模型对象，通过先进的有限元模型和自定义标准规范接口技术来进行结构分析与设计，实现了精确的计算分析过程和用户可自定义的（选择不同国家和地区）设计规范来进行结构设计工作。

6.1　ETABS主要功能介绍

6.1.1　三维建模技术和丰富的单元库

ETABS提供给工程师的是一个集成化的视图与工作环境，采用三维图形操作界面系统，利用面向对象的操作方法来建模。这个视图环境可以设置所要展现的视图数目及布局，可以在任意一个视图窗口中进行所需要的任何操作。工程师可以在同一个界面中完成建模、分析和设计，比如说在模型信息中查看修改模型信息、在分析结果显示视图中选择显示构件的内力详细输出、在设计结果中进行构件的交互式设计等。

ETABS的单元库十分丰富，几乎囊括了所有建筑结构分析能够用到的单元，包括框架单元（梁柱单元）、壳体单元（墙板单元）、弹簧单元、连接单元和塑性铰单元等。

6.1.2　国际领先的分析功能

ETABS分析计算功能十分强大，囊括几乎所有结构工程领域内的最新分析功能。从静力动力计算，到线性非线性分析，从P-Delta效应到施工顺序加载，从结构阻尼器到基础隔振，都能运用自如，为工程师提供最可靠的分析计算结果。

6.1.3　一体化的设计功能

ETABS是一个一体化的设计程序，钢框架设计、混凝土框架设计、组合梁设计、剪力墙设计都是在同一软件中完成。ETABS可以完成钢框架设计及混合结构中钢框架部分的钢框架截面的自动优化设计，对于混凝土设计，可以任意设定梁柱的设计控制截面数量和位置。可以完成"强柱弱梁"优化设计，可以针对均匀分布钢筋的剪力墙简化设计，可以完成三维剪力墙单元设计。ETABS为工程师提供了全面的设计结果输出的形式，包括设计包络结果的图形输出、单个工况设计和设计细节的对话框输出、设计结果的电子表格输出、设计结果的文本输出等形式。

6.2　ETABS软件的基本使用方法

本章以ETABS中文版9.0.0进行介绍，下面简单介绍ETABS的集成化图形用户界面。

图形用户界面：图 6-1 中所示的 ETABS 图形用户界面包括主标题栏、显示标题栏、菜单栏、主工具栏、侧工具栏、显示窗口、状态栏、相似楼层特性、坐标系和当前单位。

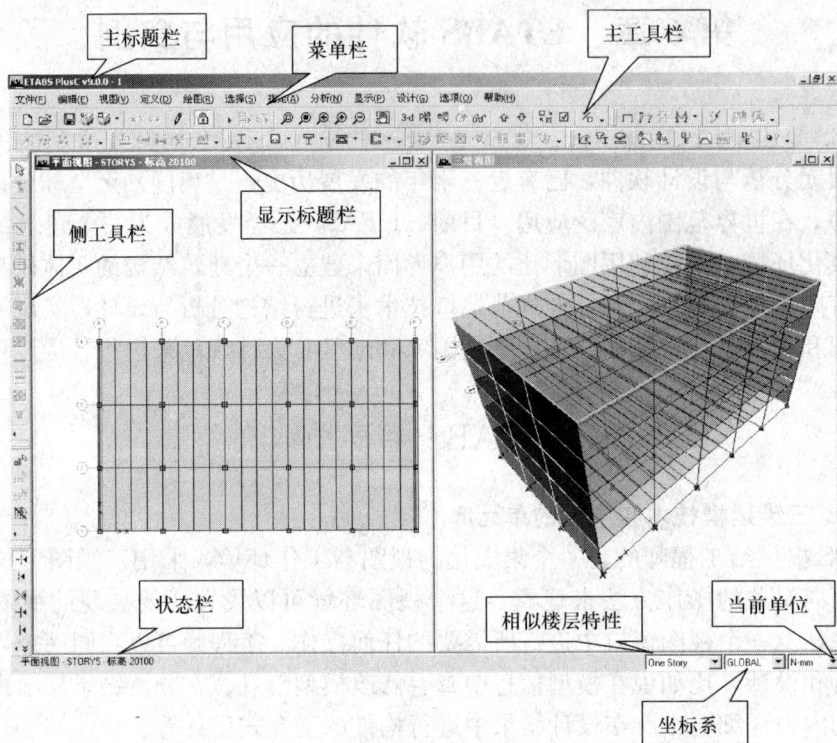

图 6-1　图形用户界面

菜单栏：菜单栏包含包括 12 个菜单项，每个菜单项下附带着一个菜单，每个菜单上有若干菜单项，有些菜单项下还有子菜单，在子菜单上有若干菜单项。

工具栏：工具栏由按钮组成。这些按钮为菜单项中的具体功能，为了使用方便用户可以把常用命令设置在工具栏上。

相似楼层特性下拉框：该下拉框中的三个选项是一层、所有楼层和相似楼层。如果选择一层（One Story），将只把对象应用于绘制它的楼层上。如果选择所有楼层（All Stories），将把平面视图中绘制的对象应用于模型中同一平面位置上的所有楼层。如果选择相似楼层（Similar Stories），将把平面视图中绘制的对象应用于模型中同一平面位置上的所有相似楼层。

ETABS 对于一个实际建筑物进行结构分析和设计的基本过程主要分为建立模型、运行分析、进行设计等主要部分。下面按照操作顺序详细叙述基本过程和步骤：

6.2.1　建模

1. 设置单位制

ETABS 支持两种单位制，即公制单位和英制单位。在主窗口的状态条的右下角是单位制下拉框。当点击文件＞新模型命令之后，ETABS 把在点击该命令之前设定的单位制规定为该模型的单位制。

2. 快速建模

模型导入：ETABS 支持从 DXF、EXCEL、e2K 等格式文件的导入，还可以将 SAP2000 输出的 s2K 格式直接导入，目前自行开发的辅助程序 SATWE2ETABS 可以把 SATWE 模型转换为 ETABS 数据格式。

模板调用：ETABS 可以利用一些已有的材料或截面信息来建立新模型。建立新模型时，在弹出的"新模型初始化"对话框中有"选择.edb"和"默认.edb"两个按钮。点击"默认.edb"，程序会调用 ETABS 安装目录下的 Default.edb 文件中的信息，引入程序默认的常用材料信息和截面信息。点击"选择.edb"，程序会让工程师选择任意一个已有的 ETABS 模型，然后基于这个模型中所有的材料和截面信息开始建立新的模型。

3. 轴网与坐标系

在新模型初始化对话框中，ETABS 会自动弹出设置轴网数据和楼层数据对话框，可以对轴网数据进行编辑。ETABS 中轴网的编号默认 X 方向从 A 开始，Y 方向从 1 开始顺序编号。一般对于结构中原有的轴线，模型中将其设定为 Primary（主轴线）。为了建模的需要，我们可以在任意位置设定轴线，可以将这种轴线的类型定义为 Second（次轴线）。

ETABS 支持两种坐标系，即直角坐标系和柱坐标系。在任何一个结构模型中，ETABS 默认一个整体坐标系。整体坐标系是直角坐标系，其名称为 GLOBAL。对于一个比较复杂的模型，可以根据建筑图中的实际轴网的特点，设定几个不同种类的坐标系。ETABS 除了整体坐标系之外，我们可以定义附加坐标系。点击编辑>编辑轴网数据>编辑轴网数据命令，弹出坐标系对话框增加附加坐标系。

4. 楼层编辑和控制层

在建模过程中，运用控制层的概念可以很大提高建模速度。在楼层编辑对话框中，根据标准层的个数设定一个或几个控制层，并将其他楼层分别设定为与各控制层相似。此时，控制层和与之相似的楼层形成一个相似楼层组。当 ETABS 界面右下角的楼层控制选项选为 SimilarStories 时，对相似楼层组中的任何一个楼层进行修改，对组中的其他楼层也将发生同样的操作。

不采用控制层和相似层的方法时，采用楼层复制的方法也可以方便地将一个楼层的所有对象复制到其他相似的层。点击菜单编辑>带属性复制，采用其中的楼层复制选项即可完成楼层复制。

5. 结构总体信息

这一步骤是中文版特有的。在使用中国规范时，需要设定结构体系类型、地震分组、场地类别等结构总体信息，这些结构总体信息应该在结构分析之前进行定义。点击选项>首选项>结构总体信息命令，ETABS 自动弹出 General Preferences 对话框。在该对话框中设定结构总体信息。

6. 材料与构件定义

ETABS 中已经提供了若干种中国规范的材料，除此之外，工程师还可以自定义混凝土或钢材料。在默认的 default.edb 文件中包含了中国规范定义的混凝土和钢材料。点击定义>材料属性命令，ETABS 弹出定义材料对话框。对话框的材料区域中，将已经定义了的材料名称列表显示。此外，ETABS 还提供 SD 截面设计器、变截面定义等多种自定义方法，并且还可以从外部型钢数据文件导入直接调用型钢截面。

点击定义＞框架截面命令，ETABS 弹出定义框架属性对话框。在该对话框的属性区域中，列表显示的是 ETABS 中已经定义了的一些框架截面名称。如果在截面列表中没有结构设计师需要的截面，需要定义这些框架截面。对于钢构件截面，可以将若干截面定义到一个截面组中。截面组的名称与单个构件截面的名称都在定义框架属性对话框中。定义截面组的主要目的是提供钢结构设计自动选择截面时的备选截面。中文 ETABS 提供了中国型钢库，点击定义框架属性对话框中 Import I/Wide Flange 可以看到文件 Chinese.pro，选中此文件，即可在中国型钢库中选择所需截面。

点击定义＞墙/楼板截面命令，ETABS 弹出定义墙/楼板截面对话框。我们可以在该对话框中定义所需的墙或楼板截面。ETABS 中提供了几种已经生成的工程常用的板单元类型，分别是 DECK1、PLANK1、SLAB1、WALL1。DECK1 用来模拟组合楼板，也可以模拟压型钢板。PLANK1 用来模拟单向传力的楼板，SLAB1 用来模拟混凝土楼板（在默认设置条件下）。WALL1 用来模拟剪力墙和连梁。ETABS 中，面单元又从有限元分析的角度分为壳（shell）、膜（membrane）、板（plate）三种类型。膜属性的面单元具有面内刚度、无面外刚度；板具有面外刚度、无面内刚度；壳同时具有面内和面外刚度。ETABS 计算面单元的面内刚度以及自重和质量时，采用膜厚度。在计算面单元的面外刚度时，采用弯曲厚度。一般情况下，这两种厚度相等。

用户还可以将线和面单元定义 None，即分别成为虚线和虚面，它们可用来传递荷载和剖分其他单元。一般情况下，可定义虚面用来施加风荷载（也可通过刚性隔板施加）。

7. 绘制构件

ETABS 中绘制的构件主要为梁、柱、楼板、墙、斜面等。在构件绘制时，以点对象、线对象、面对象的方式绘制。绘制方法主要有在轴网区格内点击生成点、多点连续点击生成线、多点连续点击生成面、窗选区域生成对象等。使用绘图＞绘制点对象命令、绘图＞绘制线对象命令、绘图＞绘制面对象命令绘制结构构件。在点击绘图命令时，ETABS 弹出对象属性浮动窗，可以在浮动窗中指定构件截面属性等。可以利用相似楼层，提高绘制构件的效率。

楼板开洞是在建模时常需要进行的，一般情况下，在结构中没有绘制楼板的位置 ETABS 都会认为是洞口。但是如果遇到在楼板内局部开洞，我们可以直接在楼板内绘制洞口。与绘制楼板方法相同，只是把截面属性改为 Opening（洞口）即可。

8. 指定功能

施加约束：在结构对象的绘制过程中，对于首层的柱、剪力墙和斜撑等竖向构件将与结构的底部（BASE 层），ETABS 默认生成铰支连接。但实际工程不一定是铰接情况，因此这时就需要修改底部支座的属性，这是通过节点约束指定来完成的。点击指定＞节点/点＞约束（支承）命令，给点对象指定支座，即指定节点约束自由度。

刚性隔板：国内的一些结构分析设计程序，默认情况下楼板假定为刚性隔板。但实际上，结构有限元分析时，弹性楼板应该是一般情况。因此，当 ETABS 不进行特殊楼板指定时，楼板是弹性状态的真实楼板单元模型；需要进行刚性隔板假定分析时，就要进行刚性隔板特殊指定。ETABS 刚性隔板数据类型有两类，一类是按照节点指定的刚性隔板；第二类是按照面对象（楼板）指定的刚性隔板。刚性隔板的指定的方式有两种，第一种是在快速建模模板中直接选择生成刚性隔板，自动生成刚性隔板；另一种方式，就是按对象（点和面）指定刚性隔板。如点击指定＞壳/面＞刚性隔板，激活指定隔板对话框，可以对面对象指定刚性隔板。

6.2.2　荷载信息

ETABS 对于施加荷载的处理方法是首先要定义荷载工况，然后给各个荷载工况中指定荷载。ETABS 中的荷载工况包括静力荷载工况、反应谱工况、时程工况、静力非线性 Pushover 工况、施工顺序加载工况。ETABS 可以按照相关国家的规范自动生成设计荷载组合，同时也允许工程师自己定义需要的设计荷载组合。

1. 定义荷载工况

静力荷载工况：点击定义＞静荷载工况命令，定义静力荷载工况。ETABS 自动生成恒荷载工况和活荷载工况。可以定义自动地震荷载工况（用于底部剪力法）、自动风荷载工况、雪荷载工况。如果不希望定义的荷载工况参与自动荷载组合，荷载工况类型可以选择为 OTHER（其他）。注意：第三列自重乘数是该荷载工况中自动包含自重的系数，其值为 0~1。如果在某一荷载工况中设置了非零的自重系数，ETABS 自动计算结构中所有构件的自重，将自重乘以自重系数施加加在构件上。一般在静力荷载工况中只指定一个为 1 的自重乘数，通常为 DEAD 恒载工况。最后一列自动侧向荷载是在定义地震荷载或风荷载时选择使用的规范。

反应谱工况：在定义反应谱工况之前，应先定义反应谱函数。点击定义＞反应谱函数命令，弹出定义反应谱函数对话框。在该对话框中定义与反应谱函数有关的数据。然后，点击定义＞反应谱工况命令，弹出定义反应谱对话框，在该对话框中定义反应谱工况数据，包括振型组合方法、方向组合方法、反应谱方向等信息。

时程分析工况：在定义时程工况之前，应先定义时程函数。点击定义＞时程函数命令，弹出定义时程函数对话框。可以定义人工地震波，也可以读入实测地震波。然后，点击定义＞时程工况命令。弹出定义时程工况对话框，定义与时程分析相关的数据。

2. 荷载组合

ETABS 中国规范采用 18 种默认的设计荷载组合形式，在用户定义了相关荷载工况的基础上，程序将根据规范和抗震烈度信息自动生成以上荷载组合方式。用户也可以自定义荷载组合方式，其途径是定义＞荷载组合＞添加新组合，激活荷载组合数据对话框，自定义荷载组合。

3. 施加荷载

ETABS 中除了自重荷载、地震荷载和自动风荷载是 ETABS 自动施加到结构上以外，其他荷载都需要人工施加。因此需要我们施加的荷载主要是附加荷载，比如附加恒荷载、活荷载、雪荷载等。ETABS 施加荷载的方法一般是先选择构件，然后通过指定荷载命令施加荷载。

楼面荷载：施加楼面荷载，无论是附加恒荷载还是活荷载，其方法都相同。我们首先选择楼板面对象，点击指定＞壳/面荷载＞均匀命令，弹出均布面荷载对话框，进行相关设置。

梁线荷载：ETABS 对于框架填充墙的处理，一般将其自重转化为线荷载指定给梁，其操作方法与施加面荷载相似。首先选择梁线对象，点击指定＞框架/线荷载＞分布命令，弹出框架分布荷载对话框，根据实际线荷载形式和大小进行设置。

风荷载：施加风荷载的方法有两种：

1）一种是风力作用面来自刚性隔板范围，根据隔板宽度确立风力的作用范围，将上下各半层风载施加在隔板质心位置，步骤为首先选择视窗中的楼板，点击指定＞节点/点＞刚性隔板命令定义为刚性隔板，再点击定义＞静荷载工况命令选择中国规范 2002 添加 X 或 Y 方向的风荷载，添加完毕在修改侧向荷载选项中进行相关参数设置。

2）另一种是风力作用来自面对象，面对象承担的风荷载将传递到相应的四个角点。这里利用虚面用来施加风荷载，虚面只起到传递荷载的作用。步骤为定义＞静荷载工况命令添加风荷载，在修改侧向荷载选项中指定风作用来自面对象。在视窗中迎风面和背风面分别绘制属性为 NONE 的虚拟面，绘制完毕后选择虚拟面，点击指定＞壳/面荷载＞风载体型系数进行设置，要注意体型系数前的正负号应与风作用的方向一致。

6.2.3 基本分析功能

1. 设置分析选项

在运行分析前，需要对分析选项进行设置。点击分析＞设置分析选项，将激活分析选项对话框。如果对结构进行动力分析，需要在运行分析之前设定振型分析参数。在弹出的分析选项对话框中勾选动力分析并点击设置动力参数按钮。在弹出的设置动力参数对话框中，定义振型数、选择振型分析方法及相应参数。

2. 定义质量源

在进行分析之前必须定义结构的质量。质量源是 ETABS 中一个非常重要的概念。ETABS 中，结构的质量和自重是两个相互分离的概念。通过一定方式的定义，一个结构可以只有质量没有自重，也可以只有自重没有质量。结构的质量通过点击菜单定义＞定义质量源来激活定义质量源对话框。可以通过三种方式定义结构质量。

来自自重及指定的质量：这是默认的结构质量计算方法。采用这种方法时，所有外加的荷载不会转换为结构质量。此时，结构的质量由结构的构件体积乘以构件材料的密度。

来自荷载：此方法将用户指定的自重、附加恒荷载、活荷载等按对话框中比例系数指定的比例进行组合。按规范规定，自重、附加恒荷载的系数为 1.0，活荷载的系数是 0.5。此时，结构的质量等于组合后求得的荷载除以重力加速度 g。

来自自重及指定的质量和荷载：此方法计算的质量是按第一、二种方法求得的质量之和。在实际工程中采用此方法时，在定义荷载的质量乘数一栏中的一般只有 0.5 倍的活荷载，而不应包括恒荷载。如果用户使用此方法时在定义荷载的质量乘数一栏指定了恒荷载，结构自身的质量将被计算两遍而出现错误。

3. 模型检查、保存文件、运行分析

点击分析＞检查模型命令，ETABS 自动对模型进行检查。可以点击显示＞设置输入表样式命令，在数据输入表格对话框中，勾选一些项目，以数据的形式显示输入的模型。除此之外，可以利用对象收缩、对象拉伸、视图显示控制、颜色控制等方法，对模型进行检查。

在运行分析之前应该保存文件。如果没有保存，执行运行分析命令之前。ETABS 会自动提示保存文件。ETABS 没有自动保存文件的功能。为了避免模型数据的丢失，应该及时保存文件。点击文件＞保存命令或文件＞另存为命令，保存文件。

点击分析＞运行分析命令，运行分析。ETABS自动弹出分析窗口，提示运行过程中的各个状态显示信息及错误或警告信息。分析结束时，这一窗口自动关闭。点击文件＞上一次分析运行日志命令，重新显示运行分析时所有的信息。

4. 分析结果显示

所有的分析结果都可以图形显示。可以点击显示＞显示变形形状、显示＞显示振型、显示＞显示构件受力/应力图等命令，显示变形图、振型图、内力图等常用分析结果图。另外，可以点击显示＞设置输出表样式命令，在数据输出表格对话框中，勾选一些项目，以数据的形式显示模型的分析结果。

5. 结构总体信息输出

当结构进行结构分析后，程序可以输出结构总体信息，可以通过表格输出和文本输出两种方式查看结构总体信息输出情况。利用表格输出查询信息比较繁琐，针对于我国工程师的习惯，ETABS归纳出了中国规范设计和审图报告所需要的结构总信息内容，并且在程序中进行直接的文本输出。结构总体信息的文本输出是通过文件＞打印表格＞结构总体信息命令来完成的。

6.2.4 设计功能

对于不同的结构类型，首先点击选项＞首选项＞钢框架设计、选项＞首选项＞混凝土框架设计等命令，设定各种构件类型的设计参数。点击设计＞钢框架设计、设计＞混凝土框架设计等命令，进行构件设计。

6.3 ETABS软件设计实例

本节以一简单钢筋混凝土框架结构为例，详细叙述建立模型、运行分析、进行设计的过程。

工程概况：如图6-2所示为一个钢筋混凝土框架结构。X轴方向为5跨，轴间距7.2m；Y轴方向为3跨，轴间距7.2m。结构共5层，底层层高4.5m，其他层高3.9m。柱截面为500mm×500mm，主梁截面为700mm×300mm，次梁截面500mm×250mm，楼板厚100mm。混凝土材料为C30。柱、梁的受力钢筋为HRB335级钢，箍筋为HPB235级钢；现浇板的受力钢筋为HRB400级钢。楼板自重由程序自动计算，面层自重荷载3kN/m²，活荷载2.5kN/m²，边梁上线荷载8kN/

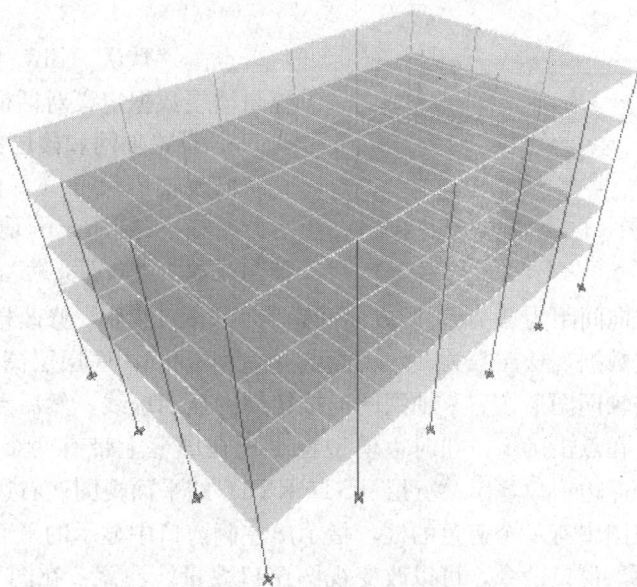

图6-2　钢筋混凝土框架结构模型

m²。结构设计使用年限 50 年，基本风压值 0.35kN/m²。场地土类别为Ⅱ类，地面粗糙度 C 类。抗震设防烈度为 7 度，地震分组为第一组，加速度 0.15g，抗震等级Ⅲ级。

6.3.1 建立新建模

1. 运行 ETABS

首先，点击 ETABS 快捷图标，运行 ETABS 软件。弹出的对话框如图 6-3 所示。

图 6-3 主窗口

2. 设置单位制及模型初始化

点击状态条的右侧单位制（图 6-3）。选择单位制为 kN·m，注意此时状态条中的提示"使用文件菜单创建或打开模型"。点击文件＞新模型命令，弹出新模型初始化对话框（图 6-4）。

图 6-4 新模型初始化对话框

点击"默认.edb"按钮。自动弹出建筑平面轴网系统与楼层数据定义对话框（图 6-5）。

3. 设置轴网和楼层数据

修改轴网尺寸（平面）区域中的数据。注意单位显示此时如不是 kN·m 请修改，选择等间距轴网；X 方向轴网线数为 6（即 5 跨）；Y 方向轴网线数为 4（即 3 跨）；X 方向间距为 7.2m；Y 方向间距为 7.2m。然后，修改楼层尺寸区域中的数据。选择简单楼层数据，楼层数为 5；标准层层高为 3.9m；底层层高 4.5m。在添加结构对象区域中，点击轴网图形按钮。轴网图形按钮周围显示虚线，然后点击确定按钮。

在点击确定按钮时，模型将出现在屏幕上带有两个纵向平铺视图窗口。如图 6-6 所示。左边窗口显示第五层（STORY5）的平面视图；右边窗口显示三维视图。请注意在三维视图中有一个蓝色的框，指示出左侧窗口中显示的平面视图在三维视图中的位置。使用选项＞窗口命令，可以改变视图窗口数量。注意：在图 6-6 中，平面视图处于激活状态。在窗口处于激活状态时，将高亮显示该显示标题栏。通过点击视图窗口中的任何地方，可

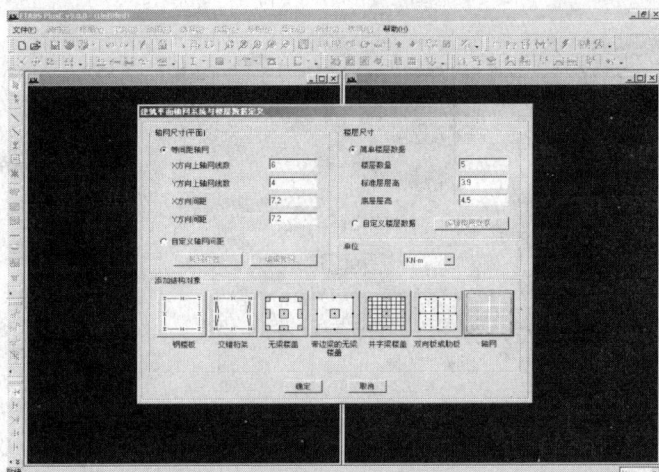

图 6-5　建筑平面轴网系统与楼层数据定义对话框

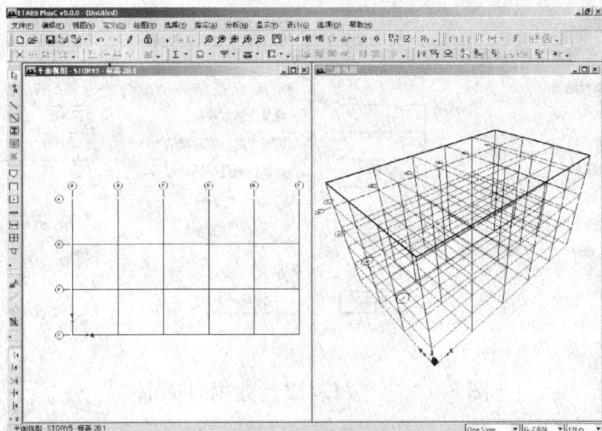

图 6-6　主窗口

激活该视图。

4. 设置结构总体信息

点击选项＞首选项＞结构总体信息命令，弹出 General Preferences 对话框（图 6-7）。

注意这里的参数要根据实际工程情况进行调整，点击需要修改的选项，会激活下拉菜单进行选择。本工程非高层建筑参数为 NO，场地类型为Ⅱ类，结构竖向分段数为 1。

5. 定义材料属性

点击定义＞材料属性命令，弹出定义材料对话框（图 6-8），本工程选择 C30。

如果在材料列表中没有工程需要的材料，点击添加新材料命令弹出材料数据属性对话框如图 6-9，对需要添加的材料进行相关参数的修改。

6. 定义框架柱的截面属性

下面定义截面为 500mm×500mm 框架柱的截面。点击定义＞框架截面命令，弹出定义框架属性对话框（图 6-10）。

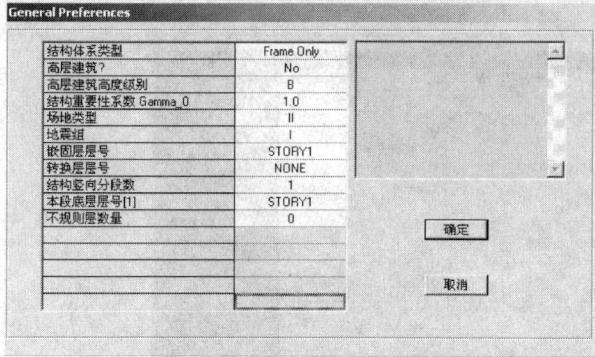

图 6-7 结构总体信息

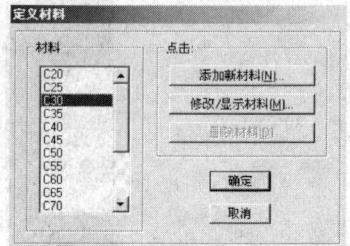

图 6-8 定义材料对话框

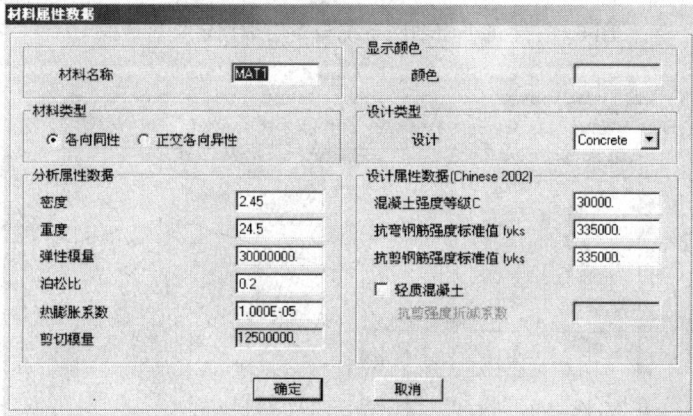

图 6-9 定义材料属性数据对话框

　　如图 6-10 所示，左侧属性区域中列表显示已经定义了的框架属性名称。如果在截面列表中没有需要的截面，需要定义新框架截面。在右侧的点击区域中，点击第二个最初显示为 Add I/Wide Flange 的下拉框，在下拉菜单中选择 Add Rectangular（增加矩形截面），弹出 Rectangular 截面对话框（图 6-11）。

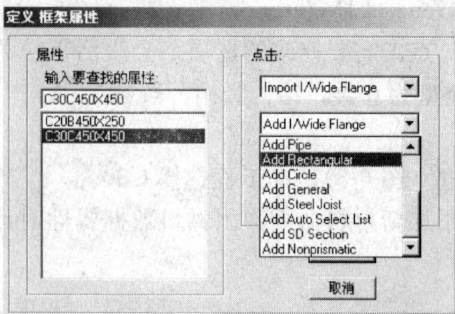

图 6-10 定义框架属性对话框

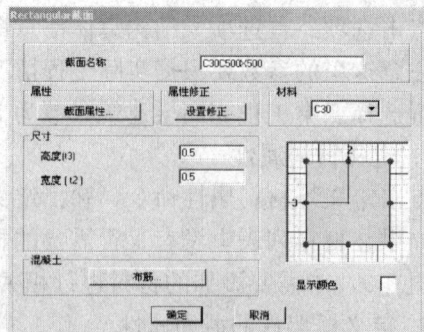

图 6-11 Rectangular 截面对话框

如图 6-11 所示，修改截面名称为 C30C500×500；高度、宽度均为 0.5m，材料选择为 C30。然后点击布筋按钮，弹出布筋数据对话框（图 6-12）。

如图 6-12 所示，修改矩形混凝土柱的布筋数据。设计类型选择柱；布筋配置选择矩形；横向布筋选择绑扎。在矩形布筋区域中，到钢筋中心的保护层厚度为 0.0625m；3 轴方向钢筋数为 3；2 轴方向钢筋数为 3；钢筋尺寸选择直径为 25d，在检查/设计区域中，选择配筋用于设计。工程师可以指定构件配筋用于设计还是配筋用于检查。如果用于检查，则指定的钢筋总面积（尺寸和根数）将参与设计计算；如果用于设计，则指定的钢筋总面积不参与计算，ETABS 会根据计算得出钢筋面积。

点击确定按钮。返回到 Rectangular 截面对话框，点击确定按钮。返回到定义框架属性对话框中，我们可以注意到在属性列表中增加了名称为 C30C500×500 截面。

7. 定义框架梁的截面属性

下面定义截面为 700mm×300mm 的框架主梁和 500mm×250mm 的框架次梁的截面属性。在定义框架属性对话框（图 6-10）中，继续在右侧的点击区域中，点击第二个最初显示为 Add I/Wide Flange 的下拉框，在下拉菜单中选择 Add Rectangular（增加矩形截面），弹出 Rectangular 截面对话框（图 6-11）。

修改截面名称 C30B700mm×300mm 高度为 0.7m、宽度为 0.3m，材料选择 C30。然后点击布筋按钮，弹出布筋数据对话框（图 6-13）。

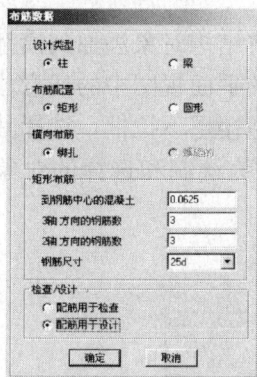

图 6-12　布筋数据对话框　　　　　　图 6-13　布筋数据对话框

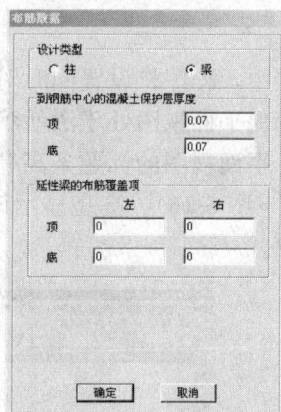

如图 6-13 所示，修改混凝土梁的布筋数据。设计类型选择梁；到钢筋中心的保护层厚度顶和底均为 0.07m（程序默认为梁高 1/10），点击确定按钮。返回到 Rectangular 截面对话框，点击确定按钮。返回到定义框架属性对话框中，我们可以注意到在属性列表中增加了名称为 C30B700mm×300mm 的截面。

同样步骤我们可以定义截面名称 C30B500mm×250mm 的次梁。返回到定义框架属性对话框中，在属性列表中已经出现了本例所需要的三个框架截面。

8. 定义楼板截面属性

下面定义 100mm 厚的楼板截面属性。点击定义＞定义墙/楼板截面命令，弹出定义墙/楼板截面对话框（图 6-14）。

如图 6-14 所示，在右侧点击区域中，点击最初显示为 Add New Deck 的下拉框，在下拉菜单中选择 Add New slab（增加新楼板），弹出墙/楼板截面对话框（图 6-15）。

如图 6-15 所示，修改截面名称为 C30F100；材料选择 C30；膜厚度和弯曲厚度均为 0.1m；类型选择膜。这里的膜厚度为计算膜刚度的楼板厚度，弯曲厚度为计算抗弯刚度的楼板厚度。然后点击确定按钮，返回到墙/楼板截面对话框。可以注意到在截面区域的列表中增加了 C30F100 的楼板截面。

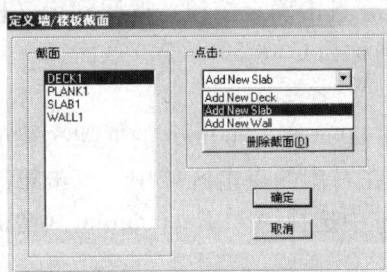

图 6-14　定义墙/楼板截面对话框

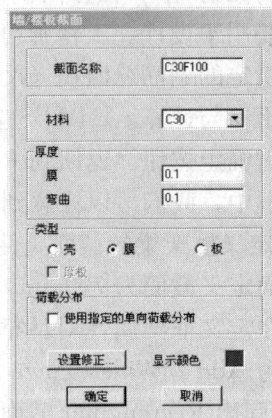

图 6-15　墙/楼板截面对话框

9. 绘制构件

在该步骤中，程序将设置同时对多个楼层添加对象，然后将结构对象添加到模型中。

首先要确保平面视图处于激活状态，要激活窗口，在左侧的平面视图中的任意位置点击鼠标左键，平面视图的标题条高亮显示。点击状态条右侧相似楼层下拉框，选择其中的 Similar Story（图 6-16）。高亮显示该列表中的相似楼层。这将为绘制和选择的对象激活相似楼层选项。

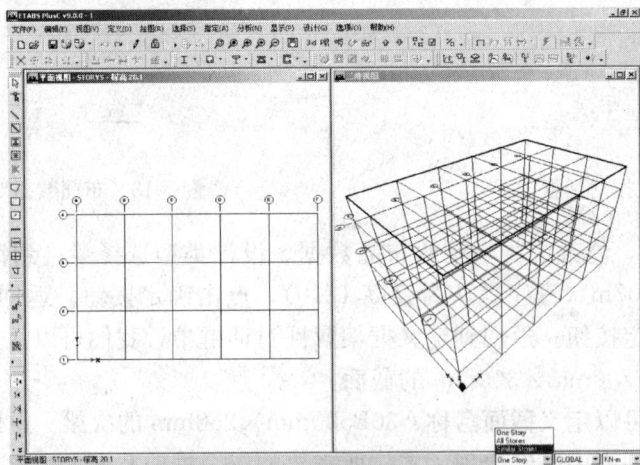

图 6-16　选择相似楼层

检查当前的相似楼层定义，只需点击编辑＞编辑楼层数据＞编辑楼层命令。将出现如图 6-17 所示的楼层数据对话框。注意该对话框中的主层和相似楼层列。由于相似楼层选

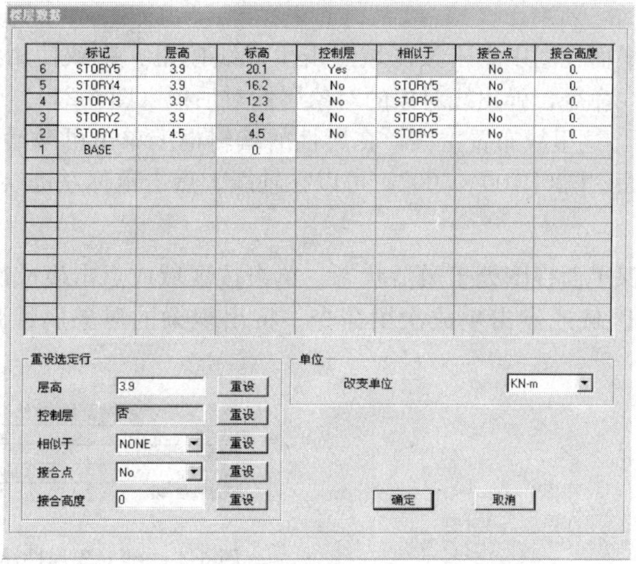

图 6-17　所示的楼层数据

项处于激活状态，当对某一楼层（例如楼层 5）进行添加或修改时，则这些添加和修改也将应用于已经在楼层数据对话框上指定为相似于楼层 5 的所有楼层。在默认情况下，程序已经将楼层 5 定义为控制层，并且如图 6-17 所示，楼层 1、2、3、4 相似于楼层 5。这意味着当相似楼层选项处于激活状态时，在任何一个楼层上执行的任何绘制或选择，都将应用于所有其他楼层。

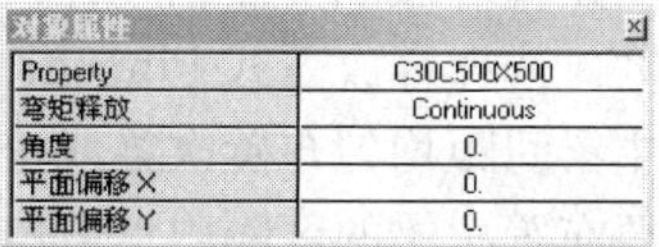

绘制柱：在平面视图中，点击按区域点击生成柱按钮 或使用绘图＞绘制线对象＞按区域点击生成柱命令，弹出对象属性对话框（图 6-18）。

图 6-18　线对象属性浮动对话框

如图 6-18 所示，在 Property 右侧的编辑框内点击鼠标左键可以激活下拉框，然后选择已经定义的柱截面"C30C500×500"。可以在轴线交点处点击鼠标左键绘制柱。也可以采用"窗选"绘制。

点击绘图＞选择对象按钮，可以把程序从绘图模式改变为选择模式。打开捕捉功能，选择要删除的柱，然后按下键盘上的 Delete 键或点击编辑＞删除命令，则可以删除柱。若要对某些柱的角度进行调整，按下键盘上的 Ctrl 键，并且在平面视图中需要调整的柱

图 6-19　选择列表对话框

如 B-1 上点击左键。由于在该位置上存在多个对象，将弹出类似于如图 6-19 所示的选择列表。在本例中，一个点对象和一个柱对象存在于同一位置上。

从列表中通过点击柱来选择所需的柱。现在选择 B-1 处的柱。由于相似层属性处于激活状态，所以它整个高度的柱都被选择。点击指定菜单＞框架/线＞局部坐标轴命令，将弹出如图 6-20 所示的

203

对话框，可对该位置上的所有柱进行角度调整。

绘制主梁：在平面视图中点击按区域点击生成线按钮 或使用绘图＞绘制线对象＞按区域点击生成线命令，弹出线对象的对象属性对话框（图 6-21）。

如图 6-21 所示，这里线布置主梁，在属性的编辑框上单击可激活下拉框，然后选择已经定义的主梁截面"C30B700×300"。可以在轴线上点击鼠标左键绘制梁。也可以采用"窗选"绘制。

绘制次梁：确保平面视图处于激活状态。单击按区域或点击生成次梁按钮 或绘图＞绘制线对象＞按区域或点击生成次梁命令。将出现梁的对象属性弹出框，如图 6-22 所示。

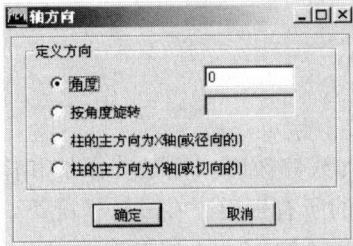

图 6-21　线对象属性浮动对话框

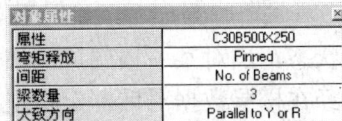

图 6-20　柱的轴方向对话框

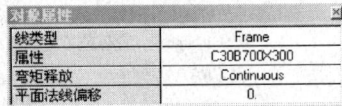

图 6-22　对象属性对话框

在属性编辑框上单击可激活下拉框，然后选择已经定义的次梁截面"C30B500×250"。选择释放方式 Pinned：铰接，大致方向选择 Parallel to Yor R：平行于 Y 轴，按 X 轴主梁间距均匀布置次梁或按同心圆弧相切的方向均匀布置次梁。定义好对象属性后可以在要布置次梁的区隔内点击鼠标左键绘制。也可以采用"窗选"绘制。

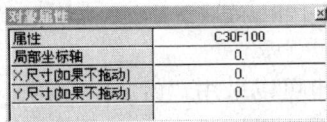

图 6-23　面对象属性对话框

绘制楼板：点击绘图＞绘制面对象＞绘制矩形面命令或点击绘制矩形面按钮 ，弹出面对象属性对话框（图 6-23）。

如图 6-23 所示，点击属性编辑框，并从显示的下拉框中选择已经定义的"C30F100"。点击绘图＞捕捉到＞轴网交点和点命令，在 A-4 交点上点击鼠标左键，按住拖动到 F-1 绘制楼板。要更好地查看添加的楼板，可以点击设置建筑视图选项按钮 。弹出设置建筑视图选项对话框图 6-24，勾选对象填充复选框和应用到所有窗口复选框。可以在三维视图中看到楼板的位置。

10. 对结构底部施加约束

点击视图＞设置平面视图命令，弹出选择平面标高对话框（图 6-25）。

高亮显示选择区域内的 BASE，然后点击确定按钮，显示 BASE 层的平面视图。在 BASE 层上框选所有的点对象，点击指定＞节点/点＞约束（支承）命令，弹出指定约束对话框（图 6-26）。

图 6-24　设置建筑视图选项对话框

如图 6-26 所示，勾选全局方向约束的所有自由度，或使用快速指定约束按钮，选择最左侧的固定支座，然后点击确定按钮。

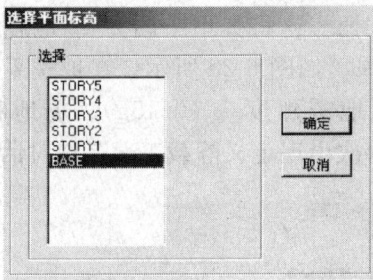

图 6-25　选择平面标高对话框

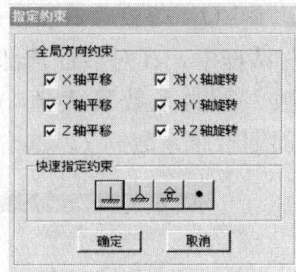

图 6-26　约束对话框

6.3.2　指定荷载信息

1. 定义静荷载工况

在本例中使用的静载包括作用于建筑物的恒荷载、活荷载、地震荷载（底部剪力法）和风荷载。

点击定义＞静载工况命令或点击定义静载工况按钮，将弹出如图 6-27 所示的定义静载工况对话框。注意：有两个已定义的默认荷载工况。它们是 DEAD（恒荷载工况）和 LIVE（活荷载工况）。对于恒荷载工况，自重乘数设定为 1。这表示该荷载工况将自动

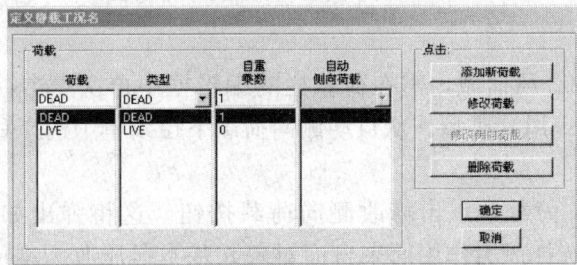

图 6-27　定义静载工况名称对话框

计算 1.0 倍的所有构件自重。

添加附加恒荷载工况：

在荷载栏的编辑框中点击。键入新荷载的名称；在这种工况中，键入 SDEAD。从类型下拉菜单中选择荷载类型；在这种工况中，选择 SUPERDEAD（附加恒荷载即本例对应的面层自重荷载，如考虑到面层装修、天花板、卫生管道等等）。确保自重乘数设定为零。应该只在一种荷载工况中包含自重；否则，在分析过程中可能会重复计算自重。在本例中，已经把自重指定给恒荷载工况。点击添加新荷载按钮，可把 SDEAD 荷载添加到荷载列表。

重复添加附加恒荷载工况，可添加名为 BLADDING 的 SUPERDEAD 类型荷载，对应与本例中的梁间线荷载即梁上墙体的自重荷载。

添加静力地震荷载工况：

要定义地震荷载，需在荷载栏的编辑框中再次点击，并键入 EQX（X 轴方向）。选择荷载类型 QUAKE（地震）。确保自重乘数设定为零。使用自动侧向荷载下拉菜单选择 Chinese2002；由于选择了该选项，ETABS 将根据 Chinese2002 规范要求，自动应用静力地震荷载。点击添加新荷载按钮。

高亮显示 EQX 荷载后，点击修改侧向荷载按钮。这将弹出中国 2002 地震荷载对话框。在该对话框中，在对话框顶部点击 X 方向选项，如图 6-28 所示。在地震系数中按本例修改参数，影响系数最大值 AlphaMax0.12、地震烈度 7（0.15g）、场地特征周期 Tg0.35、周期折减系数 0.7，点击确定按钮。将再次出现定义静载工况名称对话框。

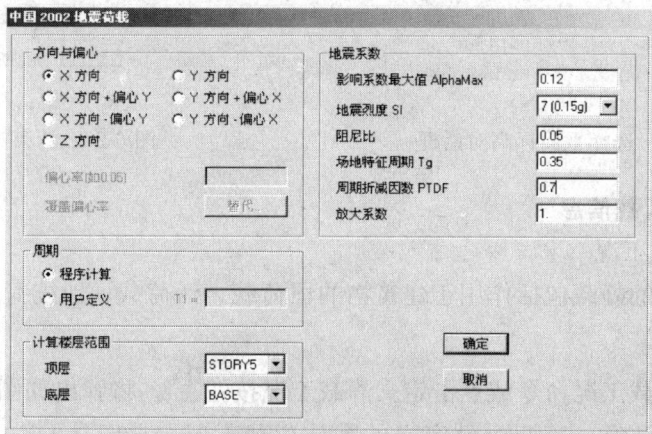

图 6-28　中国 2002 地震荷载对话框

添加风荷载工况：

要定义 Chinese2002 风荷载，需在荷载栏的编辑框中再次点击，并键入 WINDX（X 轴方向）。选择 WIND（风）类型。从自动侧向荷载下拉菜单中选择 Chinese2002。点击添加新荷载按钮。

高亮显示 WINDX 荷载，点击修改侧向荷载按钮。这将弹出如图 6-29 所示的中国 2002 风荷载对话框。选择风力作用面来自面对象，基本风压改为本例的 $0.35kN/m^2$，地面粗糙度选择下拉框中的 C。点击确定按钮将再次出现定义静载工况名称对话框，所有荷

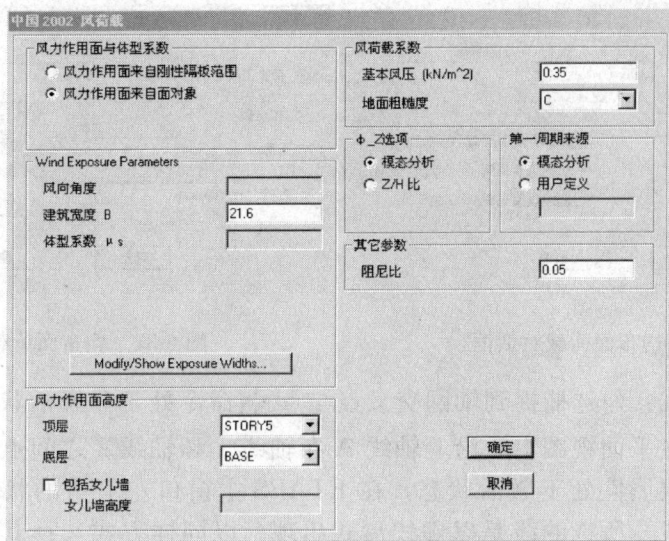

图 6-29　中国 2002 风荷载对话框

载工况定义完毕如图 6-30。

2. 对结构施加静力荷载

施加楼面荷载：点击楼板上的任何地方（除了梁之外）可选择该楼板。在楼板周边应该出现一条虚线。该虚线表示已经选择了该楼板。如果在选择过程中出现了错误，只需按下清除选择按钮clr，并重新选择。

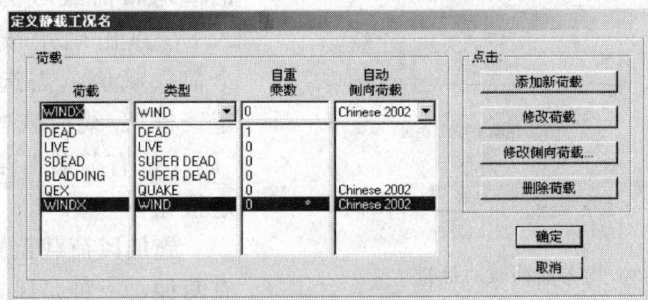

图 6-30　定义静荷载工况名对话框

点击指定＞壳/面荷载＞均布命令，或点击指定均布荷载按钮。将弹出均布面荷载对话框。从荷载工况名称下拉框中选择 SDEAD，如图 6-31 所示。为荷载指定的方向是重力方向。重力荷载方向是向下的，即全局负 Z 轴方向。修改荷载为本例的面层自重荷载 3kN/m²，点击确定附加面恒载施加完成。

重复操作以上过程施加活荷载，点击楼板上的任何地方（除了梁之外）可选择该楼板。点击指定＞壳/面荷载＞均布命令，或点击指定均布荷载按钮。将弹出均布面荷载对话框。从荷载工况名称下拉框中选择 LIVE，如图 6-32 所示。修改荷载为本例的活荷载 2.5kN/m²，点击确定活荷载施加完成。

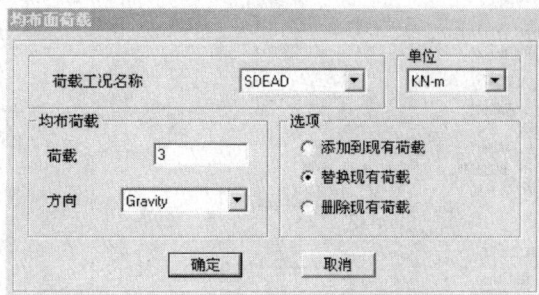

图 6-31 均布面荷载对话框

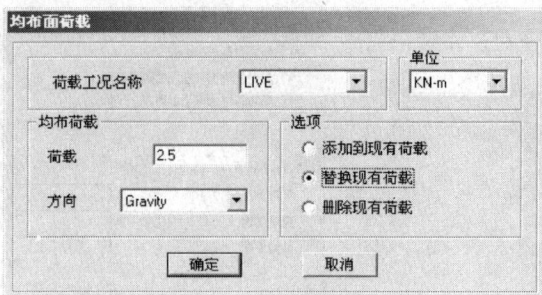

图 6-32 均布面荷载对话框

施加梁线荷载：勾选捕捉到轴网交叉点与点 ⊣⊢ 命令处于非激活状态。这会使选择梁变得更容易。在平面视图上，沿着轴线 A 在轴线 1 和轴线 2 之间点击一次可选择一边梁。由于相似层属性处于激活状态，在 ETABS 主窗口左下角的状态栏中应该显示出已选择了五条线。所选的线是以虚线形式出现。以同样方式选择其他边梁。当已经选择了所有边梁时，状态栏应该显示出已经选择了 80 条线（16 根梁乘以 5 个楼层等于 80 根梁）。

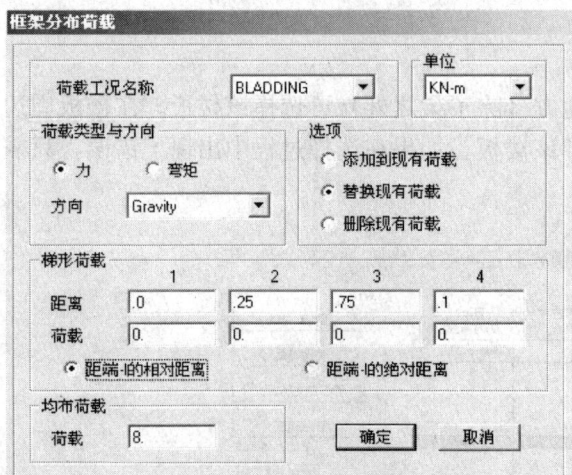

图 6-33 均布面荷载对话框

点击指定＞框架/线荷载＞分布命令，或点击指定框架分布荷载按钮 ⊞。将弹出如图 6-33 所示的框架分布荷载对话框。从荷载工况名称下拉框中选择 BLADDING。在对话框均布荷载域的荷载编辑框中输入 8，点击确定按钮。如要删除一个荷载赋值，需选择梁，并使用指定＞框架/线荷载＞分布命令，勾选"删除现有荷载"复选框，并点击确定按钮。

施加风荷载：施加风荷载的方法有两种，一种是风力作用面来自刚性隔板范围，一种是风力作用来自面对象，这里介绍用没有质量或刚度的"虚拟"面对象添加到模型中。该面对象可把风荷载应用于建筑物。

点击平面视图，可把它设定为激活状态。点击立面视图按钮 ⬚, 并从设置立面视图对话框中选择 A（即轴线 A）；点击确定按钮。平面视图将改变为轴线 A 的立面视图。

点击生成面按钮 ▫，或点击绘制＞绘制面对象＞点击生成面命令。将出现面对象的对象属性框。点击属性编辑框，并从出现的下拉对话框中选择"None"。在该立面视图中所示的每个开间上点击一次，可添加虚拟面单元。点击视图＞设置建筑视图选项命令或点击设置建筑视图选项按钮 ☑，勾选对象填充并应用到所有窗口，即可以看到虚面。图 6-34 展示了带有虚墙类型对象的模型，它在沿着轴线 A 上没有添加任何质量和刚度，重复步骤沿轴线 F 添加虚面。

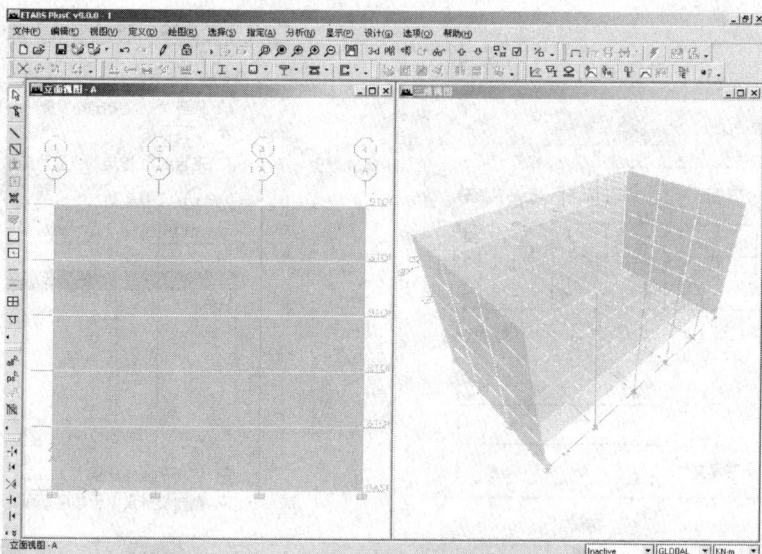

图 6-34   在立面视图中沿轴线 A 添加了虚面对象之后的模型

下面给 A、F 轴的虚面施加风荷载，体型系数将应用在面对象的竖直面上。在本例中，一个正的体型系数将在面对象的局部正 3 轴方向应用风荷载。一个负的体型系数将在面对象的局部负 3 轴方向应用风荷载。

选择 A 轴所有虚面，点击指定＞壳/面荷载＞风载体型系数命令，将弹出如图 6-35 所示的体型系数对话框。从风荷载工况名称下拉框中选择 WINDX。把体型系数设为 0.8。重复步骤，选择 F 轴所有虚面，在体型系数对话框中把体型系数设为 0.5

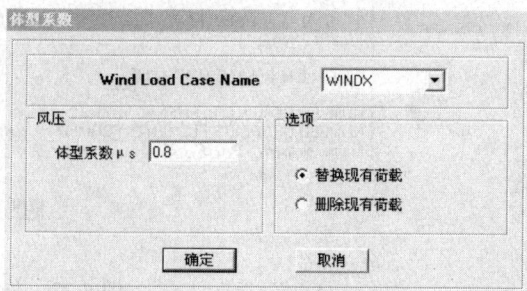

图 6-35   体型系数对话框

当所有荷载施加完毕后可以点击显示＞显示荷载命令，查看已施加的楼面荷载、梁线荷载和风荷载。

6.3.3 进行结构分析

1. 设置分析选项

点击分析＞设置分析选项，将激活分析选项对话框。如图 6-36，点击全三维分析，本例不进行动力分析和 P-Δ 效应分析。

2. 检查模型

点击分析＞检查模型命令，勾选所有选项，ETABS 自动对模型进行检查。

3. 定义质量源

点击定义＞定义质量源命令弹出定义质量源对话框如图 6-37，默认质量定义来自荷载选项，点击确定。

4. 运行分析

点击分析＞运行分析命令，运行分析。ETABS 自动弹出分析窗口（图 6-38）。

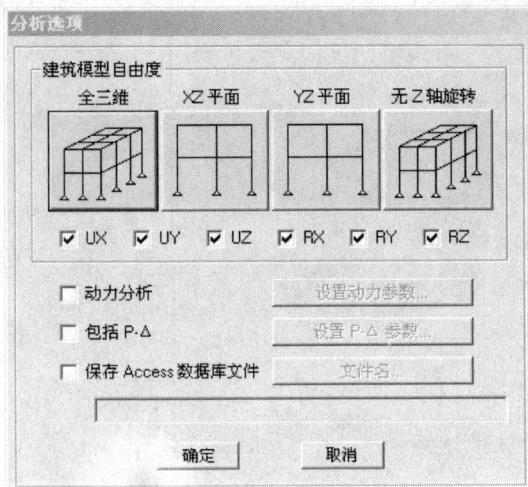

图 6-36 分析选项对话框

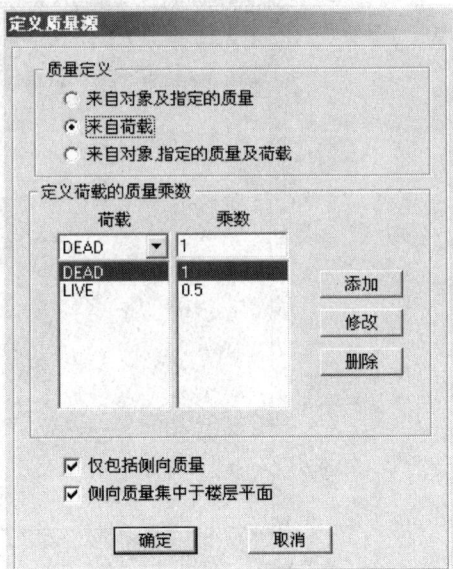

图 6-37 定义质量源对话框

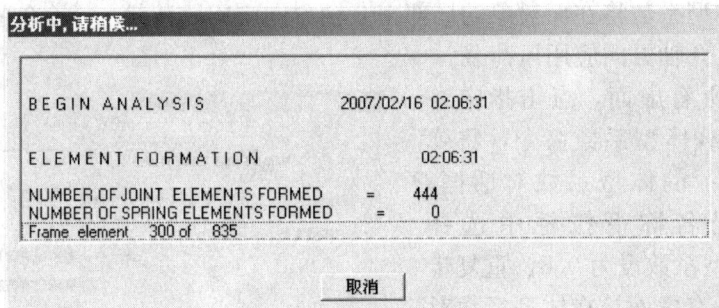

图 6-38 分析窗口

在 ETABS 运行分析时，分析窗口显示运行过程中的各个状态显示信息以及错误或警告信息。分析结束时，这一窗口将自动关闭。

当整个分析过程完成后，将自动显示该模型的变形形状视图，并且模型将被锁定。防止对模型进行使分析结果无效的修改。当按下锁定/解锁模型按钮时，会跳出提示框，提示解锁模型将删除分析结果。如需重新查看运行分析时显示的所有信息，可以点击文件＞上一次分析运行日志命令。

5. 结构总体信息输出

点击文件＞打印表格＞结构总体信息命令，选择打印到文件，弹出写字板如图6-39。从中我们可以查看规范设计和审图报告所需要的内容，如周期、层间位移角等。

6. 查看详细分析结果

点击左侧高亮显示平面视图，点击视图＞设置立面视图命令，选择1立面，显示1轴立面图。然后点击显示＞显示变形形状命令，弹出变形后形状对话框（图6-40）。

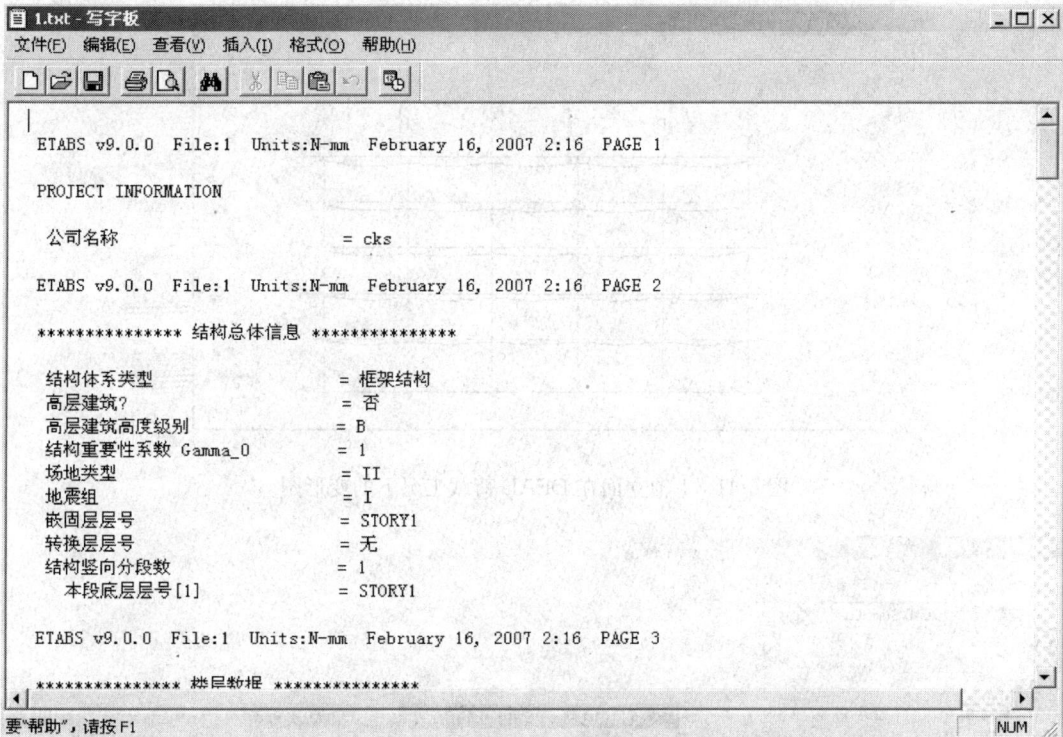

图 6-39 结构总体信息

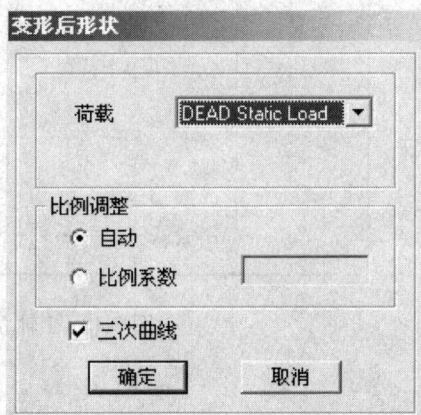

图 6-40 变形后形状对话框

点击荷载下拉框，选择 DEAD Static Load，然后点击确定按钮。则窗口显示为 A 轴立面在 DEAD 荷载下的变形图（图 6-41）。

点击显示＞显示构件受力/应力图＞框架/墙肢/连梁受力命令，弹出框架的构件受力图对话框（图 6-42）。

如图 6-42 所示，从荷载下拉框中选择 DEAD Static Load；在分量区域中选择面内弯矩，然后点击确定按钮，显示 1 轴立面弯矩图（图 6-43）。

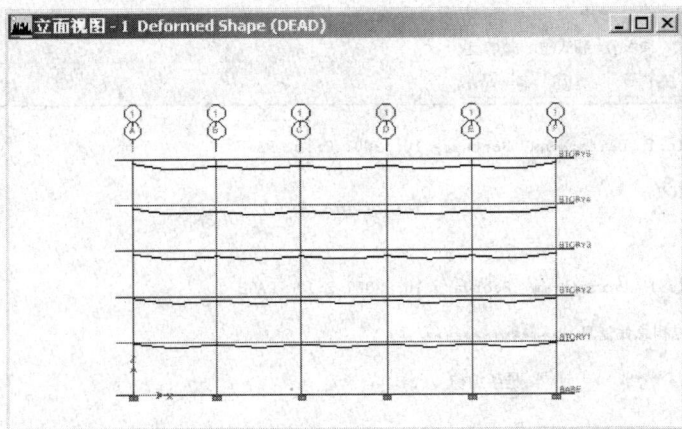

图 6-41　1 轴立面在 DEAD 荷载工况下的变形图

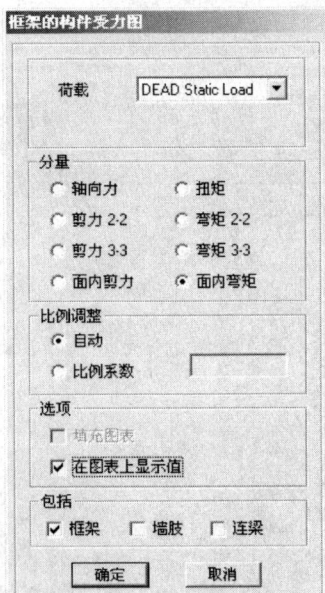

图 6-42　框架的构件
受力图对话框

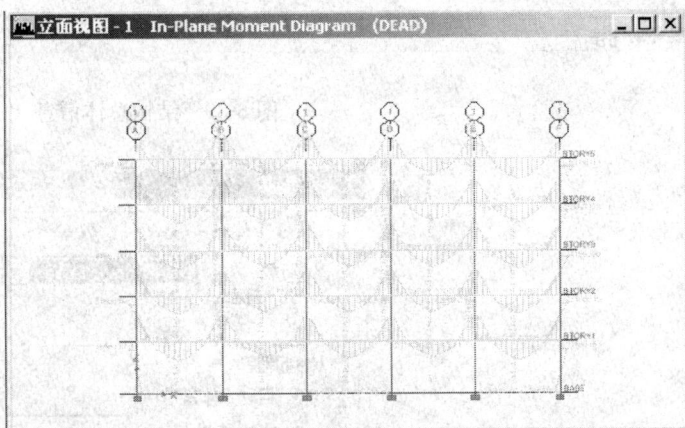

图 6-43　1 轴立面弯矩图

6.3.4　进行设计

点击选项＞首选项＞混凝土框架设计命令，弹出混凝土框架设计选项对话框（图 6-44），激活抗震设计等级下拉框选择 Grade Ⅲ，点击确定按钮。

点击设计＞混凝土框架设计＞开始结构设计/检查命令，开始进行框架设计。设计过程结束后，ETABS 自动在当前的激活窗口中显示纵向钢筋。

点击设计＞混凝土框架设计＞显示设计信息命令，弹出显示设计结果对话框（图 6-45）。

在显示设计结果对话框中，点击设计输出选项，并且在设计输出下拉框中，选择 Shear Reinforcing。然后点击确定按钮，在平面视图中显示抗剪钢筋信息。此外还可以选

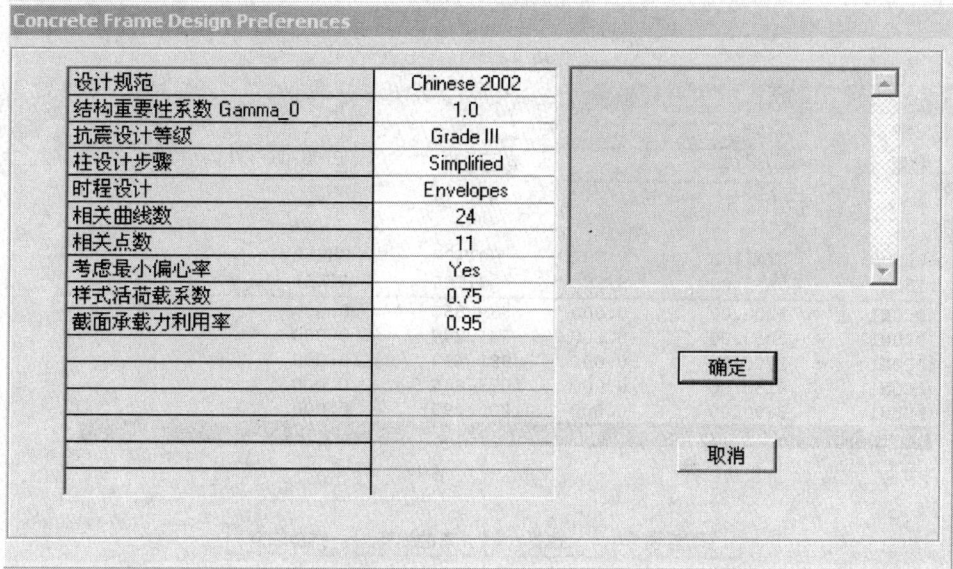

图 6-44　混凝土框架设计选项对话框

图 6-45　显示设计结果对话框

择 N/[fc * A]查看柱轴压比信息。

在显示设计信息的视图中，在任意梁上点击鼠标右键，则弹出该梁的混凝土梁设计信息对话框（图 6-46）。

点击覆盖项按钮，弹出混凝土框架设计覆盖对话框（图 6-47）。

在这一对话框中可以更换截面等各项内容。点击确定按钮，ETABS 进行交互式混凝土框架设计命令自动重新设计。在混凝土设计信息对话框中，点击摘要按钮，弹出抗弯、抗剪细节对话框（图 6-48）。在结束设计之前，点击校核分析与设计截面命令，弹出提示对话框（图 6-49）。

当该对话框中显示 Analysis and design sections match for all concrete frames 时，可以结束设计过程。

注意：ETABS 没有自动保存功能，因此在整个过程中应及时保存文件，避免导致信息丢失。

混凝土梁设计信息 (Chinese 2002)

| 楼层 | STORY5 | | 截面名称 | C30B700×300 |
| 梁 | B23 | | | |

COMBO ID	STATION LOC	TOP STEEL	BOTTOM STEEL	SHEAR STEEL
DCON1	1800.00	0.000	539.857	0.000
DCON1	2250.00	0.000	741.244	0.000
DCON1	2700.00	0.000	921.499	0.000
DCON1	3150.00	0.000	1075.825	0.000
DCON1	3600.00	0.000	1206.095	0.000
DCON1	3600.00	0.000	1206.095	0.000

覆盖项　摘要　弯曲细节　抗剪细节

确定　取消

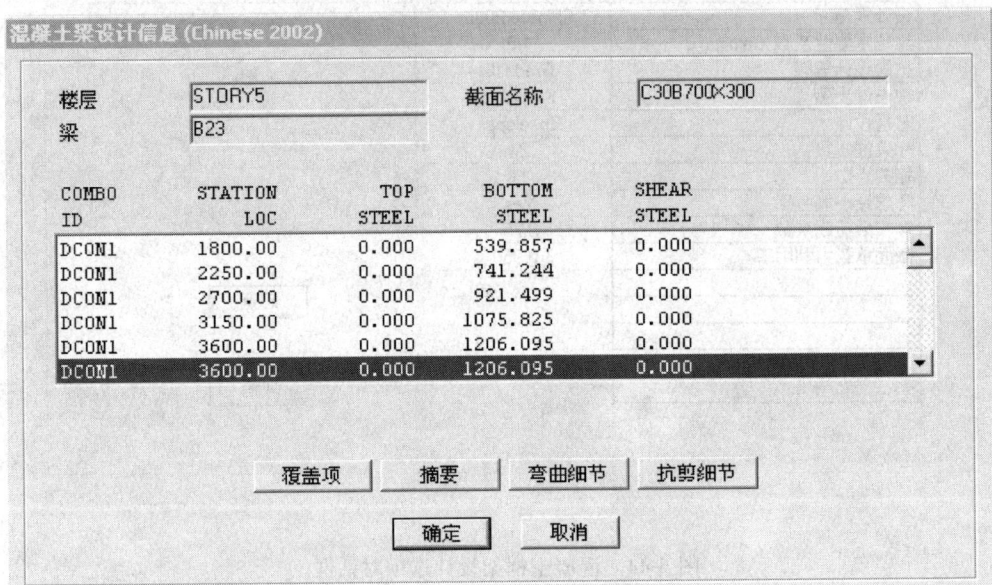

图 6-46　混凝土梁设计信息对话框

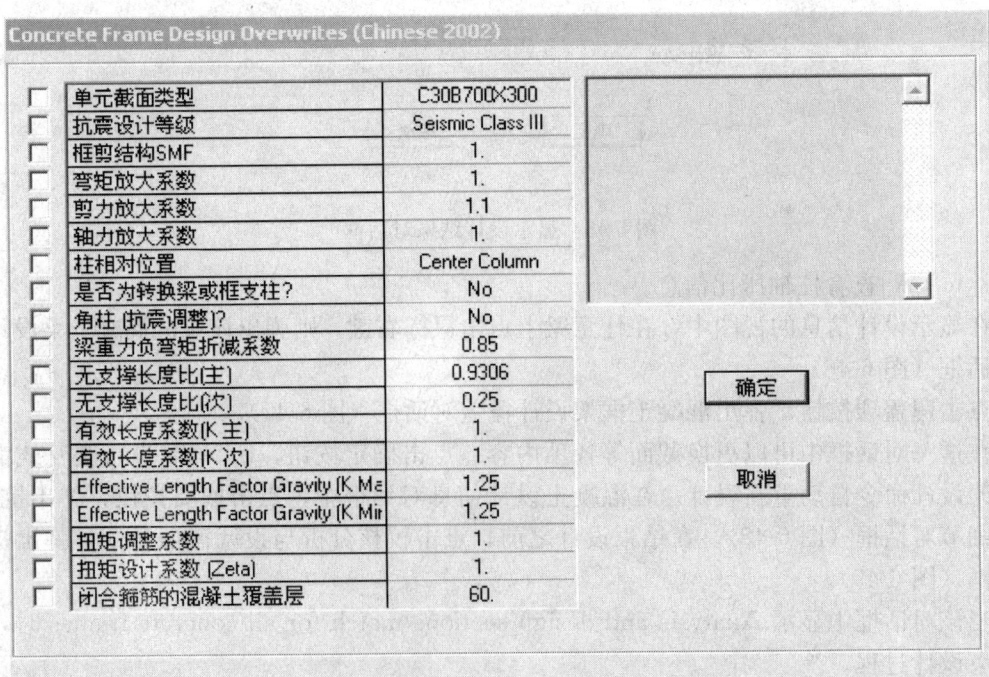

Concrete Frame Design Overwrites (Chinese 2002)

单元截面类型	C30B700×300	
抗震设计等级	Seismic Class III	
框剪结构SMF	1.	
弯矩放大系数	1.	
剪力放大系数	1.1	
轴力放大系数	1.	
柱相对位置	Center Column	
是否为转换梁或框支柱?	No	
角柱 (抗震调整)?	No	
梁重力负弯矩折减系数	0.85	
无支撑长度比(主)	0.9306	
无支撑长度比(次)	0.25	
有效长度系数(K 主)	1.	
有效长度系数(K 次)	1.	
Effective Length Factor Gravity (K Ma	1.25	
Effective Length Factor Gravity (K Mir	1.25	
扭矩调整系数	1.	
扭矩设计系数 (Zeta)	1.	
闭合箍筋的混凝土覆盖层	60.	

确定

取消

图 6-47　混凝土框架设计覆盖对话框

214

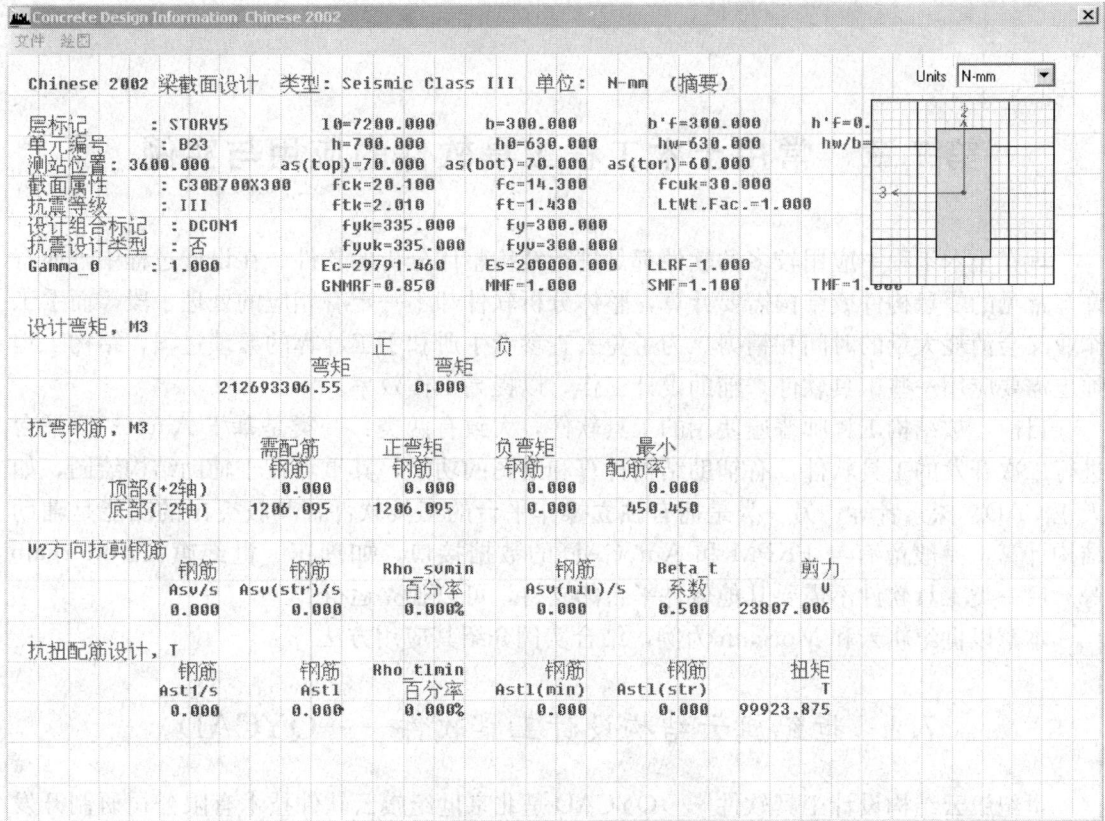

图 6-48 混凝土设计细节信息对话框

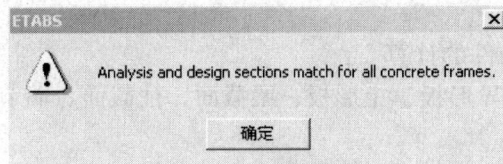

图 6-49 校核分析与设计截面对话框

第7章 常用土木工程工具软件的应用与实例

现在土木工程中应用较多的软件都是进行结构整体分析的软件。在设计过程中，还有许多常见的零星构件或结构需要计算，整体分析软件却不一定有相应的处理手段，而手工作业又会消耗大量的时间和精力。为了免去查参考手册和手工计算的繁琐过程，结构工程师也需要应用一些工具软件来辅助设计工作，以提高工作效率。

目前，被结构工程师普遍使用的工具软件，大致有两类：一类是基于 AutoCAD 平台进行二次开发的工具软件，有辅助结构计算和绘图的功能，其重点在于辅助结构绘图，如天正 CAD、探索者等；另一类是拥有独立操作平台的工具软件，其较突出的功能是辅助结构计算，一般留有与 PKPM 和 AutoCAD 的数据接口，如理正、世纪旗云、Morgain 等。后一类工具软件不需要其他软件平台的支持，可以独立运行。

本章以世纪旗云和 Morgain 为例，结合实例介绍其应用方法。

7.1 世纪旗云结构设计工具软件——QYCAD

世纪旗云结构设计工具软件——QYCAD 是北京世纪旗云软件技术有限公司研制开发的，软件登记号为 2004SR10438，该软件已通过建设部科技成果评估鉴定（证书编号：建科评［2005］014 号）。软件的现行版本（2.2 版）依据国家最新的结构标准和规范编制，软件内容有七大类近八十个计算模块，基本涵盖了常用的结构构件设计。QYCAD 包括以下部分：

1. 常用混凝土结构构件的计算

如连续梁、井字梁、异形板、矩形板、梁截面、柱截面、墙节点、楼梯等；

2. 地基基础计算

如独基条基、弹性地基梁、复合桩基承载力、复合桩基水平承载力、桩承台、独基沉降、软弱下卧层等；

3. 地基处理

包括 CFG 桩法、换填垫层法、振冲法、砂石桩法、夯实水泥土桩法、水泥土搅拌法、高压喷射注浆法、石灰桩法、土或灰土挤密桩法、柱锤冲扩桩法、复合地基通用方法等11 种地基处理的方法；

4. 钢结构构件计算

如螺栓计算、柱计算长度系数、轴心受力、拉弯压弯计算等；

5. 砌体结构

如过梁、局压验算、阳台、雨篷、挑檐等；

6. 其他模块

如水池、碳纤维加固等。

7. 常用工具

如计算柱加密区箍筋、体积配箍率，还提供多种钢筋表格方便查询，如梁钢筋表、柱体积配箍率表、板钢筋表等。

每一个模块都可以输出详尽的 Word 格式的计算书，有些模块可以绘制输出 Auto-CAD 施工图。软件还汇总了结构设计中常用的各种规范的电子版本，供设计查询。

软件界面可以调整，如设置首选项内容，把用户最常用的功能放置在最前面，还可以调整首选项的排列顺序。操作界面见图 7-1。

图 7-1　QYCAD 首选项

QYCAD 软件的构件计算模块众多，限于篇幅，这里不能一一说明各模块的功能和用法，仅以例题形式对其特色功能的用法做简单介绍。如果想了解其他功能的详细介绍，可以登录其官方网站（主页：http：//www.sjqy.com.cn），下载学习版。

【例 7-1】 常用混凝土结构构件的计算：井字梁的计算

井字梁（截面尺寸 200×400，混凝土 C25），横向 3 跨，每跨 2500mm，纵向 4 跨，每跨 2000mm。纵横向约束条件均为一边固定另一边自由。承受均布荷载 $10.00kN/m^2$。试求梁的内力与最大挠度。

【解】 QYCAD 提供了两种井字梁的计算方法：查表法和有限元法。由于本题井字梁的布置规则，可采用查表法。步骤如下：

1. 输入计算模型：操作界面如图 7-2 所示。

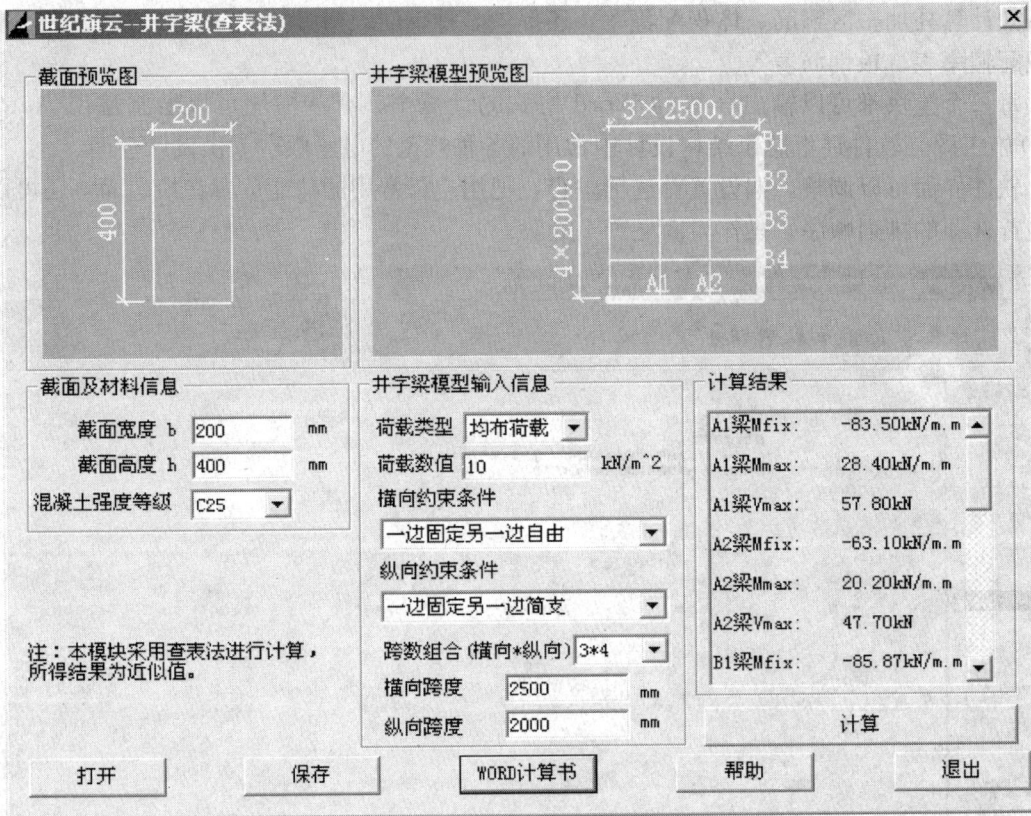

图 7-2　井字梁的计算

2. 查表计算各梁内力

由纵向跨度与横向跨度的比 $\dfrac{b}{a}=\dfrac{2000.0}{2500.0}=0.80$，查出各梁内力系数，代入内力计算

公式算得：

A1 梁

固定端弯矩　$M_{fix}=-0.835\times ab^2q=-0.835\times2.5\times2.0^2\times10.0=-83.50\text{kN}\cdot\text{m}$

跨中最大弯矩 $M_{max}=0.284\times ab^2q=0.284\times2.5\times2.0^2\times10.0=28.40\text{kN}\cdot\text{m}$

剪力　　　　$V_{max}=1.156\times abq=1.156\times2.5\times2.0\times10.0=57.80\text{kN}$

其他梁从略。

3. 计算最大挠度值

井字梁刚度：　　　$B=E_cI=2.80\times10^4\times10.667\times10^8=29.87\times10^{12}\text{N}\cdot\text{mm}^2$

井字梁的最大挠度点在 A1 梁上，其值按上述手册公式(3—6)～(3—7)进行计算。

$$f_{max}=0.651\times\frac{ab^4q}{B}=0.651\times\frac{2500.0\times2000.0^4\times10.0\times10^{-3}}{29.87\times10^{12}}=8.72\text{mm}$$

上述计算过程可以自动形成计算书（略）。

【例 7-2】　常用混凝土结构构件的计算：异形板的计算

某钢筋混凝土板为带直角的梯形板，直角边长为 4m、3m、2m 为固定边，斜边为自由边。板厚120mm。承受均布荷载10kN/m²和斜边上检修集中荷载2kN（3个）。试求板的内力与配筋。

【解】 QYCAD采用有限元法计算内力。步骤如下：

1. 输入计算模型：操作界面如图7-3所示。

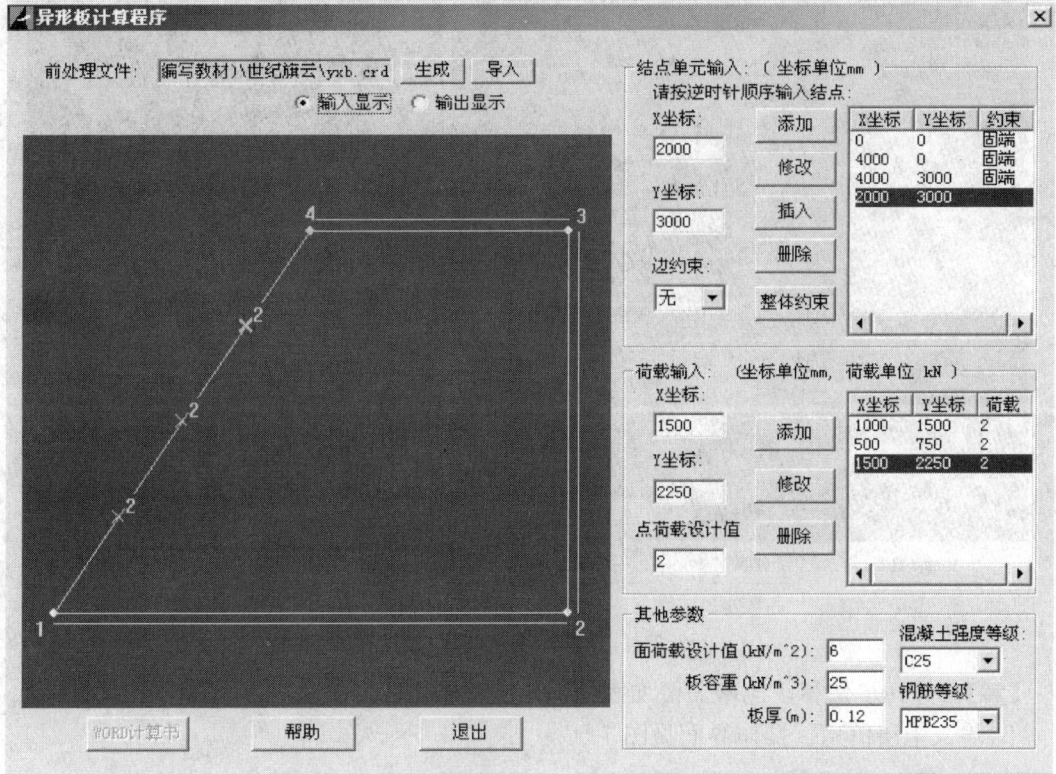

图7-3 异形板计算模型

2. 查看板配筋：操作界面如图7-4所示。

3. 查看板内力：上述计算过程可以自动形成计算书（略）。

【例7-3】 地基处理：碎石桩法

某场地土层参数如表7-1，其中细砂轻微液化。地下水位深4m。现有钢筋混凝土扩展基础，承受标准组合轴力$F_k=1000$kN，标准组合弯矩$M_x=300$kN·m，标准组合弯矩$M_y=100$kN·m。要求基础埋深为1.2m。试设计该基础。

土 层 参 数 表 格   表7-1

层号	土层名称	厚 度 (m)	容 重 (kN/m³)	压缩模量 (MPa)	承载力 (kPa)	η_d	桩侧阻力 (kPa)	桩端阻力 (kPa)
1	填土	1.00	18.00	4.00	50.00	1.00	0.00	0.00
2	粉质黏土	2.00	18.00	8.00	70.00	1.00	20.00	0.00
3	细砂	3.00	18.00	20.00	80.00	3.00	30.00	1000.00
4	粗砂	4.00	18.00	22.00	160.00	4.40	55.00	1500.00
5	粉质黏土	15.00	18.00	12.00	80.00	1.00	20.00	500.00

注：表中承载力指天然地基承载力特征值，桩侧阻力指桩侧阻力特征值，桩端阻力指桩端阻力特征值。

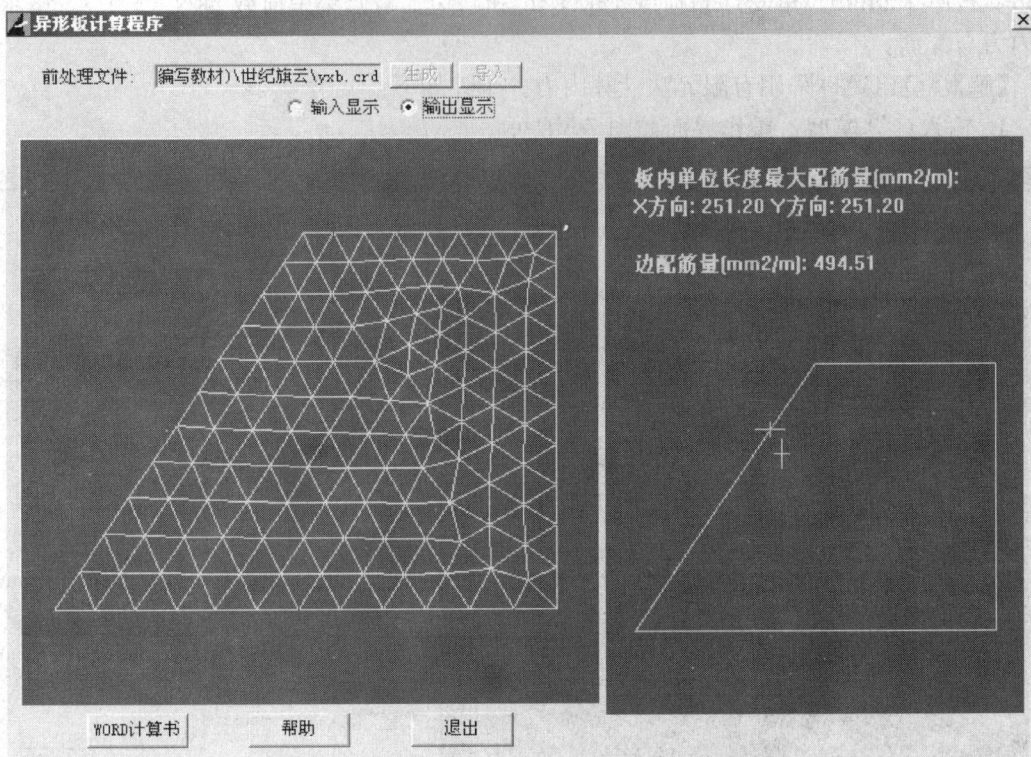

图 7-4　异形板单元划分与配筋

【解】 经初步估算，地基需要加固处理，这里采用碎石桩法。步骤如下：

1. 输入土层信息：操作界面见图 7-5。

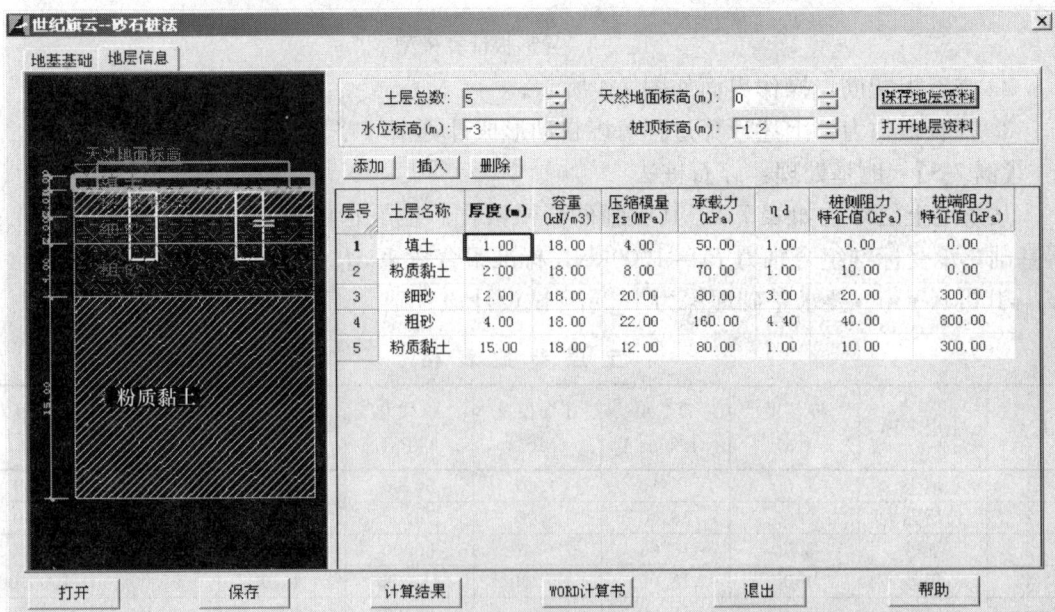

图 7-5　土层信息的输入

2. 初步确定桩距：桩径取 0.5m，按正方形布置，面积置换率暂按 8% 考虑，计算得桩距为 1.57m。操作界面见图 7-6。

3. 确定基础底面尺寸：设计桩距取为 1.5m。桩端持力层落在粗砂层 0.5m 深处，有效桩长 4.3m，单桩承载力特征值取为 800kPa。矩形基础长度 $L=4$m，宽度 $B=3$m，褥垫层厚度取 150mm。基础覆土容重取 20kN/m^3。经计算，经深度修正后砂石桩复合地基承载力特征值 f_a 为 146.12kPa，满足承载力要求。操作界面见图 7-7。

4. 变形计算：最终的沉降量 $s=18.04$mm。

5. 下卧土层承载力验算：经计算，满足承载力要求。

上述计算过程可以自动形成计算书（略）。

【例 7-4】 砌体结构：连续墙梁设计

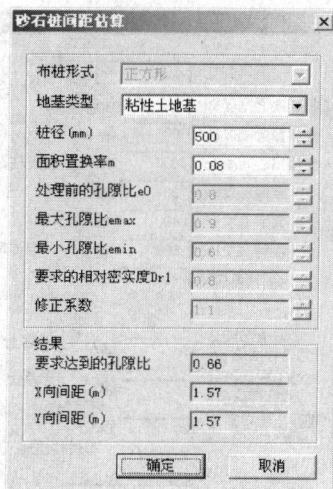

图 7-6 初步确定桩距

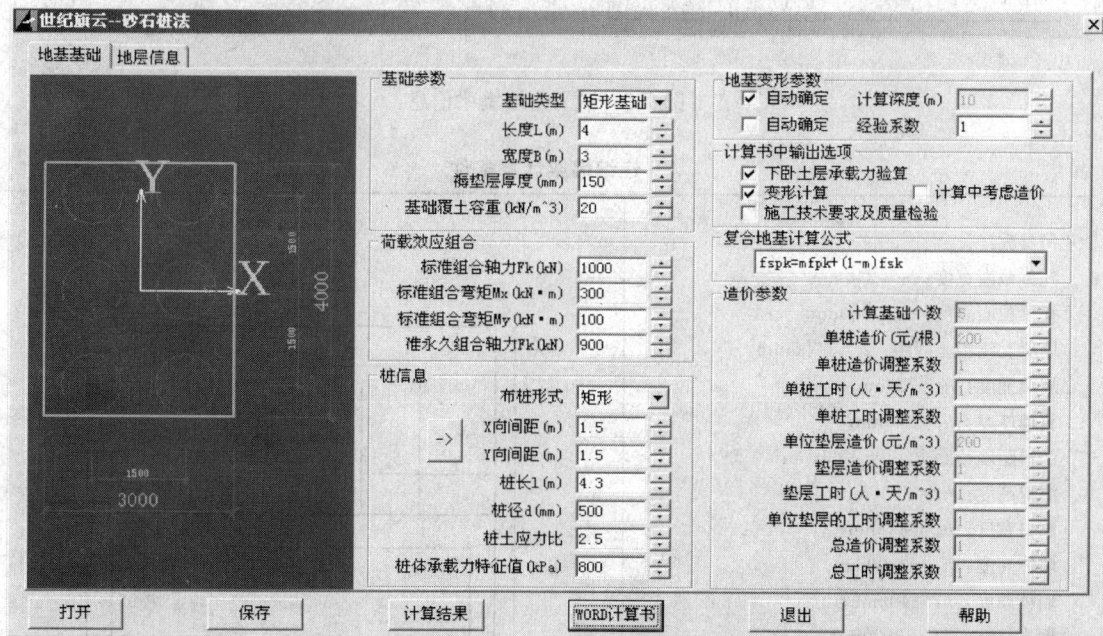

图 7-7 基础设计与地基验算

某两跨连续墙梁，计算条件如表 7-2（表中仅示意一跨，另一跨与此相同）。试进行墙梁设计。

【解】 1. 输入连续墙梁信息。

2. 计算结果

（1）计算托梁配筋：绘制托梁施工图（这里人工调整了梁跨中上部钢筋，以使上部钢筋可拉通），见图 7-10。

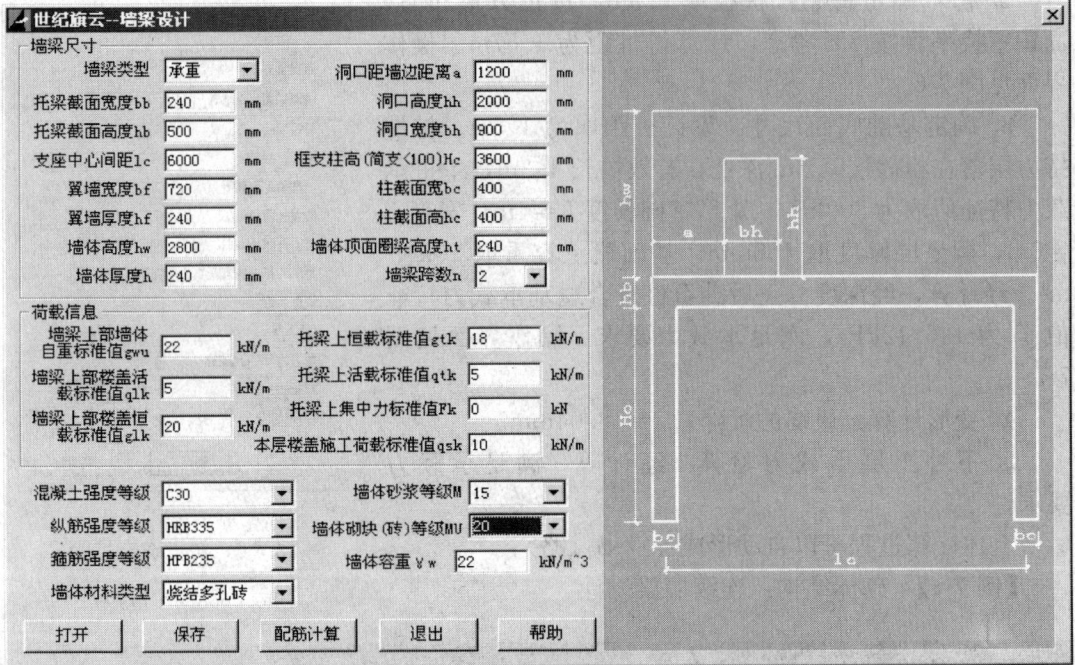

图 7-8 输入连续墙梁信息

连续墙梁计算条件   表 7-2

几何参数:

托梁截面宽度:$b_b = 240mm$

托梁截面高度:$h_b = 500mm$

墙梁支座中心间距:$l_c = 6000mm$

翼墙宽度:$b_f = 720mm$

翼墙厚度:$h_f = 240mm$

洞口距墙边距离:$a = 1200mm$

洞口高度:$h_h = 2000mm$

洞口宽度:$b_h = 900mm$

墙体高度:$h_w = 2800mm$

墙体厚度:$h = 240mm$

框支柱高:$H_c = 3600mm$

柱截面宽:$b_c = 500mm$

柱截面高:$h_c = 500mm$

墙梁跨数:$n = 2$

墙体顶圈梁高度:$h_t = 240mm$

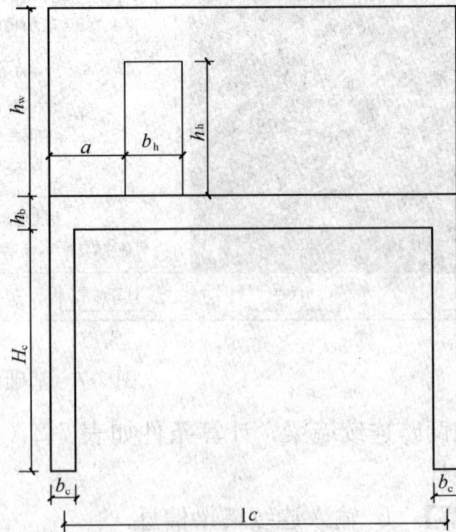

材料参数：	承受荷载：
混凝土强度等级：C30	墙梁类型：承重墙梁
梁纵筋强度等级：HRB335	墙梁上部楼盖恒载标准值：$g_{lk}=20kN/m$
梁箍筋强度等级：HPB235	墙梁上部楼盖活载标准值：$q_{lk}=5kN/m$
墙体材料类型：烧结多孔砖	墙梁上部墙体自重标准值：$g_{wu}=22kN/m$
墙体砂浆等级：M=15	托梁上恒载标准值：$g_{tk}=18kN/m$
墙体砌块等级：MU=20	托梁上活载标准值：$q_{tk}=5kN/m$
墙体容重：$\gamma_w=22.0kN/m^3$	本层楼盖施工荷载标准值：$q_{sk}=10kN/m$

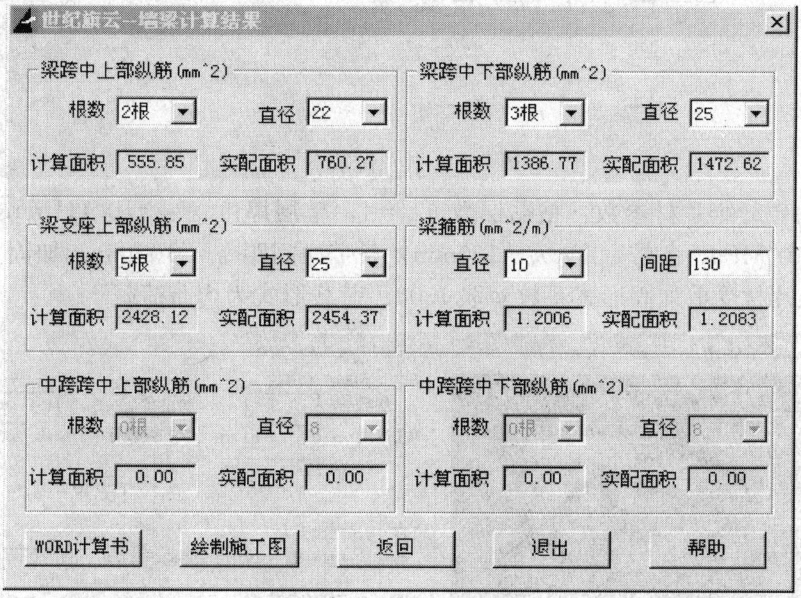

图 7-9　计算托梁配筋

（2）使用阶段墙梁承载力计算：经计算，满足要求。

（3）施工阶段托梁承载力计算：经计算，满足要求。

（4）墙体受剪承载力计算：经计算，满足要求。

上述计算过程可以自动形成计算书（略）。

【例 7-5】　特殊结构：碳纤维加固梁

某在役钢筋混凝土梁，原截面尺寸 200×500，混凝土采用 C25，受拉钢筋为 3Φ20，受压区钢筋为 2Φ12，箍筋为Φ8@200。由于使用功能改变，新的设计弯矩增加到 160 kN·m，剪力增加到 170kN。要求不改变截面尺寸，试进行加固处理。

【解】　经复核，梁的抗弯承载力和抗剪承载力均不足。这里采用碳纤维加固措施。本题要求根据期望的承载力求碳纤维片材用量。

1. 输入碳纤维参数：操作界面见图 7-11。

梁底受拉碳纤维片材参数：弹性模量 $E_{cf}=1.40\times10^5$ MPa，抗拉强度标准值 $f_{cfk}=2000.00$ MPa，考虑二次受力，加固前计算截面上实际作用的初始弯矩 $M_i=100kN\cdot m$。

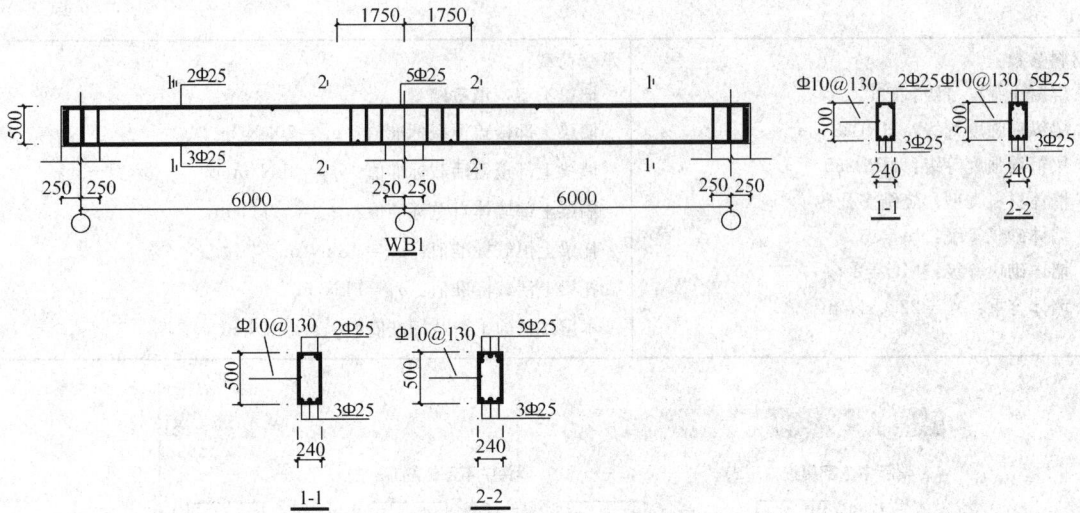

图 7-10 托梁配筋图

梁侧受剪碳纤维片材参数：粘贴层数 $n_{cfv}=1$，单层厚度：$t_{cfv}=0.111$mm，弹性模量 $E_{cfv}=1.40\times10^5$ MPa，条带宽度 $w_{cf}=100$mm，条带净间距 $s_{cf}=100$mm。加固方式为封闭粘贴，碳纤维片材受剪加固形式系数 φ 取 1.00。荷载形式为均布荷载。

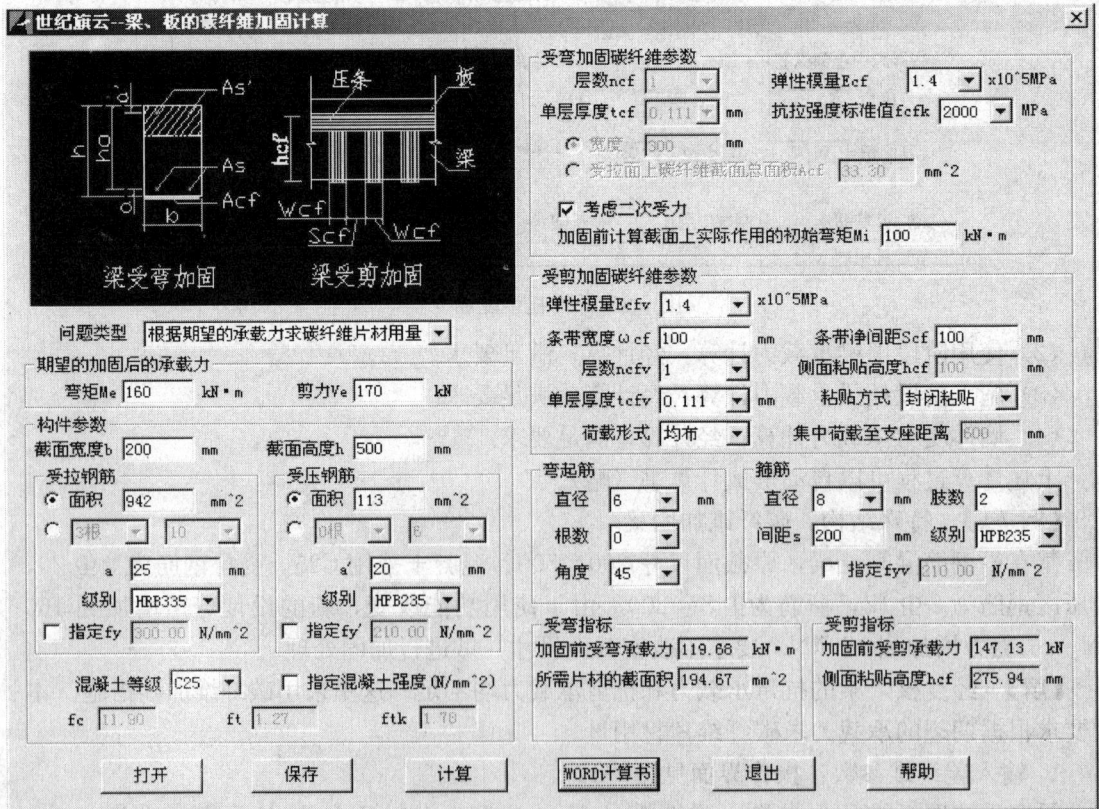

图 7-11 碳纤维加固梁

2. 计算结果：

(1)碳纤维片材用量，见表 7-3。

状 态	受弯承载力	受剪承载力
加固前	119.68kN·m	147.13kN
期望承载力	160.00kN·m	170.00kN
碳纤维用量	底部受拉碳纤维截面积 194.67mm²	层数 n_{cfv}：1 厚度 t_{cfv}：0.111mm 条带宽度 w_{cf}：100.00mm 条带净间距 S_{cf}：100.00mm 侧面碳纤维高度 h_{cf}：275.94mm

(2)加固措施：底部受拉碳纤维截面积 200mm²；侧面封闭粘贴碳纤维，条带宽度 100mm，净间距 100mm，侧面碳纤维高度 300mm。对上述加固措施进行复核，承载力如表 7-4。

状 态	受弯承载力	受剪承载力
加固前	119.68kN·m	147.13kN
加固后	160.69kN·m	171.99kN
承载力提高百分率	34.26%	16.90%

上述计算过程可以自动形成计算书(略)。

7.2 结构快速设计工具软件——Morgain

Morgain 为混凝土结构构件计算工具箱，该程序的定位是作为大型整体计算软件的补充，解决以往需要手工计算的问题。软件的现行版本(V2007.01)包含了三大模块近四十项功能。包括以下部分：

1. 基本构件

主要有受弯构件(梁)、受剪构件(梁)、弯剪扭构件(梁)、双向板、塑性双向板、连续梁、梁板式楼梯、过梁、裂缝宽度、挠度计算、附加横向钢筋、梁内折角配筋、局部受压验算、牛腿、预埋件、正截面承载力(柱)、斜截面承载力(柱)、受冲切承载力等；

2. 地基基础

如独立基础、双柱扩展基础、独立承台、双柱承台、基础沉降计算、软弱下卧层验算、挡墙主动土压力、单桩竖向承载力、单桩水平承载力等；

3. 常用工具

荷载效应组合、楼面等效荷载、砌体的计算指标、钢筋锚固长度、柱加密区箍筋、柱配筋校核、梁实配纵筋、抗震设防、抗震等级、构件的地震作用、墙体稳定计算、人防等效静荷载等。

软件可查询常用结构设计规范的电子版。软件依据国家最新的结构标准和规范编制，除此之外，软件还提供按旧规范计算的功能，以便新旧对照。软件既可以直接外接整体计算软件的结果数据，也可以人工输入原始数据；计算结果可以根据需要选择详细输出或简化输出，并可以自动形成计算书，但软件未加入绘图功能。

Morgain 软件的界面直观、操作简单，这里不再一一说明各模块的功能和用法，仅以例题形式对其特色功能的用法做简单介绍。如果想了解其他功能的详细介绍，可以登录其官方网站（主页：http://www.morgain.com），下载学习版。

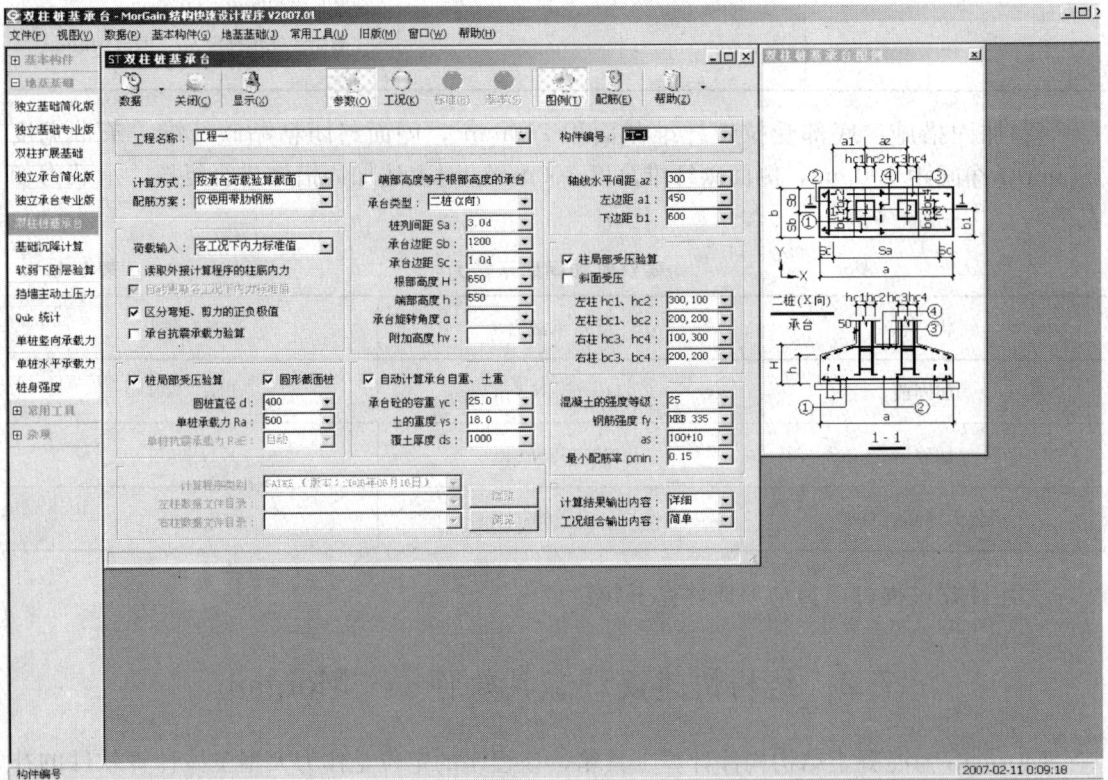

图 7-12　Morgain 软件的界面

【例 7-6】　基本构件：连续梁计算

某五跨钢筋混凝土连续梁（200×400，C25），跨度 5×3300，承受均布恒荷载 10kN/m，活荷载 5kN/m，考虑活荷载的不利布置。试确定梁的配筋。

【解】　连续梁计算有 3 项输入。

1. 参数输入：操作界面见图 7-13。

2. 尺寸输入：操作界面见图 7-14。

3. 荷载输入：操作界面见图 7-15。

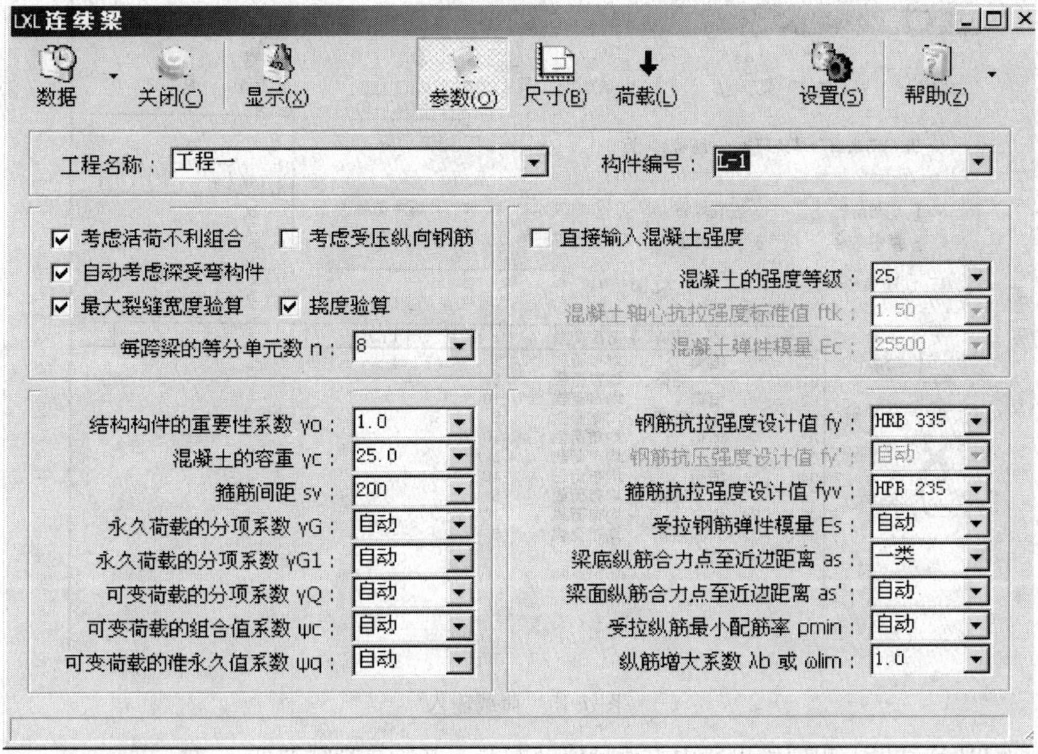
LXL连续梁
数据
关闭(C)
显示(X)
参数(O)
尺寸(B)
荷载(L)
设置(S)
帮助(Z)
工程名称：工程一
构件编号：L-1
考虑活荷不利组合
考虑受压纵向钢筋
自动考虑深受弯构件
最大裂缝宽度验算
挠度验算
每跨梁的等分单元数 n：8
直接输入混凝土强度
混凝土的强度等级：25
混凝土轴心抗拉强度标准值 ftk：1.50
混凝土弹性模量 Ec：25500
结构构件的重要性系数 γo：1.0
混凝土的容重 γc：25.0
箍筋间距 sv：200
永久荷载的分项系数 γG：自动
永久荷载的分项系数 γG1：自动
可变荷载的分项系数 γQ：自动
可变荷载的组合值系数 ψc：自动
可变荷载的准永久值系数 ψq：自动
钢筋抗拉强度设计值 fy：HRB 335
钢筋抗压强度设计值 fy'：自动
箍筋抗拉强度设计值 fyv：HPB 235
受拉钢筋弹性模量 Es：自动
梁底纵筋合力点至近边距离 as：一类
梁面纵筋合力点至近边距离 as'：自动
受拉纵筋最小配筋率 ρmin：自动
纵筋增大系数 λb 或 ωlim：1.0

图 7-13　参数输入

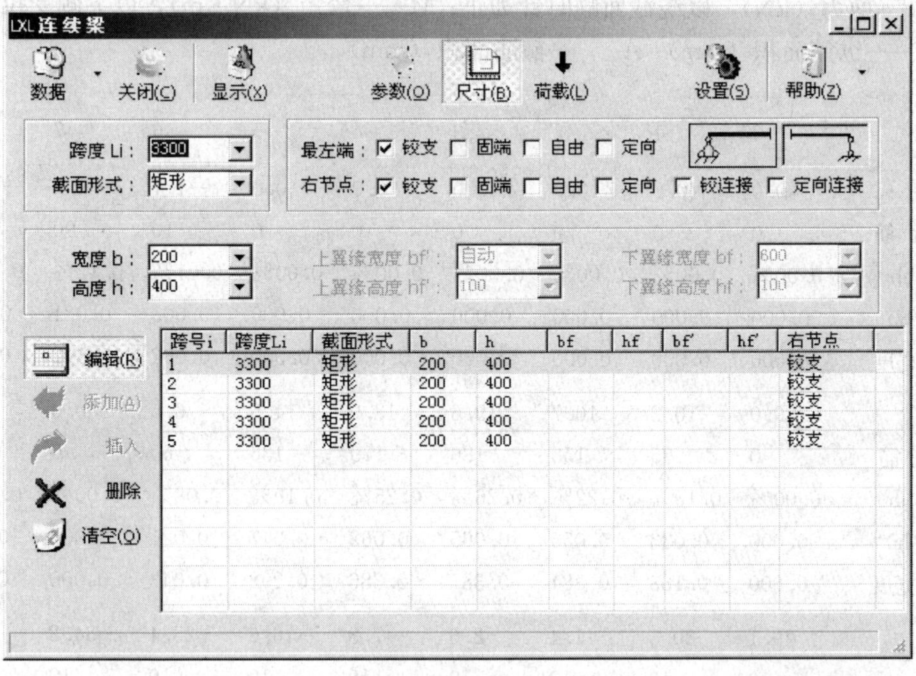
LXL连续梁
数据
关闭(C)
显示(X)
参数(O)
尺寸(B)
荷载(L)
设置(S)
帮助(Z)
跨度 Li：3300
截面形式：矩形
最左端：铰支　固端　自由　定向
右节点：铰支　固端　自由　定向　铰连接　定向连接
宽度 b：200
高度 h：400
上翼缘宽度 bf'：自动
上翼缘高度 hf'：100
下翼缘宽度 bf：600
下翼缘高度 hf：100
编辑(R)
添加(A)
插入
删除
清空(Q)
跨号i　跨度Li　截面形式　b　h　bf　hf　bf'　hf'　右节点
1　3300　矩形　200　400　铰支
2　3300　矩形　200　400　铰支
3　3300　矩形　200　400　铰支
4　3300　矩形　200　400　铰支
5　3300　矩形　200　400　铰支

图 7-14　尺寸输入

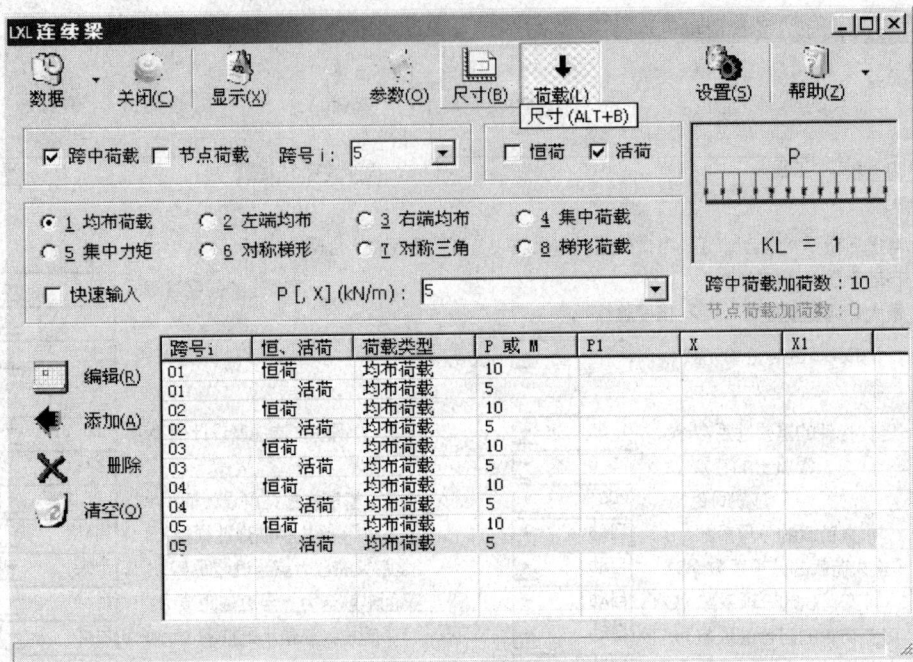

图 7-15　荷载输入

4. 计算结果：程序给出梁内力设计值及配筋，并验算裂缝宽度。

限于篇幅，以下仅给出第 1 跨的计算结果（摘自计算书）。

V——剪力（kN），以绕截面顺时针为正；M——弯矩（kN·m），以下侧受拉为正；

A_s——纵筋面积（mm）；A_{sv}——箍筋面积（mm）。

i		I	1	2	3	4	5	6	7	J
1	M —	0.0	0.0	0.0	0.0	0.0	0.0	−1.1	−9.7	−25.6
	A_s 面筋	0	0	0	0	0	0	10	90	246
	A_s/bh0	0.00%	0.00%	0.00%	0.00%	0.00%	0.00%	0.01%	0.12%	0.34%
	x/h0	0.000	0.000	0.000	0.000	0.000	0.000	0.003	0.031	0.085
	裂缝宽度	0.000	0.000	0.000	0.000	0.000	0.000	0.002	0.112	0.382
	M +	0.0	10.2	16.7	19.6	18.9	14.5	6.5	0.0	0.0
	A_s 底筋	0	95	158	186	179	136	60	0	0
	A_s/bh0	0.00%	0.13%	0.22%	0.26%	0.25%	0.19%	0.08%	0.00%	0.00%
	x/h0	0.000	0.033	0.055	0.065	0.062	0.047	0.021	0.000	0.000
	裂缝宽度	0.000	0.133	0.384	0.387	0.386	0.292	0.043	0.000	0.000
	V	29.1	20.3	11.4	2.6	−7.8	−16.6	−25.4	−34.2	−43.1
	Asv	19	19	19	19	19	19	19	19	19

构造配筋　A_s, min = 160; A_{sv}, min = 19, D_{min}=Φ6、S_{max}=300

挠度验算　截面 4 : f = −6.0, f/Li = 1/548

228

【例7-7】 地基基础：挡土墙主动土压力计算

某挡土墙高5m，墙背的倾角70°，边坡对水平面的坡角15°，地表均布荷载标准值4kN/m。墙背填土的重度18kN/m，土的粘聚力15kN/m，内摩擦角30°。土对挡土墙墙背的摩擦角15°。取主动土压力增大系数1.1。试求挡土墙主动土压力。

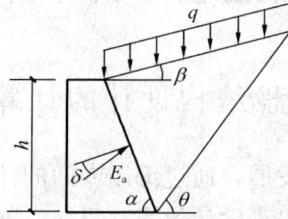

图7-16 挡土墙主动土压力图例

【解】 挡土墙主动土压力计算的操作界面见图7-17。

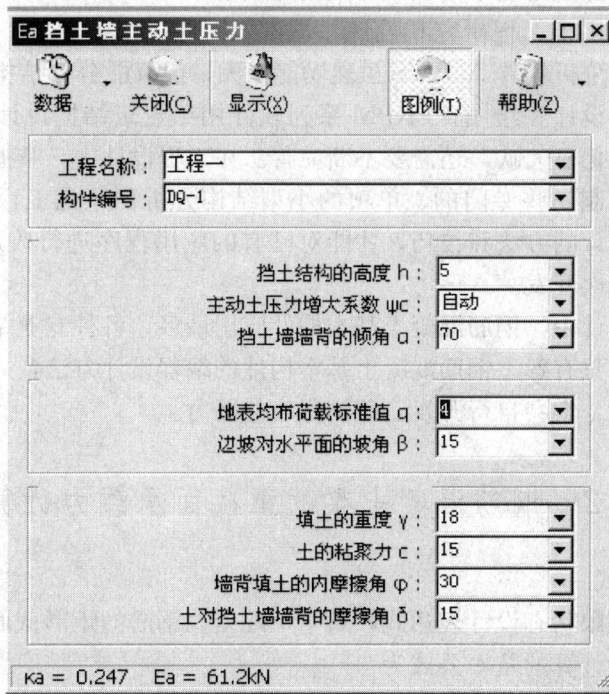

图7-17 挡土墙主动土压力

软件实时显示计算结果：主动土压力系数为0.247，合力为61.2kN。

第8章 钢筋混凝土基本构件（梁柱截面）编程

8.1 工程结构设计的计算机运算

随着计算硬件和计算技术的发展，通过编制专门的计算程序，利用计算机来辅助完成工程结构的设计和优化可以大大提高设计效率。目前，国外已开发了一些大型通用结构有限元计算分析软件，如 ANSYS、SAP 及 ADINA 等，借助这些软件，可以对工程结构进行受力分析和优化；另外，为满足工程结构设计的需要，国内外也相继开发了专业性的结构辅助设计软件，比如在建筑结构领域，国内开发了 PKPM 系列、广厦 CAD 软件等。虽然上述软件已广泛应用于工程研究和设计领域，但在应用中仍存在一些不尽如人意的地方，例如：通用结构分析软件 ANSYS 虽然功能强大，但仅能分析结构内力，并不能直接用于土木工程构件的设计和绘图；PKPM 系列软件用于建筑结构设计时，对于特殊的结构类型及构件的处理仍显欠缺，还需要不断完善。在工程设计中，掌握结构分析程序的研制原理，根据需要编制一些专门的、单项的小型结构分析程序是工程设计所必须的；另外，只有掌握程序设计的方法和技巧，才能对已有的应用程序进行改造和增加新的功能，更好地实施程序的二次开发。

土木工程结构设计中，钢筋混凝土基本构件应用最多，各种专业结构设计软件均离不开基本构件的计算，只有熟悉钢筋混凝土基本构件的编程设计方法，才能更好地掌握结构分析程序编制的原理，学会自行开发、研制程序的能力。

8.2 钢筋混凝土梁的正截面承载力计算

8.2.1 基本公式

根据承载能力极限状态设计表达式，对于仅配受拉钢筋的矩形截面适筋受弯梁，其正截面受弯承载力设计计算的基本公式为

$$\alpha_1 f_c bx = f_y A_s \tag{8-1}$$

$$M \leqslant M_u = \alpha_1 f_c bx \left(h_0 - \frac{x}{2}\right) = f_y A_s \left(h_0 - \frac{x}{2}\right) \tag{8-2}$$

式中　α_1——等效矩形应力系数，按规范取值；

　　　f_c——混凝土轴心抗压强度设计值；

　　　f_y——钢筋抗拉强度设计值；

　　b、h——截面宽度和高度；

　　　x——按等效矩形应力图计算的混凝土受压区高度；

　　　h_0——截面有效高度，$h_0 = h - a_s$，a_s 为受拉钢筋合力点至截面受拉边缘的距离；

　　　A_s——纵向受拉钢筋的截面面积；

M——弯矩设计值。

梁的截面设计时，式(8-2)的不等式被取成等式，由式(8-2)可得混凝土受压区高度为

$$x = h_0 - \sqrt{h_0^2 - 2M/\alpha_1 f_c b} \qquad (8\text{-}3)$$

将式(8-3)带入式(8-1)求得纵向受拉钢筋的截面面积为

$$A_s = \frac{\alpha_1 f_c b}{f_y}(h_0 - \sqrt{h_0^2 - 2M/\alpha_1 f_c b}) \qquad (8\text{-}4)$$

梁截面配筋率为

$$\rho = \frac{A_s}{bh_0} \qquad (8\text{-}5)$$

相对受压区高度为

$$\xi = \frac{x}{h_0} = \frac{f_y A_s}{\alpha_1 f_c bh_0} = \rho \frac{f_y}{\alpha_1 f_c} \qquad (8\text{-}6)$$

8.2.2　公式适用条件

式(8-1)和式(8-2)是根据适筋梁破坏简图推导出来的，只适用于适筋梁，不适用于少筋或超筋梁。因此，对于上述适筋梁计算公式，必须满足以下适用条件：

(1)为防止超筋破坏，应满足

$$\xi \leqslant \xi_b \qquad (8\text{-}7)$$

$$x \leqslant x_b = \xi_b h_0 \qquad (8\text{-}8)$$

$$\rho \leqslant \rho_{max} = \xi_b \alpha_1 \frac{f_c}{f_y} \qquad (8\text{-}9)$$

以上三式是同一含义，满足其中之一，其余两个必然满足。

(2)为防止少筋破坏，应满足

$$\rho \geqslant \rho_{min} \qquad (8\text{-}10)$$

规范规定：对受弯梁类构件，受拉钢筋的最小配筋率不应小于 $0.45f_t/f_y$，同时不应小于 0.002，最小配筋率应按构件的全截面面积计算。

8.2.3　程序框图

由以上的受弯正截面承载力计算公式及有关要求，相应给出单筋矩形截面梁正截面承载力计算的程序框图，如图 8-1 所示。

8.2.4　钢筋混凝土单筋矩形截面梁配筋计算程序

分别采用 C 语言和 Fortran 语言编制钢筋混凝土单筋矩形截面梁配筋计算的程序，如下所示。

1. 程序标识符说明

M——弯矩设计值；

a1——等效矩形应力系数；

b，h——截面宽度和高度；

a0——受拉钢筋合力点至截面受拉边缘的距离；

fy——钢筋抗拉强度设计值；

fc——混凝土轴心抗压强度设计值；

ft——混凝土轴心抗拉强度设计值；

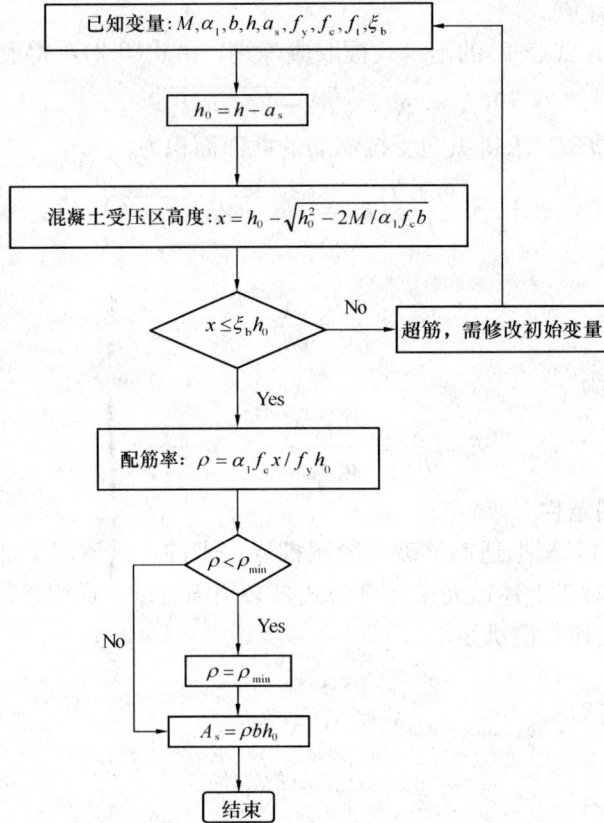

图 8-1　单筋矩形截面梁正截面承载力计算的程序框图

Eb——受拉钢筋和受压区混凝土同时达到设计强度的界限相对受压区高度。

2. 源程序

（1）C 语言编制的源程序

```
#include<stdio. h>
#include<math. h>
main()
 {
  float M,a1,b,h,a0,fy,fc,ft,Eb; int flag;
  float h0,x,pmin,As,p;
  for(flag=0;flag==0;)
     {printf("\nM=,a1=,b=,h=,a0=,fy=,fc=,ft=,Eb=\n");
      scanf("%f%f%f%f%f%f%f%f%f",&M,&a1,&b,&h,&a0,&fy,&fc,&ft,&Eb);
                  h0=h-a0;
                  if(0.45 * ft/fy>0.002)pmin=0.45 * ft/fy;
                     else pmin=0.002;
                  x=h0-sqrt(h0 * h0-2 * M/a1/fc/b);
                  if(x>=Eb * h0){printf("超筋,请修改截面尺寸或材料强度");break;}
                     else p=a1 * fc * x/fy/h0;
```

```
                    if(p>pmin)As=p*b*h0;
                      else {p=pmin;As=p*b*h0;};
                    printf("As=%f",As);flag=1;
                }
        }
```

（2）Fortran 语言编制的源程序

```
    Implicit real*8 (A-H,L-Z)
    write(*,*)'输入初始参数:M,a1,b,h,a0,fy,fc,ft,Eb'
    read(*,*) M,a1,b,h,a0,fy,fc,ft,Eb
    h0=h-a0
    x=h0-(h0**2-2*M/(a1*fc*b))**0.5
    if(x>=Eb*h0) then
        write(*,*)'超筋,请修改截面尺寸或材料强度'
    else
        p=a1*fc*x/(fy*h0)
        pmin=max(0.45*ft/fy,0.002)
        if(p<=pmin) p=pmin
        As=p*b*h0
        write(*,*)'As=',As
    end if
    end
```

8.3   钢筋混凝土梁的斜截面承载力计算

钢筋混凝土梁在承受弯矩作用的同时，往往还同时承受剪力作用，在剪力和弯矩共同作用的区段常常产生斜裂缝，并可能沿斜截面发生破坏。为防止出现斜截面的剪切破坏，设计中通过配置足够数量的箍筋和弯起钢筋，以提高斜截面受剪承载力。

8.3.1   基本公式

规范给出的梁的斜截面受剪承载力计算公式为

1. 仅配箍筋的矩形、T 形和工形截面梁

（1）一般受弯梁

$$V \leqslant V_{cs} = 0.7 f_t b h_0 + 1.25 f_{yv} \frac{A_{sv}}{s} h_0 \tag{8-11}$$

式中 V——构件斜截面上的最大剪力设计值；

V_{cs}——构件斜截面上混凝土和箍筋的受剪承载力设计值；

f_t——混凝土轴心抗拉强度设计值；

b——矩形截面的宽度，T 形和工形截面的腹板宽度；

h_0——截面的有效高度；

A_{sv}——配置在同一截面内箍筋各肢的全部截面面积，$A_{sv}=nA_{sv1}$，其中 n 为在同一截面内箍筋的肢数，A_{sv1} 为单肢箍筋的截面面积；

s——沿构件长度方向的箍筋间距；

f_{yv}——箍筋抗拉强度设计值。

（2）集中荷载作用下的独立梁（包括作用有多种荷载，且其中集中荷载对支座截面或节点边缘产生的剪力值占总剪力值的 75% 以上的情况）

$$V \leqslant V_{cs} = \frac{1.75}{\lambda+1} f_t b h_0 + f_{yv} \frac{A_{sv}}{s} h_0 \tag{8-12}$$

式中　λ——计算截面的剪跨比，可取 $\lambda = a/h_0$，a 为集中荷载作用点至支座或节点边缘的距离；当 $\lambda < 1.5$ 时，取 $\lambda = 1.5$，当 $\lambda > 3$ 时，取 $\lambda = 3$；集中荷载作用点至支座之间的箍筋，应均匀配置。

2. 配有箍筋和弯起钢筋的矩形、T 形和工形截面梁

（1）一般受弯构件

$$V \leqslant V_{cs} + V_{sb} = 0.7 f_t b h_0 + 1.25 f_{yv} \frac{A_{sv}}{s} h_0 + 0.8 f_y A_{sb} \sin\alpha_s \tag{8-13}$$

式中　V——配置弯起钢筋处的剪力设计值；

　f_y——弯起钢筋抗拉强度设计值；

　A_{sb}——同一弯起平面内弯起钢筋的截面面积；

　α_s——斜截面上弯起钢筋与构件纵向轴线的夹角，一般可取 $\alpha_s = 45°$，当梁截面较高时可取 $\alpha_s = 60°$。

（2）集中荷载作用下的独立梁

$$V \leqslant V_{cs} + V_{sb} = \frac{1.75}{\lambda+1} f_t b h_0 + f_{yv} \frac{A_{sv}}{s} h_0 + 0.8 f_y A_{sb} \sin\alpha_s \tag{8-14}$$

上述公式中右边的第一项即为混凝土的抗剪承载力，因而当设计剪力小于或等于上述公式中的第一项时，可不进行斜截面的受剪承载力计算，而只按构造要求配置箍筋，于是按构造配置箍筋的条件可写为

一般受弯梁　　　　　　　　　$V \leqslant 0.7 f_t b h_0$ $\tag{8-15}$

集中荷载作用下的独立梁　　　$V \leqslant \dfrac{1.75}{\lambda+1} f_t b h_0$ $\tag{8-16}$

8.3.2　公式适用条件

上述梁的受剪承载力的计算公式是依据斜截面发生剪压破坏的情况得出的，为保证公式能正确应用，应设置上下限值。

（1）上限值——最小截面尺寸和最大配筋率

规范通过控制受剪截面的剪力设计值不大于斜压破坏时的受剪承载力来防止由于配筋率过高而发生斜压破坏，对矩形、T 形和工形截面的受弯构件，其受剪截面应符合下列条件：

当 $h_w/b \leqslant 4$ 时　　　　　　　$V \leqslant 0.25 \beta_c f_c b h_0$ $\tag{8-17}$

当 $h_w/b \geqslant 6$ 时　　　　　　　$V \leqslant 0.2 \beta_c f_c b h_0$ $\tag{8-18}$

当 $4 < h_w/b < 6$ 时，按线性内插法确定。

式中　V——构件斜截面上的最大剪力设计值；

　β_c——混凝土强度影响系数：当混凝土强度等级不超过 C50 时，取 $\beta_c = 1.0$；当混凝土强度等级为 C80 时，取 $\beta_c = 0.8$；其间按线性内插法确定；

　f_c——混凝土轴心抗压强度设计值；

h_w——截面的腹板高度：对矩形截面，取有效高度；对 T 形截面，取有效高度减去翼缘高度；对工形截面，取腹板净高。

以上各式相当于限制了梁所必须具有的最小截面尺寸，在只配有箍筋的情况下也限制了最大配箍率。

（2）下限值——最小配筋率和箍筋的构造规定

若箍筋的配筋率过小或箍筋间距过大时，一旦出现斜裂缝，箍筋不能承担斜裂缝截面混凝土退出工作所释放出来的拉应力，其受剪承载力与无腹筋梁基本相同，且当剪跨比较大时，可能产生斜拉破坏。为防止这种情况发生，规范规定的最小配筋率为

$$当 V > 0.7f_t bh_0 时, \qquad \rho = \frac{A_{sv}}{bs} \geqslant \rho_{sv,min} = 0.24 \frac{f_t}{f_{yv}} \tag{8-19}$$

同时，规范还规定了箍筋的最大间距不宜大于表 8-1 的规定。此外，为了使钢筋骨架具有一定的刚度，箍筋的直径不宜小于表 8-2 的规定，也不应小于 $d/4$（d 为纵向受压钢筋的最大直径）。

梁中箍筋的最大间距（mm） 表 8-1

梁 高 h	$V > 0.7f_t bh_0$	$V \leqslant 0.7f_t bh_0$
$150 < h \leqslant 300$	150	200
$300 < h \leqslant 500$	200	300
$500 < h \leqslant 800$	250	350
$h > 800$	300	400

梁中箍筋最小直径（mm） 表 8-2

梁 高 h	箍 筋 直 径
$h \leqslant 800$	6
$h > 800$	8

8.3.3 程序框图

根据以上公式，当钢筋混凝土矩形截面梁仅采用箍筋抗剪时，其计算程序框图如图 8-2 所示。

8.3.4 钢筋混凝土矩形截面梁抗剪配筋计算程序

采用 C 语言和 Fortran 语言编制钢筋混凝土矩形截面梁抗剪配箍计算的程序，如下所示。

1. 程序标识符说明

V——构件斜截面上的最大剪力设计值；

k——当 V 是由均布力引起的，k 输入 0；V 是由集中力引起的，k 输入 1；

b——矩形截面的宽度；

h0——截面的有效高度；

f_t——混凝土轴心抗拉强度设计值；

f_c——混凝土轴心抗压强度设计值；

f_{yv}——箍筋抗拉强度设计值；

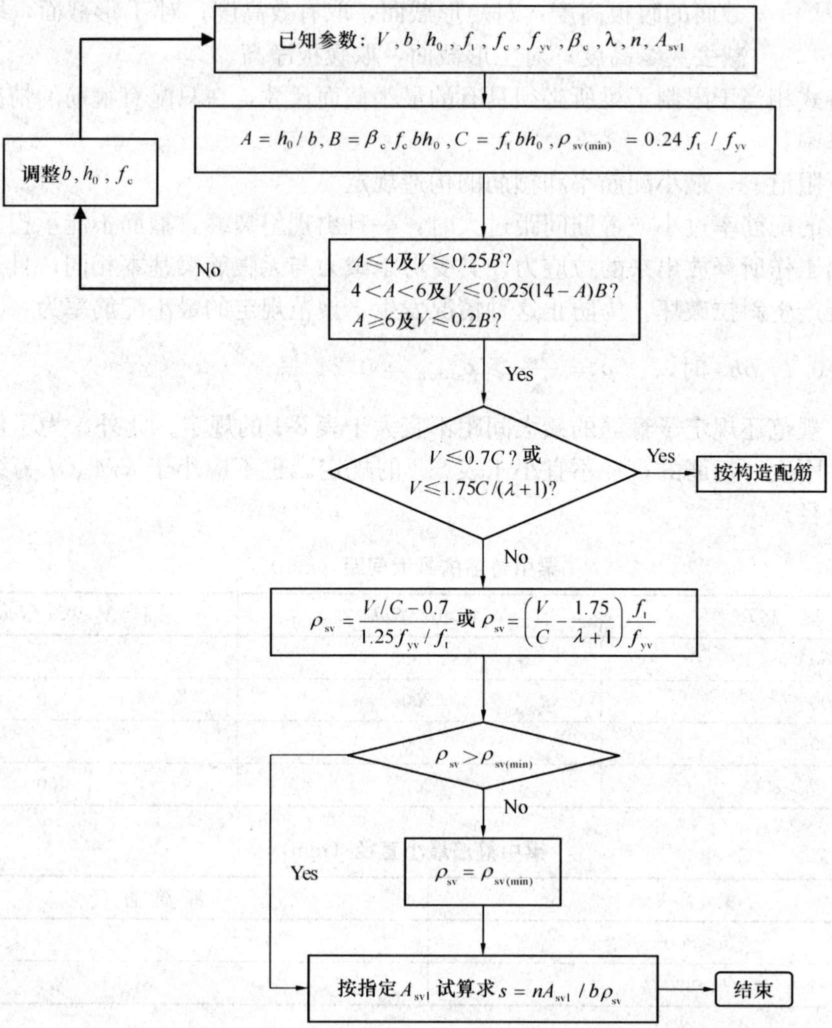

图 8-2　钢筋混凝土矩形截面梁抗剪配箍计算程序框图

b_e——混凝土强度影响系数：当混凝土强度等级不超过 C50 时，取 bc＝1.0；
当混凝土强度等级为 C80 时，取 bc＝0.8；其间按线性内插法确定；

y——计算截面的剪跨比；

n——同一截面内箍筋的肢数；

asv1——单肢箍筋的面积。

2. 源程序

（1）C 语言编制的源程序

＃include＜stdio. h＞

＃include＜math. h＞

main()

{

　　float V,b,h0,ft,fc,fyv,bc,y,n,asv1; int flag,k;

　　float A,B,C,psvmin,psv,s;

已知参数：V, b, h_0, f_t, f_c, f_{yv}, β_c, λ, n, A_{sv1}

$A = h_0/b$, $B = \beta_c f_c b h_0$, $C = f_t b h_0$, $\rho_{sv(min)} = 0.24 f_t/f_{yv}$

调整 b, h_0, f_c

$A \leqslant 4$ 及 $V \leqslant 0.25B$?
$4 < A < 6$ 及 $V \leqslant 0.025(14-A)B$?
$A \geqslant 6$ 及 $V \leqslant 0.2B$?

No

Yes

$V \leqslant 0.7C$? 或 $V \leqslant 1.75C/(\lambda+1)$?

Yes 按构造配筋

No

$\rho_{sv} = \dfrac{V/C - 0.7}{1.25 f_{yv}/f_t}$ 或 $\rho_{sv} = \left(\dfrac{V}{C} - \dfrac{1.75}{\lambda+1}\right)\dfrac{f_t}{f_{yv}}$

$\rho_{sv} > \rho_{sv(min)}$

No

$\rho_{sv} = \rho_{sv(min)}$

Yes

按指定 A_{sv1} 试算求 $s = nA_{sv1}/b\rho_{sv}$

结束

```
for(flag=0;flag==0;)

    {printf("\nV=,k=,b=,h0=,ft=,fc=,fyv=,bc=,y=,n=,asv1=\n");
        scanf("%f%f%f%f%f%f%f%f%f%f%f",&V,&k,&b,&h0,&ft,&fc,&fyv,&bc,
&y,&n,&asv1);
        A=h0/b;
        B=bc*fc*b*h0;
        C=ft*b*h0;
        psvmin=0.24*ft/fyv;
        if((A<=4&&V<=0.25*B)||(A>4&&A<6&&V<=0.025*(14-A)*B)||(A>=
6&&V<=0.2*B))
            {switch(k)
            {case 0:{
                    if(V<=0.7*C){printf("按构造要求配置箍筋");flag=1;}
                      else
                        {psv=(V/C-0.7)*ft/1.25/fyv;
                         if(psv>psvmin)s=n*asv1/b/psv;
                           else {psv=psvmin;s=n*asv1/b/psv;};
                         printf("s=%f",s);
                         flag=1;
                         };
                    };break;

            case 1:{
                    if(V<=1.75*C/(y+1)){printf("按构造要求配置箍筋");flag=1;}
                      else
                        {psv=(V/C-1.75/(y+1))*ft/fyv;
                         if(psv>psvmin)s=n*asv1/b/psv;
                           else {psv=psvmin;s=n*asv1/b/psv;};
                         printf("计算箍筋最大间距为 s=%f",s);
                         flag=1;
                         };
                    };break;
            default: printf("k erorr");
            }
              else printf("不满足最小截面尺寸的要求");
            }
    };
}
```

(2) Fortran 语言编制的源程序

```
    implicit real *8（A-H,L-Z）
    write( * , * )'输入初始参数:V,k,b,h0,ft,fc,fyv,y,n,asv1'
```

```
read( * , * ) V,k,b,h0,ft,fc,fyv,y,n,asv1
if(fc<=23.1) then
     bc=1
else if(fc>=35.9) then
     bc=0.8
else
     bc=1-0.2*(fc-23.1)/(35.9-23.1)
end if
A=h0/b
if(A<=4) then
     r=0.25
else if(A>=6) then
     r=0.2
else
     r=0.25-(0.25-0.2)*(A-4)/(6-4)
end if
if(V>r*bc*fc*b*h0) then
     write( * , * )'不满足最小截面尺寸的要求'
else
     if(k.eq.0) Vc= ft*b*h0
     if(k.eq.1) Vc=1.75*ft*b*h0/(y+1.0)
     if(V<=Vc) then
          write( * , * )'按构造要求配置箍筋'
     else
          C=ft*b*h0
          psvmin=0.24*ft/fyv
          if(k.eq.0) psv=(V/C-0.7)/(1.25*fyv/ft)
          if(k.eq.1) psv=(V/C-1.75/(y+1))*ft/fyv
          if(psv<=psvmin) psv=psvmin
          s=n*asv1/(b*psv)
          write( * , * )'计算箍筋最大间距为 s=',s
     end if
end if
end
```

主 要 参 考 文 献

［1］ 中华人民共和国建设部.《建筑结构制图规范》，GB/T 50105—2001. 北京：中国计划出版社，2002.

［2］ 中国建筑科学研究院 PKPM CAD 工程部. PMCAD 用户手册及技术条件，2005.

［3］ 中国建筑科学研究院 PKPM CAD 工程部. PK 用户手册及技术条件，2005.

［4］ 中国建筑科学研究院 PKPM CAD 工程部. TAT 用户手册及技术条件，2005.

［5］ 中国建筑科学研究院 PKPM CAD 工程部. SATWE 用户手册及技术条件，2005.

［6］ 中国建筑科学研究院 PKPM CAD 工程部. JLQ 用户手册及技术条件，2005.

［7］ 中国建筑科学研究院 PKPM CAD 工程部. STS 用户手册及技术条件，2005.

［8］ MIDAS/Civil 软件

［9］ 北京金土木软件技术有限公司，用户指南、使用教程、中文使用手册，2004.

［10］ 北京金土木软件技术有限公司，ETABS 中文版使用指南，北京：中国建筑工业出版社，2004.

［11］ 张扬. 建筑结构 CAD 技术应用常见失误分析及对策.《建筑结构》. 1997.